FASZINATION BMW BOXER

MEILENSTEINE DER
MOTORRADTECHNIK

BOXER-GESCHICHTE,
TECHNIK VIERVENTILER,
RENNSPORT, TUNING,
BOXER-GESPANNE

FASZINATION
BMW BOXER

ERWEITERTE NEUAUFLAGE
R 1100 RT, R 1200 C, R 1100 S

HIGH TECH: ALLE VIERVENTILER SEIT 1993
HISTORIE, KLASSIK, NOSTALGIE:
ALLE ZWEIVENTIL-BOXER SEIT 1923

AXEL KOENIGSBECK
HANS J. SCHNEIDER

EDITIONS SCHNEIDER TEXT

Impressum

"Meilensteine der Motorradtechnik" ist der urheberrechtlich geschützte Titel einer Buchreihe von EDITIONS SCHNEIDER TEXT.

Bildnachweis

ARMEC (1), BMW/Historisches Archiv (39), BMW Presseabteilung Kröschel, Mösch, Sautter (280 + 1 Titel), Brill (1), Buenos Dias/Gerhard Rudolph (3), Dähne (1), Enzinger (2), Fallert (3), Gimbel/Schwab (1), GMR/KTT/Krüger (1), Hartmann (1), Jelinek (1), Knittel/BMW Archiv (4), König (3), Koenigsbeck (38), Kotauschek (1), Krauser (4), Laue (1), Mergelkuhl (1), Motorradmagazin MO (1), Nagel (1), Noss (1), Paumann (1), Pohn (3), Rämo (1), Scarbi/Beinhauer (1), Scheibe (15), Schleuter (4), Schneider (34), Schmid (1), Schulz (1), Schwarz (1), Seeber (1), Sonnen (1), Soppa/MO (3), Spangenberg (2), Sportnews Photoagency (2), Stenger (1), Völkel (1), Weber (5), Welte, Sabine (1), Widdecke, Kai (2), Wüstenhöfer (3)

Besonderer Dank gilt

Hans Sautter (BMW Presseabteilung), Motorradmagazin MO und Hans Soppa, Helmut Wüstenhöfer, allen Berufs- und Privat-Fotografen, die Bilder beigesteuert haben sowie allen, die uns mit Informationen geholfen haben.

Copyright 1999 by

EDITIONS SCHNEIDER TEXT
La Cour Roquette, F-14140 Les Autels St. Bazile
Fax 0033.2.31.63.67.07;
e-mail: schneider.text@wanadoo.fr
2. Auflage, Originalausgabe
Alle Rechte der Vervielfältigung und Verbreitung einschließlich Wiedergabe durch elektronische Medien, Erfassung und Nutzung auf elektronischen Datenträgern und Netzwerken inkl. Internet u.ä. sowie Fotokopie vorbehalten.

Herstellung

Herausgeber, Redaktion, Gestaltung der Erweiterung, Produktion: Hans J. Schneider
Layout 1. Auflage: Daniel P. Hövelborn
Computer-Service: Valentin Schneider
Schlußredaktion: Gabriele Schneider
Lithographie Erweiterung: Litho Factory Bonn
Lithographie 1. Auflage: Karl Findl & Partners
Druck und Verarbeitung:
Westermann Druck Zwickau GmbH

Vertrieb

Delius Klasing Verlag GmbH, Siekerwall 21, D-33602 Bielefeld; Tel. 0521/5590, Fax: 0521/559113; e-mail: delius-klasing@t-online.de
ISBN 2-911870-06-9   Dépôt légal 1999

Inhalt

Genie, Mythos, Faszination: BMW Boxer

Als wir 1994 die erste Auflage dieses Buchs auf den Markt brachten - unter dem Signet unseres damals bei Köln angesiedelten Verlags "Schneider Textsystem" - steckte die Vierventil-Boxer-Generation noch in den Kinderschuhen. Die R 1100 RS war im Januar 1993 vorgestellt worden, 1994 hatte BMW die GS und die Roadster-Modelle nachgeschoben.

Gewiß, es gab skeptische Stimmen. Nicht alle BMW-Fans reagierten mit Begeisterung auf die neue Modellpalette, die mit der alten nur noch das Grundkonzept gemeinsam hatte. Die Traditionalisten trauerten dem alten Zweiventiler nach, der 1996 endgültig in Pension geschickt wurde. Die Avantgardisten reagierten zunächst abwartend: Was taugt der Vierventiler? Ist er so standfest, zuverlässig und wartungsfreundlich wie der seit 1923 gebaute, zuletzt 1969 grundlegend modifizierte Zweiventiler?

Den Durchbruch brachte die R 1100 GS. Obwohl vom Design her gewöhnungsbedürftig, überzeugte sie durch Vielseitigkeit und Alltagstauglichkeit. Bis Ende 1998 konnte BMW weltweit fast

40.000 Exemplare der Super-Enduro absetzen, die RS brachte es nur auf 23.000 Einheiten. Bei den Roadster-Modellen kombinierte BMW geschickt Klassik mit High Tech - auch das honorierte das Publikum. Die Skeptiker gerieten in die Defensive.

Sie verstummten ganz, als 1995 die RT im Segment der noblen Reisemotorräder neue Maßstäbe setzte. Auch sie wurde mit bislang rund 35.000 verkauften Exemplaren ein Riesenerfolg. Kritik keimte noch einmal auf, als der Cruiser auf der Bildfläche erschien. Das amerikanisierte Design war und ist nicht jedermanns Geschmack. Doch der schnell einsetzende Erfolg gab wieder den Optimisten recht: Der Cruiser erschloß völlig neue, lange Zeit von BMW vernachlässigte Käuferkreise.

Ein ganz großer Wurf ist sicher der neue Sportboxer. Zwar ist die R 1100 S kein Supersportler, doch ein sportliches Motorrad mit Flair und Charakter ist sie allemal. Auf so ein Motorrad haben die Fans der weißblauen Marke gewartet, seit die R 90 S aus dem Programm

Zwei Generationen, gleiches Grundkonzept: die bis 1992 gebaute Zweiventil-R 100 RS und der 1993 vorgestellte Vierventil-Boxer R 1100 RS.

genommen wurde. Überhöht wird der S-Auftritt durch die Rennsporterfolge der jüngsten Zeit: Die R 1100 RSR "Boxer-Team" hat in Europa und den USA eindrucksvoll gezeigt, daß es jenseits von Ducati & Co. wieder ernstzunehmende Wettbewerbs-Motorräder mit dem Propeller-Emblem auf dem Tank gibt. Axel Koenigsbeck führt sie in diesem Buch alle vor, die Exoten, Gespanne und Renner auf Boxer-Basis, die mehr denn je einen Großteil der "Faszination BMW Boxer" ausmachen. Faszination im Alltag und am Wochenende bieten die Serienmodelle und die von Liebhabern gepflegten Klassiker - wir haben auf 224 Seiten kein Modell aus 76 Jahren Boxer-Tradition ausgelassen.

Mai 1999 - Axel Koenigsbeck,
Hans-Jürgen Schneider

5

Mit Vierventiltechnik Richtung Zukunft: die Entwicklung des neuen Boxers

Nein, von heute auf morgen ist der neue Vierventil-Boxermotor nicht entstanden. Er ist in allen Details das Ergebnis jahrelanger Entwicklungsarbeit. Das Prinzip ist inzwischen schon über 70 Jahre alt. Gewiß hätten es sich die Konstrukteure Max Friz und Rudolf Schleicher 1923 bei der Premiere des ersten Motorrads mit dem weiß-blauen Emblem kaum träumen lassen, daß die seinerzeit revolutionäre Idee so lange Bestand haben würde.

Der entscheidende Trick war, daß Max Friz den bereits vorhandenen Boxermotor mit der internen Baumusterbezeichnung M2B15 mit der Kurbelwelle längs in den Rahmen stellte - die beiden Zylinder lagen jetzt quer und damit ideal im kühlenden Fahrtwind. Das Getriebe wurde so an das Kurbelgehäuse angeflanscht, daß eine Umlenkung zu den Getriebewellen nicht nötig war. Es schloß sich eine ebenfalls längsgerichtete Kardanwelle an - der vom Motor bis zum Hinterrad geradlinige Antriebsstrang war komplett. Dieses einzigartige Prinzip blieb bis heute wegweisend, findet sich bei den Classic-Boxern ebenso wie bei der neuen Boxer-Generation, ist kennzeichnend auch für die K-Reihe mit ihren längsliegenden Drei- und Vierzylindermotoren.

Während die erste BMW von 1923 noch seitengesteuerte Ventile besaß, verfügte das 1924 präsentierte Sportmodell R 37 bereits über einen ohv-Motor mit hängenden Ventilen. Rudolf Schleicher errang mit der neuen ohv-BMW im Februar 1924 den ersten Rennsieg für die junge Marke BMW. Die ohv-Bauweise ist bei den klassischen Boxermodellen wie der R 80 R und der R 100 R heute noch zu finden, genauso wie das gesamte traditionelle Antriebskonzept.

Dabei hatte es Anfang der 80er Jahre gar nicht gut ausgesehen für die Zukunft des Boxermotors: Als 1983 die K 100 vorgestellt wurde, glaubte so mancher Motorradfreund, daß die Zeit für den Boxer abgelaufen sei. Denn der moderne dohc-Vierzylinder war wesentlich leistungsstärker und wirtschaftlicher als der alte ohv-Boxer, wie er beispielsweise in der R 100 RS zu finden war.

Gleichwohl war BMW sich mit den K-Modellen selber treu geblieben; das BMW Compact-Drive-System der K 100 führte das Konzept von Max Friz konsequent weiter: Mit längsliegend eingebauten, flüssigkeitsgekühlten Reihenmotoren stellten sowohl die K 100-Modelle als auch die daraus abgeleiteten und 1985 eingeführten K 75-Dreizylinder-Modelle eine für BMW typische, eigenständige Lösung dar.

Erste Entwürfe schon 1984 - Ziel: weniger Lärm, weniger Verbrauch

Bis zur Einführung der zusätzlich entwickelten K-Generation galt die Modellpolitik von BMW eher als konservativ. Bestärkt wurde der bayerische Hersteller in seiner Haltung immerhin durch die jahrzehntelangen und bis heute anhaltenden Erfolge der klassischen Boxermodelle. Trotzdem ruhte man sich bei BMW keineswegs auf den Lorbeeren aus, sondern befaßte sich (wenn auch weitgehend unbemerkt von der Öffentlichkeit) in der Entwicklungsabteilung stets mit neuartigen Motorenkonzepten. Schließlich war den Ingenieuren und Technikern schon in den 80er Jahren klar, daß der bisherige Boxer zukünftigen Anforderungen in puncto Lärm- und Abgasemission sowie Leistungspotential nur sehr schwer gewachsen sein würde. Die am schwierigsten zu beantwortende Frage war allerdings, ob die BMW-Kunden ein völlig neues und modernes Konzept akzeptieren würden. Der Erfolg der K-Reihe räumte dann diese Zweifel jedoch nachhaltig aus.

Fortschrittliche Technik, das war schnell klar, würde sehr wohl auch im

Boxerbereich akzeptiert werden, wenn gleichzeitig das BMW-Typische einer entsprechenden Neuentwicklung nicht verloren gehen würde. So bereitete die K-Reihe den Weg für den Plan, eine von Grund auf neue Boxer-Generation für die 90er Jahre zu entwerfen. Tenor der Basisüberlegungen: Genausowenig wie die K-Reihe in den 80er Jahren den Boxer ablösen sollte, würde ein neuer Zweizylindermotor besser als der Vierzylinder sein müssen - nur anders, eben wieder ein BMW Boxer mit charakteristischem Flair...

Das grundsätzliche Konzept des neuen BMW Boxermotorrads wurde bereits 1984 umrissen. Schon damals erarbeitete man in den Fachabteilungen die grundlegenden Vorgaben. Dabei war großer Weitblick erforderlich; denn das über einen Zeitraum von acht Jahren rea-

Oben: Versuchsmodell 1988 mit K 100 RS-Verkleidung. Links: drei Entwicklungsstufen des neuen Boxers - 1989, 1988, 1990 (von links).

lisierte Konzept sollte ja auch bei der Markteinführung noch zeitgemäß und konkurrenzfähig sein!

In den 70er und 80er Jahren hatte beim herkömmlichen Boxer die Reduzierung von Geräusch- und Abgasemissionen einen steigenden Aufwand erfordert; es ergaben sich zwangsläufig auch Einbußen bei der Motorleistung. Neukonstruktionen in Teilbereichen wie Zylinderkopf oder Motorgehäuse standen zwar früher einmal zur Debatte; 1984 jedoch beschloß man, lieber einen ganz neuen Motor als Bestandteil eines vollständig neu konzipierten Fahrzeugs zu entwickeln.

Auf jeden Fall sollte der Zweizylinder-Boxer luftgekühlt bleiben. Der eindeutige Vorteil der typischen Zylinderanordnung ließ sich auch beim neuen Konzept wieder ausnützen. Dies legte von vornherein die Durchströmungsanordnung fest: Einlaß hinten, Auslaß auf der Vorderseite - also wie gehabt. Die entscheidend neue Forderung war, daß

der Gaswechsel nun durch vier Ventile pro Zylinder gesteuert werden sollte. Noch wichtiger als die angestrebte Leistungsverbesserung war die Erhaltung und womöglich sogar noch die Verbesserung des guten Drehmomentverlaufs des Zweizylindermotors mit seiner satten Durchzugskraft schon aus niedrigen Drehzahlen heraus.

Geringe Steifigkeit und hoher Geräuschpegel waren die Nachteile der bisherigen ohv-Ventilsteuerung mit einer zentralen Nockenwelle unten im Motorgehäuse, langen Stößelstangen und den Kipphebeln im Zylinderkopf. Gleichwohl mochten sich die BMW-Entwickler nicht darauf verständigen, die Zylinderköpfe des neuen Motors mit obenliegenden Nockenwellen (ohc- oder dohc-Bauweise) auszurüsten. Man war vor allem deshalb dagegen, weil diese moderne und bei den K-Modellen ja bereits angewandte Steuerungstechnik die Baubreite des künftigen Boxermotors übermäßig vergrößert hätte.

Doch nicht nur mit neuen Zylinderköpfen sollte der BMW Boxer künftig aufwarten, sondern auch mit einem neuen Motorgehäuse. Wie bei der K-Reihe war auch beim neuen Boxer-Konzept der Übergang zum selbsttragenden Motorgehäuse vorgesehen. Unter Verzicht auf einen Rahmen im eigentlichen Sinne sollten die Radaufhängungen direkt angelenkt sein.

Nach den ersten Diskussionen in Form eines ersten "Boxer-Workshops" mit den Fachabteilungen der BMW Motorrad GmbH waren dann auf Initiative

des damaligen Entwicklungschefs Stefan Pachernegg hin konkrete Vorschläge zum Motorenkonzept erarbeitet und geprüft worden. Gleichzeitig entstand ein Versuchsträger für Schwingungsversuche an einem selbsttragenden Boxermotorgehäuse.

Schwingungsuntersuchungen anderer Art hatte es vorher am alten Boxermotor gegeben. Sie sollten das Potential zur Geräuschreduzierung aufzeigen. Die daraus gewonnenen Erkenntnisse ließen die Beibehaltung der Luftkühlung zu. Der Verzicht auf eine Flüssigkeitskühlung mit ihren großflächigen Wärmetauschern brachte auch für die Fahrwerksentwicklung größere Freiheiten.

In puncto Fahrwerk und Radführung war BMW schon immer seiner Zeit voraus. Die weltweit erste hydraulisch gedämpfte Teleskop-Vorderradgabel war ab 1935 bei BMW serienmäßig eingebaut. Abermals neue Maßstäbe im Hinblick auf Fahrsicherheit und Komfort setzte das BMW-Vollschwingen-Fahrwerk im Jahr 1955. Die Zweirohrschwinge wurde zur Mono- und Paraleverschwinge weiterentwickelt, die Rahmenkonzeption der K-Reihe eröffnete 1983 abermals neue Möglichkeiten.

Neuartige Vorderradaufhängung: entscheidende Anregung aus England

In den folgenden Jahren befaßte man sich in der BMW-Vorentwicklung mit einer eingehenden Analyse aller bisher in der Technikgeschichte bekannt gewordenen Vorderradaufhängungen für

Zeigte bereits klar die Richtung: Designkonzeptmodell aus Holz und Plastik von 1986.

Motorräder. Den Anstoß zu diesen Überlegungen gaben die Nachteile der im Motorradbau heute klar dominierenden Teleskopgabel; diese Nachteile waren in jüngerer Zeit aufgrund der Fortschritte der Reifen- und Bremsentechnik sowie der erheblich gestiegenen Leistungsfähigkeit der Motorräder stärker zutage getreten als noch in den 70er und frühen 80er Jahren.

Das bedarf einer kurzen Erklärung. Die Telegabel übernimmt bekanntlich vier Funktionen gleichzeitig: Radführung, Federung und Dämpfung, Lenkung sowie Bremsmomentabstützung. Wachsende Standrohrdurchmesser brachten seit Mitte der 80er Jahre höhere Reibung und größere Losbrechmomente mit sich, waren aber zur Verbesserung der Längs- und Seitensteifigkeit notwendig geworden. Trotzdem ließen sich das Peitschen (im Extremfall etwa 10 mm) und das übermäßige Eintauchen beim Bremsen ebensowenig verhindern wie die Nachlaufänderungen beim Ein- und Ausfedern.

Bei der Analyse zeigte sich schnell, daß Vorderradführungen in Schwingenbauweise - welcher Bauart auch immer - diese beiden zuletzt genannten Nachteile nicht aufwiesen; BMW hatte zwischen 1955 und 1969 bei den Vollschwingenmodellen nicht ohne Grund auf diese Form der Radaufhängung gesetzt. Einer neuerlichen Verwendung beim Boxer der Zukunft standen jedoch die hohen ungefederten Massen, der eigentlich nicht mehr gewünschte vollständige Bremsnickausgleich und die extreme Lenkträgheit entgegen. Vielversprechender erschien den Ingenieuren die Verbindung der Telegabel als Radführung mit Abstützhebeln zum Rahmen, die zugleich ein unabhängiges Federungssystem betätigen.

Schon Anfang der 70er Jahre hatten die Engländer Laurence W. King und John K. Pizzey ein Patent für eine derartige Konstruktion angemeldet. Bei ihrer Lösung ging die Abstützung noch vom unteren Ende der Telegabel aus. Obwohl der Aufbau sehr interessant war, schien das Problem der ungefederten Massen nicht befriedigend gelöst.

1981 dann schickte der Engländer Hugh Nicol an die BMW-Motorradentwicklung eine theoretische Ausarbei-

Oben: Zweites Designmodell 1989 mit Karosserieentwicklungschef Gevert (links) und Designer Heinrich.
Links: Designmodell vom April 1990.

tung eines Vorderrad-Führungssystems, die sich später als die entscheidende Anregung erweisen sollte. Das Nicol-Link-Suspension-System verband die Telegabel mit einer Längslenker-Abstützung zwischen Gabelbrücke und Rahmen.

Der Zufall wollte es, daß unabhängig davon wenig später in der von Phill Todd und Nigel Hill gebauten Motodd Laverda zum ersten Mal ein System in der Praxis verwirklicht wurde, das Ideen enthielt, die mit denen von Nicol identisch waren. 1984 machten englische Journalisten eine Testfahrt mit der Motodd Laverda. Den Testbericht ließ Nicol als Kopie BMW zukommen. Die Aussagen

waren so überzeugend, daß die BMW-Ingenieure die Gabel von Nicol noch einmal gründlich überprüften und abschließend zu der Erkenntnis kamen, daß die Konstruktion des Briten die ideale Lösung für die Entkoppelung der unterschiedlichen Funktionen der Radaufhängung einerseits und der Radführung andererseits darstellte.

Erster positiver Effekt: Die bis zu diesem Zeitpunkt vorhandenen Probleme an einem von Günter Baron in der Prototypenabteilung schon früher nach dem gleichen Grundprinzip aufgebauten K 100-Versuchsträger ließen sich jetzt durch geänderte Anlenkpunkte beheben.

Mit dem selbsttragenden Motorgehäuse und dem nicht durch eine vorgegebene Kühleranordnung beschnittenen Freiraum im vorderen Bereich der Maschine bot das Projekt des neuen Boxers - das wurde den BMW Ingenieuren sofort klar - ideale Voraussetzungen zur Realisierung einer neuartigen Vorderradaufhängung. Die Längslenkeranordnung würde die Bremskräfte ins Fahrwerk einleiten - in unserem Fall in das ohnehin so steif wie möglich auszuführende Motorgehäuse; damit käme bereits ohne Zusatzaufwand ein Anti-Dive-Effekt zustande.

Computerberechnungen und Finite-Elemente-Programme führten bei der eingehenden Beschäftigung mit den Bewegungsabläufen zur Optimierung der Anordnung von Telegabel und Längslenker. Fahrsimulationsmodelle am Computerbildschirm brachten anschliessend zusätzliche Verbesserungen. Als Verbindungselement zwischen unterer Gabelbrücke und Längslenker wurde ein Kugelgelenk verwendet; ein zweites Kugelgelenk verband die obere Gabelbrücke mit dem Rahmenkopf.

Die beiden Schenkel des A-förmigen Längslenkers wurden so eng wie möglich oben am Motorgehäuse angeordnet. Die Telegabel behielt nur noch die Aufgaben Radführung und Lenkung; Federung und Dämpfung hingegen wurden - ähnlich wie beim Auto - von einem zentral auf dem Längslenker befestigten Federbein übernommen.

Die Vorteile der neuen Radführung überzeugten schon bei den ersten Fahrversuchen: höhere Steifigkeiten ohne zusätzliche ungefederte Massen, Nickausgleich oder Anti-Dive ohne Einfluß auf den Federweg, minimierte Änderungen

des Nachlaufs. Die gewünschten Eigenschaften bezüglich Lenkeinschlag und Federweg würden sich ebenso realisieren lassen wie einfache Änderungen in der Fahrwerksgeometrie für den weiteren Versuchsbetrieb.

Während damit die Fahrwerksvorentwicklung bereits 1985 schon recht weit vorangekommen war, ergaben sich bei der Suche nach dem geeigneten Ventiltrieb für den Boxermotor zahlreiche Probleme. Im Wege stand vor allem der für den Serienbau unvertretbar hohe Aufwand verschiedener Konzepte. Bei einem Nockenwellenantrieb über Königswelle und Kegelräder (wie ihn die Renn-Boxer der späten 30er Jahre hatten) wäre es zusätzlich zu einer starken Geräuschentwicklung gekommen.

Die Suche nach dem richtigen Ventiltrieb: Königswelle oder Stößel?

Weil das Grundkonzept mit Boxermotor, selbsttragendem Gehäuse und A-Lenker-Gabel - wie die Vordergabel zu diesem Zeitpunkt genannt wurde - bereits frühzeitig feststand, konnten sich bald auch die Designer an die Arbeit machen: Es entstanden erste Renderings. Die Vorgabe lautete, ein verkleidetes Motorrad mit sportlichem Erscheinungsbild und gutem Wind- und Wetterschutz zu kreieren. Auch mit der neuartigen Vordergabel und dem neuen Boxermo-

tor sollten sich die Designer eingehend befassen. Im April 1986 war es so weit: Das erste Designkonzeptmodell im Originalmaßstab konnte der Geschäftsführung der BMW Motorrad GmbH präsentiert werden.

Zu diesem Zeitpunkt war die Frage des Ventiltriebs noch offen. Allerdings hatte ein neuer Vorschlag konkrete Formen angenommen: "Kombinierte Steuerung" nannte der BMW-Motorenentwickler Georg Emmersberger sein Konzept und gab damit zugleich auch einen Hinweis auf die Besonderheiten.

Und die hatten es in sich: Von einer Zwischenwelle unterhalb der Kurbelwelle führte auf jeder Seite eine Rollenkette zum zugehörigen Zylinderkopf. Es gab keine zentrale Nockenwelle mehr, sondern jeder Zylinderkopf besaß seine eigene Nockenwelle, die längs unterhalb der beiden Ventilpaare angeordnet war und über kurze Stößel und Kipphebel auf die Ventile einwirkte. Der Clou an Georg Emmersbergers Entwurf war die platzsparende Anordnung der beiden Nockenwellen quer zu den Ventilen und die Winkelübertragung über Stößelstangen mit Kugelköpfen. Damit waren wichtige Zielvorgaben erfüllt: klarer Aufbau, Minimierung der Zylinderbreite, gute Zugänglichkeit der Einzelelemente. Ende 1986 wurde dieses Motorkonzept endgültig verabschiedet.

Die Mannschaft der BMW Motorrad GmbH wußte damit genau, was auf sie zukam: ein völlig neuer Boxer. Die Modellpflege bei den laufenden Baureihen durfte natürlich auch nicht vernachlässigt werden: Bis 1992 war mit den Neuvorstellungen von R 100 GS (1987), K 1 (1989), K 1100 LT, R 100 R (1991) und K 1100 RS (1992) parallel zur Boxer-Neuentwicklung ein strammes Programm zu bewältigen; die Entwicklung von ABS und geregeltem Katalysator erforderte zusätzliche Kapazitäten.

So waren denn auch organisatorische Veränderungen angesagt. Für das Pro-

Aus einer speziellen Knetmasse entstand um 1990 im Modellierstudio das endgültige Karosseriemodell.

maschine konkurrieren können; immerhin brachten es schon damals die meisten Tourenmaschinen auf 100 PS. Daher sollte der leistungsmäßige Abstand nicht zu groß sein. In der ersten Entwicklungsstufe hieß die Überlegung daher: Mit 1000 cm³ Hubraum würde der neue Boxermotor zumindest im Drehmomentverlauf einem Vierzylinder ebenbürtig sein können.

Für die ersten fahrfertigen Prototypen entstanden in jahrelanger Vorbereitungszeit sieben 1000-cm³-Motoren. Nach der Komponentenerprobung ging im Februar 1988 der erste Motor auf den

Zahlreiche Anströmversuche wurden im BMW-Windkanal durchgeführt. Der Rauch zeigt die Luftströmung, links am Fahrerhelm, unten am Kotfügel.

jekt "neuer Boxer" sollte erstmals bei BMW die Teamarbeit nach einem Modulsystem praktiziert werden. Das Gesamtprojekt wurde aufgeteilt nach Baugruppen: Fahrwerk und Gesamtentwurf, Antrieb, Design und Karosserie, Elektrik und Sonderzubehör. In allen Projektgruppen und bei allen Entwicklungsschritten wirkten von Anfang an Mitarbeiter aus den Bereichen Entwicklung, Fertigung und Vertrieb (mit Planung und Marketing) - gewissermaßen in "konzertierter Aktion". Die einzelnen Spezialisten im Modul waren nicht mehr allein für ihren umgrenzten Fachbereich verantwortlich, sondern die Verantwortung wurde vom jeweiligen Team als Ganzem übernommen.

Im April 1987 wurde endgültig der Entwicklungsauftrag für den Prototyp des R 259, wie das Boxer-Projekt intern hieß, endgültig erteilt. Jetzt ging es darum, die konstruktiven Details auszuarbeiten. Dabei war natürlich auch der Rahmen zu berücksichtigen, den man für den Hubraum festgelegt hatte. Wirtschaftlichkeitsaspekte standen bei der Hubraumdefinition ebenso im Vordergrund wie marketingpolitische Überlegungen: Das neue Modell sollte in einem möglichst attraktiven Sektor des Motorradmarktes positioniert werden. Und das

hieß: Man mußte mit dem Hubraum nach oben gehen. Denn der Trend zu hubraumstarken Motorrädern hielt seit Mitte der 80er Jahre ungebrochen an. Die alte BMW-Mittelklasse mit 800 cm³ Hubraum kam also nicht in Frage, 1000 cm³ mußten es schon sein. Ein Zweizylinder-Sporttourer mit einem Liter Hubraum würde zwar in der Leistung nicht mit einer entsprechenden Vierzylinder-

Prüfstand und leistete bei den ersten Messungen bereits 84 PS. Es zeigten sich aber bei Drehzahlen über 7000 U/min Probleme mit dem Ventiltrieb. Schlagartig riegelte der Motor ab, die Ventilsteuerung war insgesamt zu weich, die Stößel liefen bei hohen Drehzahlen nicht mehr formschlüssig auf den Nocken ab. Mit speziell eingerichteten Versuchsanordnungen konnten die

Techniker schrittweise Verbesserungs-
möglichkeiten aufzeigen. Als erste Maßnahme wurde die Nockenwelle nicht
mehr im Leichtmetallguß des Zylinderkopfes gelagert, sondern mit den Kipp-
hebellagerböcken in einem gemeinsa-
men Steuerungsträger angeordnet, der
separat auf dem Zylinderkopf montiert
wurde. Auch die Kipphebel mußten
mehrere Entwicklungsstufen durchlaufen. Verschiedene Formen und Materialien wurden eingehend getestet.

Ebenfalls lange Versuchsreihen wurden mit den Ventilstößeln durchgeführt.
Man probierte zunächst Tassenstößel
aus, stellte jedoch fest, daß sich auf diesen die Gleitkipphebel zu schnell eingru-
ben. Es folgten offene, mit kurzen
Stößelstangen kombinierte Tassen; sie
erwiesen sich aber als zu schwer. Die
endgültige Ausführung war ein Stößel-
becher aus speziellem Schalenhartguß
auf der Nockenwellenseite und ein hoch-
fester Aluminiumstößel mit stählernem
Kugelkopf.

Erste Stufe: Entwicklung eines
Vergasermotors mit zunächst 1000 cm³

Ein entscheidender Tag war der 27.
Oktober 1988: Damals wurde der seit
Mai im Versuchsbetrieb laufende Prototyp der R 259 sowohl den Geschäftsfüh-
rern der BMW Motorrad GmbH als auch
dem Vorstand der BMW AG auf dem
werkseigenen Testgelände bei München
vorgeführt. "Grünes Licht" gab es
zunächst nur für das Technikkonzept,
nicht jedoch für die Designausarbeitung.
Um zu einem optimalen Ergebnis zu finden, wurden jetzt auch an die Automo-
bildesigner der BMW AG und der BMW
Technik GmbH Aufträge erteilt.

Aber auch als vier neue, unterschiedliche Modelle in Originalgröße sowie
weitere Studien auf dem Papier fertig
waren, fiel noch keine Entscheidung.
Erst im April 1990 fand mit der Präsentation eines weiteren Konzeptmodells
der Motorrad-Designer der Durchbruch
statt. Den Gestaltern war es gelungen,
bisherige Kritikpunkte auszuräumen und
ein eigenständiges, erfreuliches Erscheinungsbild entstehen zu lassen.

**Rendezvous mit dem ersten R 259-Versuchs-
träger: der damalige Entwicklungsleiter Martin
Probst (links) und Werkleiter Peter Stark.**

Noch enger als bei der K-Reihe waren
beim neuen Boxer Design und Technik
miteinander verknüpft. Das galt für die
neue Vorderradaufhängung ebenso wie
für den Motor und äußerte sich auch in
allen wichtigen Details wie den
großflächigen Ventildeckeln oder dem
vorderen Kotflügel. Die seitlich weit
herausragenden Zylinder gehörten von
vornherein zu den markantesten optischen Merkmalen. Die Längslenkerver-
bindung zwischen Gabel und Motorgehäuse allerdings sollte zunächst hinter
der Verkleidung verborgen werden.
Doch dann wurde der Längslenker doch
als eigene Designkomponente deutlich
sichtbar in die dynamische, nach vorne
abfallende Linienführung integriert. Die
Linie setzte sich durch die Schrägstel-
lung der Zylinder fort.

Exklusive Optik durch modernes Design
und ausgefeilte Aerodynamik

Auch in puncto Wetterschutz, Aerodynamik, Ergonomie und Tankgestal-
tung hatte man bei BMW von Anfang an
klare Vorstellungen: Alle Elemente
mußten hohen Ansprüchen genügen und
ins BMW-typische Erscheingsbild passen. Auf jeden Fall mußte der neue Boxer auch einen großen Tankinhalt haben.

Die Realisierung verlangte den Desi-
gnern viel Kreativität ab. Über dem
großen Generator auf dem Motorblock
und dem Rahmenvorderteil mit der Fe-
derbeinhalterung ließ sich kein Kraft-
stoffbehälter in üblicher Form mehr un-

terbringen. Resultat war letztlich ein raffiniert um die Bauteile der aufwendigen
Bordelektrik herum geformter Behälter
aus Polyamid-Kunststoff, der den Raum
für die 23 Liter Benzin zu beiden Seiten
und nach hinten zum Fahrersitz hin optimal verteilte.

Die mittlere Karosseriepartie erhielt
durch das eigenwillige Tankdesign starke optische Dominanz. Bei der Frontverkleidung kam es darauf an, daß die
Form nicht zu wuchtig ausfiel. Es dauerte eine Zeit, bis die endgültige Außen-
hautform gefunden war. Im weiteren
Verlauf des Versuchsbetriebs mußten lediglich noch einige Detailänderungen
für die Kühlluftzufuhr gemacht werden.
Die Luftströmung wurde zunächst im
Kühlerprüfstand des BMW Windkanals

durchgeführt. Anschließend folgten umfangreiche Fahrversuche im bekanntlich heißen Südafrika.

Im Frühjahr 1989 dann wurde der erste Vorprototyp im Langstreckenversuch erprobt. Auf über 10 000 Kilometern zeigten die neuen Aggregate und Baugruppen, was sie konnten; aber sie zeigten auch Grenzen auf, sorgten mit Abstimmungsproblemen für Diskussionsstoff; doch so etwas ist im Frühstadium einer Entwicklung durchaus normal. Anschließend wurde mit der Realisierung der soganannten Baustufe I begonnen. Das bedeutete den Übergang vom experimentellen Versuchsbau zur Konstruktion in allen Einzelheiten. Für die Entwicklung von Motor und Fahrwerk wurden erstmals im BMW Motor-

Als der neue Boxer laufen lernte: oben Dauererprobungs-Maschine Anfang 1991 mit Motronic-Gemischaufbereitung. Links Prototyp 1988/89 mit Bing-Vergasern.

radbau computergesteuerte Finite-Elemente-Berechnungen, wie sie bei der Automobilentwicklung seit Jahren üblich sind, in großem Umfang durchgeführt. Dies erwies sich als sehr nützlich, denn mit dieser Methode konnten Einzelteile wie komplette Strukturen bereits im Vorfeld genau analysiert werden. Man erhielt so bereits am Bildschirm Erkenntnisse über Biegefestigkeit und Belastbarkeit, erkannte Möglichkeiten zur Gewichtseinsparung, bekam Anregungen für wirtschaftliche Produktionsverfahren. Natürlich integrierten die Konstrukteure auch alle im Versuchsbau und Erprobungsbetrieb gewonnenen Erkenntnisse in ihre Arbeit.

Der zweite Versuchsmotor besaß wie der erste ein Sandguß-Leichtmetallgehäuse, hatte aber einen verstärkten Ventiltrieb. Im Mai 1989 stand er erstmals auf dem Prüfstand. Der Generator war noch vorn auf der Kurbelwelle montiert, saß daher wie die Lichtmaschine des alten Boxers noch unter einem Gehäusedeckel. Doch bei dieser Lösung blieb es nicht. Weil für das neue Motorrad bestimmte Zusatzausstattungen wie das weiterentwickelte ABS II und der geregelte Katalysator vorgesehen waren, mußte der Generator mit einer komplizierten, raumgreifenden Regeltechnik ausgerüstet werden. Man kam daher nicht umhin, die Lichtmaschine oben auf das Gehäuse zu setzen. Den Antrieb sollte - wie bei einem Automotor - ein Keilriemen ("Poly-V-Belt") besorgen.

Anfangs erfüllte Versuchsmotor Nummer zwei die Erwartungen durchaus. Ein erster Prüfstandsdauerlauf brachte zufriedenstellende Resultate in puncto Standfestigkeit. Doch dann traten Schwierigkeiten auf. Folge: Der Abschluß der Versuchsphase verzögerte sich unerwartet, das Jahr 1990 wurde ganz von zusätzlichen Arbeiten beansprucht. Am gravierendsten war, daß sich bei Prüfstandsläufen über 300 Stunden nonstop (das entspricht einer Laufleistung von 25.000 bis 50.000 km je nach simulierter Geschwindigkeit) und auch bei der Dauererprobung im Fahrbetrieb ein gewisser Mangel an Leistung und Drehmoment zeigte. Auch wurden von den Testfahrern eine sehr hohe Geräuschentwicklung unter Last und starke Vibrationen moniert. Zu allem Übel traten an den Motorengehäusen auch noch Risse auf. Daß die Motoren-

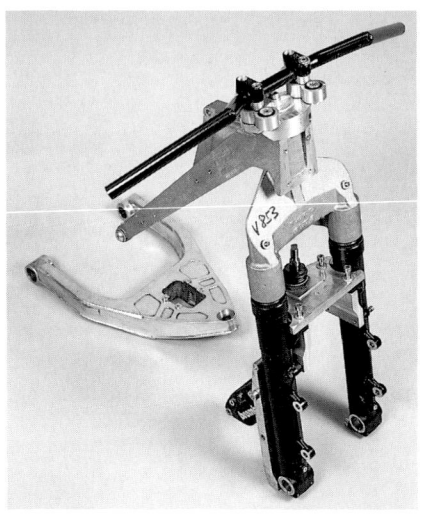

versuchstechniker die Gehäuse selbst schweißten, ermöglichte zwar die Fortführung der Versuche, beseitigte aber nicht die Ursache. Jetzt geriet das ganze Projekt enorm unter Zeitdruck. Unverzüglich mußten die erforderlichen Versteifungen in das Gehäuse hineinkonstruiert werden, neue Gehäuse waren in Handarbeit zu gießen. Es kam auf jede Stunde an.

Wegen der unbefriedigenden Motorcharakteristik kam man gleichwohl nicht umhin, die generellen Vorgaben

noch einmal in wesentlichen Punkten zu ändern. Durchgesetzt wurden die letztlich entscheidenden Modifikationen vom neuen Entwicklungschef der BMW Motorrad GmbH, Dr. Burkhard Göschel. Er beschloß, den Hubraum des neuen Boxers auf 1100 cm³ zu erweitern, stoppte gleichzeitig die Entwicklung spezieller Vergaser für diesen Motor. Unverändert blieb das Leistungsziel von 90 PS; der zusätzliche Hubraum sollte vor allem jene Drehmomentverbesserung bringen, wie sie bei einem modernen Zweizylinder erwartet wird. Eine immens wichtige Entscheidung war es, ausschließlich eine Motronic-Einspritzanlage zu verwenden; bis zu diesem Zeitpunkt war die Einspritzung lediglich als Variante zu den Vergasern vorgesehen. Die Motronic sollte unter anderem den Einsatz eines geregelten Katalysators ermöglichen.

Reichlich Probleme mit dem 1000er Motor

Die in weiten Bereichen neu konstruierten Motoren entstanden in der zweiten Jahreshälfte 1990. Ab Mitte 1990 lief dann auch die erste große Dauererprobung mit drei Motorrädern. Jede Maschine absolvierte 30 000 km unter verschiedensten Einsatzbedingungen in ganz Europa: Autobahn, Landstraße, Alpenpässe - solo oder mit Sozius und Gepäck. Obwohl die neuartige Gabel nur noch zur Radführung und Lenkung diente und weder Federn noch Dämpfer besaß, bereitete sie den Versuchsleuten lange Zeit Kopfzerbrechen. Zunächst führten die höheren Kontaktkräfte an den Gleitbuchsen zu einer gewissen Klemmneigung; Teflonbuchsen brachten eine erste Verbesserung. Aber erst die Verwendung extrem verlängerter Gleitrohre (620 statt 530 mm) ermög-

Details im Prototypenstadium: Der ursprüngliche Telelever sah keine Verlängerung der Standrohre bis zur Gabelbrücke vor (oben). Links: 1000er-Motor von 1988 mit integriertem Generator.

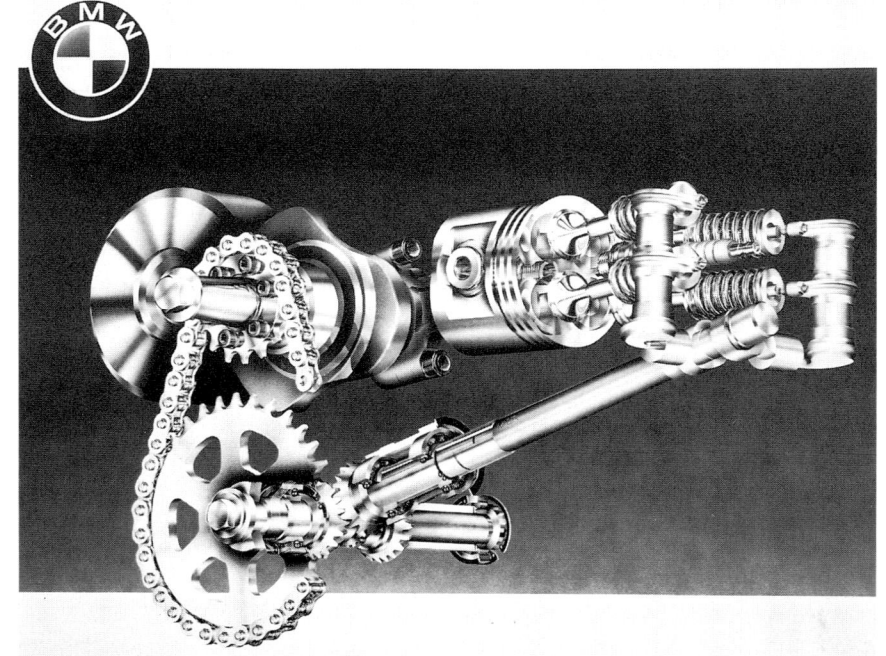

Lange Suche nach dem richtigen Konzept: rechts Entwurf für einen Königswellenantrieb mit seitlichen Nocken von 1985. Mitte: Modalanalyse des Fahrwerkskörpers am Computer, daneben drei Gabelentwürfe mit unterschiedlichen Gleitrohrlängen und Standrohrdurchmessern. Unten: Rahmenvorderteile aus verschiedenen Stadien.

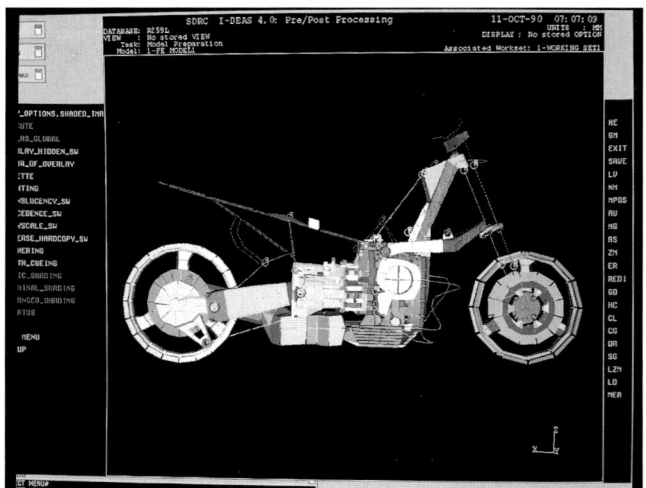

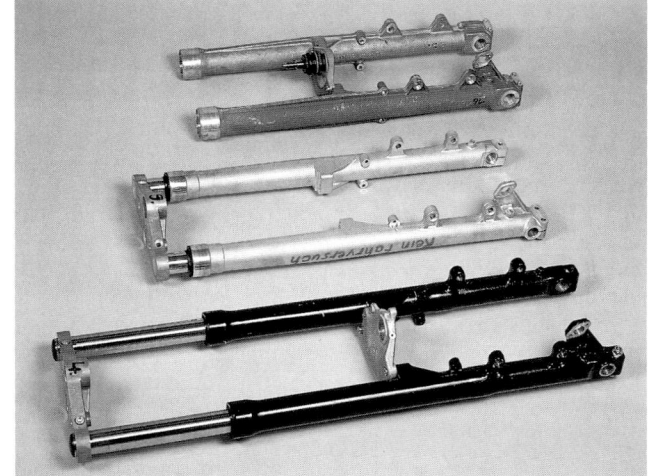

lichte den idealen Abstand der Buchsen und damit eine Verringerung der Kontaktkräfte.

Das Ansprechverhalten blieb jedoch weiterhin verbesserungsbedürftig. Auch trat unter bestimmten Bedingungen noch immer ein Lenkerschlagen auf. Die Lösung brachte die Verwendung neuer Standrohre mit nurmehr 35 mm Durchmesser statt vorher 40 mm. Während bei einer herkömmlichen Telegabel die Steifigkeit über den Standrohrdurchmesser erzielt wird, mußten die Biegemomente bei der neuen Gabel durch eine besondere Formung der Gleitrohre aufgefangen werden: Sie bekamen daher einen ovalen Querschnitt. Weitere Probleme zeigten sich bei den Crash-Versuchen, die BMW

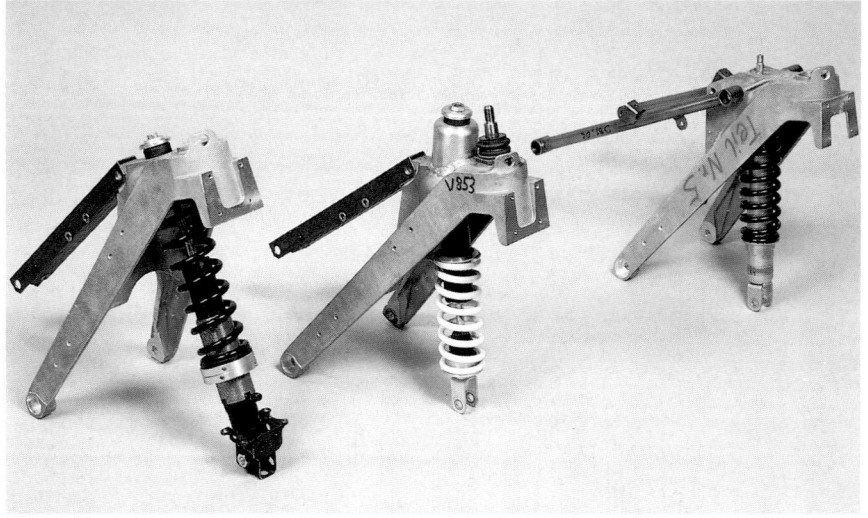

bemerkenswerterweise mit dem neuen Boxer durchführte. Dabei stellte sich heraus, daß der zunächst aus Leichtmetall gegossene Längslenker zu steif war. Er verformte sich beim Aufprall nicht genügend und gab daher die Energie an die Halterungen am Gehäuse weiter. Es wurde daher beschlossen, den Längslenker als Blechschalen-Konstruktion zu bauen. Damit bekam man die gewünschten Eigenschaften.

Suche nach feinem Ansprechverhalten und optimaler Dämpfung

Einen Teil der Verformungsenergie sollten auch die Stahlrohrstreben aufnehmen, mit denen das weiterhin aus Aluguß bestehende Rahmenvorderteil an beiden Seiten nach hinten abgestützt wird. Da die Länge dieser Streben zusammen mit der Kröpfung der Gleitrohrbrücke die Fahrwerksgeometrie bestimmt, wurden sie so lange modifiziert, bis ein optimales Ergebnis erzielt war. Unter anderem wurde auf diese Weise der Radstand verkürzt.

Bei der geometrischen Auslegung spielte auch die Anordnung des Federbeins eine wichtige Rolle. Denn es sollten eine möglichst große Progression in der Federung und ein sehr feines Ansprechverhalten erreicht werden. Der Bremsnickausgleich wurde auf 70 Prozent beschränkt, damit der Fahrer beim Bremsvorgang weiterhin eine Rückmeldung spüren konnte. Der hohe Komfort, erzielt durch durch die unverändert gebliebene Feder- und Dämpfungswirkung, blieb erhalten; dies wirkte sich auch sehr vorteilhaft beim Einsatz des neuen ABS aus. Die steife Radaufhängung verbesserte die Regelqualität des ABS erheblich. Erst 1992 erhielt die neue Art der Vorderradführung ihre endgültige Bezeichnung: Telelever.

Die Anlenkpunkte des Paralevers, der 1987 mit der R 100 GS eingeführten, seit 1989 auch in der K-Reihe bestens bewährten Doppelgelenk-Einarm-Hinterradschwinge, mußten nach der ersten Dauererprobung geändert werden. Das Federbein wurde nicht mehr asymmetrisch, sondern zentral hinter dem Ge-

triebe auf dem breiten Schwingen-Querprofil aus Aluguß postiert. Oben stützte es sich wie gewohnt am Heckrahmen ab. Der Heckausleger ist beim neuen Boxer direkt am Motorblock befestigt, trägt auch Sitzbank und Soziusfußrasten. Zunächst aus Vierkantrohr gefertigt, mußte dieses Bauteil nach der neuen Positionierung des Federbeins neu konstruiert werden. Der Ausleger besteht jetzt aus Rundrohr und ist somit leichter und stabiler.

Wie eh und je legte man der Entwicklung wieder größten Wert auf eine ergonomische Gestaltung und Anordnung der Bedienungselemente und Sitzplätze. Bei der R 259 standen erstmals verschiedene individuelle Verstellmöglichkeiten zur Debatte. Zusätzlich zu der in der Neigung justierbaren Verkleidungsscheibe sollten ein in der Längsrichtung des Fahrzeugs verstellbarer Lenker und ein in der Höhe variabler Fahrersitz konzipiert werden. Bei der Feinabstimmung dieses fortschrittlichen Zubehörpakets arbeiteten Ingenieure und Versuchsfahrer eng zusammen.

Weiter Weg bis zur idealen Abstimmung von Gabel und Schwinge

Bevor Anfang 1991 der Startschuß zur Realisierung der Baustufe III gegeben wurde, schob man eine zweite Dauererprobung des bisherigen Entwicklungsstands von Fahrwerk, Aufbau und 1100er-Einspritzmotoren ein. Erneut waren mit drei Motorrädern jeweils 30.000 km zurückzulegen. Wegen der hohen Beanspruchung unter den verschiedensten Einsatzbedingungen waren häufig Reifenwechsel nötig. Auf diese Weise ließen sich unterschiedliche Größen, Profile und Fabrikate testen.

Alle Einzelheiten der genau vorgegebenen Erprobung wurden im Rahmen der sogenannten "Versuchsteile-Verfolgung" von einem Computerprogramm erfaßt. Gefüttert wurde der Rechner beispielsweise mit Tankdaten (Füllmenge, Kilometerstand) und wichtigen Einflußgrößen wie Streckenart, Fahrweise, Wetter und Gewicht des Fahrers. Die festgelegten Strecken fanden sich mit detailge-

treuer Beschaffenheit codiert im Programm wieder; außerdem erfaßte das Codesystem den detaillierten Fahrbericht des jeweiligen Fahrers.

Die neuen Motoren bewährten sich auf Anhieb. Jetzt war der gewünschte Durchzug aus niedrigen Drehzahlen heraus vorhanden. Der Ventiltrieb wies die erforderliche Drehzahlfestigkeit auf, eine geänderte Kurbelwelle machte den Vibrationen ein Ende. Die Gehäuseverstärkungen unterdrückten jede Rißbildung, die Hauptlager bewiesen ihre Standfestigkeit. Lagerflächen und Kontaktflächen am Ventiltrieb zeigten keine Verschleißprobleme mehr. Die Kipphebel waren nochmals verstärkt und ihre Achsen zur besseren Schmierung optimiert worden.

Machte schließlich alle froh: 1100er Motor mit Benzineinspritzung

Die verlangten 90 PS hatten sich schon zuvor bei den Prüfstandsläufen sicher erreichen lassen, an Leistung mangelte es dem neuen Boxer nicht im geringsten. Das Ansaugvolumen im Luftfilterkasten war um 1,5 Liter vergrößert worden; Ergebnis in Verbindung mit der ausgeklügelten Auspuffanlage: Das seit 1. Oktober 1993 in der EG geltende Fahrgeräuschlimit von 80 db(A) konnte mit 79 db(A) bereits 1991 unterschritten werden.

Als der Abschlußbericht der beiden Dauererprobungen vorgelegt wurde, hatte der neue Boxer bereits 250.000 km im Straßenbetrieb und 200.000 km auf Prüfständen zurückgelegt. Es folgte die Vorfreigabe des Gesamtfahrzeugs R 259, parallel dazu wurden bereits die ersten Serienfreigaben für Gußteile wie Motorgehäuse und Zylinderköpfe erteilt. Die Fahrwerksabstimmung war nach einem Test der Fahrwerksentwickler auf der berühmt-berüchtigten Nordschleife des Nürburgrings ebenfalls zufriedenstellend abgeschlossen worden.

Die große "Dauerfestigkeitserprobung" mit drei Motorrädern über jeweils 50.000 km zur Absicherung des Serienstands schloß sich an. Alle drei Fahrzeuge waren mit geregeltem Katalysator

ABS-Versuchsfahrten 1991:
Fahrer und Maschine sind
vollgepackt mit Meßinstrumenten.

und dem neuen ABS II ausgerüstet. Die Fahrzeuge, die im Frühjahr 1992 für die letzte Dauererprobung benötigt wurden, konnten bereits zu fast 100 Prozent aus in Serie gefertigten Teilen aufgebaut werden. Das war ungewöhnlich so weit vor dem Serienanlauf, ließ aber zusätzlichen Spielraum für etwaige kleine Änderungen.

Bei allen bisherigen Projekten waren die Prototypen stets aus der Abteilung Versuchsbau gekommen. Bei der R 259 war das erstmals anders: Die Ingenieure, Mechaniker und Versuchsfahrer der Abteilung Dauererprobung bauten ihre Motorräder diesmal selbst auf. Das lieferte schon in einem frühen Stadium wertvolle Hinweise auf die spätere Bandmontage und die Wartungs- und Reparaturfreundlichkeit des Fahrzeugs.

Im Herbst 1992 wurden in Berlin die ersten Vorserienmotorräder gebaut. Mit diesen Maschinen führten Mitarbeiter der BMW Motorrad GmbH und der BMW AG eine "Felderprobung", also ausgiebige Fahrten im normalen Verkehr durch. Ziel: bereits vor Serienproduktionsanlauf kundennahe Praxiserfahrungen zu gewinnen. Vor dem Produktionsbeginn standen im BMW Werk in Berlin-Spandau umfangreiche Anlagenbauarbeiten auf dem Programm. So wur-

den in der Abteilung mechanische Fertigung hochmoderne Werkzeugmaschinen und Bearbeitungszentren für die Herstellung von R 259-Teilen installiert. Da der neue Boxer auf einer eigenen Montagelinie gebaut wird, war ein kompletter Umbau erforderlich. Gleichzeitig mit der R 259 wurde im Werk Berlin auch ein neues Arbeitsmodell eingeführt: Die Werker an der Montagelinie des neuen Boxers praktizieren Gruppenarbeit. Auch in dieser Hinsicht sind in der Geschichte des BMW Motorrads im Jubiläumsjahr 1993 neue Zeiten angebrochen.

Posieren mit der fertigen R 1100 RS (von links): Projektplaner Wolfgang Dürheimer, Design- und Karosserieentwicklungsleiter Klaus-Volker Gevert, Modulleiter Karosserie Markus Poschner, Entwicklungsgeschäftsführer Dr. Burkhard Göschel, Modulleiter Elektrik/Elektronik Jürgen Kurzhals, Modulleiter Antrieb Christoph Schausberger, R 259-Projektleiter Richard Kramhöller, Modulleiter Fahrwerk Lothar Scheungraber.

Klassisches Prinzip, moderne Detaillösungen: der neue Vierventil-Boxer R 259

Bereits Mitte der 80er Jahre - die K 75-Reihe war gerade erfolgreich eingeführt worden - machte man sich bei BMW Gedanken darüber, wie das Boxermotorrad der Zukunft aussehen könnte. Grundvoraussetzung war natürlich die Entwicklung eines völlig neuen Motors. Auch wenn es ein Boxermotor werden sollte: Planung und Konstruktion mußten auf jeden Fall bei Punkt Null beginnen. Den Ingenieuren und Technikern war von vornherein klar, daß sie sich an den Vorgaben orientieren mußten, die der Wettbewerb, die Entwickler, die Marketing- und Vertriebsfachleute, die eigenen Erfahrungen und die zu erwartenden gesetzlichen Vorschriften ins Lastenheft schreiben würden. Klar war natürlich auch, daß dieser Anforderungskatalog laufend den aktuellen Veränderungen und Bedürfnissen angepaßt werden mußte.

Auf jeden Fall sollte der neue Boxermotor mehr Leistung und mehr Drehmoment haben als das herkömmliche Boxer-Triebwerk. Vier Ventile pro Zylinder statt wie bislang zwei waren daher ein absolutes Muß. Oberste Priorität hatten außerdem die Themen Umweltverträglichkeit, Verbrauchsreduzierung,

Abgas- und Geräuschverhalten sowie Wartungsfreundlichkeit. Im Kapitel Entwicklung haben wir gezeigt, auf welchen Wegen diese Ziele erreicht wurden. Der seit Anfang 1993 in Serie produzierte neue Boxermotor R 259 überrascht mit zahlreichen Innovationen und bemerkenswerten technischen Details.

Neu: zweiteiliges Motorgehäuse, Lichtmaschine wie beim Auto

Wer die BMW R 1100 RS zum ersten Mal fährt, wird sofort feststellen, daß der neue, luft- und ölgekühlte Zweizylinder-Boxermotor im Vergleich zum alten Boxer tatsächlich viel mehr Leistung und besseren Drehmomentverlauf auch schon bei niedrigen Drehzahlen entwickelt. Er präsentiert sich mit folgenden Grunddaten: 1100 cm³ Hubraum, 90 PS (66 kW) Leistung bei 7250 U/min, maximales Drehmoment 95 Nm bei 5500 U/min.

Das Motorgehäuse besteht aus zwei Aluminiumgußhälften. Bewußt haben die Ingenieure auf die einteilige Konstruktion des Tunnelgehäuses der alten Boxermotoren verzichtet. Die beiden Halbschalen lassen sich rationell und ko-

stengünstig herstellen. Die Hälften sind nahezu identisch. Einziger Unterschied: Auf der rechten Seite sitzt der Flansch für das Öldruckregelventil, auf der linken Seite ist das Ölschauglas angebracht. Abgedichtet werden die beiden Gehäusehälften durch eine elastische Dichtmasse auf Silikonbasis, die temperatur- beständig ist und sich leicht entfernen läßt. Bei diesem neuen, zweiteiligen Halbschalengehäuse wurde die Ölwanne in die beiden Hälften integriert. Der Ölraum des neuen Motors hat das stolze Volumen von 4,5 Litern.

Mit der neuartigen Gehäusekonstruktion haben die Ingenieure die Gefahr von Abdichtungsproblemen, wie sie bei einer angeflanschten Ölwanne auftreten können, von vornherein ausgeschlossen. Außerdem wurde auf das aufwendige Kokillenguß-Verfahren mit Sandkernen verzichtet. Beim "Middle-Pressure"-Druckguß, wie er jetzt angewandt wird, ist die Ausschußrate weitaus geringer. Weil die Antriebseinheit tragendes Element und gewissermaßen das Rückgrat des Fahrzeugs ist, wurden die Gehäuseteile von Motor und Getriebe mit Hilfe von Computerberechnungen nach der Finite-Elemente-Methode (FEM) beson-

ders steif ausgelegt. Der Generatordeckel ist aus Leichtmetalldruckguß und schließt das Motorgehäuse nach vorn ab. Oben auf dem Gehäuse sitzt die Lichtmaschine; sie wird von einem Keilriemen ("Poly-V-Belt") angetrieben.

Von Anfang an war unumstritten, daß nur mit einem Vierventiler die Anforderungen an Leistung, Emission und Verbrauch erreicht werden könnten. Nur jeweils zwei Einlaßventile pro Zylinder garantieren optimale Füllung beim Ladungswechsel. Durch die symmetrische Anordnung der beiden Auslaßventile konnte die Zündkerze mit ihren drei Masseelektroden in die Mitte des Zylinderkopfes rücken. Der firstförmige Brennraum mit den seitlichen Quetschkanten ist äußerst kompakt.

Die Leistungs- und Drehmomentausbeute ist bei einem Vierventiler deutlich höher als bei einem Zweiventiler. Vierventiler nutzen durch stärkere Füllung der Zylinder den Kraftstoff besser aus und führen zur Leistungsanhebung beziehungsweise zu reduziertem Benzinverbrauch bei gleicher Leistung. Bei einem Dreiventil-Motor kommen diese genannten Vorteile nicht so zum Tragen. Auch Versuche von BMW mit Fünfven-

Chic und sicher in die 90er Jahre: Vierventil-Boxer R 1100 RS. Unten die Boxer-Ahnengalerie: R 259 1993, R 100 R 1991, R 69 S 1960, R 32 1932.

tilköpfen haben keine überzeugenden Vorteile für dieses Konzept erkennen lassen. So ergab sich nahezu zwingend ein Zylinderkopf mit je zwei Einlaß- und Auslaßventilen.

Damit die besonders heiße Auslaßpartie optimal gekühlt werden kann, ist die vordere, mit den Auslaßventilen bestückte Partie des Zylinderkopfes so geneigt, daß der ganze Bereich direkt im Luftstrom liegt. Zusätzlich wird der sich bis auf 300 Grad Celsius erhitzende Steg zwischen den beiden Auslaßventilen im Zylinderkopf durch Öl gekühlt. Der Vorteil dieser zusätzlichen Ölkühlung: Die Standzeiten der Ventile und Sitzringe erhöhen sich deutlich. Darüber hinaus konnten die Einstellintervalle von 7500 km auf nun 10 000 km verlängert werden. Um Verkokungen am heißen Kühlkanal nach Abstellen des Motors zu vermeiden, ist dieser so geformt, daß der Kühlölkanal immer gefüllt bleibt.

Aufgrund der großflächigen Kühlung durch Luft und zusätzlich durch Öl erreicht der Motor die erforderliche, höhere Temperaturbeständigkeit, entwickelt weniger Geräusche und erreicht außerdem eine längere Lebensdauer.

Weil die beim alten Boxermotor verwendete Ventilsteuerung über eine zentrale Nockenwelle, Stößel, sehr lange Stößelstangen und Kipphebel für ein Vierventilkonzept wegen der nicht ausreichenden Steifigkeit keineswegs in Frage kam, mußten die BMW Ingenieure andere Wege gehen.

Platzsparend: Ventiltrieb mit zwei hochgelegten Nockenwellen

Technisch wäre es ohne weiteres möglich gewesen, klassische Ventilsteuerungssysteme mit einer obenliegenden Nockenwelle (OHC/overhead camshaft) oder mit zwei obenliegenden Nockenwellen (DOHC/double overhead camshaft) und Tassenstößeln auch beim Boxer zu realisieren. Bei den Drei- und Vierzylindermotoren der K-Reihe von BMW wird diese Technik schließlich höchst erfolgreich seit 1983 angewandt. Das Problem war jedoch die mit einer entsprechenden Lösung verbundene Baubreite des Motors: Sie wäre um insgesamt etwa vier Zentimeter gewachsen. Das aber hätte sich nicht mit der Lastenheft-Forderung nach einer maximalen Schräglagenfreiheit des Fahrzeuges von 49 Grad vertragen.

Ein Königswellenantrieb - von BMW schon vor dem Krieg im Rennsport erfolgreich eingesetzt - schied wegen der hohen Kosten und der großen Ansprüche

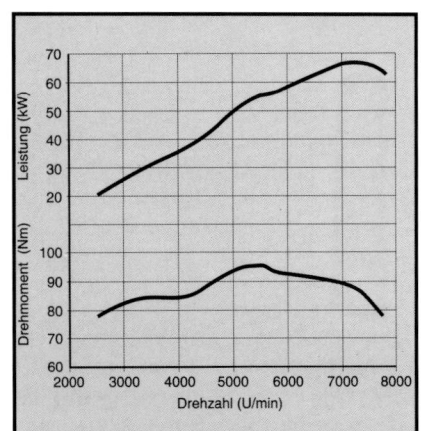

Typisch R 259: Bei 4200 U/min setzt ein Leistungs- Drehmomentschub ein.

an die Wartung aus.
So entschieden sich die BMW-Ingenieure schließlich, folgende Lösung zu realisieren: Von der Kurbelwelle wird über eine Kette eine im Verhältnis 2 : 1 untersetzte Nebenwelle angetrieben. Sie sitzt unterhalb der Kurbelwelle im Bauch des Motors. Von der im Verhältnis zur Kurbelwelle mit halber Umdrehungszahl rotierenden Nebenwelle treibt je eine Kette die Nockenwelle an, die jeweils im rechten und linken Zylinderkopf hinten neben den Einlaßventilen rotiert. Ähnlich konstruiert ist der Ventiltrieb des 1992 vorgestellten Moto Guzzi-Top-Modells Daytona mit V2-Motor.

Ketten wurden unter anderem deshalb verwendet, weil sie wenig Platz brauchen. Auch sind sie leichter als Zahnräder, erfüllen aber aufgrund der inzwischen erreichten hohen Materialgüte die gleichen Anforderungen an Präzision und Dauerbelastbarkeit.

Der scheinbare Umweg über die Nebenwelle bringt bei näherem Hinsehen erhebliche Vorteile: Das Kettenrad im Zylinderkopf kann kleiner bemessen sein, der Zylinderkopf fällt weniger breit aus. Trotz dieses Kunstgriffs geht es im Zylinderkopf immer noch sehr eng zu. Mit dem Zylinderkopf verschraubt ist ein Steuerungsträger aus Leichtmetall, der den Ventiltrieb aufnimmt. Im Steuerungsträger sind die Nockenwelle und

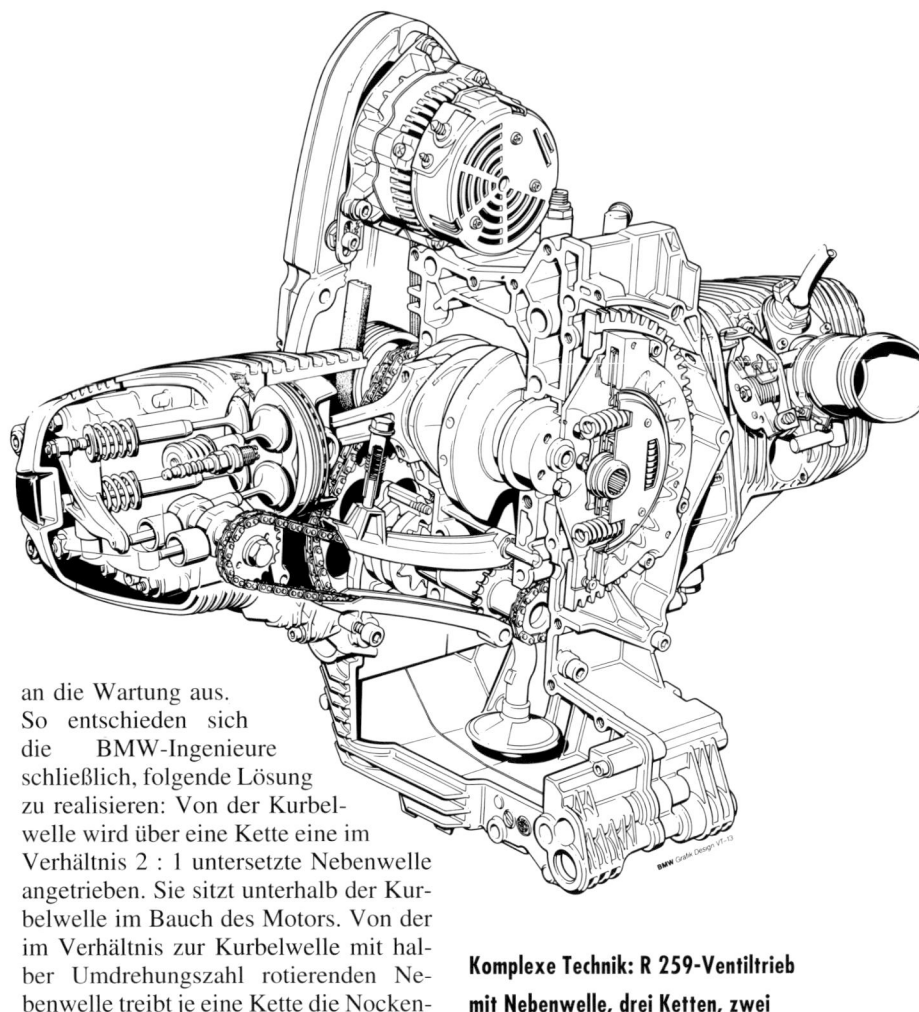

Komplexe Technik: R 259-Ventiltrieb mit Nebenwelle, drei Ketten, zwei hochgelegten Nockenwellen, Stößeln Kipphebeln und Gleitschuhen.

die Kipphebel gelagert. Die Nockenwelle ist jetzt nicht mehr, wie bisher üblich, aus einem Teil gefertigt. Stattdessen hat man auf eine besonders gehärtete Stahlwelle Sinternocken gepreßt. Die rotierende Nocke arbeitet gegen Tassenstößel, wandelt die Dreh- in eine Hubbewegung um und leitet die Kraft über kurze Stößelstangen auf die geschmiedeten Kipphebel. Diese Kipphebel übertragen die Kraft auf die mit 27 Kilogramm zu öffnenden Ventile. Um Einstellarbeiten zu erleichtern, sind die Kipphebel mit Einstellschrauben für die gelenkigen Gleitschuhe (auch Elefantenfüße genannt) ausgerüstet, die paarweise die Ventile betätigen.

Diese Art der Ventilsteuerung, bisweilen auch HC (high camshaft) oder CIH (camshaft in head) genannt, hat im

Fall des neuen Boxers noch einen weiteren Vorteil: Sie ermöglicht das dynamische Erscheinungsbild mit keilförmigen, gezielt nach unten deutenden Zylinderköpfen.

Die beiden für den Boxer charakteristischen, seitlich herausragenden Zylinder sind aus Leichtmetall gegossen. Auf der Außenseite tragen sie Kühlrippen zur Vergrößerung der Oberfläche und damit zur besseren Wärmeabfuhr. Sehr viel Detailarbeit wurde aufgewendet, um bereits von der Konstruktion her das lästige Kühlrippenschwirren zu unterbinden. So sind die Rippen durch Stege versteift, damit auf nachträglich eingeklemmte Silent-Blocs aus Gummi verzichtet werden kann. Gleichzeitig sind die Rippen so lang wie nötig, um eine ausreichende Wärmeabfuhr zu ermöglichen. Dieses Konstruktionsmerkmal verhindert nachhaltig Schwingungen und Eigenfrequenzen, die als Schallwellen abstrahlen würden.

Köpfe, die es in sich haben: die Vierventilkonstruktion im Detail. Aufgeräumte Sache: zerlegter Boxer.

Innovativ: gecrackte Pleuel aus hochwertigem Sinter-Schmiedestahl

Auf der Innenseite sind die Zylinder mit einer hochfesten, verschleißarmen und glatten Gilnisil-Schicht versehen, die Reibung minimiert. Die Vorteile dieser Nickel-Silizium-Beschichtung (Gil am Anfang steht für den Hersteller, die italienische Firma Gilardoni) liegen bei den geringen Kraftverlusten aufeinandergleitender Metallflächen. Weitere Pluspunkte: verminderter Ölverbrauch,

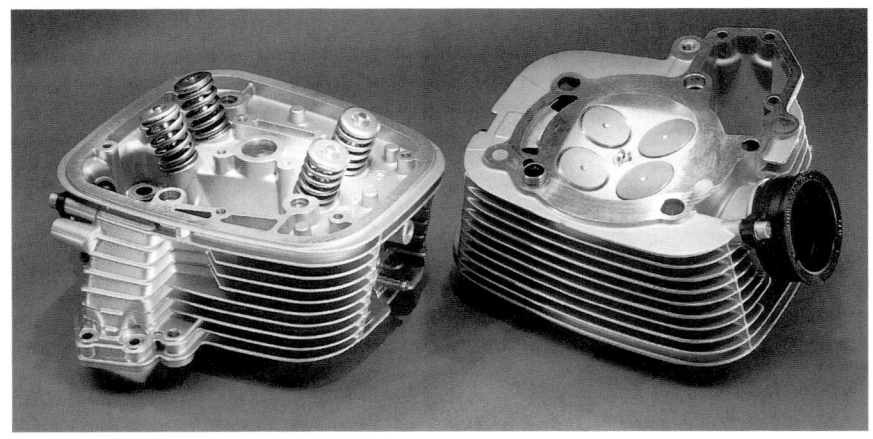

hohe Drehzahlfestigkeit und damit verbunden lange Lebensdauer.

Die beiden Kolben mit ihren jeweils drei Kolbenringen - einer für das Abstreifen des Öls, zwei für Kompression und Abdichtung - sind gegossene Leichtmetallkolben. Mit 99 mm Durchmesser knapp handtellergroß, wiegen sie ein knappes Drittel weniger als die bisherigen Kolben im alten Boxermodell. Die "Slimline" der neuen Kolben vermindert die Massenkräfte und ermöglicht höhere Drehzahlen; außerdem werden die Vibrationen verringert. Der Gewichtsvorteil hängt mit der Bauweise moderner Kastenkolben zusammen: Das Kolbenhemd ist wesentlich kürzer; während früher der Kolbenbolzen im verstärkten Hemd Halt fand, wird der verkürzte Bolzen nun von zwei Rippen aufgenommen.

Die Verbindung zwischen Kolben und Kurbelwelle bildet bekanntlich das Pleuel. Beim neuen R 259-Motor ist es aus Sinter-Schmiedestahl gefertigt. Gegenüber den alten, nur geschmiedeten Stahlpleueln erreicht man mit den neuen Sinterpleueln eine höchst präzise Außenform und eine verbesserte Oberflächengüte. Daraus ergeben sich die wesentlichen Vorzüge: Nach der Fertigung weisen Sinterpleuel keine oder nur sehr geringe Gewichtsunterschiede auf. Während früher die Stahlpleuel noch nachbearbeitet werden mußten und in sieben Gewichtsklassen eingeteilt wurden, reicht für die präzis gefertigten Sin-

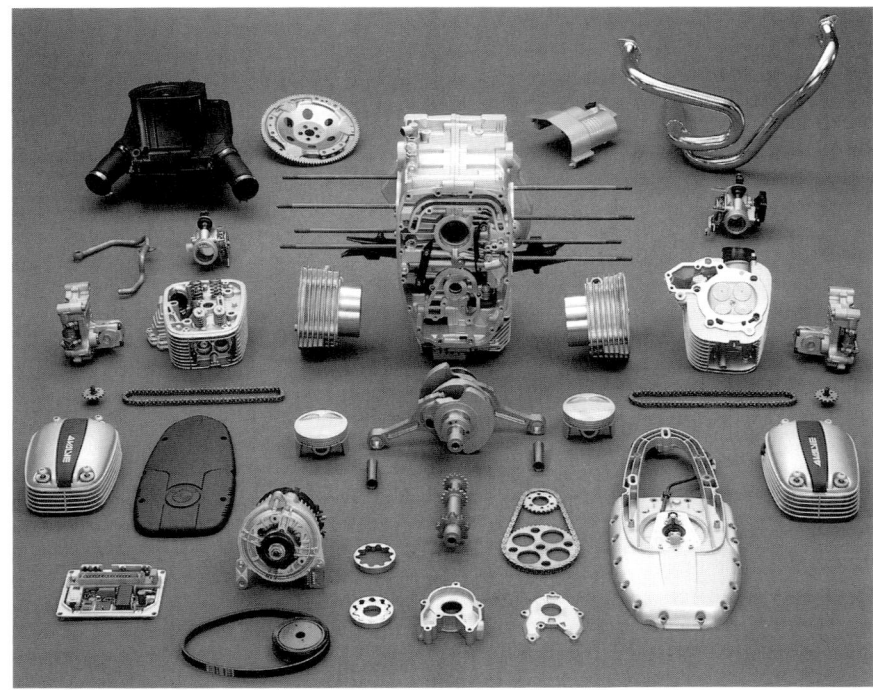

terpleul eine einzige Kategorie. Aus der jetzt erzielten, nahezu absoluten Gewichtsgleichheit der Pleuel ergibt sich ein optimaler Massenausgleich durch die Gegengewichte der Kurbelwelle.

Zu den bedeutendsten Innovationen gehört es, daß die Pleuel des neuen Boxers mit der aus dem BMW-Automobilbau bekannten Crack-Technik aufwarten. Zum ersten Mal in der Geschichte des Zweiradmotorenbaus wird das große Pleuelauge, welches die Kurbelwelle umschließt, im Rahmen der Motorenfertigung nicht zersägt, sondern gebrochen. Der Vorteil liegt auf der Hand: Die beiden Bruchflächen entlang der Sollbruchstelle passen bei der Montage extrem genau wieder zusammen.

Es ist sogar so, daß die durch das Cracken entstehenden Bruchlinien beim späteren Zusammenschrauben eine größere gemeinsame Oberfläche bilden und so höhere Genauigkeit erzielen als zersägte Pleuel. Das bisher notwendige Justieren mit Paßstiften oder Paßschrauben wird überflüssig. Höhere Paßgenauigkeit, geringeres Gewicht, weniger Bearbeitungszeit und leichtere Montage sind die überzeugenden Pluspunkte der Crack-Technik.

Die Kurbelwelle als Dreh- und Angelpunkt des neuen Motors ist einteilig und besteht aus hochwertigem Vergütungs-

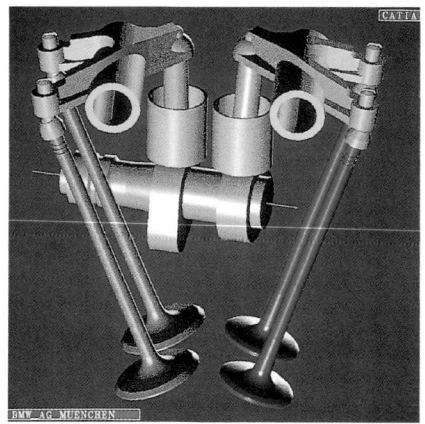

Die Nockenwelle wirkt über Tassen, Kurzstößel und Kipphebel auf die Ventile.

stahl. Sie dreht sich in zwei Gleitlagern. Das hintere ist als doppeltes Bundlager ausgeführt. Dies bietet bei Reparaturarbeiten den Vorteil, auf umständliches Ausdistanzieren verzichten zu können. Ein drittes Kurbelwellenlager war von Anfang an nicht vorgesehen, da dies einen zu großen seitlichen Versatz der beiden gegenüberliegenden Zylinder nach sich gezogen hätte. Die Kurbelwelle treibt Lichtmaschine und Nebenwelle für die Ventilsteuerung sowie die beiden Ölpumpen an und führt auf direktem Wege ins Fünfgang-Getriebe.

In einem separaten Gehäuse (vorn auf der Nebenwelle) sitzen die beiden innen verzahnten Ölpumpen - vorn die Kühlölpumpe, dahinter die Schmierölpumpe. Der Schmierölkreislauf wird über ein direkt hinter der Pumpe angeordnetes Druckventil geregelt. Das unter Druck stehende Öl durchströmt zuerst den Ölfilter und steigt dann hoch in die Verteilergalerie mit den diversen Anschlüssen. Hier, in dem vorgegossenen Hauptölkanal, passiert das Schmieröl den Öldruckschalter und wird für die Nebenwellenlagerung und den linken Zylinderkopf abgezweigt.

Eine weitere Abzweigung innerhalb der Galerie führt zum vorderen und hinteren Hauptlager der Kurbelwelle. Jeweils eine Bohrung pro Lager ist ausreichend, um die Lagerschmierung zu gewährleisten. Von den Hauptlagern der Kurbelwelle wird das Öl über Bohrungen den zu schmierenden Pleuellagern zugeführt. Um auch den rechten Zylinderkopf zu versorgen, wird das Öl über eine Zugankerbohrung aus dem Hauptölkanal, der zum hinteren Kurbelwellenhauptlager führt, abgezweigt und im

Vom V8-Automotor übernommen: Pleuel in Cracktechnik. Unten: Lagerbock für Nockenwelle und Ventilbetätigung.

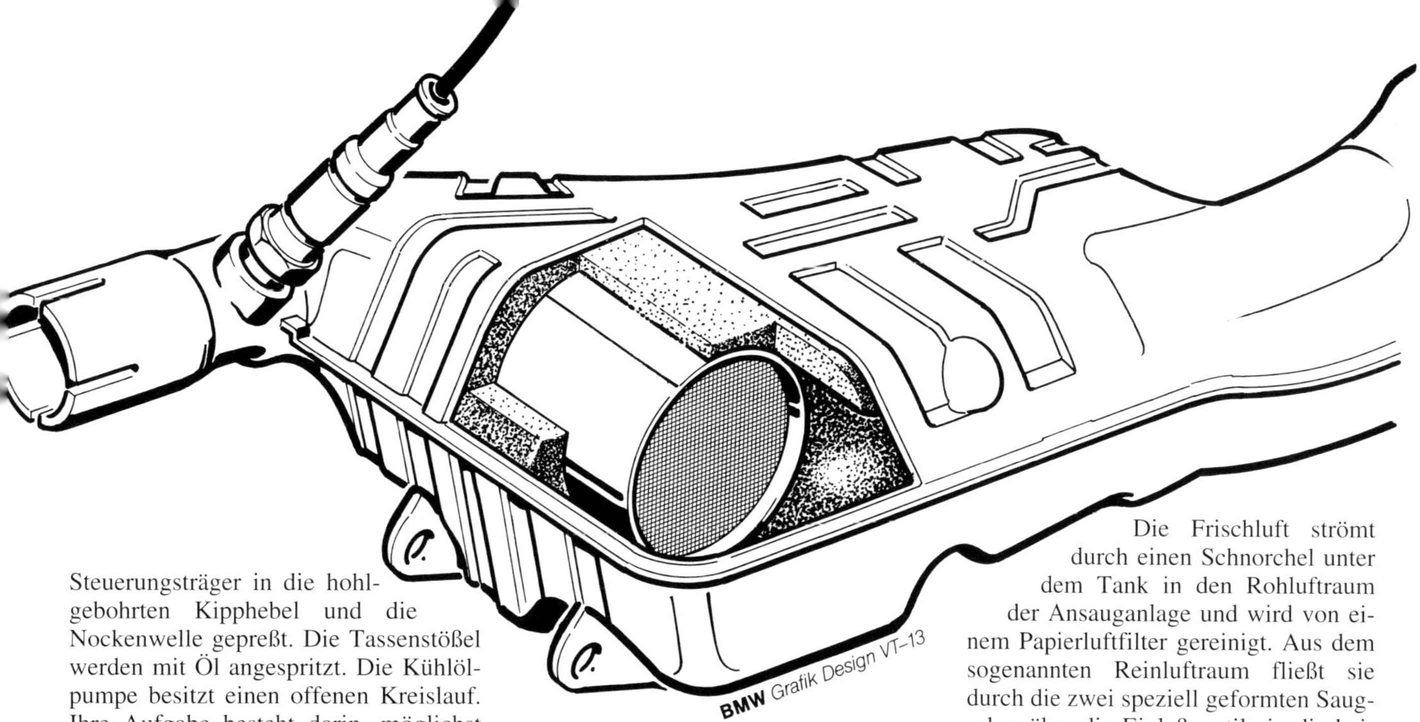

Steuerungsträger in die hohl-gebohrten Kipphebel und die Nockenwelle gepreßt. Die Tassenstößel werden mit Öl angespritzt. Die Kühlölpumpe besitzt einen offenen Kreislauf. Ihre Aufgabe besteht darin, möglichst viel Öl umzuwälzen und in den Kreislauf zu fördern. Sie ist daher keine Druck-, sondern eine Volumenpumpe.

Ausgeklügelte Technik: Zyklonabscheider minimiert Ölverbrauch

In einem Verteilerrohr wird das Kühlöl den gebohrten Steigleitungen beider Zylinder zugeführt und fließt zu den Zylinderköpfen. Im Kühlkanal umströmt es die Auslaßsitzringe und wird über Rücklaufbohrungen wieder zum Gehäuse geführt. Hier treffen die Ölströme der beiden Zylinder zusammen.

Von großer Bedeutung für Leistungsentfaltung und minimalen Ölverbrauch bei verlängerten Ölwechselintervallen ist die Funktion der Kurbelgehäuseentlüftung. Eine wirksame Entlüftung des Gehäuses ist notwendig, weil die hin- und herlaufenden Kolben in gewisser Weise auch als Pumpen fungieren. Mit jedem Takt zum unteren Totpunkt, sei es beim Ansaugen oder Arbeiten, wird die unter dem Kolben befindliche Luft im Gehäuse verdrängt. Diese Luft ist angereichert mit den sogenannten Blowby-Gasen - Abgase, die zwischen Zylinderwand und Kolben an den Kompressionsringen vorbei ins Kurbelwellengehäuse gepreßt wurden.

Diesen Abgasen sind noch Ölreste beigemischt, die gesammelt und abgeschieden werden müssen. Dies geschieht erstens in einem im Gehäuse integrierten Labyrinth und zweitens in einem nachfolgenden externen Ölabscheider. Hier schlagen sich auch die letzten Ölreste

Saubere Sache: geregelter Metall-Kat. Links die Lambdasonde.

aus dem Gas nieder. Die Ölpartikel in dem Blowbygas-Ölnebel treffen auf die Wände des Zyklonabscheiders und werden mit Hilfe der Zentrifugalkräfte vom Gas getrennt.

Über eine externe Leitung fließt aus dem Ölabscheider das "ausgewaschene" Öl in den Motor zurück. Das Gas wird in den Ansauggeräuschdämpfer geleitet und - mit Frischluft vermischt - wieder in den Brennraum eingesogen. Diese aufwendige Konstruktion minimiert den Ölverbrauch des Triebwerks über die gesamte Lebensdauer und ist so ein wichtiger Beitrag zum Thema Umweltschutz.

Block mit dem neuen, praktischen Ölschauglas.

Die Frischluft strömt durch einen Schnorchel unter dem Tank in den Rohluftraum der Ansauganlage und wird von einem Papierluftfilter gereinigt. Aus dem sogenannten Reinluftraum fließt sie durch die zwei speziell geformten Saugrohre über die Einlaßventile in die beiden Brennräume. Die Saugrohre sind in Länge und Form so abgestimmt, daß durch die Resonanzen im Ansaugsystem hohe Leistung und ein optimaler Drehmomentverlauf erreicht werden.

Zeitgemäß: elektronisches Motormanagement wie bei der K-Reihe

Um eine Steigerung von Leistung und Drehmoment sowie eine Reduzierung von Verbrauch und Schadstoffemission zu erreichen, erschien es schon in einem sehr frühen Entwicklungsstadium als notwendig, auf ein elektronisches Motormanagement zurückzugreifen. Dabei konnten sich die BMW-Techniker sogleich an der der digitalen Motorelektronik (Motronic von Bosch) orientieren, wie sie seit vielen Jahren bereits in der K-Serie eingesetzt wird.

Gegenüber dem alten Boxer, der mit zwei Bing-Vergasern ausgerüstet ist, sind die Vorteile des neuen R 259-Motors mit elektronischer Benzineinspritzung unübersehbar: verbessertes Leistungsverhalten durch leistungs- optimierte Gestaltung der Ansauganlage; besseres Ansprechverhalten durch wesentlich reduzierte Strömungsverluste im Ansaugtrakt; hohe Wirtschaftlichkeit und Reduzierung des Kraftstoffverbrauchs: Bei geschlossener Drosselklappe und bei Drehzahlen über 2000 U/min im Schubbetrieb wird die Benzinzufuhr unterbrochen; höhere Laufkultur durch die Kennfeldsteuerung; hohe Servicefreundlichkeit durch einen Diagnose-Chip, der die auftauchenden Fehler speichert, die vom BMW Diagnose-Tester ausgelesen werden können; große Betriebssicherheit und integrierte Notlauffunktionen innerhalb der Motronic, die bei einem Ausfall von Komponenten einen eingeschränkten Motorbetrieb ermöglichen; Verschleißfreiheit der Elektronik; ideale Voraussetzungen für den Einsatz eines geregelten Katalysators.

Leichtbau ist Trumph beim Vierventil-Boxer. Gut zugänglich sind nicht nur die Zylinderköpfe, sondern auch Lichtmaschine und Luftfilterkasten. Unten: der Nebenwellenantrieb. Rechts: Autor Hans J. Schneider mit Test-RS.

Die im Tank untergebrachte elektrische Benzinpumpe fördert den Kraftstoff zu den elektromagnetischen Einspritzventilen im Drosselklappenstutzen. Ein Druckregler sorgt dafür, daß der zur Einspritzung notwendige Druck konstant bleibt. Der Kraftstoff wird über die beiden elektronisch geregelten Einspritzventile in die beiden Saugrohre abgegeben. Er wird intermittierend eingespritzt, das heißt einmal pro Kurbelwellenumdrehung gleichzeitig in die beiden Saugrohre. Bei einem Verdichtungsverhältnis von 10,7 : 1 ist bleifreier Superkraftstoff (ROZ 95) erforderlich.

Das Zündsystem gliedert sich in Zündungsendstufe und Zündspulen. Das System leitet den vom Steuergerät ausgegebenen Zündwinkel als Hochspan-

nungsimpuls an die beiden Zündkerzen weiter. Die Sensoren erfassen die aktuellen Motorbetriebszustände, die im Steuergerät erfaßt, verrechnet und mit den eingespeicherten Daten verglichen werden. Innerhalb des Mikroprozessors, dem CPU (Central Processing Unit), sind sie im Speicherbaustein (EPROM) abgelegt. Aus dem Datenabgleich ergibt sich die angeforderte Benzinmenge, beziehungsweise wird die Dauer der Einspritzzeit ermittelt. Folgende Sensoren sind notwendig, um den Rechner der Motronic mit den notwendigen Daten zu versorgen:

Drosselklappenwinkel: Zum Aufspüren des augenblicklichen Lastzustands des Motors wird der Drosselklappenwinkel Alpha über ein Potentiometer

gemessen. Es befindet sich auf der Drosselklappenwelle und dient zur Erfassung von dynamischen Fahrzuständen - registriert also die Änderung der Drosselklappe. Die Motronic ermittelt zunächst aus den beiden Eingangsvariablen Drosselklappenwinkel und Drehzahl Basiswerte für den Zündwinkel und die Einspritzdauer. Korrigiert wird der Wert durch die beiden Temperaturwerte der Ansaugluft und des Motoröls.

Drehzahl: Zu den Sensoren der Motronic gehören ferner die beiden Hallschranken am Kurbelgehäuse. Sie ermitteln kontaktlos durch zwei Magnete die Drehzahl der Kurbelwelle.

Ansaugtemperatur: Die Messung der Frischlufttemperatur erfolgt im Luftfiltergehäuse. Der Sensor ändert in Abhän-

gigkeit von der Temperatur seinen elektrischen Widerstand.

Öltemperatur: Am Ausgang des Kühlölkreislaufs zum Ölkühler befindet sich der Temperatursensor. Er nimmt die erforderlichen Daten auf und gibt sie in das Steuergerät der Motronic und - falls vorhanden - an das Anzeigeinstrument für die Öltemperatur.

Luftdruck: Der Luftdrucksensor - eine Druckdose, bei der eine Membran über ein Vakuum den Luftdruck auf einen Piezokristall weiterleitet - mißt den umgebenden Luftdruck und kann so die erforderliche Höhenkorrektur ermitteln. Dies gilt für die Motorenvariante mit ungeregeltem Katalysator. Beim geregelten Dreiwege-Katalysator wird diese Funktion von der Lambdasonde mitübernommen.

Umweltfreundlich: geregelter Kat

Als erster Hersteller der Welt hat BMW seine Motorräder der K 100-Reihe mit dem geregelten Dreiwege-Katalysator angeboten. Diese Umweltoffensive führen die Bayerischen Motoren Werke beim neuen Boxer fort. Der Dreiwege-Katalysator ermöglicht nach heutigem Stand der Erkenntnisse die effektivste Abgasreinigung. Die Umwandlung (Reduktion und Oxidation) ist aber nur bei der exakten Einhaltung der Motordaten von Lambda 1 möglich. Dieses stöchiometrische Verhältnis von zugeführter Benzinmenge und theoretischem Bedarf basiert auf einem Luft-Kraftstoff-Gemisch von 14 : 1. Um dieses über alle Betriebszustände zu erreichen, mißt die sogenannte Lambdasonde den Sauerstoffanteil im Abgas.

Beim R 259-Motor sitzt die Sonde vor dem Katalysator (bei den K 100-Modellen dahinter) und garantiert so eine schnelle Anspringzeit. Die optimale Arbeitstemperatur der Sondenkeramik liegt bei 600 Grad. Die Ansprechzeit der Sonde bewegt sich im Sekundenbereich bei Temperaturen von 300 Grad. Um diese Zeit zu verkürzen, wird die Sonde durch eine 12-Watt-Heizung erwärmt.

Direkt nach dem Start wird die Lambda-Regelung bis zum Erreichen der Betriebstemperatur der Sonde ausgeschaltet. Bei dieser sogenannten Start- oder Warmlaufphase wird das Gemisch angefettet, um sicheres Warmlaufen zu gewährleisten. Dabei wird die Drehzahl durch Anstellen der Drosselklappe mittels Choke angehoben. Bei betriebswarmem Motor kann auf die Starthilfe verzichtet werden.

Die Lambda-1-Regelung wird auch bei der sogenannten Beschleunigungsanreicherung ausgeschaltet. Dies ist notwendig, um die während der Beschleunigung sonst auftretende Abmagerung des Gemischs auszugleichen und somit einen einwandfreien, rucklosen Lauf des Motors zu erreichen.

Drosselklappenwinkel, Drosselklappen-Winkelgeschwindigkeit, absolute Drosselklappenänderung, Motortemperatur und Motordrehzahl signalisieren dem Rechner den plötzlich auftretenden Leistungsbedarf. Was für den Fahrer nicht mehr ist als ein schneller Dreh am Gasgriff, ist für den Computer komplizierte Rechnerei.

Damit aber das Kommando, schnell und unverzüglich die schlummernden Pferdestärken zu mobilisieren, möglichst ohne Verzögerung von der Elektronik umgesetzt werden kann, wird die Einspritzzeit überbrückt. Zwischenspritzer der Düsen reichern kurzfristig das Gemisch an. Dieser Anfettungsfaktor setzt sofort nach der gewünschten Laständerung des Motors ein.

Durch die Schubabschaltung können die Schadstoffe verringert und der Kraftstoffverbrauch gesenkt werden. Wirksam wird sie bei Drehzahlen von über 2000 Umdrehungen pro Minute bei gleichzeitig geschlossener Drosselklappe. Zur Vermeidung von Motorschäden werden ab etwa 8000 U/min die Einspritzimpulse ausgeblendet, sodaß mit Hilfe der Drehzahlbegrenzung ein Überdrehen des Motors verhindert wird.

Zu den Feinheiten des R 259 gehört die leichtgängige Kupplung. Rechts: Unterwegs mit der R 1100 RS im April 93.

Bereits aus der K 100-Serie bekannt ist der BMW-Dreiwege-Katalysator. Auf einem Metallträger sind die für die Oxidation (Platin und Palladium) sowie für die Reduktion (Rhodium) wirksamen Edelmetalle aufgetragen. Bekanntermaßen werden bei der Oxidation die Kohlenmonoxide in Kohlendioxid sowie die Kohlenwasserstoffe in Kohlendioxid und Wasser umgewandelt. Beim Sauerstoffentzug werden die Stickoxide in Stickstoff und Kohlendioxid gespalten.

Katalysator mit Metallträger, Auspuffanlage aus Edelstahl

Der Metallkatalysator hat gegenüber dem Katalysator mit Keramikträger Vorteil in den Bereichen Raum und Zeit: Er baut kleiner und springt schneller an, weil der Metallträger die Wärme der Auspuffgase besser aufnimmt. Bemerkenswert: Die Katalysatoren sind wiederverwertbar und werden von den BMW-Werkstätten zurückgenommen.

Der geregelte Dreiwege-Katalysator wird als Sonderausstattung angeboten. Außerdem besitzt der Motor eine Kat-Vorbereitung, das heißt, alle notwendigen technischen Vorhaltungen am Fahrzeug sind getroffen, damit der Kat mit relativ geringem Aufwand später auch nachgerüstet werden kann.

Die Auspuffanlage ist komplett aus Edelstahl gefertigt und daher äußerst korrosionsbeständig. Zusätzlich ist sie verchromt. Die beiden Krümmer sind so abgestimmt, daß sie als Resonanzrohr für die Auspuffgase dienen und ein Maximum an Drehmoment und Leistung bieten. Vor dem Schalldämpfer werden die Krümmer zusammengeführt.

In der Serienausführung des Schalldämpfers mit einem Volumen von zehn Litern durchlaufen die Abgase das Eintrittsrohr mit Absorptionsstrecke. Bei der Katalysator-Version ersetzt der Metallträger die Absorptionsstrecke. Im zweiten Teil der Auspuffanlage - für beide angebotenen Versionen identisch - schließt sich der Endschalldämpfer in der Reflexionsbauweise an. Der Schalldämpfer ist so konzipiert, daß ohne Leistungseinbußen die heutigen Geräusch-

grenzwerte unterschritten und zukünftige eingehalten werden. Bei der Messung nach ECE-Norm wurden 79 db(A) erreicht. Zum Zeitpunkt der Markteinführung im Frühjahr 1993 betrug der Grenzwert 82 db(A); zum 1. Oktober 1993 sank er EG-weit auf 80 db(A). Zur Verdeutlichung der Effizienz: Eine Steigerung um 3 dB(A) entspricht einer Verdoppelung des Schalldruckpegels, eine Senkung um 3 dB(A) bringt logischerweise eine Halbierung.

Die Kupplung ist traditionell als Einscheiben-Trockenkupplung mit geringem Trägheitsmoment ausgelegt; das verbessert nachweislich die Getriebeschaltbarkeit. Das Schwungrad in Blechausführung trägt den Anlasserzahnkranz. Das klauengeschaltete Fünfgang-Getriebe ist vom Getriebe der K-Modelle abgeleitet.

Für die neue Boxermotorrad-Generation wurde eine Lichtmaschine entwickelt, die sich durch kompakte Bau-

weise, wartungsfreundliche Plazierung am Motorrad und besonders hohe Leistung auszeichnet. Bei einer Reglerspannung von 14 Volt bringt sie 50 Ampere Strom; dies entspricht einer Leistung von 700 Watt. Zum Vergleich: Die Lichtmaschine der herkömmlichen Boxermodelle hat eine Leistung von 240 Watt, die der K-Modelle von 480 Watt.

Geschützt und wartungsfreundlich: Zentralelektrik unter der Sitzbank

Besonders erwähnenswert ist, daß die neue Lichtmaschine schon bei Leerlaufdrehzahl eine Überschußleistung von bis zu 70 Watt erzielt und so stets eine ausgeglichene Ladebilanz der Batterie garantiert. Dies sorgt beim Fahrzeug nicht nur für optimale Start- und Warmlaufbedingungen, sondern gibt der Batterie auch eine lange Lebensdauer. Die hohe Leistungsfähigkeit der Lichtmaschine erlaubt die Verwendung einer kleineren

und leichteren Batterie mit 19 Ah. Das mattweiße Batteriegehäuse gestattet ein problemloses Ablesen des Säurestandes.

Das gesamte elektrische System der R 1100 RS ist nach dem Prinzip der Zentralelektrik aufgebaut; das heißt, alle wichtigen Bauteile wie Relais, Sicherungen und Steckverbindungen befinden sich zentral und leicht zugänglich unter der Sitzbank.

Der Motor- und Fahrwerkskabelbaum wurde speziell unter dem Gesichtspunkt der "elektromagnetischen Verträglichkeit" (EMV) entwickelt. Darunter versteht man eine minimierte Empfindlichkeit aller elektronischen Bauteile wie zum Beispiel Motronic oder ABS gegenüber elektromagnetische Einstreuungen, wie sie etwa von Sende- oder Funkanlagen ausgehen.

Sicherer Geradeauslauf, traumhaftes Handling: das Fahrwerk des neuen Boxers

Was den neuen Boxer zum Meilenstein der Motorradtechnik macht, ist nicht nur der aufwendige Vierventilmotor mit der umweltgerechten Katalysatortechnik, sondern vor allem das unkonventionelle und zukunftsweisende Fahrwerk: Das Vorderrad wird vom BMW Telelever geführt, gewissermaßen einer Synthese aus Teleskopgabel und Schwingenkonstruktion. Von der Seite ist auf den ersten Blick zu erkennen, daß es sich hier um ein völlig neuartiges System handelt: Der dreieckige Längslenker springt sofort ins Auge. Von vorn betrachtet hat die Konstruktion immer noch viel Ähnlichkeit mit einer Telegabel. Der Aufbau ist verblüffend einfach: Denn im wesentlichen besteht der Telelever lediglich aus einer Telegabel ohne die üblichen Innereien, zwei Kugelgelenken und einem Längslenker.

Die Teleskopgabel besitzt Standrohre mit einem Durchmesser von nur 35 mm. Die untere Gleitrohrbrücke steht über ein kräftiges Kugelgelenk mit dem Längslenker in Verbindung. Die obere Gabelbrücke ist über ein zweites Kugelgelenk drehbar mit dem Vorderteil des Fahrzeugrahmens verbunden. Ein zentrales Federbein, das einen - vertikal zur Fahrbahn gemessenen - Federweg von 120 mm ermöglicht, stützt den Längslenker gegen das Rahmenvorderteil ab.

Vorderradführung per Telelever: Gabel mit Längslenker und Federbein

Zu den Innovationen gehört, daß die Holme der Teleskopgabel keinerlei Feder- und Dämpferelemente mehr enthalten, sondern nur noch Öl zur Schmierung zwischen Stand- und Gleitrohren. Logisch, daß eine derartige Gabel besonders feinfühlig anspricht. Die Standrohre werden in Gleitbuchsen geführt, die mit Teflon beschichtet und allein schon von daher sehr reibungsarm sind.

Die Lenkbewegungen laufen bei der fortschrittlichen Teleskopgabel nicht mehr über herkömmliche Kugel- oder Kegelrollenlager, sondern - wie bei einer Automobil-Radaufhängung - über die spiel- und wartungsfreien Kugelgelenke an Gleitrohr- und Gabelbrücke. Über das

untere, mit dem Längslenker verschraubte Kugelgelenk wird der größte Teil der beim Bremsen auftretenden Kräfte in das stabile, mittragende Motorgehäuse eingeleitet. Das Längslenkerdreieck ist an den Enden seiner beiden rechts und links liegenden Schenkel schwenkbar am Motorgehäuse gelagert. Das Ergebnis ist - ähnlich wie bei der Achsschenkellenkung der Yamaha GTS 1000 - eine völlige Entkoppelung von Federung/Dämpfung und Lenkung/Radführung. Mit anderen Worten: Beim BMW Telelever-System dient die Tele-

skopgabel nur noch zur Radführung und Lenkung, während Federung und Dämpfung ganz unabhängig vom zentralen Federbein besorgt werden. Der Lenkeinschlagwinkel beträgt rechts wie links jeweils 32 Grad.

Eine kleine, aber nicht unwichtige Verbesserungsmaßnahme ließ BMW zum Modelljahr 1994 in die Serie einfließen: Das vordere Federbein erhielt eine etwas härter abgestimmte Druckstufendämpfung; dies erhöht zweifellos die Stabilität des Telelevers in extremen Fahrsituationen. Einen vertrauten An-

blick bietet die Hinterradführung. Hier kommt das bewährte BMW Paralever-System zum Einsatz. Die Doppelgelenkschwinge aus Aluminium, die 1987 in den neuen GS-Enduromodellen von BMW ihren Einstand gab, und inzwischen auch bei der R 100 R und R 80 R sowie den K 100-Modellen mit Vierventil-Motor ihren Dienst verrichtet, reduziert die Lastwechselreaktionen des Kardanantriebs weitgehend und sorgt so für allzeit optimale Bodenhaftung des Hinterrads. Die Länge des Schwingensystems beträgt 520 mm.

Völlig neue Wege ging BMW bei der Konstruktion von Chassis und Radführung. Typisch Telelever: das zentrale Federbein.

Die Vorzüge des Telelever: minimales Gabeltauchen, hervoragendes Ansprechen

Die Vorteile des BMW Telelever-Systems sind vielfältig:
● *Der neue Boxer taucht aufgrund der besonderen fahrzeuggeometrischen Verhältnisse beim Bremsen gegenüber konventionellen Radführungssystemen vorn nur unmerklich ein. Das Ganze wirkt praktisch wie ein mechanisches Anti-Dive-System. Auch beim Bremsen ist stets ein ausreichender Restfederweg vorhanden.*
● *Selbst bei starkem Einfedern bleiben Radstand und Nachlauf weitgehend erhalten, und zwar über den gesamten Federweg. Dies sorgt für hohe Stabilität in allen Fahrzuständen, beispielsweise auch beim Bremsen in Kurven.*
● *Zur enormen Stabilität des Teleslevers trägt auch die hohe Überdeckung zwischen den Standrohren und den auffallend langen Gleitrohren bei. Weil die Gabelfedern fehlen, überrascht die Telegabel mit geringen Reibungskräften und sehr gutem Ansprechverhalten.*
● *Das zentrale Federbein erlaubt im Vergleich zu konventionellen Teleskopgabeln eine hohe Flexibilität bei der Feder-Dämpferabstimmung und eine kinematische Feder- und Dämpferprogression.*
● *Durch den Bremsnickausgleich und die hohe Längssteifigkeit bietet der Telelever die idealen Voraussetzungen für den ABS-Einsatz und einen hervorragenden ABS-Regelkomfort.*
● *Da der Freiraum zwischen Vorderrad und Motor geringer sein kann als beim Einsatz einer konventionellen Teleskopgabel, war es möglich, den Motor zugunsten einer optimalen Radlastverteilung (vorn 52,7 - hinten 47,3 Prozent) weiter nach vorne zu setzen.*
● *Das gesamte Telelever-System ist wartungs- und ölwechselfrei. Nur die Kugelgelenke müssen nach 100.000 km überprüft werden.*

Gleichwohl gibt es spezifische Besonderheiten: Anders als bei den bisherigen Modellen mit Paralever ist hier das Federbein nicht seitlich, sondern zentral positioniert. Es besitzt eine Schraubendruckfeder und einen Einrohrgasdruckdämpfer. Die Zugstufendämpfung ist stufenlos, die Federvorspannung in sieben Stufen verstellbar. Das hintere Federbein, das wie das vordere von Showa aus Japan kommt, ermöglicht einen maximalen Federweg von 135 mm.

Der Rahmen: Motor- und Getriebegehäuse tragen entscheidend mit

Auch beim Rahmen ging BMW neue Wege: Im Prinzip gibt es nur Rahmensegmente, die an den Motor-/Getriebe-Block angeschraubt sind. Der Vorderrahmen ist als stabiles Kokillengußteil aus Aluminium ausgeführt. Er ist am Motorgehäuse vorn fixiert und dient zur Aufnahme des zentralen Federbeins des Telelevers und des oberen Kugelgelenks. Das Vorderrahmensegment ist sehr leicht, kostengünstig in der Herstellung und ermöglicht eine große Fertigungsgenauigkeit. Es bietet außerdem ideale Voraussetzungen für den Telelever, da bei diesem System nur Kräfte und keine Momente übertragen werden. Zwei Stahlrohrstreben stützen den Vorderrahmen hinten am Motorgehäuse ab. Auf der Basis dieses Konzeptes ergeben sich zudem vielfältige Möglichkeiten, die Fahrzeuggeometrie zu verändern.

Der Hinterrahmen ist als Stahlrohrkonstruktion aufgebaut und sowohl am Getriebe- als auch am Motorgehäuse fixiert. Eine Querbrücke zwischen den Rahmenoberzügen nimmt das obere Federbeinauge auf. Unten ist das Federbein zentral an der Einarmschwinge befestigt. Auch der Hinterrahmen zeichnet sich durch einfache, leichte Bauweise und kostengünstige Herstellung aus. Er ist ebenfalls sehr reparatur- und austauschfreundlich.

Zeichen der Zeit: Die R 1100 RS kommt auf Leichtmetallgußrädern im Dreispeichen-Design daher, wie sie auch bei der (im Sommer 93 eingestellten) K1 und der K 1100 RS zu finden sind. Vorne

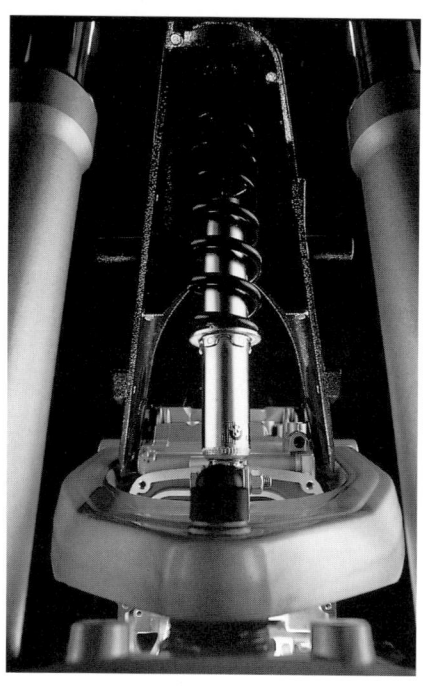

Die R 1100 RS ist ein Motorrad ohne konventionelles Chassis. Vorder- und Hinterrahmen bestehen aus grazilen Elementen, die sich sich am Motor-Getriebeblock abstützen. Rechts: Längslenker und vorderes Zentralfederbein.

beträgt der Raddurchmesser 17, hinten 18 Zoll. Auch in den Dimensionen der Felgen- und Reifenmaße entspricht der neue Tourensport-Boxer den Vierzylinder-Modellen. Vorne trägt die R 1100 RS die Reifengröße 120/70 ZR 17, hinten die Dimension 160/60 ZR 18.

Es gibt noch weitere Gemeinsamkeiten mit den K-Modellen: So wurde auch die hocheffiziente Bremsanlage der italienischen Firma Brembo von der K 1100 übernommen. Demgemäß wird das Vorderrad von einer hydraulisch betätigten Zweischeibenbremse mit Vierkolbenfestsätteln verzögert.

Die schwimmend gelagerten Edelstahlscheiben mit Schrägablaufausgleich und naßbremsfadingfreien Sintermetall-Bremsbelägen besitzen einen Durchmesser von 305 mm und eine Stärke von 5 mm. Die Bremsbelagfläche

Die Paralever-Hinterradführung hat sich bei anderen BMW-Modellen hinreichend bewährt. Neu: die mittige Federbeinanordnung.

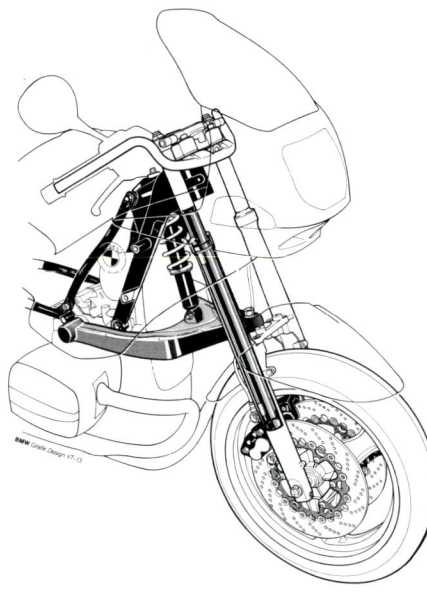

beträgt 100 cm², der Durchmesser der Bremskolben 32 und 34 mm. Betätigt wird die Vorderradbremse über einen dreifach verstellbaren Handbremshebel. Am Hinterrad tut eine Einscheibenbremse mit Zweikolbenfestsätteln (Durchmesser 38 mm) Dienst. Der Scheibendurchmesser beträgt 285 mm, die Scheibenstärke 5 mm; die Bremsbelagfläche beläuft sich auf 40 cm².

Stromunterbrechung bei ausgeklapptem Seitenständer

Serienmäßig ist die R 1100 RS mit zwei Ständerkonstruktionen ausgerüstet. Der Hauptständer stützt sich unten gegen das Motorgehäuse ab und ermöglicht in Verbindung mit einem günstig plazierten Ausstelldorn und einer praktischen Handgriffschale links unter der Sitzbank ein leichtes Auf- und Abbocken des Fahrzeugs. Die am Hauptständer-Lagerbock angebrachte Seitenstütze läßt sich auch von der Sitzbank aus gut bedienen. Ein Schalter am Haltebock unterbricht bei ausgestellter Seitenstütze die Stromzufuhr zur Kraftstoffpumpe und wirkt somit als automatische Startunterbrechung. Es ist also nicht möglich, mit ausgestelltem Seitenständer loszufahren und in Kurvenschräglage das Fahrzeug auszuhebeln.

Der ideale Schwerpunkt des Boxermotors, das für einen Sport-Tourer vergleichsweise günstige Fahrzeug-Trockengewicht von 216 kg (239 kg mit Werkzeug, Reifenserviceset, Öl und vollem Benzintank), die gewichtsparende, aber hochfeste Rahmenkonstruktion sowie der neue Telelever und die bewährte Paralever-Hinterradschwinge mit Zentralfederbein verleihen dem Boxer der 90er Jahre hervorragende Fahreigenschaften. Die Fahreindrücke der Fachjournalisten ab Seite 42 bestätigen dies klar.

Maximaler Fahrkomfort auch bei betont sportlicher Gangart

Wie es sich für einen Sport-Tourer gehört, erlaubt die RS eine durchaus sportliche Fahrweise, ohne dabei Kompromisse in Sachen Komfort für Fahrer und Beifahrer oder Tourentauglichkeit einzugehen. Die volle Reisetauglichkeit ist nicht zuletzt auch durch die Zuladung von 211 kg gewährleistet.

Zu den hervorragenden Fahreigenschaften kommt dank des Telelevers und der hocheffizienten Bremsen auch noch eine hohe Stabilität beim Bremsen hinzu. Die Bremssicherheit ist durch die Sonderausstattung ABS nochmals steigerungsfähig – wie sich auf den folgenden Seiten zeigt.

Die wichtigsten Fahrwerksdetails auf einen Blick. Der Telelever arbeitet im Prinzip wie die Vorderradführung eines Autos. Weiterentwickelt: die Paralever-Hinterradschwinge. Kräftig: die Brembo-Scheibenbremsen.

Die zweite ABS-Generation: komfortabler, wirkungsvoller und sicherer

Motorradexperten sprachen von einer "technischen Revolution" und der "wichtigsten technischen Errungenschaft seit der Einführung der Scheibenbremse": Im Frühjahr 1988 brachte BMW als erster Motorradhersteller der Welt als Extra für alle K 100-Versionen ein elektronisch-hydraulisches Anti-Blockier-System (ABS) auf den Markt.

Das zusammen mit der Firma FAG Kugelfischer entwickelte Brems-ABS fand nicht nur weltweite Resonanz in den Medien, sondern war auch auf Anhieb im Markt erfolgreich: Schon 1989 bestellten rund 70 Prozent aller K 100-Käufer das ABS. Seit Frühjahr 1990 bietet BMW das ABS auch für die K 75-Modelle an. 1992 betrug die ABS-Ausrüstungsquote bei der K 75-Reihe 50 Prozent, bei der K 100-Reihe sogar fast

90 Prozent. Insgesamt wurden bis Ende 1992 über 40.000 K-Motorräder mit ABS ausgerüstet.

Weil aber bekanntlich das Bessere der Feind des Guten ist, begann bei BMW Anfang 1990 die Entwicklung einer zweiten ABS-Generation - intern ABS II genannt. Als wichtigste Zielsetzungen standen unter anderem folgende Anforderungen im Lastenheft:
- höhere Bremskraftausnutzung
- besserer Regelkomfort
- Einsatz modernster Digital-Regeltechnik
- noch höhere Betriebssicherheit
- kompaktere und leichtere Bauweise
- bessere Adaption an alle BMW Modelle

Wiederum gemeinsam mit FAG Kugelfischer wurde in drei Jahren das ABS

II entwickelt, das Anfang 1993 zusammen mit dem neuen Boxer R 1100 RS seine Premiere erlebte.

Wie die einzelnen Komponenten funktionieren

Sensoren und Zahnkränze: Der Sensor besteht aus einem Eisenkern, der von einer Spule umgeben ist. Dadurch, daß die Spule von Gleichstrom durchflossen wird, baut sich ein Magnetfeld auf. An dem Sensor wird der fest mit dem Rad verbundene Zahnkranz vorbeigeführt, der durch die geometrische Veränderung (Zahngrund und Zahnspitze) den Gleichstrom zu einem Sinusstrom moduliert. Die Frequenz dieses Sinusstroms ist ein direktes Maß für die Drehzahl des Rads und wird als entsprechende Information

Die Komponenten des ABS II

● *je ein Zahnkranz mit 100 Zähnen und ein Sensor am Vorder- und Hinterrad (identisch mit Bauteilen des bekannten ABS I)*

● *ein zentraler, elektromotorischer, zweikanaliger Druckmodulator mit integriertem Steuergerät und ABS-Relais, schwerpunktmäßig sehr günstig vor der Batterie unter dem Tank eingebaut; zum Vergleich: Das ABS I besitzt zwei separate Druckmodulatoren, die auf beiden Seiten des Motorrads oberhalb der Beifahrerfußrasten installiert sind. Das Steuergerät ist hier im Heckfach der Sitzbank untergebracht.*

● *Bremsleitungen und spezielle elektrische Kabel*

● *Zusammen wiegen die Komponenten des ABS II 6,9 kg und damit wesentlich weniger als die des ABS I (11,1 kg).*

vom Steuergerät registriert und verarbeitet. Zusammen mit der Zündung wird auch der elektromagnetische Sensor abgeschaltet. Eventuell vom Magnet angezogene metallische Partikel fallen dann ab. Dadurch ist eine gleichbleibend zuverlässige Empfindlichkeit des Sensors gewährleistet.

Druckmodulator und Antrieb: Der hydraulisch-mechanische Druckmodulator stellt den vorgegebenen Bremsdruck über zwei Kolben (für Vorder- und Hinterradbremse) durch entsprechende Änderung des Volumens sicher. Er arbeitet in den vorgegebenen Grenzen unabhängig von Druck und Temperatur im Bremssystem.

Der Antrieb der beiden Kolben im Druckmodulator erfolgt über einen Elektromotor, der eine querliegende Welle in Drehung versetzt. Auf dieser Welle sitzen zwei elektrisch geregelte Reibungskupplungen, die über eine Kette mit den Kolben verbunden sind.

Sensor erfaßt den Weg des Kolbens: Die Höhe des Stroms, mit dem die Kupplungen beaufschlagt werden, ist ein direktes Maß für die Kraft, mit dem die Kolben zur Volumensänderung bewegt werden. Ein separater Sensor erfaßt den jeweils zurückgelegten Weg des Kolbens und stellt diesen Wert als Regelgröße dem Steuergerät zur Verfügung. Alle Befehle zur Aktivierung des Druck-

modulators gehen vom Steuergerät aus.

Drei Microcomputer im Steuergerät: Das Herz des Steuergeräts besteht, nicht wie ansonsten üblich aus zwei, sondern zur Erfüllung höchster Sicherheitsstandards beim ABS II sogar aus drei Microcomputern - und zwar aus zwei Arbeits- und einem zusätzlichen Überwachungsrechner. Die beiden baugleichen Arbeitsrechner führen identische Rechenoperationen aus und vergleichen permanent die daraus resultierenden Daten. Sollte sich im Fahrbetrieb hierbei eine Diskrepanz ergeben, schaltet sich das ABS automatisch ab.

Tritt die Datendiskrepanz der Arbeitsrechner während des ABS-Regelvorgangs auf, prüft und entscheidet der Überwachungsrechner, welcher der beiden Arbeitsrechner intakt ist. Der intakte Arbeitsrechner regelt dann die einmal begonnene Bremsung zu Ende. Erst dann schaltet sich das System ab. Auch in diesem Fall wird dem Fahrer durch das Blinken der ABS-Kontrolleuchten signalisiert, daß er nun bis zum Besuch einer BMW Werkstatt auf die ABS-Funktion verzichten muß. Das Bremssystem bleibt in diesem Fall selbstverständlich voll funktionstüchtig.

Prinzipieller Ablauf ABS-Regelung: Erkennt das Steuergerät aufgrund der Informationen von den Sensoren die Gefahr, daß ein Rad zu blockieren droht, schaltet es den Motor der Kupplungswelle im Druckmodulator ein. Gleichzeitig wird die Reibungskupplung des betreffenden Bremskreises aktiviert. Der Kolben wird nun über die Kette um einen exakt definierten Weg gegen eine Federkraft nach unten gezogen. Die dadurch entstehende Volumenvergrößerung oberhalb des Kolbens bewirkt den geforderten Druckabfall im Bremskreis und verhindert so unverzüglich das Blockieren des Rads.

Gleichzeitig wird die Bewegung des Kolbens vom Wegsensor an das Steuergerät gemeldet. Dieses erhält so die Information über die Position des Kolbens und damit eine Referenz über den relativen Bremsdruck im Bremskreis. Sobald das Rad aus der Blockierneigung wieder in den stabilen Bereich rückbeschleu-

nigt, wird der Druck in einer analogen Aufbauphase wieder erhöht.

Die Drucksteuerung wird durch mehrere intern im Algorithmus ermittelte Größen so ausgelegt, daß sich das Rad während der vorwiegenden Zeit des Bremsvorgangs am Kraftschlußminimum aufhält. Das erstmals eingesetzte Wegmeßsystem liefert hierbei eine sehr exakte Information über den relativen Druck am Rad sowie über dessen Verlauf und Gradienten.

Außerdem ist es nun möglich, das eventuelle Abheben des Hinterrads von der Fahrbahn zu erkennen und durch entsprechende Druckregelung im Bremskreis des Vorderrads zu verhindern. Da bei diesem Kolbensystem der Bremsdruck bis auf null bar zurückgeregelt werden kann, sind wie beim ABS I auch hier sichere Regelvorgänge bei niedrigsten Fahrbelagsreibwerten, wie etwa Rollsplit, Öl oder Glatteis möglich.

Überprüfungstests und Werkstattdiagnose: Nach dem hohen Sicherheitsanspruch von BMW muß auch beim ABS II in jedem möglichen Fehlerfall eine ausreichende Verzögerung mit ungeregelter Bremse möglich sein und der Fahrer unverzüglich über einen eventuellen Ausfall des ABS informiert werden, damit er sich darauf einstellen kann. Zur Erfüllung dieses Anspruchs gibt es verschiedene Tests. Nach dem Einschal-

Die Vorteile und Stärken des ABS II

Zusammenfassend hat das ABS II folgende Vorteile und Stärken:

● *überragender Regelkomfort und problemlose Nutzung*

● *Bremssicherheit auch bei niedrigsten Fahrbahnreibwerten*

● *kürzere Bremswege durch optimale Kraftschlußausnutzung*

● *höchster Sicherheitsstandard durch Dreirechner-System*

● *kompaktere und leichtere Bauweise (6,9 kg) sowie gute Plazierung*

● *hohe Servicefreundlichkeit durch Eigendiagnose*

ten der Zündung blinken die beiden ABS-Kontrolleuchten gleichphasig. Beim erstmaligen Anfahren und Überschreiten einer Geschwindigkeit von etwa fünf km/h erfolgt der Anfahrtest. Nach fehlerfreiem Einschalt- und Anfahrtest erlöschen die ABS-Kontroll-Leuchten und das ABS ist freigegeben. Alle Komponenten des ABS und ihre Funktionen werden außerdem in permanenten oder zyklischen Tests überwacht.

Eine Störung des Systems wird dem Fahrer durch das gegenphasige Blinken der beiden ABS-Kontrolleuchten angezeigt. Weil das Blinken besonders bei Dunkelheit auf Dauer störend sein kann, hat der Fahrer die Möglichkeit, das Blinken durch Betätigung der ABS-Quittierungstaste in ein Dauerleuchten umzu-

wandeln. Damit der Störfall jedoch nicht in Vergessenheit gerät, setzt sich das gegenphasige Blinken spätestens nach viereinhalb Minuten bis zum abermaligen Betätigen der Taste fort.

Beruhigend in Grenzsituationen: Das ABS kann mehr als der beste Fahrer

Auch das ABS II von BMW ist diagnosefähig, das heißt, alle vom System erkannten sporadischen oder andauernden Fehler werden gespeichert und können dann in der Werkstatt mit dem Diagnose-Testgerätermittelt werden.

Während der technische Standard von Bremsanlage, Fahrwerk und Reifen mit der wachsenden Motorleistung moderner Motorräder in den vergangenen 20

Jahren durchaus Schritt hielt, blieb der Einfluß durch den Fahrer dagegen die Schwachstelle im Brems-Regelsystem. Ist beim Automobil die volle Betätigung der Fußbremse bei trockener Straße auch für Anfänger relativ gefahrlos möglich, so birgt eine Vollbremsung beim Motorrad aus physikalischen Gründen weit größere Risiken.

Die Fakten: Ein gleichgewichtslabiles, einspuriges Fahrzeug bleibt bis hinab zum Schrittempo durch das Festhalten des Lenkers und ab höheren Geschwindigkeiten nahezu ausschließlich durch die Kreiselwirkung der beiden Räder - vor allem des Vorderrads - stabil. Deshalb haben Radstillstände von mehr als 0,5 Sekunden eine spontane Instabilität zur Folge. Ein instabiles Hinterrad

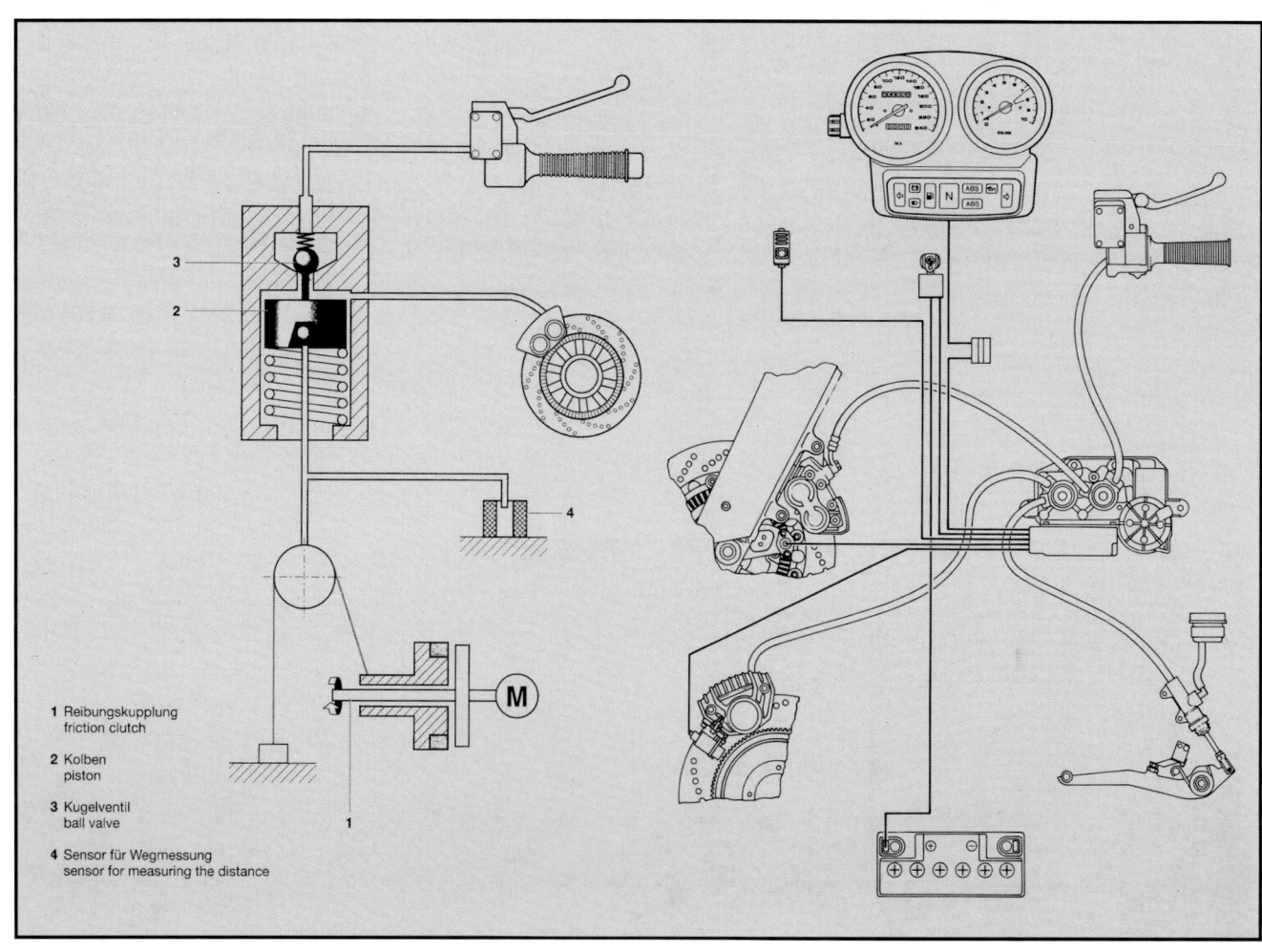

1 Reibungskupplung
  friction clutch

2 Kolben
  piston

3 Kugelventil
  ball valve

4 Sensor für Wegmessung
  sensor for measuring the distance

Graphiken auf Seite 36: links die Komponenten des ABS II mit dem einzelnen Druckmodulator. Rechts Funktionsschema. Die Bilder auf dieser Seite zeigen die einzelnen Elemente in natura sowie die Sensoranordnung an den Rädern.

führt oft, ein kippendes Vorderrad fast immer zu einem Sturz. Die ideale Dosierung der Bremskraft verlangt vom Fahrer viel Übung und Feingefühl. Welch hohe Anforderungen eine optimale Vollbremsung an den Motorradfahrer stellt, ergibt sich zusätzlich aus der Tatsache, daß gleichzeitig und trotzdem separat die Vorderradbremse mit der Hand und die Hinterradbremse mit dem Fuß betätigt werden müssen.

Grenzen der Physik: in Kurven auch mit ABS keine Vollbremsung möglich

Untersuchungen haben gezeigt, daß etwa jeder zehnte Motorradsturz durch Überbremsungen verursacht wurde. Noch weit höher ist die Dunkelziffer von Unfällen, die aus dem Umstand resultieren, daß der Fahrer aus Angst vor einer Überbremsung die Bremsen nicht voll betätigte und somit entscheidenden Bremsweg "verschenkte".

Zu der ohnehin hocheffizienten Verzögerungswirkung moderner Bremsanlagen kam also mit ABS die Bremssi-

cherheit hinzu. Im Klartext: Mit dem ABS kann der Motorradfahrer - solange es geradeaus geht - ohne Angst vor einem blockierenden Rad risikolos voll bremsen und somit auch ohne große Fahrpraxis einen optimalen Bremsweg erzielen. Selbst dem besten Fahrer weit überlegen ist das ABS beim Fahren auf Straßen mit niedrigen Reibwerten: Nässe, Rauhreif, Rollsplit, Schmutz, Sand,

Ölspuren. Insbesondere bei plötzlich wechselnden Reibwerten - wie etwa von trocken auf naß - ist das menschliche Reaktionsvermögen hoffnungslos überfordert. Das ABS hingegen reagiert auch dann schnell und sicher, ohne Bremsweg zu vergeuden.

Gewisse Gesetze der Physik kann jedoch selbst das fortschrittliche ABS II nicht aufheben. Bremsungen in Kurven sind wegen der komplexen Überlagerung von Längs- und Querbeschleunigung grundsätzlich problematisch. Ein Rad, das maximale Seitenführungskräfte aufgebaut hat, kann nicht gleichzeitig Längskräfte und damit Bremsleistung übertragen.

In Kurvenschräglage wandert der Reifenaufstandspunkt aus der Mitte. Beim gleichzeitigen Bremsen entsteht automatisch ein Aufstellmoment, welches das Motorrad aus der Schräglage aufrichtet und zur Geradeausfahrt führt. Bei voller Schräglage und höchster Querdynamik kann also nicht voll gebremst werden - auch nicht mit ABS.

Exklusive Ausstattung, modernes Design:
Die R 1100 RS ist absolut eigenständig

Ihrer Rolle als Sport-Tourer entsprechend trägt die R 1100 RS eine neuentwickelte, im BMW Windkanal optimierte Verkleidung. Sie baut relativ kompakt, hat einen niedrigen Luftwiderstand und bietet einen vergleichsweise guten Wind- und Wetterschutz. Mit der serienmäßigen Halbverkleidung und liegendem Fahrer weist die R 1100 RS einen Luftwiderstand von cw x A = 0,400 auf, bei sitzendem Fahrer sind es 0,439.

Form und Design der Verkleidung sind kein Selbstzweck, sondern orientieren sich an ergonomischen Gesichtspunkten. Die Halbschale bietet den gewünschten Komfort und erlaubt ein ermüdungsfreies, weil winddruckfreies Sitzen auch auf Langstrecken. Sicherheitstechnische Aspekte wurden ebenfalls berücksichtigt: Die Verkleidungsscheibe fliegt bei einem Crash einfach weg, die Verkleidungskanten sind komplett entschärft.

Alle lackierten Verkleidungsteile der neuen Boxermodelle bestehen aus einem hochwertigen thermoplastischen Kunststoff mit der Bezeichnung "PBT" und "PC Kautschuk modifiziert". Dieser Werkstoff ist zähelastisch, gleichzeitig ausreichend steif und sehr leicht.

Gut für die Umwelt: Sämtliche Kunststoffteile am Fahrzeug sind ohne die Verwendung von Fluor-Chlor-Kohlenwasserstoffen (FCKW) hergestellt, je nach Kunststoffart gekennzeichnet und voll recyclingfähig. Für die Durchführung von Wartungsarbeiten sind die großen Verkleidungsseitenteile über Schnellverschlüsse und Klettverbindungen im Tankbereich sehr einfach abnehmbar.

Für die R 1100 RS ist als Sonderausstattung auch eine Vollverkleidung lieferbar, bei der sich die Verkleidung unterhalb der Zylinder fortsetzt und das Motorgehäuse weitgehend umschließt. Zum Set gehören außerdem Blenden für die Gleitrohre. Der avantgardistisch anmutende Vorderradkotflügel ist so ausgelegt, daß vorn möglichst geringe Auftriebskräfte entstehen.

23-Liter-Tank aus Kunststoff: Um das Fahrzeuggewicht niedrig zu halten, haben die Ingenieure den neuen Boxer mit einem zwar voluminösen, 23 Liter fassenden, doch besonders leichten Tank ausgerüstet: Er wird im Rotationsgußverfahren aus dem Kunststoff Polyamid 6 G hergestellt. Wie bei den K-Modellen ist die elektrische Benzinpumpe mit Füllstandgeber und Benzinfilter im Tank eingebaut. Schön und funktional ist selbst der Tankdeckel.

Sportlich-komfortabler Lenker: Wie es zu einem modernen Sport-Tourer paßt, besitzt die R 1100 RS einen sportlich-komfortablen, ergonomisch sinnvoll geformten Lenker mit einer Griffbreite von 668 mm und einer Gesamtbreite inklusive der Lenkergewichte von 738 mm. In der anfangs angebotenen Standardausführung bestand er aus schwarz lackiertem Stahlrohr. Generell ist er zur Reduzierung von Schwingungen elastisch aufgehängt. In Verbindung mit dem Ergonomiepaket (s.u.) weist der Lenker verstellbare Enden aus geschmiedetem Aluminium auf. Montiert sind die Lenkerarmaturen der K-Modelle mit zwei Blinkerschaltern rechts und links, separatem Rücksteller sowie farbigen Schaltern bzw. Tasten für Licht, Lichthupe, Hupe und Anlasser.

Ebenfalls von der K-Reihe stammt das kombinierte, in die obere Gabelbrücke integrierte Zünd-/Lenkschloß. Praktisch: Beim Abschließen kann das Vorderrad nach links oder rechts eingeschlagen werden. Erstmalig wird ein sogenannter "Wendeschlüssel" verwandt, der beidseitig ins Schloß paßt. Der Schlüssel öffnet und schließt auch den Tankdeckel und die Sitzbankverriegelung. Für die Tourenkoffer können zur Gleichschließung passende Schlösser nachbestellt werden.

Ergonomie-Paket: Eine der herausragenden Neuerungen der R 1100 RS stellt zweifellos das Ergonomie-Paket dar, das zunächst als Sonderausstattung für 371 Mark Aufpreis lieferbar war, seit August 93 aber serienmäßig ist. Die einzelnen Komponenten ermöglichen eine individuelle Anpassung der Maschine an unterschiedliche Körpergrößen und Fahrstile. Und das sind die Elemente des Ergonomie-Pakets:

Verstellbare Verkleidungsscheibe: Die Verkleidungsscheibe ist aerodynamisch optimiert und über einen Bereich von 20 Grad verstellbar. Die unterste Stellung ist fürs Fahren auf Landstraßen

Anfang 1990 lag das Design in seinen Grundzügen bereits fest. Der Entwurf links zeigt, wie man sich damals Vollverkleidung und integrierte Koffer vorstellte. Oben: Test-RS auf Lanzarote im Januar 1993 vor einer Skulptur des Künstlers César Manrique.

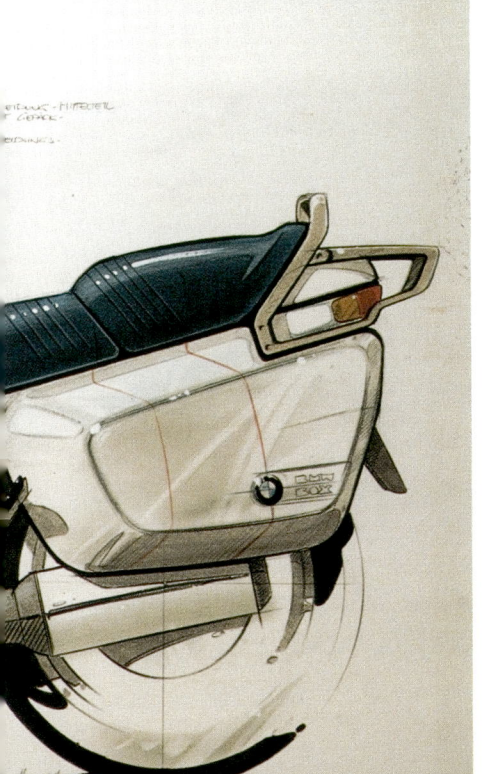

bestimmt, die oberste Position bietet einen besseren Windschutz bei höheren Geschwindigkeiten. Der Drehknauf zur Verstellung der Scheibe ist aus optischen Gründen und mit Rücksicht auf den passiven Unfallschutz versenkbar zwischen den Instrumenten angeordnet.

Verstellbarer Lenker: Die verstellbaren Lenkerenden bestehen aus Aluminiumschmiedeteilen; sie sind auf beiden Seiten mit hochfesten Aluminiumrohren verbunden, an denen die Griffgummis und Armaturen befestigt sind. Selbstsichernde Muttern halten die Lenkerenden

in der gewünschten Position. Die Aufhängung des verstellbaren Lenkers ist über Silentblöcke "schwingungsentkoppelt". Wie bei allen BMW-Modellen ist auch hier ist der Anbau von heizbaren Griffen möglich.

Der Verstellmechanismus erlaubt mit seinen geschmiedeten Präzisionsverzahnungen eine Verstellung der Lenkerposition in Längsrichtung in sieben Stufen über eine Distanz von bis zu 20 Millimetern. Außerdem lassen sich drei Spreizwinkel in Stufen von jeweils sechs Grad einstellen. Der Verstellmechanismus ist leicht zugänglich und zentral durch das Lösen von nur einer Schraube einfach zu handhaben.

Verstellbare Sitzbank: Die verstellbare Sitzbank ist im Gegensatz zur Standardsitzbank der ersten Serie zweigeteilt und im Bereich des Fahrers in drei Stufen um insgesamt 40 mm in der Höhe verstellbar. Es besteht damit die Möglichkeit, zwischen 780, 800 und 820 mm Sitzhöhe zu wählen. Für das Variieren der verschiedenen Fahrersitzhöhen muß der elastisch über einem Metallrahmen aufgehängte Sitz lediglich in unterschiedliche, rahmenfeste Aufnahmeböcke gesteckt werden; dies ist ohne die Verwendung von Bordwerkzeug in kürzester Zeit möglich.

Lichtstarker Scheinwerfer: Die Basis für den Scheinwerfer des neuen Boxers lieferte der lichtstarke Reflektor der K 1100 RS. Für die R 1100 RS mußte jedoch ein neues Scheinwerfergehäuse mit einer entsprechenden Streuscheibe entwickelt werden. Die gesamte Lichteinheit fügt sich zusammen mit den beiden seitlich integrierten Blinkleuchten harmonisch in die Frontverkleidung ein. Die Frontpartie trägt wesentlich zum schlanken und eigenständigen Erscheinungsbild des Motorrads bei.

Instrumente, Kontrolleuchten und Werkzeug: Tachometer und Drehzahlmesser sind als dominierende, aber unterschiedlich große Einzelinstrumente optimal im Blickfeld des Fahrers untergebracht. Das gesamte Cockpit ist rahmenfest montiert, macht also die Lenkbewegungen nicht mit. Der Tachometer wird über eine biegsame Welle vom

An innovativen und nützlichen Details herrscht bei der R 1100 RS kein Mangel. Bilder oben: Vollverkleidung und speziell abgestimmtes Tankrucksack-/Kofferset; Mitte: individuell einstellbare Windschutzscheibe und Kombianzeige für Benzinvorrat, Öltemperatur, Zeit, Schaltstufe; unten: dreifach höhenverstellbarer Fahrersitz und einstellbare Lenkerstummel. Weiteres Spezialzubehör bietet der Fachhandel.

Als "deutsche Ducati" wird die R 1100 RS gelegentlich bezeichnet. In der Tat zeigt die Linienführung geradezu italienische Rasse und Eleganz. Auch die Heckpartie ist stilistisch gelungen.

Vorderrad angetrieben, der Drehzahlmesser setzt die Ansteuerimpulse für die Zündspule elektronisch um.

Unterhalb der beiden Einzelinstrumente findet sich in übersichtlicher Anordnung eine Kontrolleuchteneinheit mit allen wichtigen Funktionen: Blinker, Leerlauf, Fernlicht, Kraftstoffreserve (ab einer Restmenge von etwa fünf Litern), Öldruck, Ladestrom, ABS-Kontrolle. In der linken Innenabdeckung der Verkleidung sitzen drei Schalter, die für Sonderausstattungen wie Warnblinkanlage und heizbare Griffe oder als ABS-Quittierungsschalter benutzt werden können.

Sehr zweckmäßig ist das sogenannte "Fahrerinformationsdisplay" (anfangs Sonderausstattung für 279 Mark, seit August 93 Serie). In einem Gehäuse, das sich in der rechten Innenabdeckung der Verkleidung befindet, werden über LCD (Liquid-Cristall-Display) Öltemperatur, Benzinstand, Uhrzeit und jeweils eingelegter Gang angezeigt.

Zur Serienausstattung gehören wieder Bordwerkzeugsatz und Reifenserviceset. Beides ist im Heckablagefach untergebracht. Wie alle BMW Motorräder besitzt auch die R 1100 RS eine elektrische

Steckdose. Seit August 93 ist auch eine Warnblinkanlage serienmäßig.

Sonderausstattung und Sonderzubehör: Wie bei BMW üblich, gibt es auch für die R 1100 RS ein umfassendes, ab Werk lieferbares Sonderausstattungsprogramm. Die Palette reicht über das Erwähnte hinaus von heizbaren Griffen, Zylinderschutz und Warnblinkanlage bis zu Kofferhaltern und Gepäckbrücke. Auf die besonders wichtigen Sonderausstattungen geregelter Katalysator und ABS wird in den Kapiteln Motor und Fahrwerk/Bremsen ausführlich eingegangen. Neben der Sonderausstattung ab Werk bieten die BMW-Händler zusätzliches Zubehör von Fremdherstellern an, wie zum Beispiel Tourenkoffer, Innentaschen dazu, passender Tankrucksack oder Diebstahlwarnanlage.

Fließende Linien bestimmen den eigenständigen Charakter des neuen Boxers

Die Eigenständigkeit des Gesamtkonzepts der neuen Boxermotorradgeneration drückt sich sehr stark auch beim Design aus. Die Maschine wirkt wie aus einem Guß und hat Charakter, ohne verspielt zu wirken. Gleichwohl ordnet

sich die Form in allen Details der Funktion unter, auf kurzlebige Effekte wurde bewußt verzichtet. Der Fahrer hat schon vom visuellen Eindruck her das Gefühl, die Maschine stets sicher beherrschen zu können. Die weichen Formen im Tankbereich sollen dem Fahrer das Gefühl vermitteln, fest in die Maschine integriert zu sein. Die Linienführung von Vorderradkotflügel und Verkleidungsteilen unterstreichen den dynamischen Charakter.

Den frischen und innovativen Gesamtauftritt der R 1100 RS sollen auch die lebendigen Farben unterstreichen. So kann der Kunde zwischen drei Lackierungen wählen: marakeschrot (Sitzbank anthrazit), türkisgrün-metallic (Sitzbank hellgrau) und perlsilber-metallic (Sitzbank flashgrün oder anthrazit). Einige Händler bieten Sonderlackierungen an.

"Motorrad der Vernunft": Die R 1100 RS im Urteil der Presse

Selten ist ein neues Motorrad so aufwendig der Öffentlichkeit präsentiert worden wie die R 1100 RS. Mehrere hundert Fachjournalisten aus aller Welt sowie 1.500 Händler aus Europa und Übersee wurden im Januar 1993 mit gecharterten Jets zur Kanareninsel Lanzarote geflogen, um dort Gelegenheit zu erhalten, auf fahrerisch anspruchsvollen Strassen den neuen Boxer kennenzulernen.

Ihren allerersten Auftritt hatte die RS in einer vulkanischen Höhle, die in den 60er Jahren von dem Künstler César Manrique zur Begegnungs- und Kulturstätte verfremdet worden war. Mit moderner Bild-, Ton- und Lasertechnik gelang es BMW, die große Tradition des Boxers, der damals seinen 70sten Geburtstag feierte, sinnlich wahrnehmbar zu machen: Wie Höhlenzeichnungen aus ferner Vergangenheit erschienen die historischen Boxermodelle an den spärlich illuminierten Wänden der Vulkanfelsen. Wie ein magisches Wesen trat sodann die R 1100 RS auf die Bühne.

Daß dies alles kein fauler Zauber war, zeigte sich am darauffolgenden Testtag: Die Neuentwicklung überzeugte auf dem schwierigen Inselkurs durch hervorragendes Handling, satte Leistung und überdurchschnittlichen Komfort. In den Presseberichten, die in den folgenden Monaten erschienen, spiegelt sich der überwiegend positive Eindruck wider, den die neue BMW hinterließ.

Quer durch den Blätterwald: Gute Noten für die R 1100 RS

"Zwar machte das neue Vierventil-Boxermotorrad von BMW schon bei seiner Präsentation einen durchaus positiven Eindruck, doch die wahren Eigenschaften des Motorrads zeigen sich erst bei längerer Beschäftigung. Im Falle der R 1100 RS führen weit über 1000 Fahrkilometer zu der Erkenntnis: Was BMW hier auf die Räder gestellt hat, wird in der Summe der Eigenschaften derzeit von keinem anderen Hersteller erreicht."
Ulf Böhringer, Süddt. Zeitung, Juni 93

"Bemerkenswert sind die Handlingeigenschaften der immerhin fünf Zentner schweren BMW: Sie läßt sich spielerisch von rechts nach links werfen, kennt trotz der Breitreifen fast kein Aufstellmoment, gestattet problemlos Spurwechsel auch bei sehr hohem Tempo und Korrekturen der Schräglage selbst auf holprigem Untergrund. Der Anti-Dive-Effekt verhindert zudem, daß die Gabel mehr als 20 mm eintaucht - ein völlig neues Bremsgefühl. Selbst das Bremsen in Kurven verliert seinen Schrecken. Die R 1100 RS ist ein Motorrad der Vernunft mit besten Anlagen."
H. J. Schneider, Motorradfahrer, Juni 93

"Verschärfte Abgasbestimmungen zwangen zur Renovierung des althergebrachten Aggregates. Die neue Motorengeneration im Sporttourer R 1100 RS erfüllt alle Lärm- und Abgasvorschriften und ist dennoch seiner Tradition treu geblieben."
H. H. Maas, Kölner Stadt-Anzeiger, Feb.93

"Mit der R 1100 RS bringt BMW ein Motorrad (fast) auf Autoniveau. Der geregelte Kat ist wiederverwertbar, die FCKW-freien Kunststoffe wurden fürs spätere Recycling sortenrein verwendet. Sitzbank und Lenker können je nach Fahrergröße eingestellt werden."
Focus, Februar 93

Sicheres Gefühl auch dann, wenn scharfkantige Lavabrocken die Straße säumen wie hier auf Lanzarote 1993; der Autor auf Testfahrt.

„Pünktlich zum 70jährigen Jubiläum ist bei BMW eine neue Zeit angebrochen."
V. Pfau, Münchener Merkur, Mai 93

"Merkwürdig, daß BMW immer wieder Marktlücken findet: Diese R 1100 RS, zugleich potenter Zweizylinder und großer Sporttourer, paßt haargenau in die Grauzone zwischen Ducati und gängigen Reisebegleitern. Die Münchner haben am anspruchsvollsten Konzept die Tauglichkeit ihres neuen Fahrwerks und ihres

Motors dokumentiert. Ihr Boxer ist nicht der emotionsgeladene Überhammer. Wie bisher wirkt er vor allem durch die sanfte Heimtücke der Vernunft: Nicht sofort, aber langfristig."
Fred Siemer, Motorrad, April 93

"Die ersten Fahreindrücke auf sehr holprigen, schnell gefahrenen Landstrassen zeigen, daß sich die Mühe der BMW-Techniker gelohnt hat. Die nominell 215 km/h schnelle RS läuft sauber geradeaus

und umrundet Kurven aller Radien ganz neutral. Die Hinterradschwinge arbeitet dank der Momentabstützung auch beim harten Beschleunigen, und das Showa-Federbein bügelt fast alles glatt, was unter den 160/60-17 großen Hinterreifen gerät. Der Telelever legt ein hervorragendes Ansprechverhalten und eine absolute Zielgenauigkeit an den Tag - selbst provozierte Störungen am Lenker klingen sofort wieder ab."
G. Saliger, MRS, März 93

"Selten war es so einfach, ein Motorrad so schnell über schlechte Straßen zu treiben - das ist Tourensportlichkeit im wahren Sinn des Wortes. Selbst bei verschärfter Gangart auf der Nürburgring-Nordschleife gab es nur wenige Situationen, in denen die komfortable Abstimmung an ihre Grenzen kam. Das passierte hauptsächlich dann, wenn höhere Dämpferkräfte gefordert waren. Fazit: Die R 1100 RS glänzt nicht nur mit dem stärksten Serienboxer, den es je gab, sondern auch mit dem besten Fahrwerk aller Boxermodelle."
Ralf Schneider, PS, Mai 93

"Insgesamt bleibt das Komfortangebot der R 1100 RS überdurchschnittlich. Trotz dieser Weichheit, trotz des Komforts zieht die R 1100 RS exakt wie eine Rollklinge ihre Bahn. Handling und Lenkneutralität sind mit der Bridgestone BT 50-bereiften BMW in einem Bereich angelangt, der schlicht mit 'neuer Maßstab' zu umreißen ist. Diese Mixtur ergibt fahrwerksseitig sportliche Qualitäten, die jenseits aller Erwartungen liegen. Nachteil des steifen, kompakten Fahrwerksaufbaus ist die Neigung zum Lenkerschlagen beim schnellen Überfahren kurzer, knackiger Bodenwellen."
Jo Soppa, Motorradmag. MO, Mai 93

Farbe und Design der neuen BMW wirken unter südlicher Sonne fast magisch. Auch beim Motor folgt die Form der Funktion. Rechts oben: Impression mit alter Mühle auf Lanzarote. Darunter: Uniformierte BMW-Bewunderer in Los Angeles.

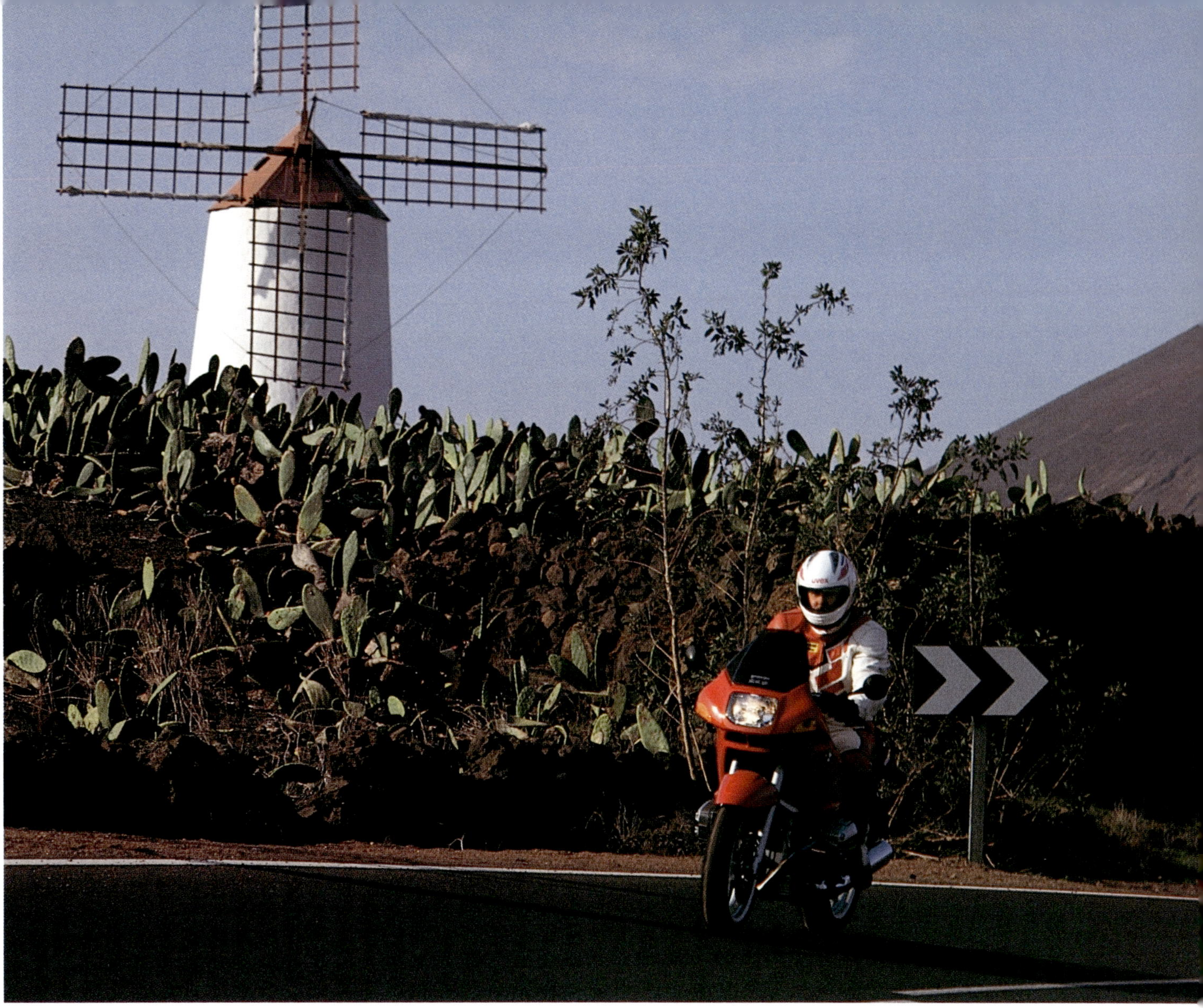

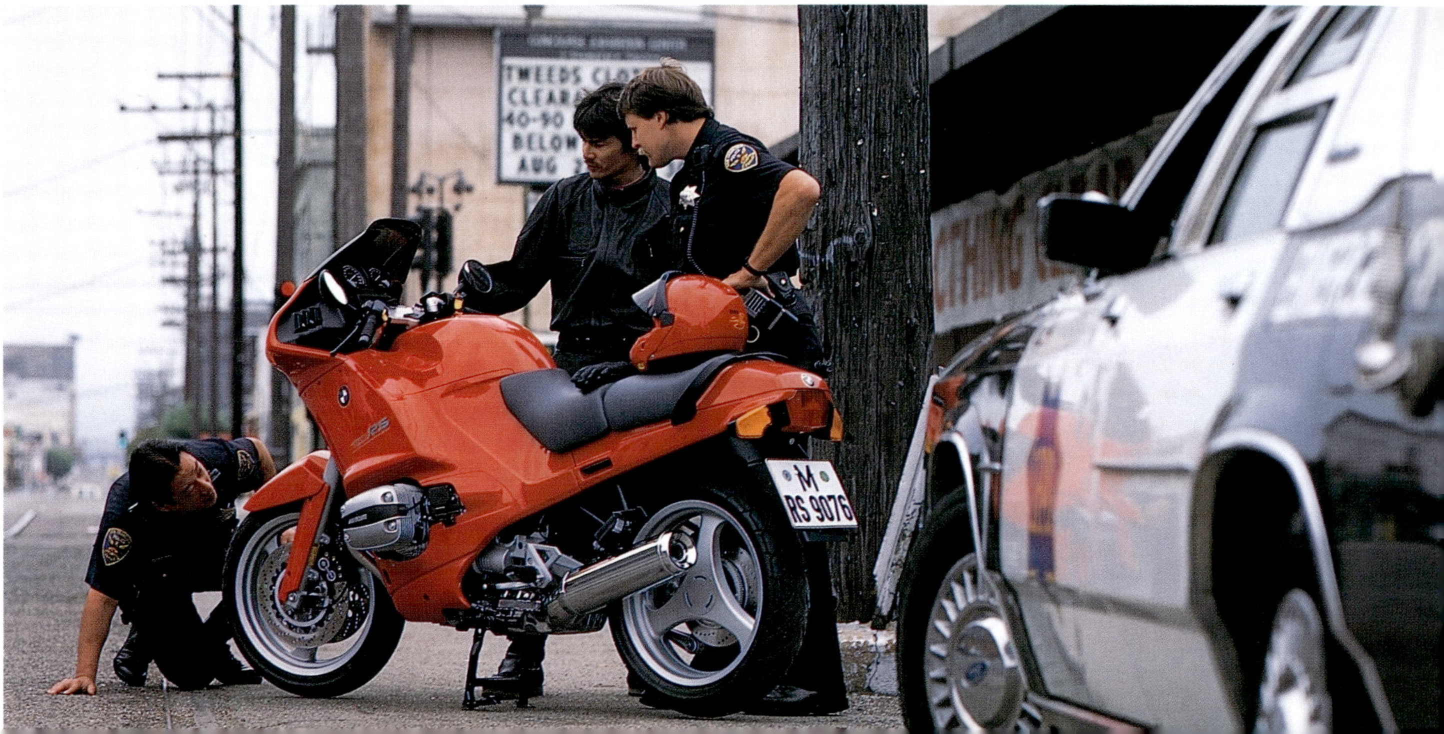
M
RS 9076

Die RS im Detail. Bild oben: Blick auf die Kommandozentrale mit verstellbarem Lenker und ergonomisch geformter Tank-Sitzbank-Kombination. Mitte: das gut bestückte Cockpit. Unten: Gesicht mit Charakter dank "Niere" und Halbschale.

Gut für die Umwelt: geregelter Dreiwege-Katalysator
Senkt die Kosten: hohe Wartungsfreundlichkeit

Umweltverträglichkeit und Wartungsfreundlichkeit hatten bei der Entwicklung der neuen Boxer-Generation höchste Priorität. Alle Vierventil-Boxermotoen sind seit Herbst 1995 serienmäßig mit geregelten Katalysatoren ausgestattet (bis dahin kostete der G-Kat 876 Mark Aufpreis). Die elektronisch gesteuerte Einspritz- und Zündanlage (Motronic von Bosch) reduziert in Verbindung mit der Schubabschaltung merklich den Verbrauch. Mit einem Fahrgeräusch von 79 bis 80 dB(A) entsprechen alle Vierventil-Motoren den 1999 gültigen EU-Bestimmungen. Subjektiv empfindet man den Boxer - bis auf R 1100 S und R 1200 C - als flüsterleise.

Beispielhaft in puncto Umweltverträgichkeit: der Vierventil-Boxer. Elektronische Einspritzung, Kennfeldzündung, Schubabschaltung und Kat sind Serie.

Der Katalysator läßt sich ebenso wie der Edelstahlauspuff problemlos recyceln. Alle Verkleidungsteile der seit 1993 produzierten Boxermodelle bestehen aus ebenfalls recyclingfähigen thermoplastischen Kunststoffen, die - wie alle Kunststoffteile an den Fahrzeugen - ohne die Verwendung (der inzwischen verbotenen) Fluor-Chlor-Kohlenwasserstoffe (FCKW) hergestellt werden und je nach Kunststoffart entsprechend gekennzeichnet sind.

Deutlich längere Inspektionsintervalle: 10.000 statt 7.500 Kilometer

Traditionell wurde auch bei den neuen Boxern wieder großer Wert auf hohe Wartungsfreundlichkeit gelegt. Beispiele für gute Zugänglichkeit und die Verwendung wartungsarmer oder gar wartungsfreier Bauteile:
● Die Verkleidung ist mit Schnellverschlüssen am Rahmen befestigt, alle Elemente sind daher schnell und gut zugänglich;
● Bei der Batterie muß nur der Säurestand kontrolliert werden; er ist durch das weißgefärbte Gehäuse hindurch gut sichtbar;
● Das Hinterrad läßt sich wegen des Paralever- bzw- Monoleversystems (Cruiser) mit einseitiger Radbefestigung sehr leicht ausbauen;
● Die Telelever-Vorderradführung ist ebenso wie die Federbeine wartungsfrei, ein Gabelölwechsel ist nicht mehr nötig;
● Die Inspektionsintervalle wuchsen von 7500 auf 10000 km;
● Der Serviceaufwand für die Inspektionen konnte bei der R 1100 RS z.B. um 20 Prozent gegenüber der R 100 R, sogar um 30 Prozent gegenüber der K 1100 RS reduziert werden.

Modellpflege: nur Kleinigkeiten; Jubiläums-RS "75 Jahre BMW" 1998

Auch wenn anfangs ein wenig Skepsis herrschte: Das 1993 erstmals vorgestellte Telelever-Fahrwerk fand auf dem internationalen Motorradmarkt schnell die von BMW erhoffte positive Resonanz. Die R 1100 RS wurde in den USA, in Japan, Australien sowie mehreren europäischen Ländern wegen ihres Designs, aber auch wegen des innovativen Technikkonzepts preisgekrönt und zum "Motorrad des Jahres" gekürt. Bereits im ersten Modelljahr liefen 12.400 Einheiten von den Bändern im Werk Berlin Spandau, bis Ende 1998 waren es rund 24.000 Exemplare.

Die Modellpflege beschränkte sich, abgesehen von der Einführung neuer Farbvarianten, auf die Änderung weniger Details. Ab Modelljahr 1994/95 waren das Ergonomiepaket und das Fahrer-Informations-Display weltweit serienmäßig eingebaut. Im Herbst 1995 bekam die RS die längere Vorderradabdeckung der damals eingeführten R 1100 RT. Die Innenabdeckung der Halbverkleidung wechselte von schwarz auf Fahrzeugfarbe, die als Extra erhältliche Vollverkleidung war nun teilweise weißaluminiumfarben lackiert. Wegweisend war die BMW-Entscheidung, ab Herbst 1995 alle Boxer- und Vierzylindermodelle mit Motronic ab Werk mit geregelten Katalysatoren auszurüsten. Zuvor hatte der Kunde für die Abgasentgiftung einen Aufpreis von 876 Mark zahlen müssen, was die Akzeptanz aber kaum beeinträchtigte; über 60 Prozent griffen zu.

Mit geringfügigen Fahrwerkverbesserungen wartete der Sporttourer ab Herbst 1996 auf. Das vordere Federbein ließ sich jetzt in der Zugstufe über eine Schlitzschraube stufenlos verstellen. Am hinteren Federbein konnte man - wie bei GS und RT - nun auch die Federvorspannung hydraulisch einstellen. Zum Einbau eines Lenkungsdämpfers wie bei der R 1100 R, der das Fahrverhalten der RS im Grenzbereich verbessert hätte, konnte sich BMW allerdings nicht durchringen.

Mit vier aufwendig lackierten Sondermodellen feierten die Bayern 1998 den 75sten Geburtstag ihrer Motorradproduktion. Die Jubiläums-RS war in marrakeschrot/arktissilber lackiert und bot bei einem Preis von 23.850 Mark sinnvolle Extras: ABS, Heizgriffe, Kofferhalter, Vollverkleidung mit Gleitrohrabdeckung.

Oben: Ab 1994 gab es die R 1100 RS auch in noblem Schwarz und sattem Dunkelblau.
Mitte: das auffällig lackierte, mit ABS und Vollverkleidung aufgewertete RS-Sondermodell erschien 1998 zum Jubiläum "75 Jahre BMW-Motorräder".

R 1100 GS: markante Vierventil-Enduro für Abenteuerreisen rund um die Welt

Schon bei der Präsentation der R 1100 RS im Januar 1993 gab BMW bekannt, daß der neue Boxer in absehbarer Zeit auch als Enduro auf den Markt kommen würde. Den Fachjournalisten wurde damals die Zeichnung eines Designmodells der künftigen GS nicht vorenthalten. Am 7. September 1993 war dann der Zeitpunkt gekommen, die fertige Super-Enduro der Öffentlichkeit vorzustellen. Der Präsentationsrahmen war geschickt gewählt worden: BMW enthüllte die neue R 1100 GS am Pressetag der 59sten IAA in Frankfurt. Das Interesse war nicht zuletzt deshalb überdurchschnittlich groß, weil zum ersten Mal seit 1939 auf einer Automobilausstellung auch wieder Motorräder gezeigt wurden.

Gleichzeitig überraschten die Münchner ihr Publikum mit einer zweiten Neuheit, der gemeinsam mit Aprilia und Rotax-Bombardier entwickelten Einzylinder-"Funduro" F 650. Besonders bemerkenswert am neuen BMW-"Eurobike": Die Kraft des wahlweise 34 oder 48 PS starken Vierventilmotors wurde erstmals nicht per Kardanwelle, sondern

per Kette zum Hinterrad übertragen. Einhellig begrüßt wurde es, daß BMW mit der F 650 die 1969 unterbrochene Tradition der Einzylinderfabrikation wieder aufgenommen hatte. In den 50er und 60er Jahren gehörten die BMW-Einzylinder vom Schlag der R 25/2, R 25/3, R 26 und R 27 zu den populärsten und meistverkauften Motorrädern in

Ausgetretene Pfade verläßt BMW mit der neuen Super-Enduro R 1100 GS. Die 80 PS starke Allroundmaschine setzt vor allem in puncto Design und Ausstattung starke Akzente.

Deutschland. Mit der knapp 11.000 Mark teuren F 650 möchte BMW Einsteiger und Leute ansprechen, die ein besonders wendiges und kompaktes, trotzdem leistungsstarkes und langlebiges Motorrad suchen.

Konsequent setzt die neue R 1100 GS eine andere Tradition von BMW fort: Die markant gestylte Zweizylinder-Enduro besitzt alle Tugenden und Charaktermerkmale, mit denen die R 80 G/S in den 80er Jahren zum Trendsetter im Segment der großvolumigen Abenteuer- und Fernreise-Enduros avancierte. Als zweites Modell der neuen Boxergeneration basiert die R 1100 GS im wesentlichen auf der seit Anfang 1993 in der Bundesrepublik bereits viele Tausend mal verkauften Sport-Tourers R 1100 RS. Bei den Händlern stand die Enduro ab Frühjahr 1994.

Herzstück ist auch bei der R 1100 GS der luft-/ölgekühlte 1100 cm³-Zweizylinder-Boxermotor mit vier Ventilen pro Zylinder und je einer in jeden Zylinderkopf verlegten Nockenwelle (CIH- oder HC-Steuerung). Für den Einsatz im En-

duromodell wurde das Triebwerk allerdings weniger auf Höchstleistung, sondern noch mehr auf Drehmoment und Durchzug ausgelegt und entsprechend modifiziert. So leistet der Boxer R 259 bei der R 1100 GS statt 90 nur 80 PS (59 kW) und das bereits bei 6750 U/min gegenüber 7250 U/min. Das maximale Drehmoment stieg von 95 auf 97 Nm schon bei 5250 U/min gegenüber 5500 U/min bei der R 1100 RS.

Erzielt wurde die bullige Leistungscharakteristik durch geänderte Nockenwellen und Kolben, modifizierte Steuerzeiten und ein von 10,7 auf 10, 3 : 1 verringertes Verdichtungsverhältnis. Die zentrale Regelelektronik für Zündung und Einspritzung wurden der neuen Auslegung ebenso angepaßt wie Auspuffkrümmer und Schalldämpfer.

Modifizierter Boxermotor: weniger Leistung, aber mehr Drehmoment

In Deutschland ist die R 1100 GS aus versicherungstechnischen Gründen wahlweise auch mit 78 PS (57 kW) bei 6500 U/min zu haben. In der Praxis dürfte die Differenz um zwei PS praktisch innerhalb der Fertigungstoleranz liegen und damit vom Fahrer kaum zu registrieren sein. Auf jeden Fall ist die R 1100 GS derzeit nicht nur die Enduro mit dem größten Hubraum, sondern auch mit dem größten Drehmoment.

Wie die R 1100 RS besitzt auch die R 1100 GS einen dreiteiligen Rahmen mit Motor- und Getriebegehäuse als mittragender Einheit. Die Vorderradführung übernimmt hier ebenfalls der neuartige BMW Telelever, dessen Vorteile auch bei dem Enduromodell voll zum Tragen kommen sollen: hohe Stabilität in allen Fahrzuständen, sichere Bodenhaftung auf rauhen Pisten wie auf unterschiedlichsten Straßen, hervorragendes Ansprechverhalten und nicht zuletzt die Anti-Dive-Wirkung, die dafür sorgt, daß auch beim Bremsen stets ein ausreichender Restfederweg vorhanden ist. Durch den Bremsnickausgleich und die hohe Längssteifigkeit bietet der Telelever nicht zuletzt ideale Voraussetzungen für den ABS-Einsatz. Denn auch für die R 1100 GS ist auf Wunsch das weiterentwickelte ABS II erhältlich. Außerdem kann gegen Aufpreis ein geregelter Dreiwege-Katalysator geordert werden.

Drehmoment- und Leistungskurve steigen bei der GS merklich steiler an als bei der R 1100 RS. Das im unteren Bereich verbesserte Durchzugsvermögen bringt im Gelände Vorteile.

Für die neue Enduro wurde die ABS-Anlage freilich ein wenig modifiziert. Das hat folgenden Grund: Im Gelände oder auf losem Untergrund kann es - im Gegensatz zum Fahren auf der Straße - fahrtechnisch unter bestimmten Bedingungen sinnvoll sein , vor allem das Hinterrad gezielt zu blockieren; daher ist das ABS II bei der R 1100 GS abschaltbar.

Dies ist aus Sicherheitsgründen allerdings nicht während der Fahrt möglich: Das Abschalten kann nur vor dem Start durch Betätigen des ABS-Quittierschalters und gleichzeitiges Einschalten der Zündung erfolgen. Die Abschaltung des ABS wird dem Fahrer durch die dauernd brennende ABS-Kontrolleuchte angezeigt. Durch anschließendes Aus- und Einschalten der Zündung wird das ABS automatisch wieder aktiviert.

Weil eine Enduro bekanntlich unter sehr unterschiedlichen Bedingungen eingesetzt wird, ist das vordere zentrale Federbein - anders als bei der R 1100 RS - in der Federvorspannung in fünf Stufen mit einem Hakenschlüssel aus dem Bordwerkzeug einstellbar.

Das Hinterrad wird auch bei der GS in einer Paraleverschwinge mit zentralem

Federbein geführt. Neu gegenüber der RS: Das Federbein ist in der Federvorspannung über ein gut zugängliches Handrad hydraulisch stufenlos verstellbar. Die Zugstufendämpfung läßt sich über eine Einstellschraube stufenlos justieren. Die Federwege sind mit 190/200 mm vorn/hinten deutlich größer als der der RS (120/135 mm). Der Radstand wuchs bei gleichem Nachlauf (111 mm) von 1473 auf 1499 mm.

Wie die GS-Modelle herkömmlicher Bauart läuft auch die R 1100 GS auf den sehr stabilen, patentierten Kreuzspeichenrädern, vorne mit 19 Zoll und hinten mit 17 Zoll Durchmesser. Die Spezialfelgen erlauben das Aufziehen schlauchloser Reifen; Größen: 110/80-19 und 150/70-17.

Am Vorderrad sorgt die von der RS her bekannte Zweischeibenbremse mit Vierkolbenfestsätteln und schwimmend gelagerten, im Durchmesser 305 mm großen Scheiben für angemessene Verzögerung. Am Hinterrad findet sich eine verkleinerte Einscheibenbremse (Durchmesser 276 statt 285 mm) mit Zweikolbenschwimmsattel.

Fahrwerk: beide Federbeine einstellbar, moderne Kreuzspeichenräder

Die R 1100 GS besitzt wie die RS einen Kunststofftank, der hier allerdings 25 statt 23 Liter faßt und damit überdurchschnittliche Reichweiten garantiert. Die vordere Radabdeckung ist rahmenfest als Verlängerung der Cockpitverkleidung angebracht und trägt mit

dem integrierten Ölkühler zum markanten Erscheinungsbild wesentlich bei. Ähnlich wie die R 1100 RS besitzt auch die R 1100 GS ein Ergonomiepaket mit stufenlos einstellbarem Windschild und einer für den Fahrer auf 860 oder 840 mm Sitzhöhe einstellbaren Sitzbank. Der breite Lenker ist "kippentkoppelt": Zwei spezielle Kugelgelenke zwischen Gabelbrücke und Telelever-Standrohren verhindern, daß der Lenker die Schwenkbewegungen der Vorderradaufhängung mitmachen muß.

Serienmäßig ist bei der R 1100 GS zusätzlich der Zylinderschutz aus Kunststoff, der Unterfahrschutz aus Leichtmetall sowie die Gepäckbrücke. Besonderer Clou dabei: Nach Abnahme des für den Beifahrer vorgesehenen hinteren Teils der zweigeteilten Sitzbank vergrößert sich die Fläche des Gepäckträgers entsprechend.

In puncto Design setzt sich die R 1100 GS klar von anderen Enduros ab. Sie ist eigenwillig, ausdrucksstark, unverwechselbar, unterscheidet sich fast brutal von den klassischen BMW-Enduros. Daß dies ein Motorrad ist, das nicht nur auf der Straße, sondern auch auf rauhen Pisten zügiges Vorankommen ermöglicht, wird sofort klar. Man sieht der R 1100 GS aber auch ihr hohes Gewicht an: 243 kg vollgetankt - ohne Zubehör. Zulässiges Gesamtgewicht: RS 450 kg. Wie 1980 die R 80 G/S setzte auch die neue R 1100 GS in den folgenden Jahren wieder Maßstäbe

in der Klasse der großen Reise-Enduros. Das Fahrwerk mit dem einzigartigen Telelever sorgt für ausgezeichnete Fahrstabilität, hohen Komfort und exzellentes Handling.

Variante: R 850 GS mit 70 oder 34 PS

Niemand ahnte 1994, daß die GS eines der erfolgreichsten BMW-Motorräder werden würde: Von der in all den Jahren völlig unverändert produzierten Enduro konnten bis Ende 1998 weltweit über 36.000 Exemplare abgesetzt werden. Schnell vergriffen war ein Jubiläums-

modell, das 1998 auf den Markt kam ("75 Jahre BMW-Motorräder"). Es kostete 22.100 Mark inklusive ABS, Fahrerinformations-Display, heizbaren Griffen und Kofferhaltern.

Auf der Münch'ner INTERMOT im September 1998 hatte die R 850 GS Premiere. Sie hat den Motor der R 850 R, der ebenfalls in der offenen 70- oder der gedrosselten 34 PS-Version zur Verfügung steht. Ansonsten ist die R 850 GS technisch, optisch und ausstattungsmäßig mit der R 1100 GS identisch. Einzelheiten dazu weiter vorn sowie im Kapitel über die Roadster-Modelle.

Oben: Die neue R 850 GS als Beweis für clevere Modellpolitik; sie kommt genauso stark daher wie die 1100er, ist aber 650 Mark billiger (Preis 1999). Links: das nur 1998 lieferbare Jubiläumsmodell der R 1100 GS in knalligem Rot-Weiß.

Als Motorrad für alle Fälle präsentiert sich die R 1100 GS. Dank einstellbarer Federbeine und verlängerter Federwege bietet sie auch auf rauhem Untergrund die nötige Fahrstabilität. Bei ersten Tests hat sich gezeigt, daß die Offroad-Qualitäten zumindest auf trockenem Untergrund zufriedenstellend sind - trotz des hohen Fahrzeuggewichts von rund 250 kg. Markant: die Bugpartie mit dem integrierten Ölkühler.

Überraschung im Juli 1999: neue GS 1150 mit Sechsgang-Getriebe

Dieses Buch war schon fast im Druck, als die brandheiße Nachricht kam: BMW ersetzt die R 1100 GS durch ein neues Topmodell! Pressechef Hans Sautter ließ sich nicht lange bitten und schickte uns per Expreß Bilder und Infos. Voilà: Hier ist sie, die mit 85 PS stärkste und vielleicht auch schönste GS, die es je gab.

Technisch hat die Super-GS viel mit dem Sportboxer gemeinsam: Zylinderköpfe, Kopfhauben aus Magnesium (wie übrigens künftig alle Boxer), Kurbelwelle, Motronic MA 2.4 mit G-Kat, leichtere Telelevergabel und Sechsgang-Getriebe (wobei der sechste Gang Overdrive-Charakter hat). Die Zylinder stammen von der R 1200 C, der größere Ölkühler ist von der RT. Den Hubraum hat man um 45 auf 1130 cm^3 vergrößert, neue Nockenwellen und eine geänderte Abgasanlage mit Interferenzrohr verbessern Drehmomentverlauf und Durchzugswerte.

Weitere Features: hydraulisch betätigte Kupplung, neue Fußrastenplatten, modifizierter und um 14 mm verkürzter Paralever mit Lagerung im Getriebegehäuse wie bei der R 1100 S. Ganz neu ist das "Gesicht" mit dem asymmetrischen Doppelscheinwerfer im S-Look und der eleganteren´ Vorderradabdeckung. Das neue Windschild ist verstell- und abnehmbar. Nach dieser Traum-Enduro werden die Fans sicher Schlange stehen.

Neu gegliedert und übersichtlicher: das Cockpit. Vom Sportboxer kommen die modernisierten Lenkerarmaturen. Ab September 1999 ist die R 1150 GS im Handel - zum Basispreis von 19.890 Mark. Mehr über die neue GS und alles über die GS-Geschichte im Band "Faszination BMW GS" (ab Frühjahr 2000).

Synthese aus Klassik und Moderne:
Roadster R 1100 R und R 850 R

Unverkleidete Motorräder liegen seit einigen Jahren im Trend. Für BMW, bekanntlich seit 1923 erfolgreich in diesem traditionellen Segment, war es eine Selbstverständlichkeit, die Palette der Vierventilmodelle so früh wie möglich um zeitgemäße "Naked"-Varianten zu erweitern. Ihre Weltpremiere hatten sie auf der Kölner IFMA im Oktober 1994: die unverkleidete R 1100 R und die hubraumschwächere Schwester R 850 R.

Der Entwicklungsaufwand für die Vierventil-Roadster hielt sich in Grenzen. Denn Antrieb und Fahrwerk der neuen Typen basierten auf der Technik der bereits eingeführten Modelle R 1100 RS und R 1100 GS. Das bedeutete: luft- und ölgekühlte Vierventil-Boxermotoren mit je zwei hochgelegten Nockenwellen und digitaler Motor-Elektronik, Telelever-Vorderradführung, Paralever-Hinterhand, filigraner Gitterrohrrahmen.

Roadster-Modelle: Mix aus RS und GS

Wie bei der Enduro R 1100 GS war das 80-PS-Triebwerk der R 1100 R vor allem auf Drehmoment und Durchzugsvermögen ausgelegt, die Leistungsdaten waren identisch. Für den deutschen Markt gab (und gibt) es auch eine 78-PS-Version. Die R 850 R war (und ist) wahlweise mit 70 oder 34 PS zu haben. Anders als bei R 1100 RS und GS, wo die Ölkühler unter dem Scheinwerfer saßen, verfügten die Roadster-Modelle über zwei kleinere Ölkühler links und rechts über den Zylindern.

Das Erscheinungsbild der beiden neuen Boxer vereinte traditionelle und moderne Elemente miteinander. Eigenständig wie die ganze Linie war das - inzwischen modifizierte - Cockpit: Tachometer und Kontrolleuchten waren bei der bis März 1997 gebauten Erstversion zentral über dem verchromten Rundscheinwerfer angeordnet, Drehzahlmesser und Uhr hatte man seitlich plaziert.

Serienmäßig rollte die Roadster auf den Dreispeichen-Leichtmetallrädern der RS. Auf Wunsch waren jedoch auch die Kreuzspeichenräder der GS lieferbar, dann am Vorderrad allerdings nicht mit

Klassische Optik, zukunftssichere Technik:
R 1100 R der ersten Generation von 1994

19, sondern 18 Zoll Durchmesser. Die Vorderradbremse mit ihren beiden 305 mm großen Scheiben stammte von der RS, die rückwärtige, im Durchmesser 276 mm große Scheibe kam von der GS. Federbeine und Federwege (120/135 mm vorn/hinten) waren mit denen des Sport-tourers identisch.

Zum exzellenten Geradeauslauf selbst bei hohen Geschwindigkeiten trug ein fein abgestimmter Lenkungsdämpfer bei. Zukunftsweisend war damals, daß man auch die unverkleideten Vierventil-Modelle mit ABS II und geregelten Katalysatoren haben konnte. Beispielhaft waren (bei der 1100er) der niedrige Verbrauch, der leise und kultivierte Motor-

Bayern-Boxer im Allgäu: Diese silbergraue R 1100 R vom September 1994, dem ersten Produktionsmonat, wurde vom Autor ausführlich getestet. Oben das Cockpit der Baureihe 10/94 bis 2/97.

lauf sowie der hohe Fahrkomfort - auch dank der höhenverstellbaren Sitzbank. Die Preise (16.500 Mark für die R 1100 R, 15.500 Mark für die R 850 R) galten als moderat.

Die R 1100 R im Test: simply the best

Im Oktober 1994 hatte ich Gelegenheit, die R 1100 R ausführlich für die Zeitschrift "Motorrad News" zu testen. Die Fahreindrücke, die ich gewann, fasse ich auf den folgenden Seiten nochmals zusammen. Das Gesagte läßt sich auch auf die neuesten Versionen übertragen, da die Roadster seit 1994 nur optisch, nicht aber technisch verändert wurden.

"Auf so ein Motorrad haben die Boxer-Fans lange gewartet: Die BMW R 1100 R ist der Wirklichkeit gewordene Traum vom Fahren mit zwei gegenüberliegenden Zylindern. Abgesehen vom Prinzip hat der neue Boxer nicht mehr viel gemein mit dem alten, erdschweren und traditionsverbundenen BMW-Konzept. Der moderne Vierventiler ist zeitgemäß, sicher, komfortabel und in allen Punkten dem klassischen Zweiventiler überlegen. Seine Stärken:

● Leistung ohne Krawall. Die R 1100 R holt - wie ihre Schwester R 1100 GS -

aus 1085 cm³ Hubraum 80 PS (59 kW) bei 6750 U/min, und sie tut das, ohne sich anzustrengen und ohne dabei grob zu werden: Die Geräuschwerte gehören zu den niedrigsten, die wir je maßen.

● Drehmoment aus dem Keller heraus. Während sich der alte Boxer unterhalb 3000 U/min kräftig zu schütteln pflegte, legt der (gegenüber der RS im Drehmoment auf 97 Nm/5250 U/min verbesserte) Vierventiler schon bei 1500 U/min ruckfrei los und beschleunigt ab 2000 Touren mit der Kraft einer Dampfmaschine. Auf Landstraßen und in der Stadt läßt sich dieses Motorrad bewegen wie ein moderner Turbodiesel: zwischen 1500 und 3500 U/min = maximal Tempo 100 (bei Tacho 110).

● Modernstes Motormanagement mit elektronischer Einspritzung. BMW hat schon mit der 1983 eingeführten K-Reihe bewiesen, daß sich Motorradmotoren mit Automobiltechnik verfeinern lassen. Die R 1100 R besitzt - wie alle neuen Boxer und die K 1100-Modelle - die Motronic MA 2.2 mit elektronisch gesteuerter Benzineinspritzung, Kennfeldzündung und Schubabschaltung.

● Umweltverträglichkeit durch niedrigen Verbrauch und zeitgemäße Abgas-technik. Auch in diesem elementar wich-

tigen Punkt ist BMW weltweit Spitze. Für den vergleichsweise geringen Aufpreis von 876 Mark ist auch die R 1100 R mit einem lambdageregelten Dreiwege-Katalysator zu haben. Sie gehört damit zu den ganz wenigen Motorrädern, die in puncto Umwelt kein schlechtes Gewissen machen. Außerdem schont sie die Ressourcen: Unsere mit Kat versehene Testmaschine verbrauchte zwischen 4,7 und 7,1 Liter, im Durchschnitt 5,6 Liter Super bleifrei auf 100 km. Beispielhaft für ein inklusive Kat, ABS und Koffer immerhin 245 kg schweres 1100er Motorrad.

● Avantgardistische Fahrwerkstechnik mit sinnvoller Optimierung. Die Zeiten normaler Telegabeln, die sich bei harter Beanspruchung verwinden und beim Bremsen tief eintauchen, sind beim neuen Boxer vorbei. Telelever heißt das Zauberwort - Führungsrohre plus Drei-

ecks-Längslenker plus Zentralfederbein. Der Clou bei der R 1100 R und der kleineren Schwester R 850 R ist der Lenkungsdämpfer, den es bei den anderen Vierventilern nicht gibt. In Verbindung mit der 'Kippentkopplung' am Lenker und sportlich-straffer Abstimmung vorn ergibt sich ein Fahrverhalten, das dem der R 1100 RS klar überlegen ist.

● Zukunftsichere Bremstechnik mit ABS. Wer ganz auf Nummer sicher gehen will, kann seinen Vierventil-Boxer für 1995 Mark Aufpreis auch mit dem elektronisch geregelten ABS II ordern. In Verbindung mit der großzügig dimensionierten, von RS und GS übernommenen Dreischeiben-Bremsanlage der R 1100 R ist bestens dosierbares Verzögern in allen Situationen möglich.

● Überdurchschnittliches, praxisgerechtes Ausstattungsniveau. Wie alle neuen Boxer sind auch die Roadster-

Modelle mit der dreifach (per Innensechskantschlüssel) verstellbaren Sitzbank ausgerüstet. Drehzahlmesser und Tourenzähler sind serienmäßig, der Zentraltachometer liegt ebenso wie die Leiste mit den ausgezeichnet erkennbaren Kontrolleuchten bestens im Blickfeld. Der Handbremshebel läßt sich vierfach verstellen. Serie sind außerdem Hauptständer, Seitenständer mit automatischer Startunterbrechung, Heckablagefach mit Bordwerkzeug und Reifenserviceset sowie elektrische Steckdose."

"Von den technischen Voraussetzungen her ist die R 1100 R ganz klar der beste Boxer, den es je gab. Im Vergleich mit

Die Roadster ist ein echtes Allround-Motorrad. Sie ist prima auf Langstrecke, aber sie mag's auch sportlich. Im Bild: unsere 94er Test-R.

Kurvenreiche Landstraßen sind die Domäne der Roadster. Links die R 1100 R im Test, unten unsere 850er-Testmaschine von 1994.

RS und GS ist die Roadster das ausgewogenste Modell. So zieht die R auch bei Volldampf auf der Autobahn (203 km/h sind möglich) unbeirrt ihre Bahn, die elementare Unruhe im Vorbau, die bei RS und (abgeschwächt) auch bei der GS ab 170 km/h auftritt, läßt sich nicht feststellen. Der progressiv arbeitende Lenkungsdämpfer unten am Längslenker zeigt in Verbindung mit dem 'kippentkoppelten' Lenker eindeutig Wirkung.

Beim Vierventil-Motor R 259 mit seinen beiden hochgelegten Nockenwellen handelt es sich im Fall der Roadster 1100 zweifellos um ein besonders drehmomentstarkes und wirtschaftliches Triebwerk. Doch weitere Modellpflege scheint vonnöten: Trotz der beiden Ölkühler kämpft der Auslaßbereich nach wie vor mit hohen Temperaturen - die bis zum Vorschalldämpfer blaugefärbten Krümmer legen beredtes Zeugnis davon ab.

Auch mußten wir einen Ölverbrauch von über einem halben Liter auf 1000 Kilometer feststellen - unakzeptabel. Beim Kaltstart nach einer Nacht auf dem Hauptständer bließ unser Vierventiler minutenlang stinkende Ölwolken aus dem Auspuff. Eher Gewöhnungssache sind die kräftigen Vibrationen, die vor allem unter Last und ab 4000 Touren auftreten. Wenig Freude machte das Getriebe. Die Schaltung war hakelig, vor allem die kleinen Gänge ließen sich oft nur nach mehrmaligem Nachtreten einlegen.

Am schönsten fährt sich die R 1100 R, wenn man sie bewegt wie einen britischen Sportwagen: gelassen und mit maximal 140 km/h. Auf Handlingstrecken ist der Boxer mit dem breiten Lenker und dem 17-Zoll-Vorderrad in seinem Element: Keine andere BMW läßt sich so zügig und elegant um Ecken aller Art bewegen."

Die R 850 R im Test: fit for fun

Im Dezember 1994 konnte ich die R 850 R in der ungedrosselten Version testen, ebenfalls für "Motorrad News". Die wichtigsten Eindrücke habe ich zusammengefaßt: "Der in der Bohrung von 99,0 auf 87,8 mm zurückgenommene, ansonsten aber unveränderte 850er Motor bringt es auf satte 70 PS (52 kW)

Konsequenter Schritt Richtung Straßen-Kreuzer: Zum Frühjahr 1997 bekam die Roadster ein völlig neues Cockpit und einen wesentlich größeren Scheinwerfer. Tourenzähler und Uhr waren serienmäßig. Verspielt: die bunten Kontrollämpchen.

bei 7000 U/min und ist damit in der Literleistung (82,5 PS) genauso stark wie der Sporttourer R 1100 RS. Was sofort auffällt: Die R 850 R ist deutlich drehfreudiger als die 1100er. Die im Durchmesser 11,2 mm kleineren Kolben laufen über den gesamten Drehzahlbereich hinweg ruhiger, die beim Schwestermodell spürbaren Vibrationen sind wie weggezaubert. Weil der Motor spontaner hochdreht, wirkt die ganze Maschine agiler. Während die große Roadster ausgeprägten Tourencharakter besitzt, ist die neue 850er eher etwas für Leute, die betont dynamisch fahren möchten.

Die Meßwerte unterstreichen, daß von einem Leistungsfefizit gegenüber der R 1100 R kaum gesprochen werden kann. Die 850er spurtet in 4,8 Sekunden von 0 auf 100 km/h, die 1100er ist nur zwei Zehntelsekunden besser. Mit 194 km/h Höchstgeschwindigkeit (Tachoanzeige

Schick, aufgewertet, teuer: Sondermodell der R 1100 R in nachtschwarz mit weißer Linierung zum Jubiläum "75 Jahre BMW-Motorräder" 1998. Im Preis von 20.450 Mark enthalten: ABS, Heizgriffe, Kofferhalter. Die Kreuzspeichenräder kosteten 332 Mark extra.

208) ist die R 850 R der schnellste Boxer, den es in dieser Hubraumklasse je gab. Die R 1100 R schafft lediglich 9 km/h mehr. Mit 5,1 Sekunden von 50 auf 100 km/h im vierten Gang verfügt die R 850 R über große Reserven beim Überholen.

Zwar muß früher heruntergeschaltet werden als bei der großen Schwester, doch vermißt man subjektiv nicht die nötige Elastizität. Selbst noch unterhalb von 2000 Touren nimmt der voll elektronisch gemanagte Zweizylindermotor bereitwillig Gas an, dreht schüttelfrei hoch.

Der Haken an der Sache ist der hohe Verbrauch. Weil die 850er im Mittel bei vergleichbarer Geschwindigkeit in den einzelnen Gängen rund 700 Touren höher dreht als die 1100er, fließt zwangsläufig mehr Saft durch die Einspritzdüsen: durchschnittlich 6,5 und damit 0,9 Liter mehr auf 100 km als bei der Roadster 1100. Der Minimalverbrauch lag mit 5,5 l/100 km um 0,8 Liter höher.

Vor Überdrehzahlen schützt die Motronic MA 2.2. Sie blendet in den kleinen Gängen die Einspritzimpulse bei ca. 7.500 U/min aus und verhindert so Schäden am Ventiltrieb. Im vierten und fünften Gang dreht der Motor bis 8000 Touren und damit schon in den roten Bereich, bevor die Elektronik die Drehorgie ratternd stoppt."

Modellpflege: Facelift mit viel Chrom

Einer ersten Schönheitskur mußten sich die Roadster-Modelle 1997 unterziehen. Am 1. März standen die modifizierten Modelle bei den Händlern. Das Facelift bezog sich tatsächlich im wesentlichen aufs Gesicht. So waren die neuen Versionen mit dem deutlich größeren Scheinwerfer der alten R 100 R ausgerüstet; er hatte einen Durchmesser von 180 mm, ein Plus von 26 mm.

Scheinwerferhalter und der völlig neu gestaltete Instrumententräger bestanden jetzt aus Leichtmetall. Das ebenfalls neu gestylte Instrumentengehäuse beherbergte ab März 1997 neben dem Tachometer serienmäßig einen großen Drehzahlmesser, wie er auch in den übrigen Boxermodellen Verwendung fand. Zusätzlich hatte man der Roadster eine kleine Analoguhr spendiert, die ihren Platz oben in der Mitte bekam. Alle Instrumente waren von hochglanzpolierten Edelstahlringen

Bilder auf diesen Seiten: die Roadster-Modelle des Jahrgangs 1998/99. Jeweils oben im Bild die einfarbige R 850 R, darunter die nobel-zweifarbige R 1100 R. Großer Erfolg: 31000 verkaufte Exemplare bis Herbst 1998.

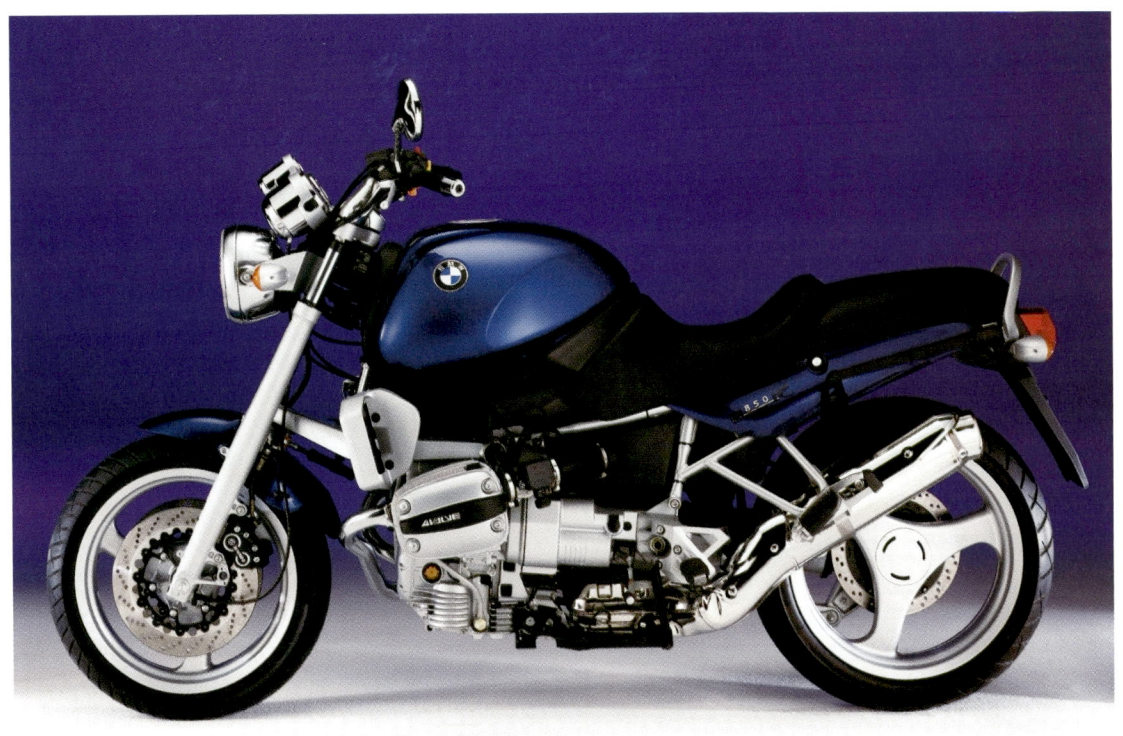

eingefaßt. Ins neue Cockpit integriert waren Zünd-/Lenkschloß, neun Kontrollleuchten und drei Schalter. Einer davon war für die serienmäßige Warnblinkanlage, die beiden anderen für die Sonderausstattungen Heizgriffe und ABS vorgesehen. Mit dem Facelift einher gingen zwar leichte Preiserhöhungen, doch dafür besaß die R 850 R jetzt den Tourenzähler ab Werk.

Im September 1997 wurden die Roadster-Boxer abermals aufgewertet. Die bislang schwarz eingefärbten Rückspiegel und Lenkergewichte waren ab sofort verchromt; silbern lackiert zeigten sich Brems- und Kupplungshebel sowie Beifahrer-Haltebügel und die Abdeckungen der Ölkühler. Die Fußrastenplatten waren silbern gepulvert und geschliffen, das hintere Rahmenteil besaß ebenfalls eine silberne Pulverbeschichtung. Blinkergehäuse und die zugehörigen Ausleger schimmerten in weißaluminiumfarbenem Lack.

Die "Amerikanisierung" der Straßen-Boxer war damit weitgehend abgeschlossen. Mit reichlich Chrom und Flitter sammelte man schon immer Pluspunkte auf dem wichtigsten Exportmarkt, den USA. Bis Herbst 1998 hatte BMW von beiden Roadster-Modellen weltweit 31.000 Einheiten abgesetzt. Ins Jahr 1999 gingen die inzwischen 18.350 Mark teure R 1100 R und die nun 17.700 Mark kostende R 850 R unverändert.

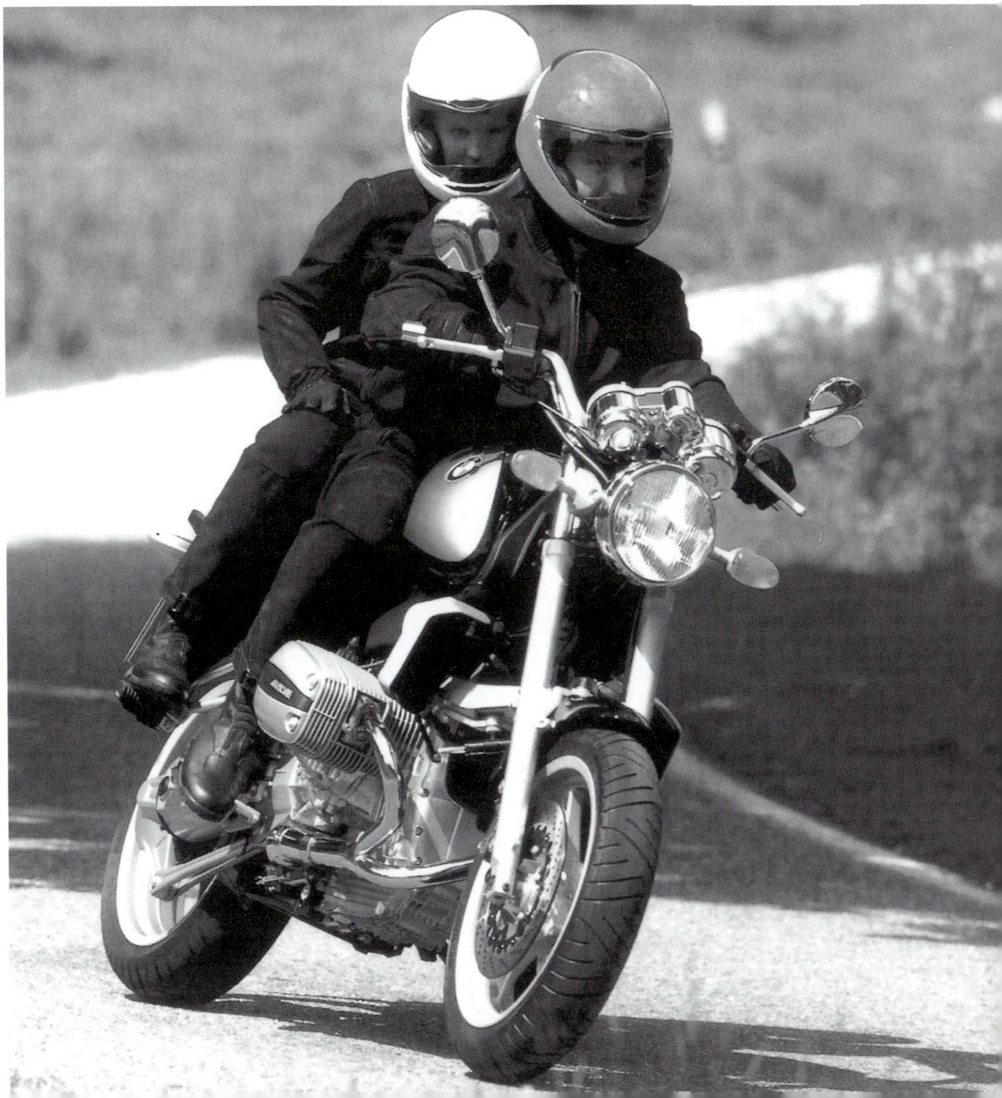

R 1100 RT: Kilometerfresser mit Autokomfort, Luxusausstattung und Abgasentgiftung

Motorräder zum Heizen: Ist an sich nichts Neues. Gibt's mit Breitreifen und Rennauspuff schon lange bei Honda, Kawasaki oder Suzuki. Doch die japanischen Supersportler machen nur heiß ums Herz, die Finger bleiben bei frostigem Herbst- und Winterwetter eklig kalt.

Ein Motorrad mit richtiger Heizung fast wie im Auto - das ist einzigartig und nur bei BMW zu haben: Der im September 1995 erstmals vorgestellte Supertourer R 1100 RT besitzt zwei Kanäle, die bei Bedarf heiße Luft vom Ölkühler zu den Händen leiten. Als Extra zusätzlich lieferbar: elektrisch beheizbare Griffe. Ein Boxer mit integrierter Rheuma-Prophylaxe: Unsere Väter hätten's einfach nicht geglaubt.

Auch ansonsten bietet der neue Tourenboxer (beinahe) den Luxus und die Sicherheit einer Limousine der 7er-Reihe. Das ist keine Übertreibung: Während 2000 Testkilometern kreuz und quer durch Deutschland stellten wir überrascht fest, daß die im BMW-Windkanal perfektionierte Verkleidung den Fahrtwind fast so vollständig abhält wie eine Autokarosserie. Eine bislang auf zwei Rädern gänzlich unbekannte Erfahrung macht man, wenn die Frontscheibe (mittels griffgünstigem Schalter und verstecktem Elektromotor) in Höchststellung gebracht wird: Die laut tosenden Windgeräusche sind - anders als bei der damals parallel produzierten K 1100 LT - plötzlich weg!

Die dicke BMW ist dann so leise wie ein großer BMW, nur das dezente Brummen des - gänzlich unverändert von der R 1100 RS übernommenen - Vierventil-Boxermotors dringt ans Ohr. Da macht es Sinn und Freude, das gegen Aufpreis lieferbare Stereoradio einzuschalten und Verkehrsfunk oder Musik zu hören.

Damit nicht genug. Das komplett ausgestattete Cockpit mit Tank- und Ganganzeige, Ölthermometer und Drehzahlmesser erzeugt ein zusätzliches Stück Auto-Atmosphäre. Dazu paßt im Sinne der BMW-Komfortphilosophie bestens die dreifach höhenverstellbare Sitzbank - 780, 800 oder 820 mm Sitzhöhe; selbst kleine Leute bleiben an der Ampel mit beiden Beiden auf der Erde.

Autokomfort und große Reichweite

Erfreulicherweise zieht die R 1100 RT auch in puncto Umweltverträglichkeit mit modernen Pkw gleich: Sie hat (wie alle BMW mit Motronic) serienmäßig einen geregelten Dreiwege-Katalysator. Gleichwohl ist der Boxer sparsam. Im

Typisch RT: runde Formen, sparsamer Motor, höchster Komfort, Niere vor dem Ölkühler.

Läßt keine Wünsche offen: RT-Cockpit mit Heizdüsen und übersichtlicher Instrumentierung. Erstaunlich handlich ist das Dickschiff in Kurven.

Test wurden in den großvolumigen Zylindern zwischen 5,6 und 6,8 l/100 km Super bleifrei verbrannt - nicht viel für ein Motorrad, das vollgetankt satte 282 kg auf die Waage bringt und mit seinen breiten Gepäckkoffern dem Wind viel Fläche entgegenstemmt. 26 Liter Treibstoff passen in den vollverschalten Tank, genug für über 400 km Reichweite. Der exzellente Fahrkomfort erlaubt tatsächlich Nonstop-Fahrten in dieser Größenordnung - undenkbar bei den meisten anderen Bikes.

Harmonisch entfaltet der elektonisch gesteuerte Zweizylindermotor seine 90 Pferdestärken, verfügt nach unserer Einschätzung in allen Drehzahlbereichen über genügend Dampf. Nicht zum Komfortcharakter dieses bemerkenswerten Motorrads paßt allerdings das hakelige und in kaltem Zustand schlecht schaltba-

re Fünfganggetriebe. Lästig auch die hart einsetzende Schubabschaltung und der schlechte Kaltlauf: Auf den ersten Kilometern muß ständig mit dem Kaltstarthebel nachreguliert werden.

Einen beachtlichen Reifegrad hat das speziell an die RT angepaßte Telelever-Fahrwerk erreicht. Radstand, Nachlauf und Lenkkopfwinkel wurden auf perfekten Geradeauslauf getrimmt - mit Erfolg: Der "Zunkunftstourer" (BMW) läuft wie auf Schienen, ist (auch dank "kippentkoppeltem" Lenker) fahrstabiler als das Sportmodell RS. Zeitgemäß: der auch

während der Fahrt vierfach verstellbare Handbremshebel.

Kaum zu glauben die Handlichkeit: Der schwere Brocken läßt sich mühelos um die Ecken zirkeln, macht auch auf der Landstraße viel Spaß. Da verspricht BMW in der Werbung wirklich nicht zu viel. Nur im Citygewühl und beim Rangieren stört das hohe Gewicht ein wenig. Zusätzliche Sicherheit vermittelt das - ebenfalls serienmäßige - ABS: Bei Notbremsungen auf rutschiger Piste bleibt die RT beherrschbar. Wie die Technik des Antiblockiersystems funktioniert, haben wir ausführlich weiter

vorn im Buch beschrieben. Für sichere Verzögerung sorgt ansonsten die Dreischeiben-Bremsanlage. Vorne arbeiten die von der RS übernommenen, schwimmend gelagerten Edelstahlbremscheiben mit Vierkolbenfestsätteln und 305 mm Durchmesser, hinten verzögert die auch bei GS und Roadster verwendete 276-mm-Bremsscheibe.

Trotz des beispiellosen Komforts ist der neue Langstrecken-Boxer aber keineswegs ein Auto auf zwei Rädern. Er ist vielmehr ein tolles Motorrad, bei dem der ursprüngliche Charakter des Boxerprinzips noch erhalten blieb, das jede Menge

Freude macht, und - bei aller Leichtigkeit des Fahrens - einen erfahrenen Piloten braucht. Denn man ist mit der RT immer ein bißchen schneller, als man glaubt.

Meistverkaufter Tourer weltweit

Der Markt schien auf diese neue Variante der Vierventil-Boxer-Generation gewartet zu haben: Schon im ersten Modelljahr konnten weltweit über 12.000 RT ausgeliefert werden. Bis zum Herbst 1998 stieg die Zahl der Verkäufe auf über 32.000 Einheiten. Die R 1100 RT avancierte damit zum beliebtesten Modell im umkämpften Marktsegment der großvolumigen Tourer. Selbst die bis dahin sehr erfolgreiche K 1100 LT aus dem gleichen Stall wurde nach hinten gedrängt und im Herbst 1998 schließlich durch die neue K 1200 LT ersetzt. Bei einem Preis von 34.400 Mark war die Vierzylinder-LT 8.900 DM teurer als die zweizylindrige RT.

Zum 75sten Geburtstag des BMW-Motorrads brachten die Bayern auch von der RT ein Jubiläums-Sondermodell heraus. Die Maschine war "arktissilber" lackiert, Sitzbank und Kniepolster gab es wahlweise in Rot oder Schwarz. Zusatzausstattung: heizbare Griffe, Radiovorrüstung; Preis: 25.850 Mark.

Von Anfang an begeistert war die Fachpresse. Wulf Weis schrieb in "Motorrad News" 10/95: "Das innovative Fahrwerk gehört zum Besten, was man in Tourerkreisen kaufen kann und ist hervorragend ausbalanciert. Bequemlichkeit und Reisekomfort sind sogar für weißblaue Verhältnisse außerordentlich gut." Die Zeitschrift "Motorrad" lobte in einem Vergleichstest mit anderen Vierventil-Boxern: "Die RT gibt sich ... überraschend leichtfüßig und agil. Selbst auf kleinen Landstraßen kann sie mit dem Tempo, das von den wendigen Roadstern vorgegeben wird, gut mithalten. Enge Kehren, lange Kurven oder schnelle Schräglagenwechsel - für den RT-Fahrer Übungen, die ohne Kraftanstrengung und sehr zielsicher zu bewältigen sind."

Seit 1996 baut BMW den Tourer auch als R 850 RT. Zu haben ist das 73 PS (54 kW) starke Spezialmodell allerdings nur in Italien und Belgien sowie als spurtstarkes, 191 km/h schnelles Polizei- und "Behörden"-Motorrad.

Papa ist heil zurück, fährt aber gleich wieder: Jan Vincent und Test-BMW. Links: Die RT im Jubiläums-Outfit "75 Jahre" Februar 1998.

Noch nie fuhren Flics und Sheriffs so komfortabel:
R 850/1100 RT in diversen Spzialversionen ab Werk.

Handlich in Kurven, belastbar auf Langstrecke:
kein anderer Tourer ist derzeit so beliebt. Die
Koffer sind sauber integriert. Links das 99er
Modell, rechts und oben die 95er Erstausgabe.

R 1200 C: für James Bond und andere Easy Rider

"Ein Blick ins Drehbuch: Sprung über 22 Meter. Dazu die üblichen Verfolgungsjagden. Über Straßen, Dächer, Balkone und mitten durchs Schlafzimmer..." Ein flaues Gefühl in der Magengegend hatte der bayrische Motorradmechaniker Christoph Dettweiler, als er im Sommer 1997 den ehrenvollen Auftrag bekam, die Stunt-Bikes für den James Bond-Film "Tomorrow never dies" zu präparieren. Die Wahl war auf die R 1200 C gefallen, den neuen Cruiser von BMW, der sich damals noch im Vorserienstadium befand. Wirklich keine leichte Aufgabe, dafür zu sorgen, die neun georderten Motorräder fit zu machen selbst für die abstrusesten Stunts.

Doch alles ging gut. Selbst die Landung in vier Meter hoch gestapelten Umzugskartons überstand der Cruiser problemlos - nach einem Flug von einem Hochhausdach zum nächsten. Der Journalist Erich Kocian erzählt: "Die R 1200 C wird in Saigon von Range Rovers verfolgt, bewährt sich auf den verschlungensten Wegen. Sie fliegt über Dächer, fährt durch ein Hotel, schüttelt schließlich im kühnen Sprung von einer Straßenfront zur anderen die Range Rovers ab. Bond ist wieder frei. Das Motorrad hat sein Leben und das seiner chinesischen Partnerin Wai Lin gerettet. Ihre Flucht auf dem Cruiser ist besonders schwierig, weil beide mit Handschellen aneinander gefesselt sind und das Motorrad daher mit der jeweiligen linken und rechten Hand beider Akteure balanciert und gefahren werden muß..."

Das gekonnte Product Placement brachte die neue R 1200 C wunschgemäß auch auf dem Weltmarkt zum Abheben. Obwohl der erstmalige Sprung von BMW ins Chopper- und Cruiser-Geschäft zunächst ein gewisses Wagnis darstellte, ging die Rechnung voll auf: Der wuchtige Cruiser kam auf Anhieb hervorragend beim Publikum an, bescherte BMW eine zusätzliche Clientel und verkaufte sich bereits in der ersten Saison 1997/98 über 10.000mal. Ein BMW-Sprecher: "Ein gelungener Einstieg in dieses bedeutende Marktsegment, der Cruiser ist unser neuer Bestseller."

Cruising: Sehen und gesehen werden

Stilistisch ist die neue BMW weder kompromißloser Chopper, noch Soft-Chopper nach gemäßigtem japanischem Rezept. Die R 1200 C ist ein Cruiser für rein hedonistisches Motorradfahren. BMW: " 'To cruise along' heißt 'einfach so herumfahren', dem Ruf der Straße folgen, den Fahrtwind im Gesicht spüren und die 'long and winding road' genießen, Land und Leute sehen und gesehen werden. Auf einem dazu passenden, leicht beherrschbaren Motorrad mit drehmomentstarkem Zweizylindermotor, sattem, sonorem Sound, niedriger Sitzhöhe, weit vorn postierten Fußrasten, hohem Lenker für entspannte Körperhaltung und schließlich Fahrwerks- und Antriebskomponenten, die nicht hinter Plastikteilen versteckt, sondern, reichlich verchromt und herauspoliert, stolz zur Schau gestellt werden..."

Mehr Cruiser: R 1200 C mit Flachlenker (links). Mehr Chopper: der Highway-Boxer mit Hochlenker für volle Fahrt gegen den Wind.

Lizenz, ohne Helm zu fahren: Pierce Brosnan und
Michelle Yeoh bei Dreharbeiten zum Bond-Film: "Der
Morgen stirbt nie." Auch die R 1200 C hat's überlebt.

In den USA verdoppelte sich die Zahl der typischen Cruising-Bikes zwischen 1989 und 1996 von 58.000 auf 100.000 Neuzulassungen, in Deutschland verfünffachte sich dieses Segment im gleichen Zeitraum von 8.000 auf 40.000. Reichlich Anlaß für BMW, nach jahrzehntelanger (und etwas unverständlicher) Zurückhaltung in diesen zukunftssicheren Markt einzusteigen.

Nun auf einmal merkten die Bayern, was "motorcycle life style" ist und welche zusätzlichen Möglichkeiten der Umsatzsteigerung daraus erwachsen: Passend zum Cruiser gibt's Lederklamotten (auch in Jeans-Optik), Helme, Stiefel, Brillen, Halstücher und sogar Feuerzeuge, Taschenuhren, Hosenträger, Krawattennadeln. Da darf der Staubmantel "Dusty" nicht fehlen - spiel' mir das Lied vom Tod. Fürs Motorrad hält BMW Satteltaschen, Scheibe und chromblitzende Sporen, äh, Schutzbügel bereit.

Unter technischen Aspekten mixte BMW beim Cruiser die klassisch anmutenden Chopper- und Cruiser-Elemente

Der Cruiser fürs Jahr 2000 heißt "Avantgarde" und ist seit Juli 1999 zusätzlich zu den Basismodellen als 850er und 1200er im Handel (23.750/24.750 Mark). Besonderheiten: Motorblock und Antriebsstrang in dunkel schimmerndem "Graphitan" lackiert, neue "Karosserie"-Farben frostblau- und peach-metallic , breiter Tourenlenker (oben). Unten: R 1200 C "Basis" mit Hochlenker.

68

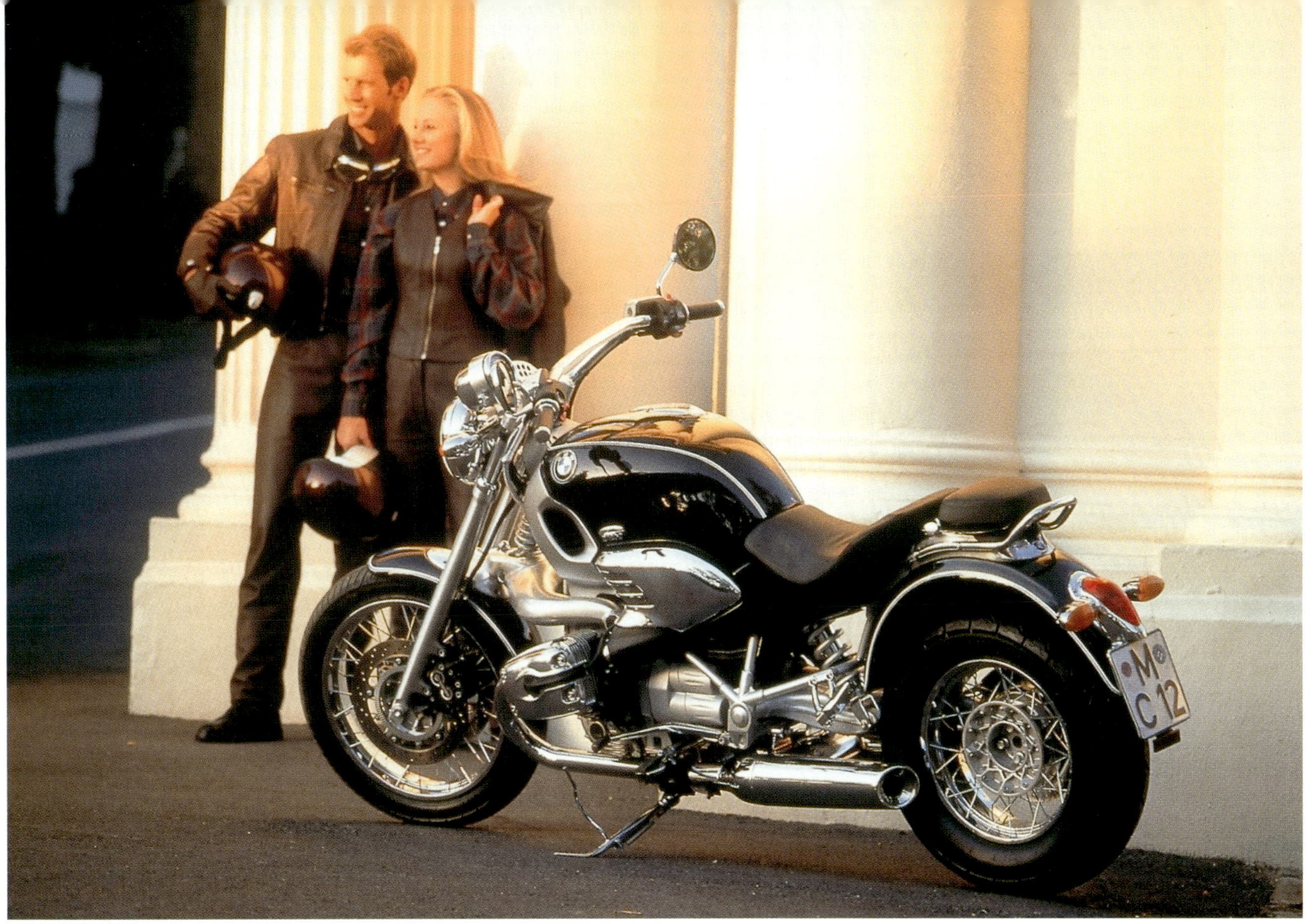

Richtig nostalgisch, wie die RC dasteht in Schwarz mit Handlinierung. Voll im Trend: aufrecht sitzend über Landstraßen boxern.

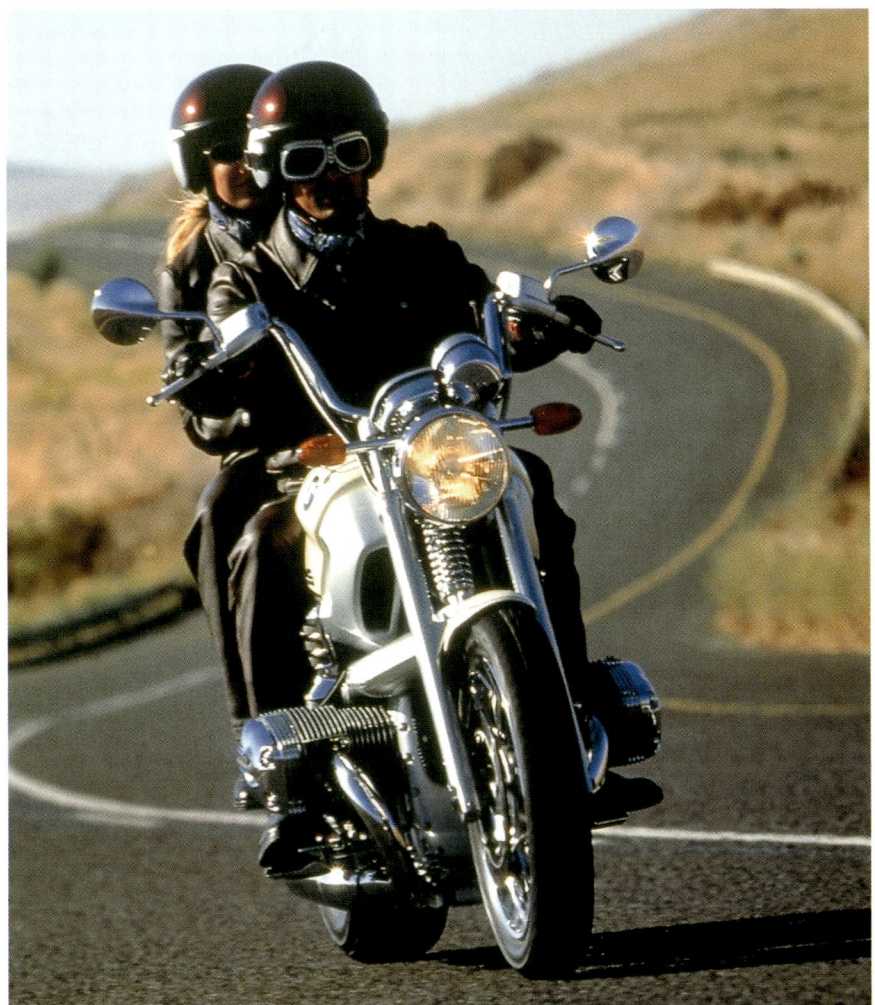

mit den bewährten Zutaten aus dem High Tech-Baukasten der Vierventil-Boxer-Generation von der digitalen Motorelektronik und dem geregelten Katalysator bis zum Telelever und zum ABS II (Option). Mit den Worten des Designers: "Wir haben hier die optische Aufbereitung mit einer unverwechselbaren Formensprache und einer großen Dosis Emotion, mit dem Einsatz von hochwertigen Materialien sowie dezenten Anleihen aus der 75jährigen BMW-Motorradgeschichte."

Ziehvater der Cruiser-Idee war bereits ab 1993 der damalige BMW-Motorrad-Chef Dr. Walter Hasselkus, später zur Tochter Rover versetzt und dort bekanntlich notgelandet auf einem fernen Planeten. 1994 gab der Vorstand grünes Licht für das Projekt "R 1200 C", das erste Hochlenker-Bike der BMW-Geschichte. Was dem alten Zweiventil-Boxer zeitlebens nicht vergönnt war, bekam der neue Vierventiler geschenkt: eine ans Cruisen angepaßte Überarbeitung, das hieß weniger Drehzahl, dafür mehr Drehmoment, weniger Temperament, aber mehr Sound.

Amerikanisches Design für einen Boxer aus Berlin: Chrom und poliertes Metall von den Griffenden bis zum großen Rundtachometer.

Erster Schritt war die Vergrößerung des Hubraums auf 1170 cm^3 - eine Größenordnung, die es beim Boxer bis dato noch nie gegeben hatte. Erreicht wurde dies durch eine Erweiterung der Zylinderbohrungen von 99 auf 101 und eine Verlängerung des Kolbenhubs von 70,5 auf 73 mm. Um noch mehr "Kraft aus dem Vollen" zu erzeugen, optimierte man die Drehmomentkurve Richtung Durchzugskraft "von unten" und gab ihr einen Verlauf, der dem Rückenprofil eines Büffels ähnlich sah.

Die dazu angewandten Tricks: Verringerung des Ventildurchmessers (Einlaß von 36 auf 34, Auslaß von 31 auf 29 mm), geänderte Nockenwellen mit verkürzten Steuerzeiten (256° statt 300°), verkleinerter Ventilhub (8,23/8,23 statt 9,85/9,40 mm), geringerer Saugrohrdurchmesser (35 statt 50 mm), kleinere und gekoppelte Drosselklappenstutzen (35 statt 50 mm Durchmesser), damit verbundene automatische Kaltstartanhebung, was - wie bei der K 1200 RS - den Chokehebel am Lenker überflüssig machte. Schließlich wurde durch Modifizierung der Motronic MA 2.4 eine Drehmomentkurve erzeugt, bei der schon bei niedrigen Drehzahlen maximale Drehmomentwerte anliegen.

Ergebnis: "ein Boxer der milden Sorte", der bei moderaten 5000/min^{-1} 61 PS (45 kW) produziert und schon bei 3000 Touren das satte Drehmoment von 98 Nm an den Tag legt. Mehr als 90 Nm stehen ständig zwischen 2500 und 4500 Umdrehungen zur Verfügung - was will der Cruiser-Pilot mehr. Er kann unterwegs meist aufs Schalten verzichten. Eine vergrößerte Schwungmasse am Kurbeltrieb läßt den Boxer schon bei 1000 Touren in aller Ruhe laufen.

Ganz aus korrosionsfestem Edelstahl besteht die neu konstruierte Auspuffanlage mit ihren beiden kurzen Endrohren. Bemerkenswert: Die R 1200 C ist die erste neue BMW seit 1987, die wieder zwei Endschalldämpfer besitzt! Die stilistisch gelungene Anlage begrenzt das Fahrgeräusch auf 80 dB(A) nach aktueller Euro-Norm, produziert trotzdem sonoren Boxersound.

Die Abstimmung fördert den gewünschten, flachen Drehmomentverlauf. Im Vorschalldämpfer steckt weltweit der serienmäßige Dreiwege-Katalysator, der die Schadstoffe im Abgas um bis zu 85 Prozent reduziert. Die thermisch hochbelasteten Krümmer sind doppelwandig ausgeführt. Folge: keine häßliche Blau-

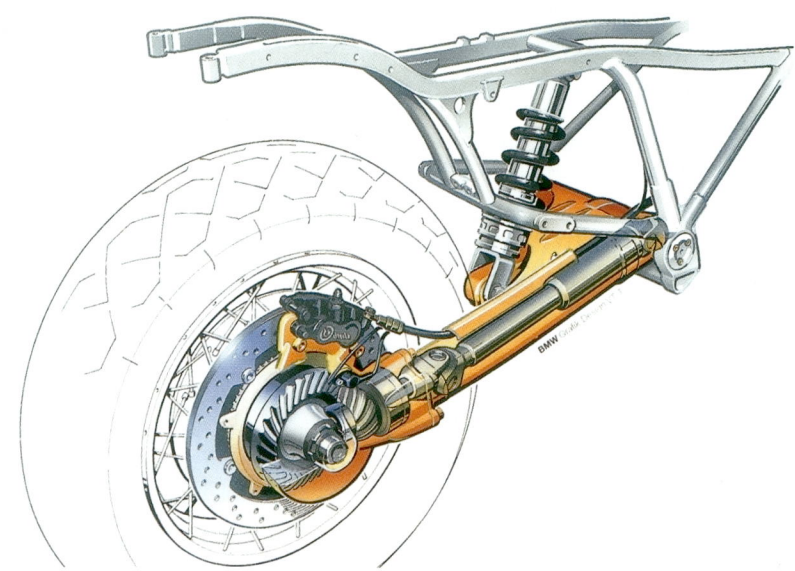

Mit der R 1200 C kam die alte Monolever-Schwinge wieder zu Ehren. Sie mußte allerdings beträchtlich verlängert werden.

verfärbung, katalysatorgerecht hohe Abgastemperaturen.

Spezifisch umkonstruiert hat man Getriebe und Hinterradantrieb. Die Kraft fließt über eine hydraulisch betätigte Einscheiben-Trockenkupplung an ein neues Fünfgang-Getriebe, das von der Sechsgang-Schaltbox der K 1200 RS abgeleitet wurde. Es ist kleiner als bei den übrigen Boxern, weil das Schwingenlager der R 1200 C nicht im Getriebe, sondern im Rahmen gelagert ist. Maßgeschneidert fürs Cruisen ist die Abstufung: Die unteren Gänge sind für starke Sprints kurz übersetzt und eng abgestuft. Der fünfte Gang hingegen erlaubt mit seiner langen Übersetzung gemütliches

Dahingleiten mit 80 bis 120 km/h im Bereich des maximalen Drehmoments. Das Hinterrad wird traditionell per Kardanwelle angetrieben, die beim Cruiser allerdings im hohlen Arm einer Monoleverschwinge läuft und neben zwei Kreuzgelenken einen Torsionsdämpfer besitzt.

Nach der alten Seemanns-Devise "Länge läuft" haben die Konstrukteure den neuen BMW-Cruiser mit einem extra langen Radstand beglückt: 1650 mm und damit fast 20 cm mehr als bei der R 1100 RS. Entsprechend eindrucksvoll wuchs auch die Gesamtlänge. Die sattelförmige Sitzbank konnte weit nach hinten rücken, im Gegensatz dazu wanderten die Fußrasten nach vorn. Dazu BMW: "Cruising

bedeutet gelassenes und entspanntes Fahren. Unbeirrbare Spurtreue ist hier mehr gefragt als der spontane Wechsel von der einen kühnen Schräglage zur anderen. Die Sitzposition macht transkontinentale Touren zum Genuß, läßt aber garantiert keinen sportlichen Ehrgeiz aufkommen…" Das verhindert schon allein die bodennahe Sitzposition von 740 mm.

Die neuen Dimensionen erforderten zwingend eine neues Chassis-Konzept. So besteht der Rahmen vorn aus einem optisch dominanten, nach Art klassischer Kamera-Gehäuse perlglanzverchromten Leichtmetall-Gußstück, hinten aus einer eher unauffälligen Stahlrohr-Konstruktion. Motor und Getriebe fügen sich als mittragende Elemente ein. Stilistisch stark hervorgehoben: die Lufteinlaß- und Auslaßöffnungen der beiden Ölkühler.

Der Rahmenkopf trägt wie bei den übrigen Vierventilboxern das obere Lager der patentierten Telelever-Vorderradführung. Der vollständig sichtbare Längslenker besteht als wichtiges Design-Element aus geschliffenem Leichtmetall. Im gleichen Schliff strahlen auch die Tauchrohre der imposanten Telelever-Gabel, die in cruisertypisch flachem Lenkkopfwinkel (60,5°) geneigt ist. Der bewußt kurze Nachlauf des Vorderrades von 86 mm verbessert die Handlichkeit des extrem lang geratenen Dickschiffs.

Der 1,2-Liter-Boxer wurde für den Cruiser drehmomentoptimiert. Bereits im ersten Jahr liefen 10.000 Exemplare in Berlin vom Band.

Typisch wieder das zentrale Federbein mit Gasdruckdämpfer und diesmal 144 mm Federweg.

Neben dem flacheren Winkel der Telelever-Gabel hat auch die um 90 mm verlängerte Hinterradschwinge ihren Anteil am deutlich gewachsenen Radstand des Cruisers. Der ansonsten in dieser BMW-Klasse übliche Paralever wurde durch eine verlängerte Version der altbekannten Monoleverschwinge mit zen-

tralem, in der Federvorspannung einstellbarem Federbein ersetzt. Diese Langversion unterdrückt die Reaktionen des Kardanantriebs fast so gut wie der doppelgelenkige Paralever. Außerdem sieht sie natürlich viel choppermäßiger aus. Als Federweg müssen 100 mm genügen, was natürlich eine gewisse Komforteinbuße darstellt. Hinweis für Leute, die sich beschweren wollen: Echte Chopper sind rückwärts gar nicht gefedert…

Absolut stilsicher waren die Designer bei der Wahl der Räder. Die R 1200 C besitzt die von den Enduros her bekannten Kreuzspeichenräder mit cruisermäßig verchromten Felgen. Selbst das Reifenformat wurde zum "Ausdrucksmittel": Vorn rollt der Cruiser auf einem schmalen und großen 18-Zollrad mit einem Reifen der Größe 100/90-18. Hinten zeigt sich mit 170/80-15 echte Breitenwirkung, gepaart mit beont geringem Raddurchmesser. Der starke Kontrast zwischen Vorder- und Hinterrad gibt der BMW einen Hauch von Harley. Kraftvoll verzögern läßt sich das vollgetankt immerhin 256 kg schwere Motorrad mit der von der GS übernommenen Dreischeiben-Bremsanlage. Gegen Aufpreis (1995 Mark) ist auch für die Cruiser-Modelle das bewährte ABS II zu haben.

Ein wesentliches Stilelement jeder Chopper- und Cruiser-Konstruktion ist

R 1100 S: der Sportboxer, auf den alle gewartet haben

Fortsetzung R 1200 C

der Lenker. Der BMW-Kunde kann zwischen einem extrem aufragenden "Hirschgeweih" und einer flacheren Version mit Querstange wählen. Alle Bedienschalter sind in die Griffeinheiten integriert. Die Instrumentierung beschränkt sich auf den leicht zur Mitte versetzten, im Stil der 50er Jahre gehaltenen Tachometer mit integrierten Kontrolleuchten. Einen Drehzahlmesser hielten die BMW-Ingenieure "wegen der Dampfmaschinen-Charakteristik" des neuen 1200er Boxermotors für überflüssig; "Wir wollten alles planmäßig auf das Einfache reduzieren."

Der Tank ist bei der C gewiß ein äußerst eigenständiges Designelement, begrenzt mit seinem geringen Volumen von 17 Litern aber die Reichweite auf rund 300 km. Eine BMW-Spezialität mit über 75jähriger Tradition ist die von Hand aufgebrachte Linierung an Tank und Kotflügeln. Schön, daß Tank, Radabdeckungen und Seitenverkleidungen wieder aus Stahlblech bestehen, aus verzinktem sogar. Zwei Schichten Klarlack schützen die Farbschicht.

Die reichlich verteilte Verchromung ist besonders hochwertig: Der Chrom liegt auf einer Nickel- und einer Kupferschicht. Zum hohen Qualitäts- und Materialstandard paßt, daß die Sitzbank mit wetterfest gegerbtem Leder bezogen ist. "Das Leder nimmt im Laufe der Jahre genauso stilvoll wie ein Pferdesattel eine gwisse Patina an", meint BMW. Getreu dem Slogan des Nostalgie-Versandhauses Manufactum "gibt es sie noch, die guten Dinge".

Ein weiteres Stück vom Kuchen des wachsenden Cruiser-Marktes gedenkt BMW sich mit der R 850 C einzuverleiben, die seit Frühjahr 1999 für 1000 Mark weniger angeboten wird (23.400 statt 24.400 Mark R 1200 C). Den Vortrieb besorgt der auf 50 PS (37 kW) gedrosselte 848-Kubik-Boxer aus der R 850 R. Im Sinne waschechten Cruisens wurde das maximale Drehmoment auf 71 Nm bei 4.750 Umdrehungen ausgelegt. Wahlweise gibt's auch wieder eine einsteigerfreundliche, naturgemäß aber schwachbrüstige 34-PS-Version. Ansonsten ist die R 850 C technisch, optisch und in puncto Ausstattung identisch mit der R 1200 C.

Sportlichkeit - der Begriff ist relativ. Vor rund 35 Jahren galt eine BMW R 69 S mit ihren 42 PS als Inbegriff des Sportmotorrads made in Germany. Heute wäre sie so etwas wie ein Einsteigerbike, bei dem der Verkäufer vorsichtig auf die Grenzen des Doppelschwingen-Fahrwerks hinweisen würde. Besser schon die R 90 S von 1973: Sie war mit 67 PS zu ihrer Zeit nicht nur die sportlichste BMW, sondern bot auch der damaligen Konkurrenz aus Japan noch Paroli.

Das Nachfolgemodell, die R 100 S mit 65 PS, gebaut bis 1980, tat sich da schon schwerer: Im direkten Vergleich mit einer Kawasaki Z1-R oder einer Honda 900 Bol d'Or zeigten sich deutlich die Leistungsgrenzen des ohv-Boxers. Trotzdem war die "S" das sportliche Aushängeschild von BMW, die Fangemeinde glaubte sich mit diesem "Sportboxer", der immerhin Spitze 200 schaffte, angemessen bedient.

Seitdem sind fast 20 Jahre vergangen. BMW und die treue, von Jahr zu Jahr beträchtlich gewachsene Anhängerschaft erlebten den Aufstieg und Untergang der K 100/1100 RS, den Tod des klassischen Zweiventilboxers und die Geburt der neuen Vierventil-Boxergeneration 1993.

Vergeblich jedoch warteten sie auf die Präsentation eines Sportmodells, das der Armada japanischer Superbikes wirklich etwas entgegenzusetzen hatte. Die Vierzylinder-K 1 der späten 80er war mehr Technologieträger als Sportbike gewesen, die K 75 S verdiente letzten Endes den Ehrentitel "Sportmotorrad" ebensowenig wie die monströse K 1200 RS. Und die vierventilige R 1100 RS, auf die sich zunächst alle Hoffnungen gegründet hatten? Zwar innovativ und chic, aber neben einer Suzuki RF 900 R zum Beispiel zu schwer und im Grenzbereich zu problematisch. Was tun?

Der erste Schritt: Robb-Studie 1994

Eine erste Antwort gab BMW bereits auf der Kölner IFMA im Oktober 1994: Dort drehte sich im Scheinwerferlicht die wohlproportionierte Studie eines rassigen Sportboxers mit Vierventilmotor, schlanker Silhouette und provozierend rundlichem Heck. War dies endlich die Kampfansage an Ducati und Co? Sie war es, wie wir heute wissen.

Die Resonanz auf den orangemetalliclackierten Prototyp war so groß, daß BMW-Motorrad-Chef Walter Hasselkus

Kein Supersport-Motorrad, aber ein super
Sportmotorrad: Die R 1100 S eignet sich fürs
Kurvenräubern ebenso wie fürs Tourenfahren.

seinen Marketing-, Design- und Technik-Spezialisten sofort grünes Licht für weiterführende Untersuchungen und Berechnungen gab. Umfragen ergaben schnell, daß über 30 Prozent der Boxer-Käufer Spaß hätten an einer richtig knackigen Sportversion. Design-Chef David Robb und sein Team entwickelten die IFMA-Studie weiter, die Fahrwerks- und Triebwerksingenieure um Markus Poschner, Wolfgang Dürheimer und Benno Brandlhuber setzten die Idee um, auf Basis der neuen Vierventil-Technologie einen leichten, handlichen, trotzdem aber voll alltagstauglichen Super-Boxer auf die Räder zu stellen.

Im Sommer 1998 war es dann tatsächlich so weit: BMW präsentierte stolz die R 1100 S und gab damit "ein spätes, dafür um so klareres Bekenntnis zum sportlichen Motorrad", wie die Zeitschrift "MOTORRAD" anerkennend feststellte. Test-Papst Franz Josef Schermer freute sich im Motorrad-Magazin MO: "Die

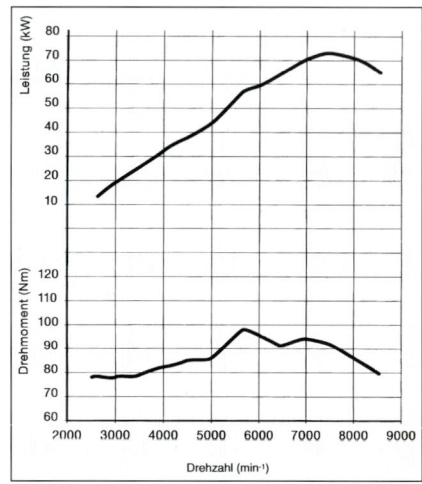

Drehmoment-Maximum schon bei 5750/min[-1]:
Der Motor schöpft die Kraft aus dem Vollen.

sportlichste BMW aller Zeiten ist da. Bescheiden nennt sie sich R 1100 S und tritt in einem eleganten, derart unspektakulären Gewand an, daß man ihre wahren Qualitäten erst auf den zweiten Blick erkennt." BMW formulierte es gewohnt nüchtern: "Die R 1100 S besitzt den bislang stärksten Zweizylinder-Boxermotor in der 75jährigen BMW-Motorradgeschichte und ist das sportlichste Modell der neuen Vierventil-Boxergeneration." Bei den Händlern stand der in "leuchtrot", "mandaringelb" oder "nachtschwarz" lieferbare und zunächst 20.900 Mark teure Traumboxer erstmals am 12. September 1998.

Mit 98 PS (72 kW) bei 7500/min[-1] übertraf die neue S das RS-Modell an Leistung um knapp zehn Prozent. Das maximale Drehmoment stieg von 95 Nm bei 5500 auf 97 Nm bei 5750/min[-1]. Die Endgeschwindigkeit wurde von BMW mit 226 km/h angegeben. F.J. Schermer ermittelte auf dem Nürburgring eine Spitze von 220 km/h und erteilte der neuen BMW die Gesamt-Note 1,7, wobei Fahrwerk, Bremsen und Ausstattung die meisten Pluspunkte bekamen. Die MOTORRAD-Testmaschine war im ersten Anlauf (Heft 17/98) 221 km/h schnell,

schaffte später im Rahmen eines Vergleichs mit der Honda VTR 1000 F (Heft 19/98) sogar 224 km/h; die Honda war nur vier km/h schneller.

Trotz der angestrebten und auch erreichten Sportlichkeit wollte BMW die R 1100 S von vornherein nicht als Supersportler verstanden wissen; zu genau wußte man in München, daß die S in einer anderen Klasse antrat als eine Yamaha YZF-R1 zum Beispiel oder eine Kawasaki ZX-9R Ninja. "Die R 1100 S ist wie die RS im Sport-Tourer-Segment angesiedelt." Die Betonung läge zwar auf "Sport", doch wäre die S wegen ihres hohen Sitzkomforts und der "Möglichkeit, Koffer zu tragen" auch ausreichend tourentauglich. Wer die Sport-BMW inzwischen gefahren hat, kann dies nur bestätigen. Sie läßt sich extrem sportlich bewegen, wenn man will, begeistert aber auch im Alltag und auf Langstrecke.

Stärkste und sportlichste Serien-BMW

Rein äußerlich ist die R 1100 S mit ihrer hochliegenden Halbverkleidung, dem aggressiven Heck und dem asymmetrischen Doppelscheinwerfer ohne Frage der "dynamischste Boxer, den es je

bei BMW gab." BMW-Sprecher Hans Sautter: "Die S weckt mit ihrem optischen Auftritt Emotionen und signalisiert mit den hochgelegten Auspuffrohren am Heck, daß die sportlichen Talente überwiegen."

Auch wenn die technische Basis weitgehend identisch ist: Mit den übrigen Vierventil-Boxern hat die R 1100 S nicht viel gemein. Neben der wie zum Sprung gespannten S-Silhouette wirken die übrigen Modelle kreuzbrav. Die Unterschiede beginnen natürlich schon beim Motor: Die Zylinder tragen Deckel aus ultraleichtem Magnesium (Gewichtsersparnis: 800 Gramm), tragen eine entsprechende Aufschrift und je drei schräg verlaufende Rippen. Die Leistungssteigerung auf 90 PS wurde mit einem Bündel

Komplett neu konstruiert wurde der Rahmen mit Vorbau, Hauptträger und leichtem Heckausleger. Anders als bei der RS ist die Paraleverschwinge nicht am Getriebe, sondern direkt am Rahmen gelagert.

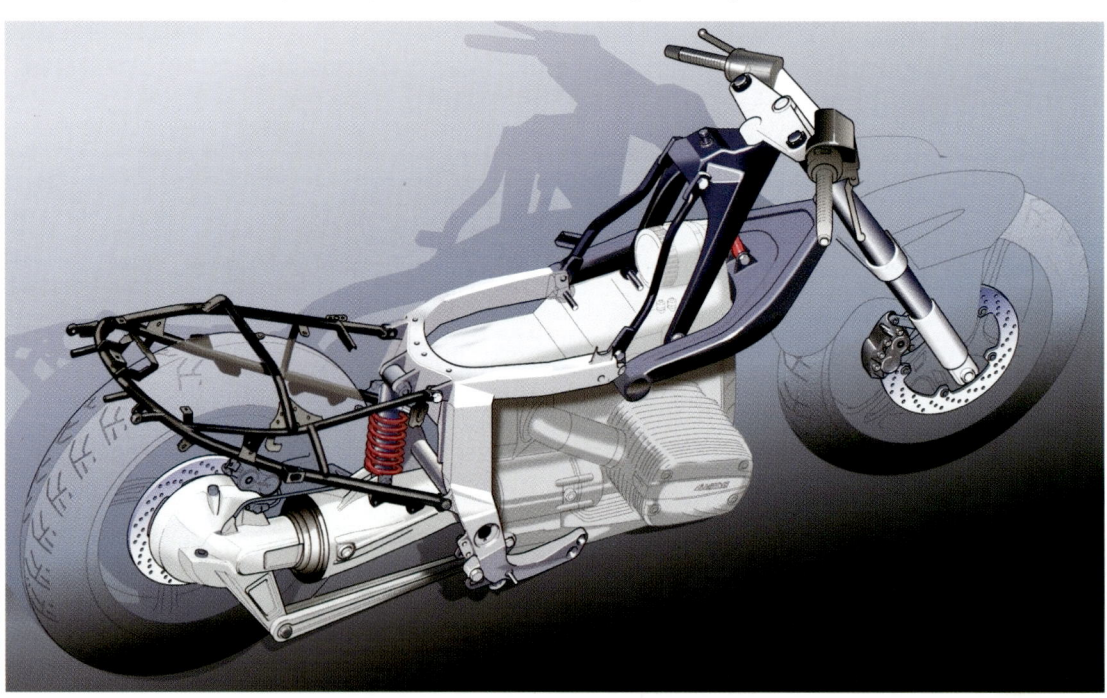

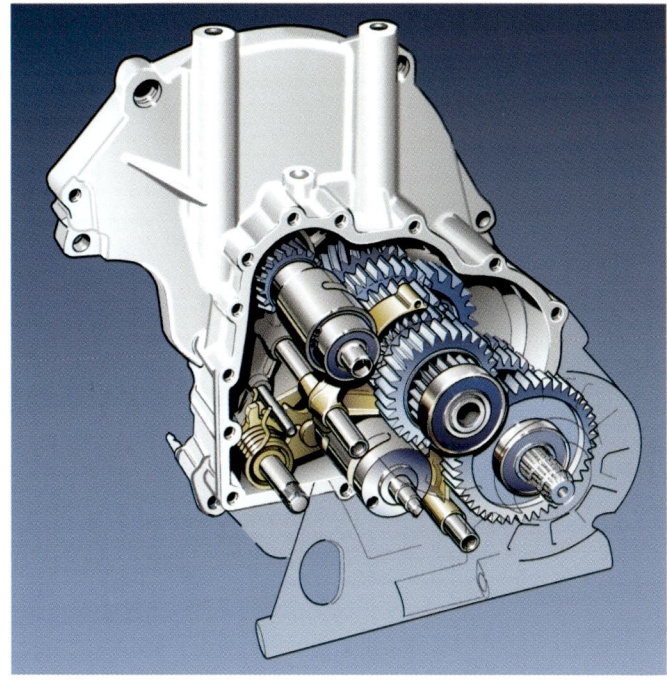

Die S hat mit 98 PS den stärksten Serien-Boxer, den es je gab. Der Leistungszuwachs wurde durch Feinarbeit im Detail erreicht: höher verdichtende Kolben, anderer Luftfilter, neue Motronic 2.4, verbesserte Schmierung, spezielle Auspuffanlage.

Das Sechsgang-Getriebe stammt im Prinzip von der K 1200 RS, wurde für den Sportboxer aber neu abgestuft. Genauso aufgebaut ist die auf fünf Gänge reduzierte Schaltbox der R 1200 C.

fein abgestimmter Maßnahmen erreicht: Erhöhung der Verdichtung von 10,7 auf 1,3 durch geänderte Kolben; Optimierung der Ansaugluftführung und Einsatz eines Plattenluftfilters anstelle eines Rundfilters; Anhebung der maximalen Abregeldrehzahl von 7900 auf 8400 U/min, damit verbunden Einbau neuer, geschmiedeter und entsprechend abreißfester Pleuel; elektronische Motorsteuerung durch die für den Boxer modifizierte, von der K 1200 RS übernommenen Bosch-Motronic MA 2.4; Verbesserung der Schmierung hochbelasteter Motorteile wie Kurbelwellen- und Pleuellager durch Änderung des Motorgehäuses und daraus resultierende Optimierung des Ölkreislaufs, gleichzeitig Erhöhung der Motorölmenge vom 3,5 auf 4,1 Liter (übrigens eine Maßnahme, die seit Herbst 1998 allen Vierventil-Boxern zugute kommt); Neukonstruktion der Auspuffanlage, allein dadurch 70 Prozent der erzielten Leistungssteigerung.

S-Chassis: neuer Rahmen, leichter Telelever.
Sympathisch: das Cockpit. Machte den Weg
frei: die rassige Robb-Studie von 1994.

Während die in die Jahre gekommene RS im Grenzbereich deutliche Fahrwerksschwächen zeigt, gibt sich die neue S erfreulich sicher und stabil. Wir zitieren nochmals MO (Heft 9/98): "Ausgewogene Fahrstabilität, bleibt auch bei Topspeed gut beweglich und wirkt in jedem Geschwindigkeitsbereich agil und dabei sehr stabil. Direktes Einlenken in jedwede Kurvenradien möglich, sehr handlich in schnellen Wechselkurven. Sehr neutrale Kurvenlage, Kurvenkurs-

Die komplett aus Edelstahl gefertigte Abgasanlage mit ihren im Stil der Ducati 916 hochgezogenen Endrohren reduziert durch gesteigertes Volumen den Gegendruck und produziert einen satten Boxersound - natürlich im Rahmen der gesetzlichen Maximalwerte bis 80 dB(A). Die Krümmerrohre haben statt 38 einen Durchmesser von 45 mm und ein klassisches Interferenzrohr. Im riesigen Vorschalldämpfer reduziert ein geregelter Katalysator die Schadstoffe im Abgas - weltweit bei allen Länderversionen. Ergebnis ist eine runde, leistungsfreudige Motorcharakteristik, wie auch die Zeitschrift MO bestätigt: "Motor wirkt schon im unteren Drehzahlbereich stark. Bester Fahrbereich 2500 bis 5000/min^{-1}. Gute Drehfreude bis 7500/min^{-1}. Akustisch erfreulich sonorig brummelig."

Sechsgang-Getriebe, leichter Telelever

Zum sportlichen Charakter der S paßt gut das von der K 1200 RS übernommene, aber anders übersetzte Sechsganggetriebe. MO-Urteil: "Getriebe leichtgängig bei erstaunlich kurzem Schalthebelweg. Abstufung zwischen Gang 3 und 6 sehr sportlich." Wie bei K 1200 RS und R 1200 C (und den Classic-Zweiventil-Bo-

xern) trennt eine hydraulisch betätigte Einscheiben-Trockenkupplung bei Bedarf den Kraftfluß. Das Sechsgang-Getriebe geriet kompakt und leicht, weil die Paralever-Hinterradschwinge nicht am Getriebegehäuse, sondern am neu konstruierten - dafür etwas schwereren Rahmen - gelagert ist. Gewicht versuchten die Konstrukteure übrigens zu sparen, wo es nur ging. So hat die 1100 S eine 1,4 kg leichtere, natürlich auch schwächere 14-Ah-Batterie und eine 0,97 kg leichtere, dafür schmalbrüstigere 600-Watt-Lichtmaschine. Doch keine Panik: Wer die Sport-BMW mit (stromfressendem) ABS bestellt, bekommt automatisch den großen 19-Ah-Akku und den starken 700-Watt-Generator.

korrektur ohne großen Kraftaufwand und ohne Sicherheitsverlust möglich. Zylinderdeckel setzen selbst bei extremer Fahrt nicht auf. Sehr geringe Aufstellneigung beim Bremsen in Schräglage. Vorn superkomfortabel arbeitende Radaufhängung. Hinterhand spurtreu, komfortabel, sehr guter Fahrbahnkontakt. Schluckvermögen über kurzen Belagkanten besser als bei jedem anderen neuen Boxer..." Ein besseres Urteil kann man einem neuen Motorrad wohl kaum ausstellen.

Ausgerüstet ist die S mit dem an sportliches Fahren angepaßten Telelever-/Paralever-Fahrwerk BMW-typischen Zuschnitts. Während der Radstand geringfügig von 1473 auf 1478 mm wuchs, ver-

Viel edles Metall, ergonomisch geformtes Plastik, ausdrucksstarkes Gesicht, Doppelauspuff: Die R 1100 S ist ein echtes "Schmankerl".

men und Schwinge. Die Federvorspannung ist über ein Handrad hydraulisch in 40 Stufen, die Zugstufendämpfung über eine Schlitzschraube stufenlos einstellbar. Stilistisch gelungen sind die von der K 1200 RS her bereits bekannten, superleichten 17-Zoll-Leichtmetallräder im filigranen Fünf-Doppelspeichen-Design. Vorn beließ man es bei einem Reifen der Dimension 120/70 ZR 17, hinten sorgt ein Pneu der Größe 170/60 ZR 17 für den nötigen Grip.

Auf Wunsch gibt es erstmals ein 5,50 Zoll breites Hinterrad mit einer Gummiwalze im Superbike-Format - 180/55 ZR 17. Verzögert wird das vollgetankt 229 kg schwere Motorrad mit der bewährten Doppelscheibenbremse vorn (305 mm Durchmesser) und der von der GS stammenden Soloscheibe 276 mm hinten. Zur Gewichtsersparnis hat man die beiden schwimmend gelagerten Vorderradscheiben ohne Zwischenträger direkt am Rad befestigt. Der Durchmesser des Hauptbremszylinders wurde von 20 auf 16 mm verringert, was die Bremshebelbetätigungskräfte spürbar reduziert. Für 1995 Mark Aufpreis bekommt der Kunde das seit 1989 über 200.000mal verkaufte ABS.

Asymmetrie als Designelement

Ein pfiffiges Design-Element ist die auf Wunsch erhältliche Abdeckung des Beifahrersitzes: Sie läßt den Höcker weniger wuchtig erscheinen. Die Instrumentenkombination mit bestens ablesbarem Tachometer und großem Drehzahlmesser wurde bewußt asymmetrisch gestaltet; man gewann damit Platz für die zahlreichen Kontrollampen und eine kleine Digitaluhr. Beide Instrumente bieten mit gelben Ziffern und Zeigern vor mattschwarzem Hintergrund eine besonders reizvolle Optik. Es gibt nur einen einzigen Schlüssel für Zünd-/Lenkschloß, Tankdeckel und Sitzbank.

Daß der Tankdeckel aus der Mitte fiel, hat einen ganz praktischen Grund: Auch wenn die Maschine auf dem Seitenständer steht, kann sie ohne Kleckern vollgetankt werden. Was man für den Tank halten könnte, ist in Wahrheit eine lackierte Kunststoffschale. Darunter versteckt sich

ringerte sich der Nachlauf von 111 auf 100 mm. Der Lenkkopfwinkel beträgt 65° gegenüber 64,5° bei der RS. Beim Telelever der R 1100 S sprechen die BMW-Konstrukteure von einer "Light"-Version. Durch ein spezielles Fertigungsverfahren mit aus Einzelteilen gebauten Gleitrohren ließ sich ein Kilogramm Gewicht sparen. Das vordere Zentralfederbein ist erstmals bei einem Serienmotorrad in der Zugstufendämpfung per Handrad einstellbar. Der Griff sitzt zwischen oberer Gabelbrücke und Tank, was der S eine weitere unverwechselbare Note gibt.

Eine vollständige Neukonstruktion ist der jetzt aus vier Elementen bestehende Rahmen. Der Vorderrahmen aus Leicht-

metall-Kokillenguß nimmt zusammen mit dem Längslenker die Vorderradführung auf. Neu ist der Hauptrahmen aus geschweißten Leichtmetallprofilen. Er stellt über die wie gewohnt mittragenden Gehäuse von Motor und Getriebe eine äußerst steife Verbindung zwischen Vorder- und Hinterradführung her und garantiert somit höchste Fahrstabilität. Der Heckrahmen besteht aus einer Stahlrohrkonstruktion, trägt die Sitzbank und eine kleine Gepäckbrücke.

Die Paralever-Hinterradschwinge bietet technisch nichts Neues, ist jedoch - wie bereits erwähnt - nicht im Getriebegehäuse, sondern im Hauptrahmen gelagert. Ein zentrales Gasdruckfederbein mit 130 mm Federweg verbindet wieder Rah-der aus Leichtmetall bestehende, eigentliche Tank. Weil auch hier am Gewicht gespart werden konnte, begrenzte man das Volumen auf 18 Liter. Wenn die Reservekontrolle aufleuchtet, stehen noch vier bis fünf Liter Super bleifrei zur Verfügung. Anderer Treibstoff ist wegen des G-Kats unzulässig.

Die nach Art des Hauses im Windkanal perfektionierte Halbschalenverkleidung besteht aus vier einzeln abnehmbaren Elementen und bietet in Verbindung mit der kleinen Scheibe einen akzeptablen Wind- und Wetterschutz. Blinker und Handschützer wurden harmonisch integriert. Ihre charakteristische Note erhält die Verkleidungsfront durch die beiden "Nüstern" für die Ölkühler im bekannten BMW-Nierenlook.

Keine Parallele anderswo findet sich für den ebenfalls asymmetrisch ausgelegten Doppel-Scheinwerfer. Der grössere der beiden Lichtspender ist ein Ellipsoid-Scheinwerfer mit H7-Lampe, wie man ihn vom Automobilbau her kennt; er übernimmt die Abblendfunktion und leuchtet die Fahrbahn nachweislich hervorragend aus. Das Fernlicht kommt von dem links angeordneten, etwas kleineren "Freiformflächen"-Scheinwerfer mit H1-Lampe. Schön zierlich fielen die Rückspiegel und die zugehörigen Doppelspeichen-Ausleger aus.

Erstmals ein bißchen Kohlefaser

Der mit den Gewichten 760 mm breite Lenker ist ab Werk als Stummellenker ausgeführt; die beiden separaten Lenkerhälften aus geschmiedetem Leichtmetall hat man direkt unterhalb der Gabelbrücke an die Standrohre geklemmt. Wer eine weniger geduckte Haltung vorzieht, kann einen etwas höhergezogenen "Komfortlenker" und eine höhere Windschutzscheibe haben.

Wie die K 1200 RS und die R 1200 C ist auch die R 1100 S mit den neuen, besser bedienbaren Griffarmaturen ausgerüstet. Handbrems- und Kupplungshebel lassen sich vierfach verstellen. Konsequent auf niedriges Gewicht getrimmt und daher nicht höhenverstellbar ist die einteilige Sitzbank mit der beachtlichen Sitzhöhe von 800 mm. Unter der Bank befinden sich zwei Helmhaken.

Mit der S trägt zum ersten Mal eine Serien-BMW Kohlefaser: Der vordere Teil der Vorderradabdeckung besteht aus dem edlen und superleichten Formel-1-Werkstoff. Zur sportlichen Auslegung des Motorrads passen perfekt die nach hinten und oben versetzten Fahrerfußrasten. An der Unterseite sind ganz im Kawasaki-Stil austauschbare Dorne eingeschraubt, die durch Kratzen auf dem Asphalt anzeigen sollen, wann die maximal zuträgliche Schräglage erreicht ist: 50° bei einem 85 kg schweren Fahrer.

Breitreifen und "Sportpaket"

Während G-Kat, Seitenständer mit Startunterbrechung, automatische Blinkerrückstellung und Warnblinkanlage serienmäßig sind, muß für andere nützliche Extras auch extra bezahlt werden. Neben den bereits erwähnten Details wie ABS oder superbreiter Hinterreifen bietet BMW unter anderem die unvermeidlichen Heizgriffe, die schon kultige Steckdose und Qualitäts-Koffer sowie Tankrucksack an.

Geahnt zu haben scheinen die Bayern, daß es vielen Boxer-Liebhabern nicht genügen wird, mit der S bloß auf Tour zu gehen: Es gibt ein, wenn auch bescheidenes, "Sportpaket". Bei Rennen kämpfen bereits Einzelstücke mit 115 bis 118 PS um Pokale, getunt mittels höherer Verdichtung, überarbeiteten Ein- und Auslaßkanälen, erleichtertem Ventiltrieb und

Ducatirot, aber viel gemütlicher: Mit der S kann, aber muß man nicht rasen. Egal: Bei diesem Boxer geht den Fans das Herz auf.

Eine BMW ohne Koffer wäre keine BMW: Auch für den Sportboxer gibt's die unvermeidlichen Ge-Sozius oder Sozia sitzen bequem. Bild unten: Aus dieser Perspektive betrachtet wirkt die R 1100 S fast filigran.

Spezial-Auspuffanlagen. Viele Einzelheiten und tolle Fotos dazu finden Sie, lieber Leser, in unseren Kapiteln über Spezialversionen und Sportboxer. So weit wie die Profituner wird man bei BMW (wohl vorerst) nicht gehen, doch das seit Frühjahr 1999 lieferbare "Sportpaket" für die S ist immerhin ein Anfang. Der Kit umfaßt einen Lenkungsdämpfer (warum nicht auch für die zum Flattern neigende RS?), verlängerte Federbeine für vorn 18 und hinten 20 mm mehr Boden- und insgesamt 52° Schräglagenfreiheit sowie einen entsprechend verlängerten Seitenständer.

Die BMW-Händler haben die neue R 1100 S jedenfalls begeistert aufgenommen. Während die teure und hyperschwere K 1200 RS sich nur zäh verkauft, stehen die Kunden nach dem frisch-fröhlichen Sportboxer Schlange. Helmut Wüstenhöfer, Ex-Rennfahrer (Spezial-R 75/5) und seit langem erfolgreich im Geschäft, freut sich: "Auf dieses Motorrad haben wir gewartet. Es wird uns die nächsten Jahre ernähren."

Ausgereifte Technik mit großer Tradition: Classic-Boxer fürs Fahren im Stil der frühen Jahre

Nostalgie und Charme: Die R 100 R repräsentiert perfekt die klassische Boxer-Linie. Wer will, kann mit der Roadster auch richtig Gas geben - das Fahrwerk ist exzellent.

Nostalgischer Charme, unkomplizierte Technik, vorbildliche Wartungsfreundlichkeit, maximale Wertbeständigkeit: Aus diesen Zutaten werden Bestseller gemacht. BMW wendet dieses Rezept mit großem Erfolg seit Jahrzehnten an. Auch die zeitgenössischen Boxermodelle R 80 R und R 100 R sind nach dem bewährten Muster gestrickt, verbinden auf überzeugende Weise Klassik und Moderne. Ihre Liebhaber finden sie in Kreisen, die reserviert sind gegenüber High Tech und Elektronik, Vollverkleidung und buntem Zierrat. Die Verkaufszahlen sprechen für sich: 1992 konnten allein in der Bundesrepublik 4.337 Exemplare abgesetzt werden. Damit war die R 100 R auf dem heimischen Markt das bestverkaufte BMW-Modell seit der R 45 im Jahre 1980; in der Klasse über 750 cm³ war sie das

meistgekaufte Modell überhaupt. Produziert wurden 1992 immerhin 8.041 Einheiten, dies war ein Anteil von 22,4 Prozent an der Gesamtstückzahl von BMW-Motorrädern.

Den Grundstein zu den "Roadster"-Modellen legte BMW bereits 1987: Damals wurden die GS-Versionen mit Paralever-Fahrwerk vorgestellt. Und von den Groß-Enduros stammen die R-Typen geradlinig ab. Die Classic-R ist praktisch die Straßenausgabe der klassischen GS. Das erste Vorserienfahrzeug wurde der Fachpresse am 14. Oktober 1991 von Hans Glas, dem damaligen Vorsitzenden der Geschäftsführung der BMW Motorrad GmbH präsentiert.

Ihre Weltpremiere hatte die R 100 R eine Woche später, am 23. Oktober, auf der 29. Tokyo Motor Show. Die Resonanz war international überwältigend.

Ohne Zweifel: Die R 100 R ist eine Augenweide. Die zweite Bremsscheibe ist serienmäßig, die Instrumente lassen sich bestens ablesen. Auch von vorn ist der Boxer unverwechselbar.

Erinnerung an vergangene Tage: die runden Ventildeckel. Der klassische Zweiventilboxer der R 100 R leistet 60 PS. Modern das Fahrwerk: Telegabel von Showa, Hinterradführung mit Paralever-Schwinge.

Denn die R 100 R war das richtige Motorrad zum richtigen Zeitpunkt. Die von den Japanern 1990 mit dem Zephyr-Look in Gang gesetzte Neo-Classic-Welle lief auf vollen Touren, da paßte eine klassisch gebaute BMW exakt ins Bild. Mehr noch: Die Fangemeinde hatte auf ein derartiges Produkt aus Bayern sehnsüchtig gewartet. Die alte R 80 war nicht mehr auf der Höhe der Zeit, die GS-Modelle kamen im martialischen Off Road-Look daher und zeigten auf der Straße gewisse Komfortnachteile.

Die Klassik-Offensive der Japaner bestätigte die Politik des Hauses BMW; es war richtig gewesen, daß man dem seit 1923 bewährten Boxer-Kardan-Prinzip treu geblieben war. Die R 100 R paßte hervorragend zum traditionellen Konzept. Sie griff überdies erfolgreich eine Idee auf, die bereits Anfang der 80er Jahre von BMW in die Tat umgesetzt worden war: Schon damals hatte es eine Straßenversion der Enduro gegeben, die R 80 ST. Bei der neuen R 100 R kennzeichnete das zweite "R" in der Modellbezeichnung klar den vorrangigen Verwendungszweck: unbeschwertes Fahren auf kurvenreichen Landstraßen im klassischen "Roadster"-Stil.

Sehen wir uns die Technik der R 100 R einmal näher an: Wie die seit 1987 produzierte R 100 GS wird der Straßen-Boxer vom Zweizylinder-Boxermotor mit einem Liter Hubraum und 60 PS (44 kW) bei 6500 U/min angetrieben. Die Ventile - zwei pro Zylinder - werden bei diesem konstruktiv auf das Jahr 1969 zurückgehenden Motor von einer zentralen Nockenwelle, langen Stößelstangen und Kipphebeln betätigt.

Das maximale Drehmoment von 76 Nm stellt sich bereits bei 3.750 U/min ein; man merkt's am kräftigen Durchzug "aus dem Keller heraus". Auszug aus einem Test: "Ab 2.000 Umdrehungen stand Leistung im Überfluß zur Verfügung, für normales Fahren genügten Drehzahlen bis 4.000. Der Boxer geht bis hinauf zur Drehzahlgrenze von 7.000 U/min überraschend kultiviert zur Sache; das bei anderen BMW-Boxern sonst übliche Ventilrasseln fehlte fast völlig."

Der Ölkühler befindet sich nicht wie bei der großen GS am Zylinderschutzbügel, sondern ist zwischen den beiden Rahmenunterzügen befestigt. Auch die Auspuffanlage wurde gegenüber der GS kräftig modifiziert: Die R 100 R besitzt den runden Edelstahl-Endschalldämpfer der 91er K 100-Modelle.

R 100 R: der modernste Zweiventil-Boxer, den es je gab

Der Sound ist entsprechend kernig. Was besonders ins Auge fällt, sind die runden Ventildeckel, wie sie beispielsweise in den 50er Jahren bei der R 68 und in den 70ern bei den Boxern der /5- und /6-Reihe verwendet wurden. Die nostalgischen Deckel geben der Roadster eine besonders reizvolle Note.

Auf modernste Großserientechnik setzt BMW hingegen bei den Feder- und Dämpfer-Elementen. Die R 100 R war bei ihrer Markteinführung die erste BMW, die mit einer japanischen Teleskopgabel und einem japanischen Federbein daherkam. Lieferant ist der renommierte Hersteller Showa. Inzwischen haben auch andere BMW-Modelle Showa-Gabeln und -Federbeine: R 1100 R, R 1100 GS und F 650. Die anfängliche Kritik an der Verwendung japanischer Elemente ist inzwischen verstummt. Es hat sich nämlich herumgesprochen, daß diese Bauteile absolut zuverlässig ihren Zweck erfüllen. Die Fertigungsqualität ist über jeden Zweifel erhaben, es gibt so gut wie keine Streuung in der Serie.

Die hydraulisch gedämpfte Telegabel der R 100 R ist mit ihrem Standrohrdurchmesser von 41 mm recht kräftig dimensioniert und zeigt beim Fahren keine Verwindungstendenzen. Der Federweg ist mit 135 mm natürlich deutlich kürzer als bei der geländetauglichen Marzocchi-Gabel der GS (225 mm). Weil die Federkennung progressiv ist, gibt es auch bei harter Beanspruchung kein Durchschlagen. Das verstellbare Showa-Gasdruckfederbein kommt mit 140 mm Federweg aus - gegenüber 180 mm bei der normalen GS.

Unverändert von der GS übernommen wurde die Hinterrad-Einarmschwinge

Äußerlich mit der R 100 R weitgehend identisch war die 50 PS starke R 80 R, hier ausgerüstet mit Spezial-Tourenkoffern.

Manche mochten's glänzend: Gegen Aufpreis bot BMW einen umfangreichen Chrom-Kit und einen Tank mit Spezial-Schriftzug an.

mit dem patentierten Paralever-System. Auch die Hinterrad-Trommelbremse mit 200 mm Durchmesser entspricht dem GS-Standard. Die gelochte Einscheibenbremse am Vorderrad hat zwar ebenfalls 285 mm Durchmesser, verfügt aber über den Vierkolben-Festsattel der Vierzylinder-K-Modelle. Wie die GS rollt auch die Roadster auf Kreuzspeichenrädern, die es erlauben, schlauchlose Reifen zu montieren. Natürlich wurden die Abmessungen dem neuen Einsatzzweck angepaßt: Vorn ist ein Pneu der Niederquerschnitts-Dimension 110/80 V 18 aufgezogen, hinten findet sich ein Reifen 140/80 V 17.

Wesentlich zum klassisch-zeitlosen Erscheinungsbild der R 100 R tragen neben der schlichten Silhouette und den runden Ventildeckeln der von der K 75 übernommene, verchromte Rundscheinwerfer sowie die von der GS stammenden, allerdings nun in verchromte Hülsen gesetzten Rundinstrumente bei. Ab März 1992 offerierte BMW vorübergehend gegen Aufpreis viel zusätzlichen Chrom für Gabelstabilisator, Motorschutzbügel, Ventildeckel, Vergaserkappen, Haltebügel, Tankdeckel, Rückspie-

Unterwegs auf abgelegenen Landstraßen macht der Classic-Boxer am meisten Spaß. Bequem und ergonomisch ausgereift: die breite und ausreichend lange Sitzbank.

gel, Auspuffmuttern, Instrumententräger, Blinkergehäuse und Lenkergewichte. Markant: der auf Wunsch erhältliche, breite "Boxer"-Schriftzug für den Tank.

Nicht alles bei der R 100 R kommt aus dem Baukasten, einige Teile sind komplett neu entwickelt worden: Lenkerabdeckung aus Kunststoff, Batterie- und Seitenblenden, Beifahrer-Haltebügel und Hinterrad-Kotflügel. Der vordere Schmutzfänger wiederum stammt aus dem K 75-Programm. Wie bei inzwischen allen BMW-Modellen (außer der F 650) finden sich an den Lenkerenden die bunten, leicht gewöhnungsbedürftigen Lenker-Armaturen der K-Modelle mit getrennten Blinkerschaltern. Die praktische, automatische Blinkerrückstellung fehlt leider.

Der Tank wurde von der GS ausgeliehen - was man ihm erst auf den zweiten Blick ansieht. Er faßt 24 Liter und sorgt für Reichweiten von über 300 Kilometern. Die Sitzbank wurde nicht nur neu gestaltet, sondern auch besser gepolstert. Mit der Sitzhöhe von 800 mm kommen lediglich kleine Leute nicht zurecht. Bei einem Gewicht von 218 kg (vollgetankt) ist die R 100 R nur zwei Kilo leichter als

die R 100 GS. Die Zuladung beträgt gut 200 kg. Besonders sparsam ist der 1000er ohv-Boxer der Roadster nicht, Durchschnittsverbräuche von 7,0 l/100 km sind normal. Die Spitzengeschwindigkeit liegt je nach Exemplar zwischen 175 und 180 km/h - mehr als genug für Liebhaber klassischer Technik. Boxer-Fahrer wollen mit niedrigen Drehzahlen über die Landstraße rollen und sich wie früher den Wind um die Nase wehen lassen. Und für diese Art des Motorradfahrens ist die R 100 R die ideale Maschine. Produziert wurde sie zusammen mit anderen "Abschiedsmodellen" bis Januar 1996. Insgesamt liefen von der R 100 R 16.339 Exemplare vom Band.

Preiswerte Roadster-Alternative von 1992 - 94: R 80 R

Rein äußerlich - vom Schriftzug abgesehen - identisch mit der R 100 R war die im Herbst 1992 zusätzlich eingeführte R 80 R. Angetrieben wurde sie vom bewährten Boxer der R 80-Baureihe, der auch Verwendung fand in der R 80 GS. Das 798 cm³ große Triebwerk entwickelte bei 6.500 U/min versicherungs-

günstige 50 PS (37 kW) und erreichte damit eine Höchstgeschwindigkeit von 164 km/h - das waren nur zehn km/h weniger als bei der R 100 R. Das maximale Drehmoment von 61 Nm stand bei maßvollen 3.750 U/min zur Verfügung. Entsprechend schaltfaul ließ sich auch die R 80 R bewegen. Trotz der geringeren Leistung war der Verbrauch ähnlich hoch wie bei 1000er: 6,8 l/100 km im Durchschnitt. Im Gegensatz zur R 100 R benötigte die 800er Version keinen zusätzlichen Ölkühler.

Das Fahrwerk mit Showa-Gabel und Paralever-Hinterradführung machte uneingeschränkt Freude. Aus dem Testprotokoll: "Die R 80 R fordert geradezu zu flotter Fahrweise heraus. Längsrillenempfindlichkeiten sind dem Boxer völlig fremd. Allein schon wegen der modernen Niederquerschnittsreifen sind selbst große Schräglagen sicher beherrschbar."

Von Anfang an waren die Classic-Boxer wahlweise auch mit 27 PS (20 kW) lieferbar. Eine weitere Modifizierung ergab sich zum Modelljahr 1994: Entsprechend den neuen EG-Führerscheinregeln und der Heraufsetzung der Leistung von Einsteigermotorrädern ab April 1993 waren die 800er Modelle auch mit 34 PS (25 kW) lieferbar. Die über Eingriffe in die Vergaser gedrosselten Motoren ließen sich nachträglich mit geringem Aufwand auf 50 PS (37 kW) hochrüsten. Die R 100 R war seit Herbst 1993 serienmäßig mit Doppelscheibenbremse am Vorderrad und mit dem Sekundärluftsystem zur Abgasreduzierung ausgerüstet. Die zuletzt nur noch in Deutschland angebotene R 65 wurde 1993 aus dem Programm gestrichen.

Einiges Aufsehen erregte im Sommer 1993 die BMW Niederlassung München mit einer speziell aufgebauten R 100 R. Unter der Zusatzbezeichnung Mystic

Die Kuh richtig fliegen lassen die "alten Herren" bei der jährlich im amerikanischen Daytona stattfindenden "Battle of the Legends". Die Bilder entstanden 1992.

Battle of the Legends: Motorradsport mit der R 100 R, ab 1994 mit der R 1100 RS

Sogar im Rennsport zeigt die R 100 R Flagge, obwohl sie dafür eigentlich gar nicht gebaut ist. Doch Spaß muß sein, dachte sich die US-amerikanische BMW-Vertretung und veranstaltete erstmals im Frühjahr 1992 im Rahmen der Daytona Speedweek ein Rennen mit identischen BMW R 100 R. Im Sattel saßen zehn berühmte Veteranen der nordamerikanischen Racingszene, unter anderem der Franko-Kanadier Yvon DuHamel, Jay Springsteen, Roger Reiman, Reg Pridmore, Don Emde und Dick Mann.

Die "alten Herren", die in ihrer Freizeit gern mit Oldtimer-Motorrädern Klassik-Rennen bestreiten, kamen, wie nicht anders zu erwarten, mit der R 100 R auf Anhieb bestens zurecht und ließen den Boxer ordentlich fliegen. Am Ende hatte DuHamel vor Springsteen die Nase vorn. Auch 1993 gab es unter der Headline "Battle of the Legends" wieder ein R 100 R-Rennen. Die positive Resonanz des Publikums ließ vermuten, daß diese pfiffige Art von Promotion eine große Zukunft hat. 1994 wurde die R 100 R bei dieser Veranstaltung von der R 1100 RS abgelöst.

sollte das Sondermodell zunächst nur über die Niederlassung vertrieben werden. Doch dann entschloß sich die BMW Motorrad GmbH, das bildhübsche Fahrzeug auf der IAA in Frankfurt zu zeigen und bundesweit anzubieten.

Die R 100 R Mystic wirkte zierlicher, nostalgischer und edler als das Serienmodell. Ausgesuchte Zutaten prägten den besonderen Classic-Look dieser Maschine: Lackierung "mysticrot-metallic", Scheinwerferhalter geändert und verchromt, verchromte Metallabdeckplatte für Instrumentenhalter mit neuen Kontrolleuchten, spezielle Chrom-Blinkerhalter, anderer Lenker, sportlichere und schmalere Sitzbank mit schlankem Heckbürzel, neue Batterieblenden, kürzerer Kennzeichenträger, Endschalldämpfer um drei Zentimeter nach innen gedreht.

1994 beschlossen: das endgültige Aus für den Zweiventil-Boxer

Auf der IFMA 1994 stand die Mystic als eine der letzten Vertreterinnen der Zweiventilboxer-Generation. Zusammen mit drei weiteren 1000er Modellen wurde sie bis Januar 1996 weiterproduziert. Danach sollte es zunächst keine klassischen Zweiventilmodelle mehr geben. Doch es kam dann doch etwas anders - s. Seiten 92, 93.

Als Grund für den Stopp mußten vor allem die verschärften Lärm- und Abgasgesetze herhalten. BMW vertrat die Ansicht, daß man die Bestimmungen mit herkömmlicher Vergaser- und ohv-Ventiltechnik nicht mehr einhalten könne. Der Stuttgarter Spezialist Paul Wurm bewies das Gegenteil - s. Seite 91.

Als Ablösung der alten Garde traten auf der IFMA 1994 die unverkleideten Basisversionen des Vierventilboxers an, die R 1100 R und die R 850 R. Alle Einzelheiten über diese Modelle ab Seite 54.

Klasssisches Design, unnachahmliches Flair: Serien-Roadster (rechts) und Sonder-modell "Mystic" (unten). Das Spezial-Design der Mystic läßt die 60 PS starke Maschine betont sportlich erscheinen.

Die auf der IFMA 1994 vorgestellte Classic-Edition soll den Freunden der Marke den Abschied vom klassischen Boxer ein wenig leichter machen. Rechts unten und ganz oben die unwiderruflich letzte R 100 GS Paris-Dakar in edlem Schwarz mit viel Chrom, Mitte links die zierliche R 100 R Mystic, darunter die kernige R 100 R mit dem Schriftzug am Tank, der sie zum Sammlerobjekt machen wird.

Abschied von gestern:
die Zweiventil-Classic-Modelle von 1994/95

"Der alte Boxer darf nicht sterben!" Bis zuletzt hielten die Freunde des klassischen Motorradkonzepts an dieser verständlichen Forderung fest. Doch im Sommer 1994 fiel bei BMW endgültig die Entscheidung: Die Produktion der Zweiventiltypen wird Ende 1995, Anfang 1996 eingestellt. Einen Vorgeschmack auf die Zeit ohne den geliebten Classic-Boxer bekam die Fangemeinde schon früher: BMW gab zum 1. August 1994

erstmals in der Firmengeschichte eine Preisliste heraus, in der keine Zweiventilboxer mehr aufgeführt waren. Die 800er Modelle, die auf die R 75/5 von 1969 zurückgingen, verschwanden im August 94 zunächst von der Bildfläche. Einen letzten Nachschlag gab es dann doch noch 1996 mit der wiederaufgelegten R 80 GS Basic - s. Seiten 92/93. Auch die 1000er Versionen wurden im Jahr 1994 einige Monate lang nicht produziert.

Am 4. Oktober präsentierte BMW dann die vier Ein-Liter-"Abschiedsmodelle", die wir auf diesen Seiten zeigen: eine spezielle R 100 Roadster, eine R 100 Mystic, eine R 100 GS Paris-Dakar in schwarz und eine R 100 RT in Komplettausstattung. Heute wissen wir, daß diese vier Classic-Boxer die unwiderruflich letzten Vertreter ihrer Art mit einem Liter Hubraum waren. Im Januar 1996 rollten die letzten Exemplare dieser unvergleichlichen

Zweizylinder-Spezies in Berlin-Spandau von den Bändern und besiegelten damit eine Ära, die 1923 mit der berühmten R 32 begann und BMW genau das gegeben hat, was man als Seele der Marke bezeichnen könnte. "BMW ist der Boxer - der Boxer ist BMW."

Wir werden diesen Charakterdarsteller unter den Motorrädern, der mit 72 Jahren von uns gehen wird, vermissen. Er hat Technik begreifbar und sympathisch gemacht. Der Boxer war gewiß nicht frei von Fehlern, doch genau das machte dieses Produkt irgendwie menschlich. Wer den Boxer verstand, wurde mit ihm glücklich.

Trauer ist gleichwohl nicht angebracht. Denn der alte Boxer wird ja weiterleben - als Liebhaberstück und Sammlerobjekt, hier und da auch als Nutztier. Wir wissen ja alle aus Erfahrung, daß er bei entsprechender Pflege ewig jung bleibt. So werden sich denn die Freunde der Marke um die "Abschiedsmodelle" reißen, um sie vielleicht zuerst ein bißchen zu bewegen und dann zu konservieren. Eine blankgeputz-

Die auf 1978 zurückgehende Tradition der großen Zweizylinder-Tourer mit Vollverkleidung findet in der R 100 RT Classic von 1994/95 ihren Höhepunkt und Abschluß.

te BMW hatte schon immer auch das Zeug zum Kaminzimmerschmuck.

Für mich persönlich ist die letzte R 100 GS Paris-Dakar das stolzeste Stück der Classic-Edition. Schwarz lackiert, ausgestattet mit verchromtem Frontbügel und runden Zylinderdeckeln hat sie etwas Endgültiges und Monumentales. Die letzten vier Ein-Liter-Zweiventiler offerierten noch einmal die volle Bandbreite der Möglichkeiten, die der Boxer ganzen Generationen von Motorradfahrern eröffnet hat. Der starke Tourer mit dem großen Komfort war dabei, der elegante Klassiker mit dem typischen Sound, die modisch gewandte Schönheit und der kernige Gipfelstürmer. Heute ist das alles bereits Legende.

G-Kat für den Classic-Boxer: wie eine Zweiventil-BMW entgiftet wird

Umweltverträglich fahren: Das ist gerade unter Liebhabern von BMW-Motorrädern ein wichtiges Thema. Nicht von ungefähr werden inzwischen die meisten K-Modelle und Vierventil-Boxer direkt ab Werk mit geregelten Katalysatoren bestellt. Für die klassischen Zweiventil-Boxer allerdings bietet BMW keine moderne Entgiftungstechnik an. Der Stuttgarter Kfz-Meister Paul Wurm hat die Marktlücke rechtzeitig entdeckt und einen G-Kat-Umrüstsatz für Motorräder mit Vergasermotoren entwickelt. Die Zeitschrift MOTOR-RAD NEWS ließ die neuwertige R 80 R eines engagierten Lesers mit dem Wurm-Kat ausrüsten.

Der Umbau nimmt einen ganzen Tag in Anspruch. In die beiden Krümmerrohre werden zwei Metall-Katalysatoren und zwei Lambdasonden eingesetzt. Vorteil des Wurm-Systems: Jeder Zylinder wird in Verbindung mit einer speziellen Steuerelektronik und zwei elektrisch betätigten Luftventilen separat und damit optimal entgiftet. In der Vorstufe verdünnt die Anlage das Gemisch durch gezieltes Zuführen von Luft in den Ansaugtrakt.

Eine von Wurm entwickelte Elektronik-Black-Box, die im Werkzeugfach der R 80 R Platz findet, wertet die Signale der Lambdasonden aus, erfaßt über die Zündspulen die Motordrehzahl und reguliert nach diesen Parametern die Gemischzusammensetzung. Das beliebte BMW-Sekundärluftsystem bleibt unangetastet und verbessert sogar noch die Reinigungswirkung.

1994 kostete der handwerklich aufwendige Umbau rund 2.500 Mark. Die Abgasmessungen beweisen, daß der Wurm-Kat bestens funktioniert und die Emission von HC und CO auf winzige Bruchteile sinkt. Die Stickoxide (NOx) werden ebenfalls fast vollständig abgebaut. Im Test zeigte sich, daß die umgerüstete R 80 R nicht mehr Benzin verbrauchte als vorher und daß der Kat die Leistung nicht beeinträchtigt. MOTOR-RAD NEWS ermittelte eine Spitze von 171 km/h und einen Durchschnittsverbrauch von 5,9 l/100 km. Auszug aus dem Testbericht (MN 8/94): "Diese positiven Resultate sind klar auf die besonders sorgfältige Abstimmung der Kat-Maschine und auf die präzise Steuerung der einzelnen Zylinder zurückzuführen."

Die Nachteile halten sich in Grenzen: "Etwas gewöhnungsbedürftig bei der Wurm-BMW ist allerdings das Lastwechselverhalten: Sie nimmt nicht sofort wieder Gas an, wenn der Griff ganz geschlossen war. Auch bei konstanter Fahrt mit Halbgas (Tempo 50 z.B. im Stadtbereich) neigt der Motor zu geringfügig unrundem Lauf."

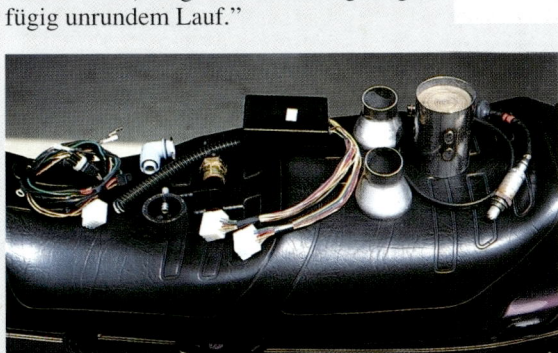

Sind stolz auf den selbst entwickelten G-Kat für Vergaser-Motoren: Paul Wurm (stehend) und Assistent Thomas Riedel. Bild links: die Umrüstteile für einen Zylinder, rechts der Metall-Kat. Unten Tester Wulf Weis mit der Kat-R 80 R.

Last-Edition-Modell R 80 GS Basic 1996:
Wiedergeburt für ein letztes Servus

BMW hat ihn 1994 totgesagt, den Zweiventilboxer. Es gab "Abschiedsmodelle" im "Classic"-Look und bewegende Grabreden. Doch Totgesagte leben länger. Einen weiteren Beweis für die Richtigkeit dieses alten Sprichworts lieferte im Frühjahr 1996 die R 80 GS Basic: Mit ihr verlängerte BMW die Abschiedszeremonie um ein weiteres Jahr. Über die Gründe wurde spekuliert: Viel-

leicht gab es ja noch wertvolle, gut vermarktbare Restbestände an Motoren, Rahmen, Tanks und allerlei anderen Details aus langer, erfolgreicher Boxerproduktion. Wie dem auch gewesen sein mag: Ab Juni 1996 baute die Berliner Motorradfabrik in nur wenigen Monaten exakt 3003 Exemplare der Nostalgie-Enduro. Das letzte Motorrad dieses Typs und damit unwiderruflich der letzte

Zweiventilboxer mit der Fahrgestellnummer 0267503 lief am 19. Dezember 1996 vom Band, um danach einen Platz im BMW-Museum München zu erhalten. Die vorletzte GS wurde unter der BMW-Belegschaft verlost, der Erlös ging an eine Verkehrssicherheitsaktion in Brandenburg. Aus den BMW-Preislisten verschwand die GS erst 1998; so lange dauerte es, bis die Kleinserie verkauft war. Die Kundschaft jedenfalls zahlte ohne Murren 15.500 Mark zuzüglich 458,85 Mark Nebenkosten.

Lackierung weiß-blau - was sonst?

Optisch und technisch war die Basic ein gelungener Mix aus Teilen der Ur-Generation und modernen Elementen wie der 1987 eingeführten Paralever-Hinterradschwinge. Das klotzige Cockpit mit dem großen (und weiterhin nicht ganz wasserdichten) Tachometer stammte von der R 80 G/S (1980 bis '87), der Tank kam vom Straßenableger R 80 ST (1982 bis '85). Alles andere hatten die BMW-Konstrukteure dem großen Baukasten entnommen: den Zweiventil-Boxermotor mit 50 PS und 32er Bing-Vergasern, die langhubige Marzocchi-Telegabel, die Kreuzspeichenräder, den Paralever natürlich und den auf die Zeit der /5-Modelle zurückgehenden Doppelschleifen-Rohrrahmen. Der war nun allerdings bay'rischblau lackiert, was gut mit den ganz in Weiß gehaltenen Anbauteilen kontrastierte. Das extrem schräg stehende Federbein hatte man beim Fahrwerks-Spezialisten White Power eingekauft. Wie alle Zweiventiler seit 1995 besaß auch die Basic das umweltfreundliche Sekundär-Luft-System.

Daß die Basic mehr war als eine Ansammlung von Lager- und Baukastenelementen, zeigte sich vor allem beim Fahren auf schmalen Landstraßen. Da begeisterte sie durch beispielhafte Handlichkeit und ausgezeichnete Kurvenlage. Breiter Lenker und niedriger

Zum Anketten im Schuppen war die Basic viel zu schade. Am meisten Spaß machte sie auf Landstraßen und unbefestigtem Terrain

Schwerpunkt vermittelten ein Gefühl der Sicherheit, wie es bei der schwereren und hochbeinigeren Vierventil-GS erst nach längerer Gewöhnphase aufkommt.

Auf rauhen Pisten, geflickten Straßen dritter Ordnung und in leichtem Gelände war die Basic, genau wie die GS-Modelle der zweiten Generation ab 1990, ein fahrsicherer und leicht beherrschbarer Untersatz. Gabel und Federbein sprachen leicht an, vermittelten auch bei forscher Gangart ausreichenden Komfort. Daß schmale Reifen auf schwierigem Untergrund eher von Vorteil sind, belegte die Abschieds-GS überzeugend. Der kernige Motor erfreute durch satte Durchzugskraft und harmonierte bestens mit dem ideal abgestuften Fünfgang-Getriebe.

Auf Langstrecke eher anstrengend

In puncto Reise- und Langstreckentauglichkeit allerdings konnte die Basic der kultivierten R 1100 GS nicht das Wasser reichen. Die harte Sitzbank und der relativ kleine Tank, der bei einem Durchschnittsverbrauch von 6,5 Litern spätestens nach 300 km trocken war, zwangen zu häufigeren Stopps. Dabei machte dann der viel zu lang geratene Hauptständer Ärger: Die Weiß-Blaue war nur schwer aufzubocken, vor allem dann, wenn sie mit Tankrucksack und Koffern voll aufgerüstet war.

Mit den Bremsen konnte man sich anfreunden, solange die Fahrweise gemäßigt blieb. Bei sportlicher Gangart oder beim Befahren serpentinenreicher Pässe dagegen wünschte man sich eine zweite Bremsscheibe, weniger Handkraft und geringere Fadingneigung. Auf die gestängebetätigte Trommelbremse an der Hinterhand war indes stets Verlaß.

Alles in allem kann der Autor aufgrund eigener Erfahrungen das Fazit von Gerhard Lindner in "Motorrad" 14/96 nur bestätigen: "Man darf sich über den hohen Preis wundern, über die miesen Bremsen schimpfen, über das umständliche Aufbocken ärgern. Aber was den Fahrspaß angeht, da gibt es nichts zu nörgeln. Handlich, agil und bequem, ist die alte, 50 PS starke Gummikuh auf engen Landstraßen immer noch in der Lage, die neue Boxergeneration zu ärgern."

Ausgeboxt (links): Am 19. Dezember 1996 lief mit dieser Basic der letzte Zweiventilboxer vom Band. Mit Schlips: BMW-Motorad-Chef Dr. Michael Ganal. Bilder unten: die Basic zu Gast in der Normandie.

Vom Luxusartikel zum Alltagsfahrzeug: der Boxer 1923 bis 1945

Turbulente Zeiten waren das, als der Boxer von BMW das Laufen lernte. Weil die Wirtschaft nach dem verlorenen Ersten Weltkrieg am Boden lag und die Leute kein Geld hatten, galt Motorradfahren als der blanke Luxus - damals, 1923. Das Ruhrgebiet ächzte unter der französischen Besatzung, die Bevölkerung leistete passiven Widerstand. Ein gewisser Adolf Hitler unternahm in München einen Putschversuch. In mehreren Städten kam es zu blutigen Unruhen wegen der explodierenden Lebensmittelpreise. Die galoppierende Inflation erreichte im November ihren Höhepunkt. Hatte ein Brot im Januar noch 250 Mark gekostet, kostete es im Dezember ein Vermögen: 399 Milliarden Mark. Die Notenbank kam mit dem Gelddrucken nicht mehr nach. Erst die Ausgabe der Rentenmark (eine RM = eine Billion Inflationsmark) stoppte den

Wahnsinn. Auch ansonsten gab es zum Jahresende Positives zu berichten: Der Rundfunk nahm in Berlin seinen Betrieb auf, Telefongespräche wurden erstmals automatisch vermittelt. Autos durften im Stadtverkehr jetzt maximal 30 statt 15 km/h fahren. Und dann die Sensation aus München: Die Bayerischen Motoren Werke präsentierten mit dem Ur-Boxer R 32 ihr erstes Motorrad. Es kostete 2.200 Mark und war damit zunächst einmal nur ein Spielzeug für die Reichen.

Inzwischen wissen wir, daß dem Boxer von BMW das Zeug zum Meilenstein der Motorradgeschichte in die Wiege gelegt war: Das Konzept von 1923 bildet noch heute die Grundlage der BMW Motorradphilosophie, seine Vorzüge finden sich bei den Classic-Modellen ebenso wie bei den Vierventil-Boxern der neuen Generation, bei den Zweizylinder-Enduros wie bei den K-

Wie die verschiedenen Motorenarten funktionieren weiß ja mittlerweile fast jeder; wie sieht es aber mit dem Getriebe aus? Klar,- da sind eine menge Zahnräder drin, mit denen man die Übersetzung zwischen Motor und Hinterrad variieren kann. Wie werden die aber angeordnet, und was schaltet dort drinnen eigentlich?

Fangen wir mit der Baugruppe an, die wir sehen können; - die Schaltwelle:

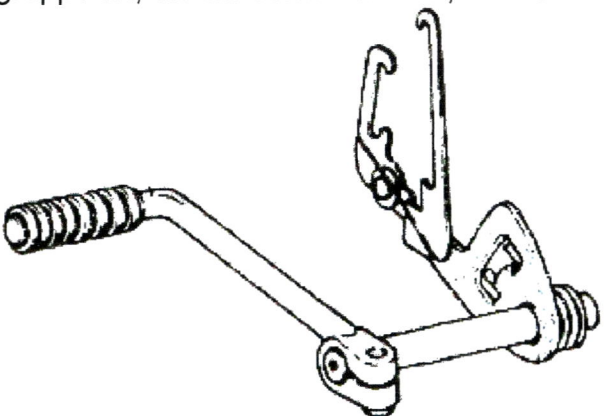

Den Schalthebel können wir ja nur hoch oder runter drücken; - eigentlich nur zwei Schaltzustände. Zusammen mit dem Leerlauf brauchen wir aber bei einem Fünfganggetriebe aber sechs Schaltstellungen. Wie können wir die erreichen? Mit der sogenannten Schaltwalze:

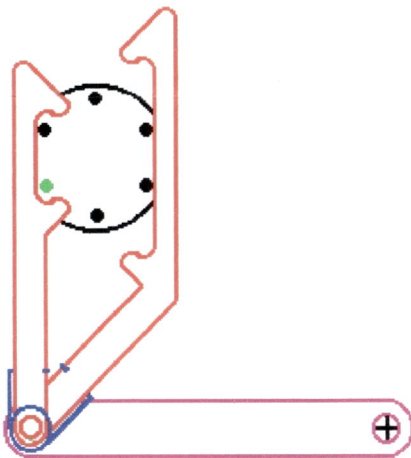

Im obersten Bild sehen wir die Schaltwelle, und die dreht die Schaltwalze: Wollen wir einen Gang höher schalten, dreht eine Klaue die Schaltwalze um ein sechstel: Am anfang der Schaltwalze sind Stifte angebracht (einer grün), in den die Klaue sich einhakt. Schalten wir einen Gang hoch bewegen wir den Stift mit der Klaue nach oben, und drehen damit die Schaltwalze. Lassen wir den Schalthebel wieder in die Ausgangsstellung zurückgleiten, gleitet die Klaue an dem nächsten Stift ab, und wir könnten den nächsten Gang einlegen. Die zweite Klaue ist nur dafür da, damit wir nicht über das Ziel hinaus schießen :-) . Das gleiche funktioniert natürlich auch beim Runterschalten.

Was macht jetzt die Schaltwalze?

Wie die verschiedenen Motorenarten funktionieren weiß ja mittlerweile fast jeder; wie sieht es aber mit dem Getriebe aus? Klar,- da sind eine menge Zahnräder drin, mit denen man die Übersetzung zwischen Motor und Hinterrad variieren kann. Wie werden die aber angeordnet, und was schaltet dort drinnen eigentlich?

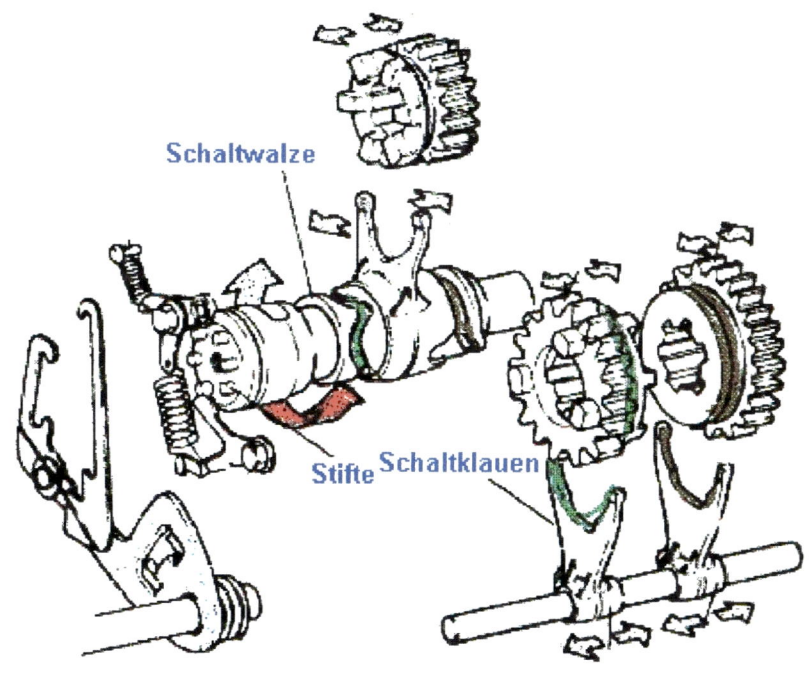

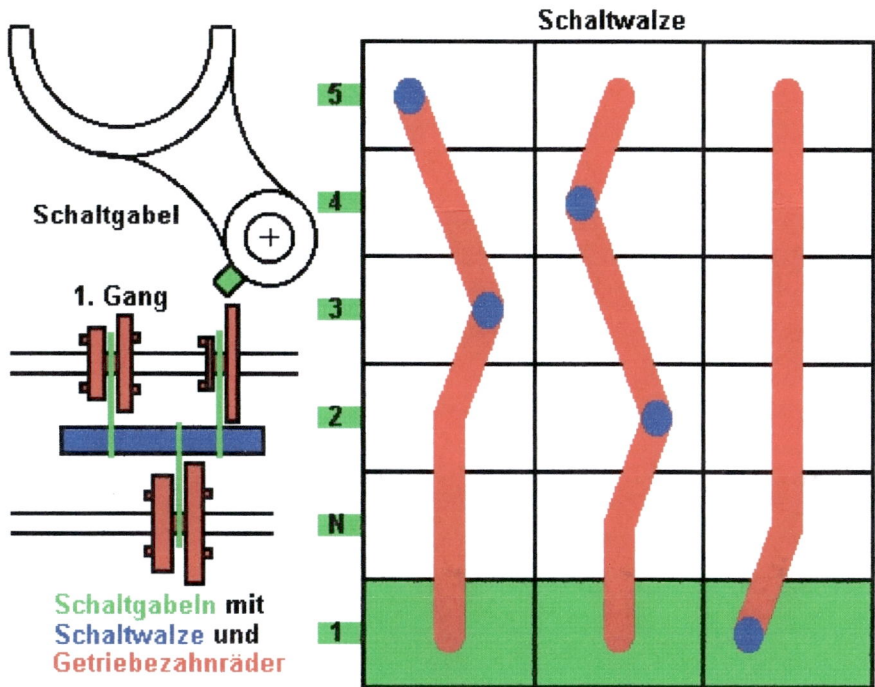

In die Schaltwalze sind Kanäle eingefräßt, in denen die Schaltgabeln mit ihren Führungsdornen (grün Markiert) sitzen. Im unteren schematischen Bild sehen wir sozusagen eine abgerollte Oberfläche einer Schaltwalze. Wenn wir die drehen, werden die Schaltgabeln auf ihren Achsen verschoben. Da diese Gabeln in Zahnradpaare (rot) greifen, werden diese auch auf den Getriebewellen verschoben. Diese Zahnräder haben auch seitlich Klauen (Schaltklauen) mit denen sie sich mit benachbarten Zahnrädern (nicht eingezeichnet) verhaken können. Das ist das eigentliche Schalten.

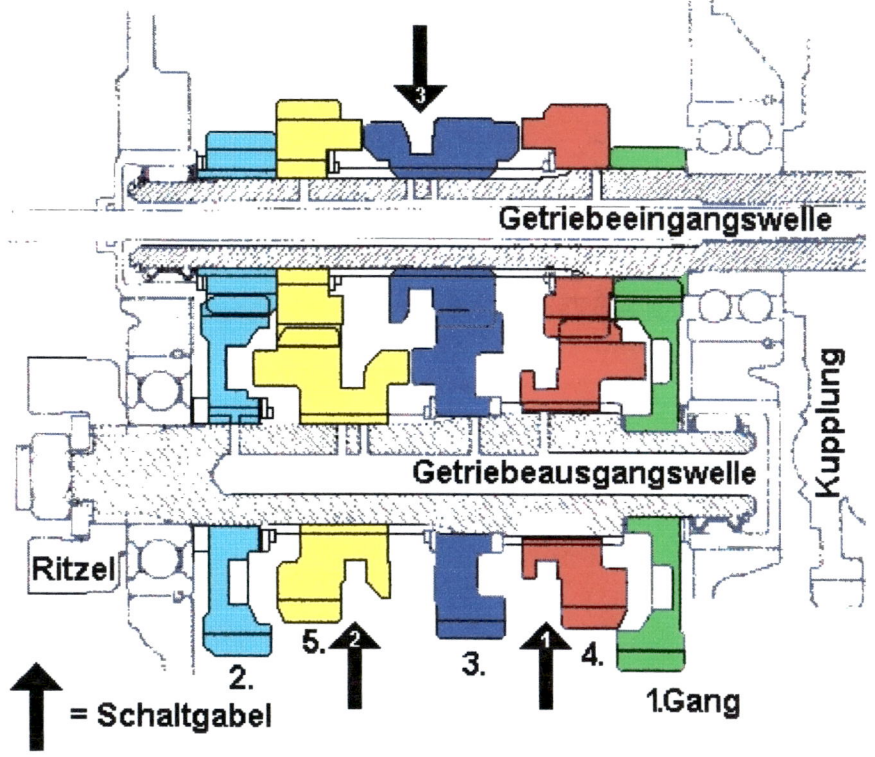

Schauen wir uns mal von irgendeinem Getriebe die Zahnräder und Wellen an (die Einfräsungen in der Schaltwalze oben stimmen mit diesem Getriebe nicht überein. Was aber nicht so wichtig ist, da es nur ums Prinzip geht :-)): Die Schaltgabeln sind als Pfeile angedeutet.

Das ganze sieht fürchterlich unübersichtlich aus, deswegen schematisieren wir das ganze einmal. Dazu möchte ich folgende Symbole für die Befestigungsarten der Zahnräder auf den Wellen verwenden:

⟶✳⟵ Zahnrad fest mit der Welle verbunden

⟶≠⟵ Zahnrad drehfest mit der Welle verbunden, aber auf der Welle verschiebbar

⟶⊞⟵ Zahnrad auf der Welle verdrehbar, aber nicht verschiebbar

⟶⊥⟵ Zahnrad auf der Welle verdreh- und verschiebbar

Schematisiert sieht das Getriebe dann so aus:

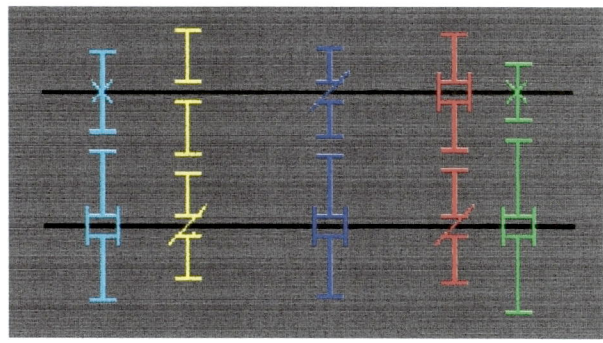

Legen wir mal den ersten Gang ein:

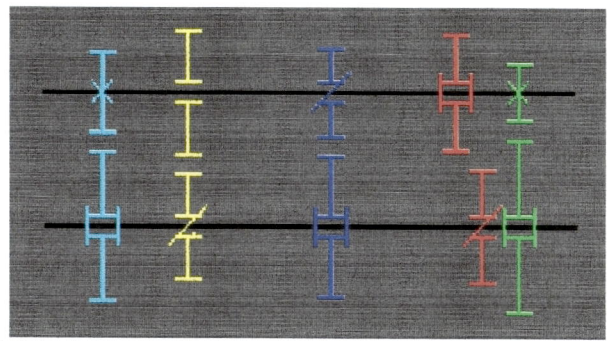

Die Schaltklaue (1) schiebt das rote Zahnrad(vierter Gang) zum grünen (erster Gang), so das sich die beiden verhaken: Das grüne Zahnrad auf der Getriebeeingangswelle ist ja fest mit auf der Welle, überträgt das Drehmoment also auf das grüne Zahnrad auf der Getriebeausgangswelle. Das Drehmoment kann aber nicht direkt auf die Ausgangswelle übertragen werden, da das Zahnrad ja auf der Welle drehbar ist. Das Zahnrad ist aber ja fest mit dem roten verbunden, und dieses ist drehfest mit der Ausgangswelle verbunden. Der Kraftverlauf sieht also folgendermaßen aus : Kupplung > Getriebeeingangswelle > grünes Zahnrad > grünes Zahnrad > rotes Zahnrad > Getriebeausgangswelle > Ritzel.

Die weiteren Gänge währen dann:

2. Gang: Schaltklaue 2 nach links Kraftverlauf: Kupplung > Eingangswelle > blaues Zahnradpaar > gelbes Zahnrad > Ausgangswelle > Ritzel

2. Gang: Schaltklaue 2 nach links	Kraftverlauf: Kupplung > Eingangswelle > hellblaues Zahnradpaar > gelbes Zahnrad > Ausgangswelle > Ritzel
3. Gang: Schaltklaue 2 nach rechts	Kraftverlauf: Kupplung > Eingangswelle > dunkelblaues Zahnradpaar > gelbes Zahnrad > Ausgangswelle > Ritzel
4. Gang: Schaltklaue 3 nach rechts	Kraftverlauf: Kupplung > Eingangswelle > dunkelblaues Zahnrad > rotes Zahnradpaar > Ausgangswelle > Ritzel
5. Gang: Schaltklaue 3 nach links	Kraftverlauf: Kupplung > Eingangswelle > dunkelblaues Zahnrad > gelbes Zahnradpaar > Ausgangswelle > Ritzel

Das war die Abteilung Motorradgetriebe :-) Soweit ich weiß, ist diese Getriebeart in über 99,9% aller Motorräder verbaut. Es gibt zwar noch andere (z.B.: Ziehkeilgetriebe) aber die sind eigentlich nur in kleineren Maschinen wie Roller oder Mofas verbaut.

Was kann an so einem Getriebe eigentlich kaputt gehen? Normalerweise nichts! Diese Getriebe werden schon seit Jahrzehnten in unseren Motorrädern verbaut, und sind absolut ausgereift. Meistens gehen sie nur durch Eigenverschulden kaputt: Einige von uns haben beim Fahren immer den Fuß auf oder unter dem Schalthebel, und halten ihn so ungewollt leicht unter Spannung. Dadurch schleifen die Schaltgabeln immer leicht in den Aufnahmen der Zahnräder, und die Schaltklauen der Zahnräder haben immer leichten kontakt mit den Nachbarzahnrädern. Dadurch verschleißen die Schaltgabeln oder verbiegen sogar, und die Ecken der Schaltklauen runden sich ab. Das führt dazu, das die jeweiligen Nachbarzahnräder sich nicht mehr richtig "verhaken" können, und das Schalten wird immer schwerer oder die Gänge fliegen wieder raus :-(
 Natürlich können die Zahnräder durch Fertigungstoleranzen oder falsche Materialpaarungen Karies bekommen, das ist aber eher selten :-)

Noch ein Wort zu den Selbstschraubern: Wagt euch nur an eine Getriebeüberholung rann, wenn Ihr euch dabei wirklich sicher seid! Wenn ein Motor platzt ist das zwar ärgerlich und teuer, aber da kann man meistens ausrollen, und es so überleben. Wenn aber bei Tempo 200 auf einmal zwei Gänge drin sind geht nichts mehr! Dann blockiert das Hinterrad, und

es kann Tote geben :-(((Da braucht man nur einen Sicherungsring falsch einbauen. Ich verwende daher grundsätzlich nur neue Sicherungsringe und Scheiben!!
Das macht sich preislich bei so einer Überholung eh kaum bemerkbar.

Home

Mit 8,5 PS war das erste BMW-Motorrad, die R 32 von 1923 (ganz oben), 90 km/h schnell. Die R 47 von 1927 (links) entwickelte mit dem ohv-Sportmotor bereits 18 PS. Erstes Modell mit Preßstahlrahmen war die in fünf Serien von 1929 bis 1934 gebaute R 11 (oben), hier in einer Version von 1931.

chende Idee hatte: Er setzte einen Zweizylinder-Boxermotor nicht wie seinerzeit üblich längs, sondern quer zur Fahrtrichtung in einen Stahlrohrrahmen und führte die Kraft ohne Umlenkung per Kardanwelle zu einem robusten Hinterachsgetriebe. Das Dreigang-Getriebe der R 32 war mit dem Motor verschraubt, die längs verrippten Zylinder waren mit den Zylinderköpfen in einem Stück gegossen und wiesen stehende Ventile auf (sv-Anordung). Gleichwohl kam man an sämtliche Einzelteile zwecks Wartung und Reparatur gut heran. Vor allem aber zeigte das neue Konzept eine Tugend, die zeitgenössische Motorradfahrer oft nur vom Hörensagen kannten: Zuverlässigkeit.

Für diese herausragende Eigenschaft des BMW-Boxers bürgte gewissermaßen Max Friz persönlich mit seiner großen Erfahrung als Ingenieur. Er hatte 1917 die Daimler-Motorenwerke in Stuttgart verlassen und war nach München gekommen, um sich dort mit der Entwicklung von Flugmotoren zu beschäftigen. Seine Entwürfe wurden bald viel beachtet. Für die junge Firma BMW entwickelte Friz zusammen mit Karl Rapp Hochleistungstriebwerke für Doppeldecker. Symbolisch dafür stand das Markenemblem: Denn der Kreis mit den weißen und blauen Feldern zeigte nichts anderes als einen schnell rotierenden Propeller.

Die geniale Idee des Max Friz: Boxermotor plus Kardanantrieb

Bald gehörte die Armee zu den größten Auftraggebern. Gegen Ende des Ersten Weltkriegs arbeiteten bereits 3.500 Menschen bei BMW. Doch als dann die Waffen schwiegen, war es vorbei mit dem Flugmotorenbau: Der Versailler Vertrag untersagte den Deutschen die Produktion von Flugzeugen. Doch die BMW-Konstrukteure konnten und wollten sich mit der neuen Situation nicht so einfach abfinden.

Zunächst konstruierten Max Friz und seine Leute Bootsantriebe, Lkw-Motoren, stationäre Aggregate und sogar Hilfsmotoren für Fahrräder. Und heim-

Modellen mit drei und vier Zylindern: günstiges Leistungsgewicht, guter Massenausgleich, tiefer Schwerpunkt, hohe Dauerleistung bei verhältnismäßig niedriger Drehzahl, große Wartungsfreundlichkeit, Kapselung aller sensiblen Antriebselemente und geringe Verschleißanfälligkeit.

Der damalige BMW-Chefkonstrukteur Max Friz war es, der die epochema-

Boxer-Pionier: Ingenieur Martin Stolle auf Victoria mit BMW-Einbaumotor M2B15 1921.

BMW-Vorläufer: Helios von 1922 mit dem noch quer eingebauten, 6,5 PS starken M2B15.

Boxer-Produktion: Die ersten Boxer vom Typ R 32 entstanden überwiegend in Handarbeit.

lich verbesserten sie den Flugmotor. Das hatte Folgen: Am 9. Juni 1919 stieg der Pilot Franz Diemer in einem Doppeldecker mit einem der neuen BMW-Triebwerke zur Weltrekordhöhe von 9.760 Metern auf.

Doch weil die alliierte Kontrollkommission daraufhin Ärger machte, blieb den BMW-Ingenieuren nichts anderes übrig, als sich wieder stärker mit anderen Projekten zu befassen. Dazu gehörte auch die Entwicklung eines starken Motorradmotors. Zusammen mit dem jungen Ingenieur Martin Stolle entwarf Max Friz einen Zweizylinder-Boxermotor mit 500 cm³ Hubraum. 1920 war der Urahn aller BMW Boxer serienreif; interne Bezeichnung: M2B15.

Zunächst setzten die Münchner das seitengesteuerte Triebwerk noch nicht in einen eigenen Rahmen, sondern verkauften es als "Bayern-Kleinmotor" an verschiedene Motorradhersteller: Bison, Corona, Nürnberger Victoria AG zum Beispiel. Als dann aber Anfang der 20er Jahre das Motorradgeschäft seine erste Blüte erlebte, nahm auch bei BMW der Plan, eigene Maschinen zu produzieren, konkrete Gestalt an.

Ganz nebenbei hatte man sogar schon einschlägige Erfahrungen sammeln können. Schon 1921 nämlich war in den Münchner Werkshallen ein Motorrad entstanden, das den flotten Namen "Flink" trug, einem Fahrrad mit Hilfsmotor ähnelte und von einem Einzylinder-Zweitaktmotor mit 148 cm³ Hubraum angetrieben wurde. Entworfen hatte das Maschinchen der Berliner Ingenieur Curt Hafeland.

1922 stellte dann das Werk sein erstes eigenes Motorrad auf die Räder. Die Maschine kam allerdings noch nicht als BMW, sondern als Helios mit BMW-Motor auf den Markt. Der Boxermotor war noch längs eingebaut und übertrug seine Kraft über eine lange Kette ans ungefederte Hinterrad. Weil aber das Fahrwerk ziemlich mißraten war, konnten nur ganz wenige Exemplare abgesetzt werden.

Max Friz indes reagierte schnell: Er konstruierte ein neues Fahrgestell, setzte den Boxer längs hinein und kombinierte

Boxer-Vater: Ingenieur Max Friz kam auf die geniale Idee mit dem längs eingebauten Boxer.

höhere Geschwindigkeiten auf den unasphaltierten, oft von Schlaglöchern übersäten und mit verlorenen Hufnägeln gespickten Schotterpisten der damaligen Zeit ohnehin nur unter Gefahr für Leib und Leben realisierbar. Weil meist sehr langsam gefahren wurde, genügten die primitiven Bremsen der R 32 durchaus: schmale Innenbackentrommelbremse vorn, Keilklotzbremse mit spezieller Bremsfelge hinten. Aufgezogen waren

Wulstreifen der Größe 26 x 3". Der Tank hing dekorativ unterhalb des Rahmenrückgrats, ein Tachometer war ab Werk montiert. Geschaltet wurde mit einem Hebel, der am Tank mittels Kulisse geführt war. Ein kurzes Federblattbündel über dem Vorderrad fing in Verbindung mit einem trickreich angelenkten Gestänge die gröbsten Stöße ab.

Nun hatten die Münchner erst einmal wieder Luft, um auch auf anderen Gebie-

das Triebwerk mit einem fortschrittlichen Dreigang-Schaltgetriebe und einem Kardanantrieb. Auf dem Pariser Salon 1923 konnte BMW schließlich mit der R 32 jenes geniale Konzept vorstellen, nach dem noch heute BMW-Motorräder gebaut werden.

Um hohe Dauerhaftigkeit und Zuverlässigkeit zu erreichen, hatte der "alte Friz" den Motor recht sparsam mit Pferdestärken ausgestattet: Ganze 8,5 PS mobilisierte der R 32-Boxer mit seinen 486 cm³ Hubraum. Die Höchstdrehzahl lag bei bescheidenen 3.300 Umdrehungen je Minute, die Verdichtung war mit einem Verhältnis von 5,0 : 1 ebenfalls recht gering ausgefallen. Zudem hielten die seitlich stehenden Ventile, die von einer unten angeordneten, zahnradgetriebenen Nockenwelle betätigt wurden, das Temperament des Boxers in engen Grenzen. Die Brennräume waren ziemlich flach und breit ausgefallen, die Ventile mündeten nicht direkt in denselben, sondern arbeiteten seitlich daneben.

Zwar schaffte die R 32 nicht mehr als 90 Kilometer pro Stunde, doch waren

R 37 von 1925: Sie war die erste BMW mit ohv-Motor, hier 1989 mit Rudolf Schleicher.

R 42 von 1926: Die seitengesteuerte Maschine besaß bereits eine Kardanbremse.

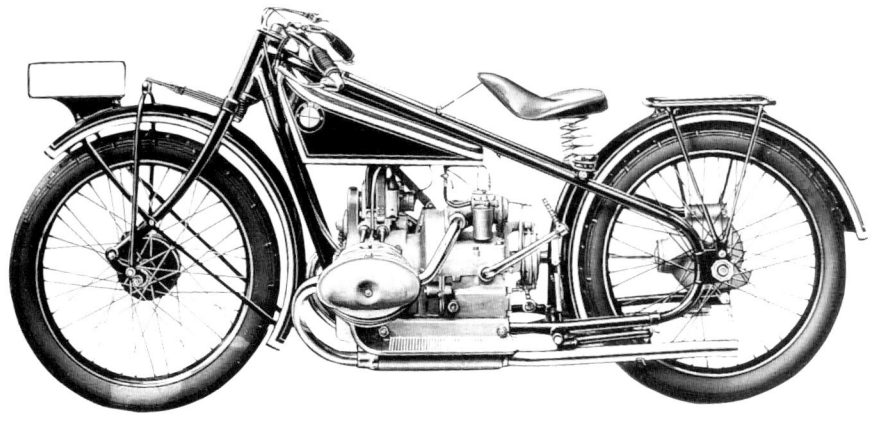

R 47 von 1927: Sportversion der R 42 mit 18 PS und zentralem Zweischieber-Vergaser.

R 52 von 1928: Nachfolgerin der R 42 mit sv-Motor und verstärkter Vorderradbremse.

ten wieder aktiv werden zu können. Nachdem das Verbot für den Bau von Flugzeugen aufgehoben war, entstanden großvolumige Flugmotoren. Mit einem 700 PS starken Zwölfzylinder am Bug überquerte der Flugpionier Wolfgang Gronau als erster den Atlantik von Ost nach West. Von der R 32 wurden bis 1926 immerhin 3.090 Exemplare gebaut.

Konkurrenz im eigenen Haus machte ihr ab 1925 das Sportmodell R 37. Die Entwicklung hatte der damalige BMW-Versuchsleiter Rudolf Schleicher vorangetrieben. Unter seiner Federführung entstand mit dem R 37-Triebwerk der erste "Sportmotor" von BMW mit hängenden Ventilen, Stößelstangen, zentraler Nockenwelle, querverrippten Stahlzylindern, verkapselten Leichtmetallzylinderköpfen und glattflächigen Ventilschutzdeckeln. Er saß im unverändert übernommenen Rohrrahmen der R 32 mit filigraner Blattfeder-Vorderradschwinge, Trommelbremse vorn und Keilklotzbremse hinten. Die Leistung betrug 16 PS und damit fast doppelt so viel wie beim einfachen sv-Motor.

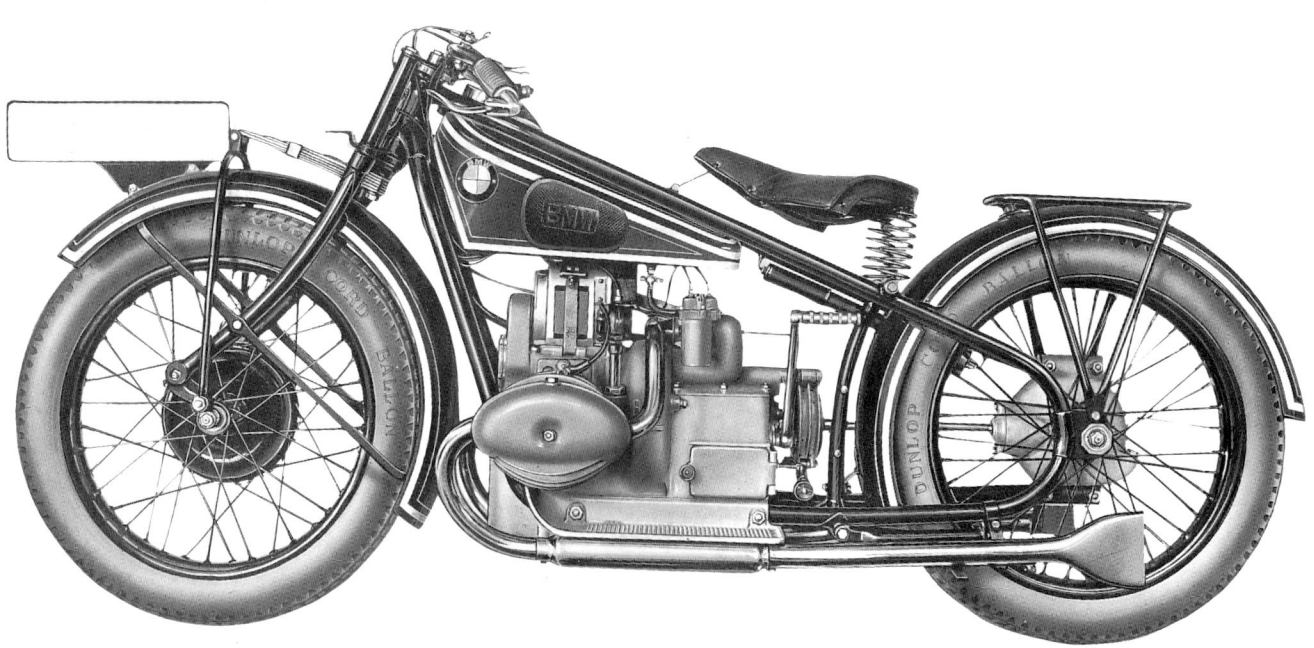

R 57 von 1928: Die Sportversion der R 52 kostete 1.700 Mark und fand 1.000 Käufer.

Schon bald bewies der neue ohv-Boxer seine Qualitäten auch im Sport: Rudolf Schleicher erkämpfte 1926 auf einer R 37 eine Goldmedaille bei der Sechstage-Geländefahrt in England. Heute ist der Sportboxer von 1925/26 eine gesuchte Rarität: Nur 152 Exemplare wurden gebaut und zum Stückpreis von 2.900 Mark verkauft.

Bis zum Zweiten Weltkrieg produzierte BMW parallel zu den seitengesteuerten Basismodellen Sportversionen mit obenliegenden Ventilen und mindestens um ein Drittel höherer Motorleistung. In diese Reihe gehörten die R 47 von 1927/28 (500 cm³, 18 PS, Grauguß-Zylinder, ein Zweischieber-Vergaser, 1.850 Mark, 1.700 Exemplare) und die R 57 von 1928/30 (gleicher Motor, 1.700 Mark, 1.000 Einheiten).

Der erste Einzylinder, die R 39, kam 1925 auf den Markt. Die Maschine entsprach - wie alle folgenden BMW-Singles - technisch und stilistisch den großen Boxern und hatte einen recht drehfreudigen ohv-Motor. Die Einzylindermodelle von BMW erreichten ein großes Publikum, die R 24 bildete 1948 die Basis für den BMW-Neuanfang nach dem Krieg. Die R 25/3 von 1953/55 war mit 47.700 Exemplaren das meistverkaufte BMW-Motorrad überhaupt. Mit der von 1960 bis 1966 produzierten R 27 endete eine Ära. Erst die 1993 vorgestellte F 650 knüpfte wieder an die große Tradition an. Aber die Einzylinder-Story von BMW ist eine Geschichte für sich.

Das Rückgrat der Produktion blieb der Boxer. 1926 erschien mit der R 42 eine handliche, nur 126 kg schwere Tourenmaschine. Sie hatte wiederum einen seitengesteuerten 500-Kubik-Motor, der sich jedoch durch querverrippte sv-Zylinder vom Ur-Triebwerk unterschied und dank des neuen Zweischieber-Vergasers 12 PS leistete. Zu den Neuerungen gehörten das Kegelradgehäuse mit Ölschmierung, der Seitenwagenanschluß und die Kardanbremse mit schmalen, am Getriebegehäuse gelagerten Backen; sie ersetzte die altertümliche Keilklotzbremse. Auch der Rahmen mit seinen geraden Frontrohren und der gebogenen Sattelstütze war neu. Mit 6.502

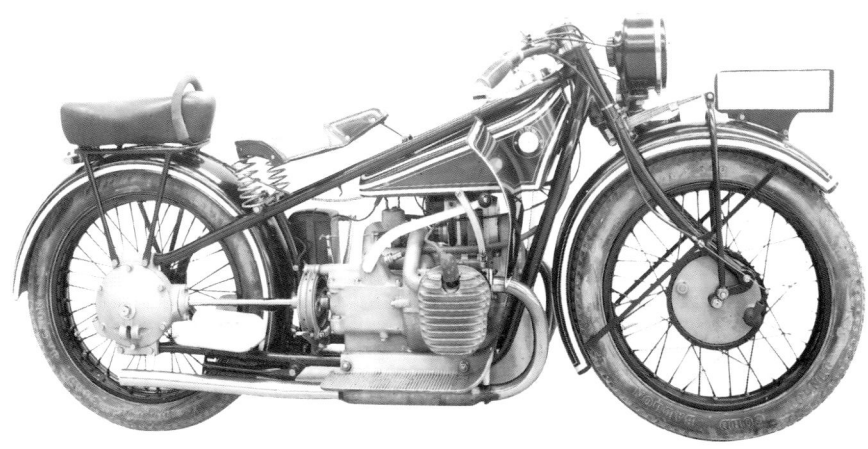

R 62 von 1928: erster Boxer mit 750 cm³, 18 PS; das Fahrwerk stammte von der R 52.

R 63 von 1929: Sportversion der R 62 mit 750 cm³-ohv-Motor und 24 PS Leistung.

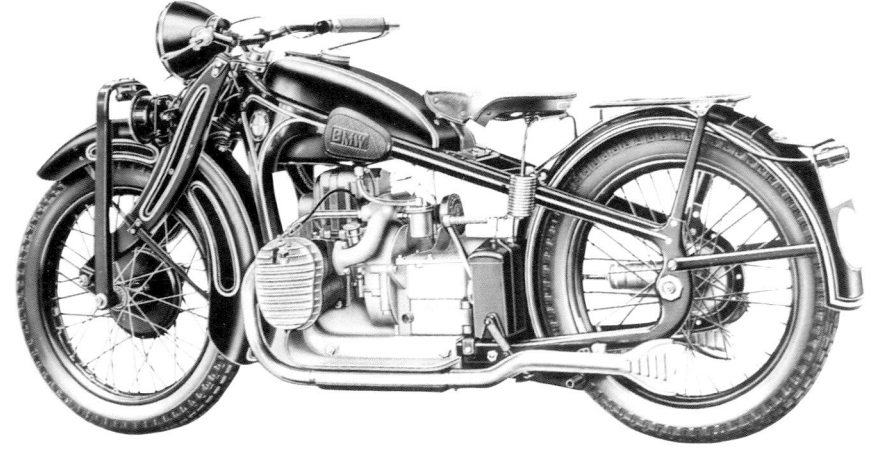

R 11 von 1929: erstes Modell mit Preßstahlrahmen; der 750er sv-Motor leistete 18 PS.

R 16 ab 1929: In der stärksten Version 1932 leistete der 750er ohv-Boxer 33 PS.

R 12 Zweivergaser von 1935: Erstmals fand eine hydraulisch gedämpfte Telegabel Verwendung.

R 12 von 1938 in Militär-Ausführung: Die Wehrmacht orderte über 30.000 Einheiten.

verkauften Einheiten wurde die R 42 der erste große Erfolg. Der Preis von 1.510 Mark war ein starkes Argument, obwohl der Käufer anderswo vier bis fünf Zweitakter der 200er Klasse für so viel Geld hätte bekommen können.

Auch die Nachfolgerin R 52 von 1928/29 verkaufte sich - zum gleichen Preis - blendend. 4.377 Exemplare fanden in Deutschland, aber auch in zahlreichen Exportländern zufriedene Abnehmer. Von der Vorgängerin unterschied sich die R 52 durch eine geänderte Auspuffanlage, eine größere Vorderradbremse, spiralverzahnte Kegelräder am Hinterradantrieb und einen Schalthebel, der direkt am verstärkten Getriebe angelenkt war.

Mehr als einen halben Liter Hubraum spendierte BMW dem Boxer erstmals 1928: Die Zeit war einfach reif für die R 62 mit 745 cm³ Zylinderinhalt. Das Fahrwerk der 18 PS starken 750er stammte von der R 52, die Ventile waren stehend angeordnet. Der auf 1.450 Mark gesenkte Preis förderte den Absatz. 300 Mark mehr kostete die Sportversion R 63 mit 24 PS und ohv-Ventilsteuerung. Licht- und Signalanlagen waren aufpreispflichtig.

Das wichtigste Ereignis des Jahres 1928 war für BMW indes der Beginn der Automobilproduktion: Die Bayern erwarben die völlig überschuldeten Fahrzeugwerke Eisenach und entwickelten aus dem Grundmodell der Autofirma den "Dixi", der als erstes BMW-Automobil schnell populär werden sollte.

Mit völlig neuen Fahrgestellen startete die zweite Boxer-Generation in die Saison 1929/30: Der verwindungsfeste und wie beim Auto leicht maschinell zu produzierende Preßstahlrahmen löste für lange Zeit den traditionellen Rohrrahmen ab. Selbst die Holme der Vorderradgabel bestanden aus gepreßtem Stahlblech. Im Alltagsbetrieb zeigte sich, daß die Preßstahlkonstruktion wesentlich robuster und langlebiger war als der zuvor eingesetzte, recht zierliche Rohrrahmenverbund aus gemufften und verlöteten Rohren. Die Maschinen wirkten auch optisch wuchtig und belastbar. Die 18 PS starken 750er sv-Motoren wurden weitgehend unverändert übernommen.

Erstes Modell mit Preßstahlchassis war die 162 kg schwere R 11. Sie wurde in fünf verschiedenen Serien und 7.500 Einheiten von 1929 bis 1943 gebaut und hatte erstmals Steckachsen vorne und hinten. Der Benzintank war nun zwischen die oberen Rahmenzüge eingebettet und ragte kuppelförmig auf.

Bei der Serie IV der 1.630 Mark teuren R 11 führte BMW die Kulissenschaltung am Rahmen wieder ein; ein Reibungsdämpfer an der blattgefederten Vordergabel verbesserte den Geradeauslauf. Bei der Serie V von 1934 lösten in Verbindung mit einem neu durchkonstruierten 750er Triebwerk zwei Amal-Einzelvergaser den Zentralvergaser ab. Neu waren auch Batteriezündung, Naßluftfilter, Batteriezünder und ein Kettenantrieb für die Nockenwelle.

1929 bis 1936: Preßstahlrahmen und Preßstahlgabel Standard beim Boxer

Parallel zu den sv-Basismodellen bot BMW wiederum ein Sportmotorrad an, die R 16 mit 750-Kubik-ohv-Motor und zunächst 26 PS bei 4.000 U/min. Wie die R 11 hatte auch die R 16 den neuartigen Preßstahlrahmen. Insgesamt wurden von der R 16 bis 1934 fünf Serien gebaut. Mit der Serie III von 1932 führte BMW die Zweivergaseranlage ein, die Leistung stieg auf beachtliche 33 PS. 1933 erhielten beide 750er käfiggeführte Rollen-Pleuellager und verstärkte Hinterachsgetriebe.

Rekordfahrten sorgten 1929 und in der Folgezeit immer wieder für Schlagzeilen und machten die Marke BMW weltberühmt. Einzelheiten dazu schildern wir im Kapitel Sport und Rekorde. In Lizenz produzierte BMW die Neunzylinder-Sternmotoren mit bis zu 550 PS, die ab 1932 in das legendäre Junkers-Flugzeug Ju 52 eingebaut wurden. Die Tradition schneller Sechszylinder-Automobile hat ihren Ursprung im Jahr 1933: Damals erschien der BMW 303.

Ein neuer Meilenstein war die R 12 von 1935. Denn es handelte sich um eine Neukonstruktion mit bemerkenswerten Details: Erstmals wurde das Vorderrad

R 17 von 1935: 750er Sportmodell der R 12 mit 33 PS starkem Zweivergaser-ohv-Motor.

R 5 von 1936: komplette Neuentwicklung mit Rohrrahmen und neuem ohv-Halbliter-Boxer.

R 5 von 1937: Der ohv-Boxer leistete 24 PS; die schlanke Linie überzeugt noch heute.

R 6 von 1937: einfaches Tourenmodell mit neuem, 18 PS starkem 600er sv-Boxer.

R 51 von 1938: erstes Modell mit Geradweg-Hinterradfederung; Ablösung der R 5.

R 61 von 1938: 600er Tourenversion mit sv-Boxer und neuer Geradweg-Hinterradfederung.

von einer hydraulisch gedämpften Teleskopgabel geführt. Gegenüber der bis dahin verwendeten, gezogenen Kurzschwinge mit der Blattfeder und den zahlreichen Gelenken war die neue Gabel praktisch wartungsfrei. Sie war auf eine besonders lange Lebensdauer ausgelegt, bot mehr Komfort und eine wesentlich bessere Straßenlage.

Die Kardanbremse war endlich von einer wirksamen Trommelbremse im Hinterrad abgelöst worden. Zu den Neuerungen gehörten ferner das Viergang-Getriebe, ein stromlinienförmiger Scheinwerfer mit integriertem Tachometer und neu gestaltete Kotflügel; der hintere ließ sich für den Radwechsel aufklappen. Die Räder waren untereinander austauschbar und hatten erstmals Reifen mit Stahlseileinlage der Größe 3,50 x 19. Serienmäßig hatte die R 12 Seitenwagenanschlüsse.

Schlanke Linie mit Rohrrahmen und Tropfentank: R 5 ab 1936

Der 750er Seitenventil-Motor kam weitgehend unverändert von der R 11 und wurde wahlweise mit einem SUM-Vergaser (18-PS-Version) oder zwei Amal-Vergasern (20 PS) angeboten. 36.000 Einheiten konnten bis 1940 zum Preis von 1.630 Reichsmark verkauft werden; die R 12 wurde damit zum absoluten Vorkriegs-Bestseller. Die Kehrseite der Medaille: Von 1938 bis 1942 wurde fast die gesamte Produktion dieses Modells von der Wehrmacht abgenommen und später an der Front verheizt. Auch Polizei und Nazi-Organisationen wie die SA fuhren vorzugsweise R 12 - mit und ohne Seitenwagen, in Straßen- und Geländeausführung. Es gab damals Menschen, die bis ins Mark erschraken, wenn sie eine BMW näher kommen hörten...

Überwiegend der Erbauung betuchter Bürger hingegen diente das 750er Sportmodell R 17 mit ohv-Motor und 33 PS. Sie war mit 2.040 Mark das teuerste, aber auch das schnellste deutsche Serienmotorrad ihrer Zeit. Wichtigstes Unterscheidungsmerkmal zur R 12 waren die geschweiften Kotflügel. Mit kraftstrotzenden und aufwendig vorbereiteten Kompressor-Boxern jagte das Werk in den 30er Jahren Rekorden und Rennsiegen nach (mehr darüber im Sportkapitel). Im Automobilbau gelang BMW 1936 mit dem Sechszylinder-Roadster 328 der ganz große Wurf. Der schnelle Zweisitzer dominierte bis 1940 die Sportwagen-Rennen Europas und wurde zum Traum einer ganzen Autofahrer-Generation.

Eine neue Ära im BMW-Motorradbau begann 1936 mit der von Rudolf Schleicher entwickelten Sportmaschine R 5. Bei der dritten Boxer-Generation handelte es sich um eine grundlegende Neukonstruktion, bei der man zum klassischen Rohrrahmen zurückgekehrt war. Die nahtlos gezogenen Rohre hatten einen ovalen Querschnitt, liefen konisch zu, waren miteinander verschweißt und bildeten einen stabilen Verbund aus zwei parallel laufenden Dreieckskonstruktionen. Die altertümlichen Trittbretter waren Fußrasten gewichen, gebremst wurde nicht mehr mit dem Absatz, sondern mit der Fußspitze. Erstmals war die Dämpfung der Telegabel verstellbar. Kurz: Die R 5 war die modernste Maschine jener Jahre.

Zum sportlich-eleganten Erscheinungsbild trugen auch der moderne, tropfenförmige Satteltank und die schmalen Kotflügel bei. Breit und bequem: der Gummischwingsattel. Die damals gefundene Linie prägte den Stil der Boxer von BMW bis Ende der 60er Jahre. Selbst bei Neoklassikern wie der erst kürzlich eingestellten R 80 finden sich noch stilistische Elemente aus jener Zeit.

Komplett neu konstruiert worden war auch der kompakt gehaltene ohv-Zweizylindermotor. Er hatte einen Hubraum von 500 cm³ und wies zahlreiche Besonderheiten auf: Tunnelgehäuse, zwei steuerkettengetriebene Nockenwellen, sehr kurze Stößelstangen, Haarnadelventilfedern und zwei Amal-Vergaser. Das alles ermöglichte bis dahin bei BMW nie gekannte Drehzahlen: die Höchstleistung betrug 24 PS bei beachtlichen 5.800 Touren. Die Telegabel war ebenfalls komplett neu: schlanke Standrohre, größerer Federweg, verstell-

R 66 von 1938: Sportmodell mit dem neuen Fahrwerk und 30 PS starkem ohv-Boxer.

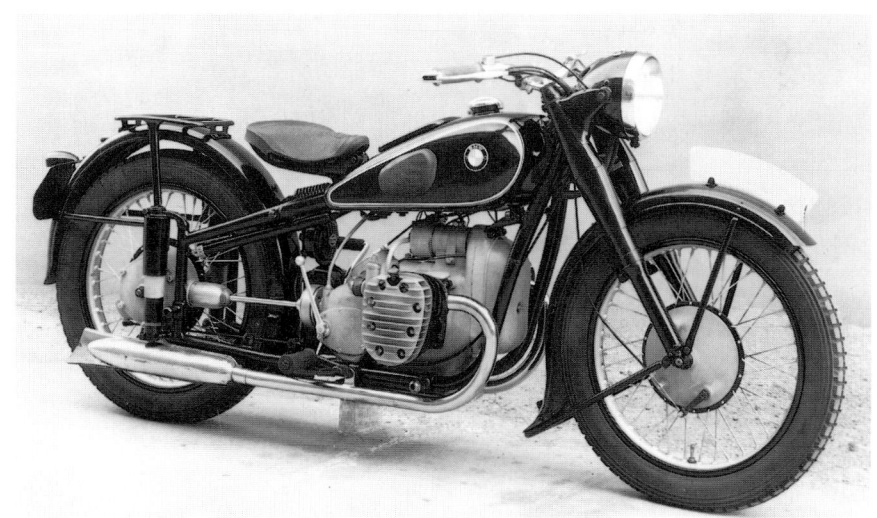

R 71 von 1938: 750er-Nachfolgerin der R 12 mit modernem Fahrwerk; letzter sv-Boxer.

R 75 von 1941: für die Wehrmacht entwickelter 750er Seitenwagen-Boxer mit 26 PS.

Viele Vorkriegs-Boxer wie diese gut erhaltene R 61 von 1938 wurden auch noch in den 50er Jahren täglich bewegt.

bare Dämpfung. Als Innovation galt der Vorderrad-Kippständer; dieser diente gleichzeitig als Schutzblechstrebe. 2.600 Fahrzeuge dieses Typs verließen bis 1938 die Produktionshallen.

Für Traditionalisten und Abnehmer bei Armee und Polizei bot BMW ab 1937 ein einfacher ausgestattetes und fast 200 Mark billigeres Touren- und Seitenwagenmodell an, die R 6. Den Antrieb besorgte ein seitengesteuerter, aber ebenfalls neu entwickelter Boxer mit 600 Kubik, 18 PS und nur einer zentralen, stirnradgetriebenen Nockenwelle. Rohrrahmen und Vorderradführung stammten von der fortschrittlichen R 5. Das Jahr 1937 brachte wieder Höhepunkte im Sport, darunter den Gewinn der Goldmedaille bei den Sixdays durch Schorsch Meier und den Weltrekord von Ernst Henne mit der stromlinienförmigen Kompressor-BMW: 279,5 km/h (s.a. Kapitel Sport).

Die legendäre R 51 kam 1938 auf den Markt. Sie entsprach im wesentlichen der R 5, hatte jedoch als erste BMW eine Geradweg-Hinterradfederung. Achsgetriebe und Kardanwelle waren dem neuen System natürlich angepaßt worden: Ein Kreuzgelenk glich die Auf- und Abbewegungen aus. Aus der seitengesteuerten R 6 machten die Techniker durch die Umrüstung auf Hinterradfederung die R 61 mit wiederum 18 PS. Eine Spezialität für Sportfahrer war die ebenfalls 1938 eingeführte und bis 1941 produzierte R 66; der 600er ohv-Motor leistete 30 PS bei 5.700 Umdrehungen je Minute. Das reichte für eine Spitze von seiner-

zeit geradezu unglaublichen 145 km/h. Als letzte seitengesteuerte BMW und als Nachfolgerin der R 12 ging die R 71 in die Geschichte ein, die zwischen 1938 und 1941 in 3.500 Exemplaren vom Band lief und für 1.595 Mark zu haben war. BMW pries die bullige 750er, die 22 PS bei 4.600 Touren hervorbrachte, als "ideale Autobahnmaschine." Geordert wurde sie aber mehr von der Autobahnpolizei als von der Zivilbevölkerung. Die war zu einem guten Teil mit der Rüstungsproduktion beschäftigt und hatte weder das Geld, noch die Zeit für Ausflüge. Anders Schorsch Meier: Er gewann mit dem BMW Kompressor-Boxer 1939 die Tourist Trophy auf der britischen Isle of Man.

1939 bis 1945: BMW produziert Boxer nur noch für den Krieg

Fremde Länder reichlich zu sehen bekamen auch die Millionen Wehrmachtssoldaten, aber es war alles andere als ein Abenteuerurlaub. Mancher von ihnen zog im Sattel der speziell für den Krieg entwickelten R 75 an die Front, so mußte er wenigstens nicht marschieren.

Der Kriegsausbruch 1939 machte weitreichende Automobil- und Motorradpläne von BMW zunichte. Erfolgversprechende Prototypen verschwanden in den Abstellkammern, die Bayern mußten sich wie die gesamte übrige deutsche Industrie ganz auf die Produktion von Rüstungsgütern verlegen. 1942, mitten im Krieg, war die Zahl der Beschäftigten bei BMW so hoch wie niemals zuvor:

47.346 Mitarbeiter standen auf den Lohnlisten. Sie bauten unter anderem das erste serienmäßig gefertigte Strahltriebwerk und einen Flugmotor mit vier hintereinander angeordneten, 28 Zylinder umfassenden Sternen.

Und sie schraubten die martialische, feldgrau für General Paulus oder saharagelb für General Rommel lackierte R 75 zusammen. Der angetriebene Seitenwagen sorgte mit dafür, daß die dreirädrige Fuhre im russischen Schlamm und im nordafrikanischen Treibsand nicht stecken blieb. Technisch war der Militär-Boxer - wie alles Kriegsgerät bis heute - zweifellos ganz auf der Höhe der Zeit. Das Getriebe hatte vier Straßen- und vier Geländestufen, zwei Rückwärtsgänge und ein sperrbares Differential für das Boot.

Rüstungsprodukt R 75: ohv-Motor und Seitenwagenantrieb

Hydraulische Bremsen verzögerten das 420 kg schwere Dreirad mit dem geschraubten Rohrrahmen, und als erste BMW hatte die R 75 eine automatische Fliehkraftverstellung für die Zündung. Seitdem saß bei allen Klassik-Boxern die Lichtmaschine auf dem vorderen Kurbelwellenstumpf. Den nötigen Vortrieb lieferte ein 750er ohv-Motor mit 26 PS. Die meisten Exemplare der Kriegs-BMW gingen an der Front unter - wie die stahlhelmbewehrten Fahrer und MG-Schützen im Seitenwagen.

Die Werke daheim in München und Eisenach wurden in den letzten Kriegsmonaten schwer zerstört, dann von den Alliierten beschlagnahmt und demontiert. Die Fabrik in Eisenach bildete später den Kern der Fahrzeugproduktion in der DDR. Inzwischen ist auch der dort bis 1991 gebaute Wartburg schon fast wieder vergessen.

Boxer für das Wirtschaftswunder: BMW-Zweizylinder 1949 bis 1969

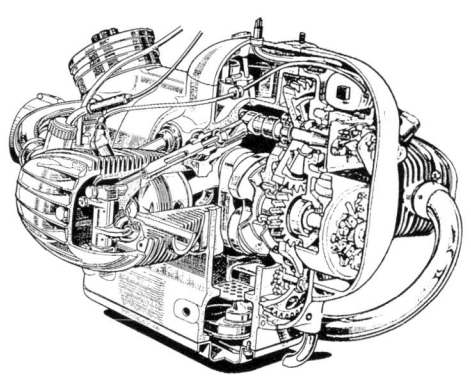

"Die Zigarette schmeckte köstlich, aber das Feuerzeug zitterte doch ein bißchen: 145 km in 61 Minuten sind bei vollem Verkehr auch auf der Autobahn München-Stuttgart viel Wind." Erfahrungen eines RS-Piloten 1994? Weit gefehlt - wie der nächste Satz sofort ahnen läßt: "Du zweifelst plötzlich an deiner Brille, die nicht mehr zugfrei sitzen will und verwünschst den Kragen der Lumberjack, der dir bretthart gegen das Kinn schlägt."

Richtig erraten: Die Zitate sind über 40 Jahre alt und stammen aus einem Testbericht von Helmut Werner Bönsch, bis 1958 freier Ingenieur, anschließend bis 1973 Direktor für Produktplanung und Marketing bei BMW. Und das Testobjekt? Es war die seinerzeit schnellste deutsche Serienmaschine, die BMW R 68, in 1.452 Exemplaren gebaut von 1952 bis 1954. 3.950 Mark mußte der Sportfahrer für den 160 km/h schnellen Boxer auf den Tisch legen - ein kleines Vermögen damals, dafür bekam man fast schon einen VW Käfer. Nur noch

zwei andere Serienmaschinen überschritten 1952 die 100-Meilen-Grenze: die BSA Golden-Flash und die Triumph Thunderbird.

Die Männer, die in der Lage waren, auf den schlechten Straßen jener Zeit derartige Donnervögel sicher zu beherrschen, waren - so die Legende - aus einem ganz besonderem Holz geschnitzt. Motorradtester Bönsch: "Sie brauchen keinen Gegner, sie fahren wie der schweigsame Finne gegen die Uhr, sie fahren um der brausenden Melodie des Hundertmeilenwindes willen, und sie reden nicht viel davon. Für diese Männer baute BMW die R 68..."

Die legendäre R 68 war freilich nicht die erste Maschine, mit der BMW nach dem Krieg für Schlagzeilen in der Fachpresse sorgte. Nach der Präsentation des einzylindrigen Gebrauchsmotorrads R 24 im Dezember 1948 hatte man die Boxer-Tradition schon im Herbst 1949 wieder aufleben lassen, und zwar mit der R 51/2. Dabei handelte es sich nicht um eine Neukonstruktion, sondern um eine

verbesserte Version des Vorkriegsmodells R 51. Der Halbliter-Zweizylindermotor (494 cm³, Bohrung/Hub 68/68 mm) besaß nach wie vor die aufwendige (und nicht ganz problemlose) ohv-Ventilsteuerung über zwei kettengetriebene, oben im Motorblock laufende Nockenwellen und leistete 24 PS bei 5.800 Umdrehungen pro Minute.

Von der R 51 (Premiere 1938) unterschied sich die R 51/2 lediglich durch neue Zylinderköpfe mit Schrauben- statt Haarnadelfedern, geteilte Ventildeckel, erstmals schräg angeordnete Vergaser,

War nicht das erste Nachkriegsmodell, aber das beliebteste: die R 51/3, gebaut von 1951 bis 1954 in 18.420 Exemplaren. Oben: Blick in den R 50-Motor ab 1955.

105

seitlich weit heruntergezogene Kotflügel, einen Ruckdämpfer auf der Getriebehauptwelle und ein verbessertes Vierganggetriebe.

Das Fahrgestell bestand aus dem geschweißten BMW-Doppelschleifen-Rohrrahmen, der hydraulisch gedämpften Teleskop-Federgabel und der recht kurzatmigen Geradweg-Federung am Hinterrad. Ein Tester von Englands führender Fachzeitschrift "The Motor Cycle" urteilte wohlwollend: "Die Elastizität der Maschine hat mich besonders beeindruckt. Ich habe festgestellt, daß man im vierten Gang bis auf 16 Meilen/Stunde (25,6 km/h) bei voller Frühzündung heruntergehen und dann weich beschleunigen kann. Der Kickstarter ist im rechten Winkel zur Fahrtrichtung zu bedienen. Ich persönlich ziehe es vor, den Motor vom Sattel aus anzuwerfen..." Die Höchstgeschwindigkeit lag bei immerhin 135 km/h. Vom Beginn der Auslieferung Anfang 1950 bis Februar 1951 konnte BMW von der R 51/2 5.000 Exemplare absetzen, zum Stückpreis von 2.750 Mark.

Doch das Bessere war auch damals schon des Guten Feind: Im Februar 1951 präsentierte BMW auf der Motorradausstellung in Amsterdam mit der R 51/3 eine technisch gründlich überarbeitete 500er. Außerdem gab es ab sofort auch wieder ein 600er Modell - die R 67. Vor allem die Motoren waren in wesentlichen Punkten geändert worden. So wurden die Ventile jetzt nur noch von einer einzigen Nockenwelle - nebst entsprechend verlängerten Stößelstangen - betätigt. Die Nockenwelle lag zentral über der Kurbelwelle; Stirnzahnräder besorgten den Antrieb.

Frühe 50er Jahre: sportliche 500er, starke 600er für den Gespannbetrieb

Eine neu konstruierte Magnetzündanlage von Noris löste die Bosch-Batteriezündung ab und machte den Motor unabhängig von Lichtmaschine und Batterie. Dazu Hans-Joachim Mai 1971 in seinem Buch "1000 Tricks für schnelle BMWs": "Da konnte alles mögliche verschmort sein, ohne daß man tagsüber auf die

Weiterfahrt hätte verzichten müssen." Neu war die Leerlaufanzeige im Scheinwerfer. Optisch unterschied sich die R 51/3 (Hubraum 494 cm³, Bohrung/Hub 68/68 mm) von der Vorläuferin nicht nur durch das geänderte Motorgehäuse und die einteiligen Ventildeckel mit den sechs Rippen, sondern auch durch die schmalen Kotflügel, geänderte Schalldämpfer (Schwalben- statt Fischschwanz) und kleinere Änderungen an

Tank, Rücklicht und Gepäckträger. Trotz der Verbesserungen im Detail leistete die R 51/3 wiederum nicht mehr als 24 PS bei 5.900 Touren.

H.W. Bönsch nahm's gelassen: "Es ist ein alter Ingenieursgrundsatz, daß von zwei Konstruktionen diejenige überlegen ist, die die gleiche Leistung mit dem geringeren Aufwand erreicht..." Die Fahrleistungen? "Aufrecht sitzend im schweren Ledermantel knapp 120

R 51/2 von 1949: der erste Nachkriegs-Boxer war eng verwandt mit der R 51 von 1938.

R 67-Gespanne von 1951 in Diensten der ADAC-Straßenwacht: gelbe Bullen mit 26 PS.

km/h", lang liegend "bei bockigem Wind" 130 km/h, absoluter Spitzenwert 135 km/h. Fazit: "Die R 51/3 ist kein Sportmodell, sondern eine schnelle, sehr schnelle Reisemaschine,... eine 100.000-km-Maschine für höchste Ansprüche."

Vorsicht war allerdings in Kurven geboten - wegen der tiefliegenden Zylinder: "Ich hatte ein etwas unbehagliches Gefühl, als ich nach einer sehr scharfen Vergleichsfahrt an der Ventilkappe des linken Zylinders und am Kippständerarm unverkennbare Schleifspuren feststellte..." In kritischen Situationen hingegen erwies sich die Boxer-BMW als sehr gutmütig. Bönsch: "Plötzlich beschlug mir auf der Autobahn in der Rauhen Alb die Brille; ich brauste mit guten 110 unvermutet in bös zerfahrenen Harschschnee hinein. Gewiß, ich hab' auch mit der R 51/3 heftig rudern müssen, aber wie sie sich nach 100 Metern wieder fangen ließ, das war schon beeindruckend..." Fahrfertig wog die Maschine 190 kg. Bei einem Durchschnittsverbrauch von nur 4 l/100 km ermöglichte der 17-Liter-Tank eine Reichweite von sagenhaften 425 Kilometern.

Äußerlich weitgehend mit der 500er identisch war die R 67. Bei einem Hubraum von 594 cm³ (Bohrung/Hub 72/73 mm) produzierte die schwere Tourenmaschine 26 PS, und das bei 5.500 Touren. Mit ihrer gutmütigen Charakteristik war die R 67 prädestiniert als Zugpferd und fand entsprechend häufig als Gespannmaschine Verwendung. Die Kompression war auf niedrige 5,6:1 herabgesetzt worden, damit auch im schweren Gespannbetrieb keine Klingelerscheinungen auftreten konnten.

Der damalige "Motorrad"-Chefredakteur Carl Hertweck befand trocken: "Eine 600er vollends solo zu fahren, wäre eine absolute Bieridee, es gibt einfach keine vernünftige Begründung dafür." Die Fahreigenschaften des sechs Zentner schweren R 67-Gespanns waren vergleichsweise unproblematisch: "Beginnendes Pendeln läßt sich gut in den Armen abfangen, ganz speziell bei der R 67, die von allen mir bekannten Gespannen weitaus am wenigsten zum Pendeln neigt." Was machte es da schon aus, daß

R 67/2-Gespann von 1952: Der Boxer hatte jetzt 28 PS; solo schaffte die R 67/2 145 km/h.

R 67/3 von 1955/56: lief mit Vollnabenbremsen noch parallel zu den Schwingenmodellen.

R 68 von 1952: erster Nachkriegs-Sportboxer mit beachtlichen 35 PS und 165 km/h Spitze.

R 69 von 1955: Sportmodell der neuen Schwingenserie mit dem bekannten 35-PS-Motor.

"man sich beim Herunterschalten jedesmal das Schienbein am Ansaugkrümmer haut." Aber: "Auf Schmiere darf man keinesfalls mit eingeschlagenem Vorderrad voll beschleunigen, es schiebt sonst weg." Toll: "Die listenmäßig zugesagten 105 km/h Spitze sind ein Klacks, man ist in 30 Sekunden oben..."

Modellpflege wurde großgeschrieben in den folgenden Jahren. In wichtigen Details überarbeitet starteten die beiden Boxer ins Modelljahr 1952, nun als (R 51/3 Modell 1952, R 67/2). Das Vierganggetriebe bekam generell einen kürzer übersetzten ersten Gang, die 200-mm-Halbnabenbremsen wurden am Vorderrad durch gleich große, aber feiner dosierbare Duplex-Bremsen mit je

Als Eskorten-Motorräder sind BMW-Motorräder seit den 50er Jahren gefragt. Im Bild R 69-Parade in Melbourne um 1960.

zwei Bremsnocken ersetzt. Bei der R 67/2 stieg die Motorleistung bei erhöhter Kompression (6,5) auf 28 PS bei 5.600 Umdrehungen. Solo erreichte die 600er nun eine Spitze von 145 km/h. Neue Luftfilter von Eberspächer hielten die Atemwege frei.

Die 54er Modelle zeigten - bei unveränderten Typbezeichnungen - eine wesentlich optimierte Telegabel, bei denen man die Schutzrohre durch Gummimanschetten ersetzt hatte. Vollnaben-Trommelbremsen aus Aluminium mit breiteren Belägen an beiden Rädern brachten bessere Verzögerungswerte. Die lackierten Stahlfelgen mußten polierten Leichtmetallfelgen weichen; es blieb jedoch beim Reifen-Standardmaß von 3.50-19 vorne und hinten. Neue Rund-Schalldämpfer ließen die Maschine gestreckter erscheinen.

Das 600-Kubik-Modell mußte sich 1955 einer weiteren Revision unterziehen. Die Alufelgen wurden wieder durch Stahlfelgen ersetzt, der Hinterreifen hatte erstmals die Dimension 4.00-18. Bis 1956 - und damit noch eine Weile parallel zu den Schwingenmodellen - blieb die als Gespannmaschine beliebte R 67/3 im Programm. Den Beinamen "Engel der Landstraße" verdienten sich die beiden bulligen und vollgeladen neun Zentner schweren 600er Gespanne als Straßenwachtmaschinen des ADAC.

Von der soliden R 51/3 konnte BMW bis 1955 genau 18.420 Exemplare absetzen, bei einem Verkaufspreis von 2.875 Mark. R 67, R 67/2 und R 67/3 (3.000 bis 3.235 Mark) brachten es zusammen auf 6.510 Einheiten.

Einen zukunftsweisenden Akzent setzte BMW zu einem sehr frühen Zeitpunkt mit dem rassigen Sportmodell R 68. Stefan Knittel traf den Nagel auf den Kopf, als er 1984 in seinem Standardwerk "BMW Motorräder" schrieb: "Mit so schnellen Motorrädern war man nicht mehr im Alltagsverkehr unterwegs; die Beschäftigung mit ihnen wurde als sportliches Hobby betrachtet, nurmehr einen kleinen Schritt vom echten Rennsport entfernt."

Die beiden Zylinder hatten den gleichen Hubraum wie bei der R 67 (594

R 50/1 von 1955: Das 26-PS-Basismodell der Schwingen-Generation hatte noch keine Blinker.

R 50/2 von 1961: zweite Auflage mit Blinkern am Lenker und großem Rücklicht.

R 60 von 1956: Mit dem 28-PS-ohv-Boxer eignete sich die R 60 bestens für den Gespannbetrieb.

R 50 S von 1960: Mit 35 PS bei 7.650 U/min war das Halbliter-Sportmodell fast überzüchtet.

R 69 S 1960 bis 1969: erfolgreiche Sport-600er mit 42 PS, 175 km/h, über 11.000 Zulassungen.

R 69 S in US-Ausführung von 1967: Die Telegabel wurde nur in Exportmodelle eingebaut.

cm³, Bohrung/Hub 72/73 mm), wurden jedoch durch Bing-Vergaser mit größerem Durchlaß und durch größere Ventile beatmet. Eine schärfere Nockenwelle und eine höhere Kompression (8,0) taten ein übriges, die Leistung auf beachtliche 35 PS bei 7.000 Umdrehungen je Minute anzuheben. Von außen waren die größeren Zylinderköpfe durch die neuen Ventildeckel zu erkennen, die jeweils nur zwei Rippen aufwiesen. Die verstärkte und vierfach rollengelagerte Kurbelwelle trotzte standhaft den Schwingungen, die bei den hohen Drehzahlen zwangsläufig auftraten.

Rein äußerlich unterschied sich die fahrfertig 193 kg schwere R 68 von den Boxer-Tourenmodellen durch besonders schmale Kotflügel und das als "Rennbrötchen" ausgelegte Sitzkissen auf dem Hinterrad-Kotflügel. Kaum zu glauben aus heutiger Sicht, daß mit Geradwegfederung und Reifen der Größe 3.50-19, Geschwindigkeiten bis 165 km/h gefahren wurden. Zitieren wir noch einmal H.W. Bönsch: "BMW baute bewußt keine Rennmaschine, wenn auch die Erfahrungen aus hundert heißen Schlachten im Motor und im Fahrwerk der R 68 ihren unverkennbaren Niederschlag fanden - aber es ist sicher auch keine Maschine für Anfänger." Auf Wunsch war die R 68 auch als Geländesport-Modell mir hochgezogener Auspuffanlage und Allwetter-Pneus zu haben - frühe Vorläuferin der R 100 GS. Das Modell 1954 wurde wie die übrigen Typen durch Alu-Vollnabenbremsen und 19-Zoll-Aluminium-Felgen aufgewertet.

Ein neues Zeitalter brach im Januar 1955 auf dem Brüsseler Automobilsalon an: BMW stellte die berühmten "Vollschwingen"-Modelle vor. Für eine ganze Generation von Motorradfahrern verkörperten diese Maschinen den Traum von uneingeschränkter Mobilität. 14 Jahre lang blieben die 500er und 600er Modelle im Programm; bis 1969 konnten von allen Typen der neuen Baureihe international nicht weniger als 40.539 Exemplare abgesetzt werden.

Die Entwicklung des neuen Fahrgestells hatte bereits in den frühen 50er Jahren eingesetzt und war vorangetrieben worden durch positive Erfahrungen im Rennsport. Die erste Schwingen-BMW war 1951 an den Start gegangen. 1953 hatte BMW erstmals eine komplette Renn-Mannschaft mit Vollschwingern ausgerüstet; Premiere war am 10. Mai 1953 in Hockenheim. Die ersten systematischen Vergleichstests zwischen der R 51/3 und der neuen R 50 gingen bereits im Juli 1954 über die Bühne. H.W. Bönsch gab zu Protokoll: "Der schmalere Tank der R 50, der schmalere Lenker und die durch die schmaler einmündenden Vergaser etwas freizügigere Fußhaltung ergeben eine Fahrerhaltung, die bei Geschwindigkeiten zwischen 80 und 110 km/h als ideal angesprochen werden kann."

Rahmen und Radführung der neuen Schwingenmodelle waren im Vergleich zum bisher Gewohnten höchst anspruchsvoll, um nicht zu sagen kompliziert. Der Rahmen bestand aus einem starken Zentralrohr und zwei Schleifen

aus konisch gezogenen Ovalrohren. Hinten beschrieb er einen eleganten Doppelbogen mit kräftigen Auslegern für die ungewöhnlich hoch angesetzten Federbeine. Der Kardanantrieb war voll in die Schwinge integriert, lief staubgeschützt im rechten Schwingenholm. Kegelrollenlager garantierten eine exakte Radführung. Das Vorderrad wurde nicht mehr von einer Telegabel, sondern einer geschobenen, ebenfalls kegelrollengelagerten Dreiecks-Langschwinge mit separaten, hinter der Achse angeschlagenen und hydraulisch gedämpften Federbeinen geführt.

Schwingenfahrwerk als prägendes Stil- und Technikmerkmal 1955 bis 1969

Das aufwendige System brachte nicht nur eine bedeutende Verbesserung des Komforts, sondern erhöhte auch die Kurven- und Richtungsstabilität der Maschine vor allem auf schlechten Straßen.

Und davon gab es in den 50er und 60er Jahren wirklich genug. Helmut Hütten schwärmte geradezu von der "einmaligen Straßenlage" der Vollschwingen-Modelle: "Es ist immer wieder ein fahrerisches Erlebnis, die schwere Maschine mühelos und elegant herunterzuwinkeln, in schnellen Schlängelkurven herumzuwerfen oder in Vollgaskurven und extremer Schräglage zentimetergenau auf ihrer Bahn zu halten."

Der Diplom-Ingenieur leugnete indes nicht, daß der querlaufende Boxermotor "eine angemessene Fahrtechnik und Praxis" verlangte: "Er reagiert auf schroffe Lastwechsel und Drehzahlwechsel empfindlicher als ein Längsläufer und wird auch besser vor der Kurve, als in deren

Toprestauriert und wieder voll alltagstauglich: R 50/2 von 1961 aus der Sammlung Simons, Euskirchen.

Scheitel zurückgeschaltet." Allgemein gelobt wurde das feine Ansprechen der Federung, die ausgewogene Dämpfung, die spielfreien Lagerungen und die hohe Steifheit der Gesamtkonstruktion. Die Hinterradfederung ließ sich "für Solo- und Soziusbelastung" einstellen, für den Nachlauf gab es unterschiedliche Einstellungen für Solo- und Gespannbetrieb. Neu waren auch die 18-Zoll-Räder mit den Leichtmetallfelgen und den kräftig dimensionierten Alu-Vollnabenbremsen.

Basismodell der neuen Boxergeneration war die R 50. Den Antrieb besorgte der nur in einigen konstruktiven Details geänderte Zweizylinder-Boxermotor der R 51/3 mit 494 cm³ (Bohrung/Hub 68/68 mm) und 26 PS bei 5.800 Umdrehungen je Minute. Das Leistungsplus von zwei PS fand seinen Niederschlag in einer höheren Endgeschwindigkeit: 140 km/h. Bei durchschnittlicher Beanspruchung begnügte sich die R 50 mit 5,2 l/100 km, der neu geformte Tank faßte wiederum 17 Liter. Die Bereifung war vorne und hinten identisch: 3,50-18.

60er Jahre: Komfort-Boxer für Sport, Alltag und Gespannbetrieb

Gründlich geändert worden war das Viergang-Getriebe: Es besaß jetzt drei Wellen und einen Ruckdämpfer auf der Hauptwelle. Der Handschalthebel war weggefallen. Die Mittlerrolle beim Anfahren spielte eine neu entwickelte Tellerfeder-Kupplung. R 50-Exemplare, die für den Gespannbetrieb vorgesehen waren, bekamen ein kürzer übersetztes Getriebe, Stahlfelgen und einen breiteren Hinterreifen - 4.00-18.

Gleichzeitig mit der R 50 präsentierte BMW das neue Sportmodell R 69 (594 cm³, Bohrung/Hub 72/73 mm). Das Triebwerk stammte im wesentlichen von der bekannten R 68 und leistete wieder 35 PS, allerdings bei etwas niedrigerer Drehzahl - 6.800. Optisch unterschied sich die 202 kg schwere und 165 km/h schnelle Sport-BMW durch das Sitzkissen auf dem hinteren Schutzblech und die Ventildeckel mit jeweils nur zwei Rippen vom Tourer R 50. Getriebe, Kupplung, Fahrwerk und Bereifung 3,50-18 entsprachen dem Standard der neuen R 50.

Die amerikanische Motorradzeitschrift "Cycle" erreichte mit einer serienmäßigen R 69 eine Durchschnittsgeschwindigkeit von 169 km/h und befand lobend: "Es besteht überhaupt kein Zweifel, daß die BMW bei hohen Geschwindigkeiten leicht zu beherrschen ist. Vollkommene Straßenlage, ungewöhnliche Elastizität des Motors und ein Gefühl der vollständigen Sicherheit sind die bedeutendsten Faktoren..." Bei einem Preis von 3.950 Mark war die R 69 nicht teurer als die R 68. Von 1955 bis 1960 wurden genau 3.000 Exemplare ausgeliefert.

Das alte Gespannmodell R 67/3 wurde erst 1956 durch eine Maschine mit Vollschwingen-Fahrgestell abgelöst - durch die 3.235 Mark teure R 60. Am Motor hatte man kaum etwas geändert: Er produzierte weiterhin brav seine 28 PS bei 5.600 Touren. Freilich besaß auch die R 60 die neue Tellerfederkupplung und das Dreiwellengetriebe der R 50.

BMW lieferte die meisten Maschinen direkt ab Werk mit dem von Steib entwickelten Schwingachs-Seitenwagen, Stahlfelgen, dickem Hinterreifen und kürzer übersetztem Getriebe aus. Das dritte Rad war - wie das Boot - gummigefedert und wurde über eine hydraulische Trommelbremse verzögert. Die Betätigung erfolgte von einem in das Gestänge der Hinterradbremse eingesetzten Zugzylinder.

Zur Bootsausrüstung gehörten Teleskop-Stoßdämpfer, geteilte Rückenlehne, Zellon-Windschutzscheibe, imprägnierte Staubdecke, verschließbarer Kofferraum und komplettes Reserverad. Gesamtgewicht eines R 60-Gespanns fahrfertig: 320 kg. "Im täglichen Gebrauch, im anstrengenden Dienst der Polizei-, Post-, Zoll- und Forstbehörden des In- und Auslandes, aber auch in schweren sportlichen Gelände-Wettbewerben schuf sich diese kraftvolle 600 ccm BMW Zweizylinder-Maschine einen großartigen Ruf," hieß es im Verkaufsprospekt von 1959.

Star der IFMA 1960: die R 69 S mit 42 PS starkem Hochleistungs-Boxer

1960 errang BMW zum siebten Mal hintereinander die Weltmeisterschaft in der Motorrad-Seitenwagen-Klasse. Vor diesem Hintergrund kam der Ergänzung und Überarbeitung des Modellprogramms besondere Bedeutung zu. Dem großen Publikum wurden die Modelle erstmals auf der Kölner IFMA im September präsentiert. Star war die R 69 S, deren Boxermotor jetzt stolze 42 PS bei bemerkenswerten 7.000 Touren ent-

R 69 S Anfang 60er Jahre in USA-Version mit hochgezogenem Lenker und extra breiter Sitzbank.

wickelte und damit für eine Höchstge-schwindigkeit von 175 km/h sorgte. Kein anderes deutsches Serienmotorrad war schneller, auch international gehörte die neue Top-BMW absolut zur Spitze.

Um den hochdrehenden Boxer stand-fest zu machen, hatten die Konstrukteure Kurbel- und Nockenwelle sowie die Kupplung verstärkt, die Zylinderköpfe und die Ölbohrungen der Stößelkam-mern vergrößert sowie die Pleuellage-rung verbessert. Anders als bei den Mo-dellen 1955 bis 1960 gab es jetzt eine Druckschmierung für beide Zylinder. Ein großer Micronic-Luftfilter ermög-lichte freies Durchatmen bei Vollgas.

Das komfortorientierte Vollschwin-gen-Fahrwerk stammte von der R 69; den Reibungsdämpfer hatte man jedoch durch einen abschaltbaren, hydrauli-schen Lenkungsdämpfer ersetzt. Alter-nativ zum Schwingsattel mit Sportkissen bot BMW eine satt gepolsterte Doppel-sitzbank an. Wie alle Modelle des neuen Jahrgangs war die R 69 S mit Blinkern an den Lenkerenden, Lichthupe, konisch verjüngten Schalldämpfern und einem großen Rücklicht ausgerüstet, wie es ähnlich auch bei den V8-Limousinen von BMW zu finden war.

Im Laufe der Jahre erfuhr die R 69 S zahlreiche Detailverbesserungen. So verstärkte BMW im Februar 1962 den Rahmen im Bereich des hinteren Schwingenlagers durch ein Knoten-blech. Im April 62 bekam der Motor stärkere Zylinderfußflansche. Grund: Bei scharf gefahrenen Maschinen war es gelegentlich zum Abreißen der Zylinder gekommen. Ab 1963 wirkte ein Schwin-gungsdämpfer auf der Kurbelwelle ge-fährlichen Vibrationen entgegen. Trotz der Kinderkrankheiten und des hohen Preises von 4.030 Mark ließ sich die schnelle R 69 S bis zum Produktions-stopp im Jahr 1969 immerhin 11.317mal verkaufen.

Facelifting für die Schwingenmodelle 1961: Blinker, großes Rücklicht

Alle genannten Verbesserungen im Motor- und Fahrwerksbereich waren vom Start weg auch dem neuen Halbli-ter-Sportmodell zugute gekommen - der R 50 S. Die 3.535 Mark teure und op-tisch völlig mit der R 69 S identische 500er war bei einer Höchstleistung von 35 PS bei nahezu abenteuerlichen 7.650 Umdrehungen nun so stark wie vormals die R 69 - doch leider wegen der hohen Drehzahlen bei weitem nicht so stand-fest. Resultat war, daß die R 50 S nach drei Jahren und einer produzierten Stückzahl von nur 1.700 wieder aus dem Programm gestrichen wurde.

Keine Probleme bereiteten die neuen Gespann-600er, die ebenfalls 1960 er-

Zieht auch heute noch die Blicke auf sich: R 60 von 1961 im Originalzustand.

schienen. Der überarbeitete und mit ei-ner verstärkten Kurbelwelle ausgerüste-te Motor der neuen R 60/2 "Touren-Sport" leistete dank erhöhter Kompressi-on (7,5 statt 6,5) jetzt 30 PS bei 5.800 U/min und ermöglichte im Solobetrieb Geschwindigkeiten bis zu 150 km/h.

Das Basismodell kam erst 1961 in den Genuß der neuesten Verbesserungen wie stärkere Kurbel- und Nockenwelle, Blin-ker und größeres Rücklicht. Der Motor der 3.050 Mark teuren R 50/2 begnügte sich weiterhin mit 26 PS bei 5.800 Tou-ren. Mit einer Gesamtzahl von 32.546 Exemplaren zwischen 1955 und 1969 (R 50 13.510, R 50/2 19.036) avancierte die Normal-500er zu einem der erfolgreich-sten BMW-Motorräder überhaupt.

Ab 1967 wurden alle Boxer, die für die USA bestimmt waren, nicht mehr mit der geschobenen Langarmschwinge ausgerüstet, sondern mit einer langhubi-gen Teleskopgabel. Auf diese Weise warf die neue Epoche, die 1969 mit den /5-Modellen von BMW begann, bereits frühzeitig ihre Schatten voraus.

Mit neuem Schwung hinein in den Boom: die /5- und /6-Modelle 1969 bis 1976

Mit viel Euphorie wird heute von den 60er Jahren und von den doch so wunderbaren BMW-Vollschwingenmodellen geschwärmt. Doch die Wirklichkeit sah damals ein bißchen anders aus. Zwar hatten es die Bayerischen Motorenwerke geschafft, sich mit innovativen Automodellen wie dem 1500/1800 und der 02-Reihe aus der Umklammerung der Krise zu befreien, die Motorradabteilung aber war gerade in jenen Tagen, als alle nur noch das eine wollten - nämlich ein Auto - , chronisch von der Schließung bedroht. Seit 1955 waren die Zulassungszahlen stetig zurückgegangen, 1966 war der absolute Tiefpunkt erreicht: Bundesweit konnten nur noch 4.205 fabrikneue Motorräder verkauft werden. 1953, im besten Verkaufsjahr seit Kriegsende überhaupt, waren es stolze 360.058 Maschinen gewesen. Heute liegt die Zahl wieder bei 150.000 Einheiten pro Jahr.

Die Konsequenzen für die deutsche Motorradindustrie waren bitter in den 60ern. NSU, 1955 noch die größte Motorradfabrik der Welt, ließ 1963 die berühmte Max sterben und trennte sich 1964 ganz vom Motorradbau; die Produktionsanlagen wanderten ins damalige Jugoslawien. DKW hatte schon 1958 die Zweiradfabrikation eingestellt und die Werkzeuge an die Nürnberger Zweiradunion verkauft.

Sogar der traditionsreiche BMW-Motorradzweig kämpfte in den späten 60ern ums Überleben. Die seit 1955 produzierten Schwingenmodelle waren technisch schon lange überholt und verkauften sich mehr schlecht als recht. Folge: Der Vorstand erwog ernsthaft, den Motorradbau einzustellen. Doch dann keimte plötzlich wieder Hoffnung auf.

Anlaß dazu gab eine professionell vom Werk vorbereitete Geländemaschine, die im Herbst 1963 ihren ersten Auftritt hatte und vor allem durch den völlig neu konstruierten Doppelschleifen-Rohrrahmen mit leichtem, angeschraubtem Heckausleger für die Federbeine auffiel. Neu war auch die Telegabel mit langen Federwegen und vorversetzten Achsklemmfäusten. Verkürzter Radstand und größere Bodenfreiheit gehörten ebenfalls zu den Merkmalen.

Für recht ordentliche Fahrleistungen sorgte ein leicht modifizierter R 69 S-Motor mit 64 PS. Der Erfolg verblüffte: 1964, 1965 und 1966 gewannen die Fahrer Sebastian Nachtmann und Kurt Tweesmann mit dieser Maschine die Deutsche Geländemeisterschaft. Das Publikum war hellhörig geworden: War die Spezial-BMW Vorläuferin einer völlig neuen Boxer-Generation?

1969: Neubeginn mit den /5-Modellen

1969 beantwortete BMW diese Frage mit der Vorstellung der /5-Baureihe. Eindeutig stammte die neue Generation in puncto Rahmen und Gabel von der erfolgreichen Geländemaschine ab. Das neue Topmodell R 75/5 hatte die Aufgabe, mit dem weiterentwickelten Boxerkonzept einerseits die Freunde der blauweißen Marke bei der Stange zu halten, andererseits den aggressiv auf den Markt drängenden Newcomern wie der Honda CB 750 etwas Ernstzunehmendes entgegenzusetzen.

Der Zeitgeist begünstigte den Start der neuen BMW-Modelle: Kino-Ereignisse wie das Film-Epos "Easy Rider" mit Peter Fonda in der Hauptrolle machten den Leuten wieder ungeheuer Lust aufs Motorradfahren. Besser hätte BMW den Zeitpunkt für das Comeback nicht wählen können.

Im ersten Farbprospekt von 1969 legten die Bayern ein klares Bekenntnis zum Motorrad ab: "Ein Motorrad erschließt uns neue Dimensionen, es macht die Welt bunter und weiter." Und die Presseabteilung verkündete: "BMW setzt seine große Motorrad-Tradition fort, die 1932 mit der sensationellen R 32 begann. Denn in München glaubt man an die Zukunft des Motorrades und

Ohne Helm, aber glücklich: Die 1969 vorgestellte R 75/5 war zu ihrer Zeit ein charaktervolles Sportmotorrad. Links unten: R 50/5 mit Kurzschwinge. Komplett neu entwickelt: Motor und Antrieb.

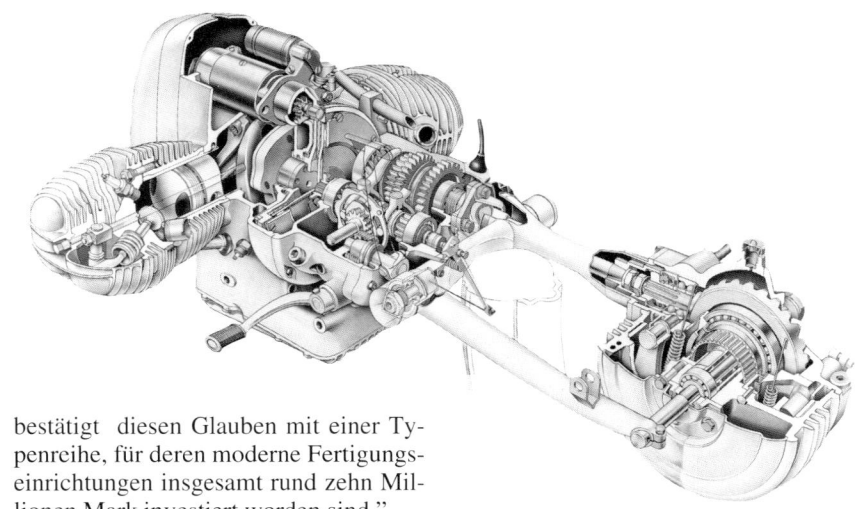

bestätigt diesen Glauben mit einer Typenreihe, für deren moderne Fertigungseinrichtungen insgesamt rund zehn Millionen Mark investiert worden sind."

Mit drei Modellen warb BMW um die Gunst der Käufer. Basis war die R 50/5 mit 32 PS für 4.295 Mark. Es folgte die R 60/5 mit 40 PS für 4.785 Mark. Als Bayerntraum mit 50 PS präsentierte sich die R 75/5 für 5.615 Mark. Serienfarben waren Schwarz, Weiß und "Polarismetallic" jeweils für Kotflügel und Tank; Rahmen, Scheinwerfer und Schlußlichtgehäuse waren stets schwarz lackiert. Chrom und poliertes Leichtmetall zeigte die "Strich fünf" im Überfluß. Gegen

Aufpreis gab es die "Sonderfarben" Currymetallic und Blaumetallic.

Das Rückgrat der /5 bildete der aus dem Geländesport heraus entwickelte Doppelschleifen-Rohrrahmen aus ovalem Zentralrohr und leichtem, angeschraubtem Heckausleger. Anders als bei den Vorläufermodellen stützten sich die mit 125 mm Federweg recht langhubigen Hinterhand-Federbeine oben gegen den Ausleger ab. Die Federvorspan-

R 60/5 von 1973: Langschwinge, 18-Liter-Tank, fehlende Chromblenden, großer Haltebügel.

R 75/5 Serie 1 von 1969: über 500 km Reichweite mit dem großen 24-Liter-Tank.

R 75/5 Serie 2 von 1972: geänderte Sitzbank, Chromblenden, langer Radstand.

nung ließ sich mit einfachen Hebeln in drei Stufen verstellen.

Von der geschobenen Langarmschwinge der alten "Gummikuh" hatte BMW sich zugunsten einer modernen Telegabel mit Gummifaltenbälgen verabschiedet. Der Federweg war damit von 130 auf geradezu sensationelle 214 mm gewachsen. Original-Pressetext dazu: "Durch diese neue Teleskopgabel in Verbindung mit der überarbeiteten Hinterradschwinge und dem verkürzten Radstand haben die BMW-Motorräder eine verblüffende Handlichkeit und eine überragende Straßenlage erhalten..."

Gekonnter Leichtbau: Rahmen, Fahrwerk

In der Praxis war es mit der Straßenlage dann doch nicht so weit her. Störend wirkten vor allem die vom Kardanantrieb provozierten Lastwechselreaktionen und das Aufstellmoment an der Hinterhand unter Last. Ging der Fahrer vom Gas, sackte die Strich fünf förmlich zusammen, und aus war's mit der Fahrstabilität. Jedoch gemessen an der Vollschwingen-BMW war die Neue relativ gutmütig.

Um die ungefederten Massen möglichst klein zu halten, verwendete BMW bei den neuen Typen Leichtmetallfelgen mit Rillen-Diagonal-Reifen 3.25 S x 19 vorn und Blockprofil-Pneu 4.00 S x 18 hinten, beide vom Haustlieferanten Metzeler. Was heute oft falsch kolportiert wird: Die Kotflügel bestanden nicht aus Blech, sondern erstmals aus glasfaserverstärktem Polyester. Insofern läutete die /5 das Plastikzeitalter im BMW-Motorradbau ein.

Ergebnis: Die /5-Modelle waren ziemlich leicht geraten, die Gewichte lagen bei vollem Tank zwischen nur 205 und 210 kg. Davon träumen Besitzer moderner Boxer. Verzögert wurde die neue BMW von großen Vollnaben-Duplex-Innenbackenbremsen aus Leichtmetall mit 200 mm Durchmesser. Sie hatten "neuartige, warmgepreßte und aufgeklebte Spezialbeläge, wie sie bei Rennwagen verwendet werden." Der Brems-Alltag sah anders aus: Die Wirkung ließ auch wegen der primitiven

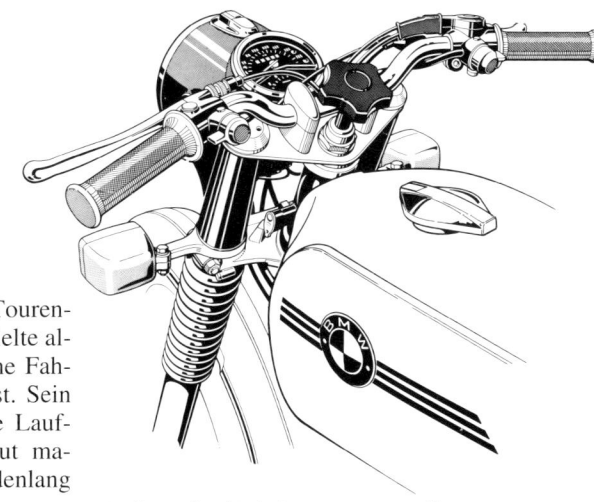

Seilzug-/Gestängebetätigung arg zu wünschen übrig, außerdem waren viel Handkraft und Gefühl vonnöten.

Eine völlige Neukonstruktion war der Boxermotor. Zu seinen Besonderheiten gehörten einteilige und gleitgelagerte Kurbelwelle, gemeinsame Zugankerschrauben für Zylinder und Zylinderköpfe, Eaton-Ölpumpe, 200-Watt-Drehstrom-Generator und - zusätzlich zum Kickstarter - ein elektrischer Anlasser (Serie bei R 60/5 und R 75/5).

Die kettengetriebene Zentralnockenwelle lag - anders als bei der R 50 oder R 69 S - unter der Kurbelwelle. Dort wurde sie besonders zuverlässig geschmiert, außerdem war so Platz für die Unterbringung des Anlassers entstanden. Augenfälligstes Unterscheidungsmerkmal zum alten Motor: Die Rohre für die Stößelstangen befanden sich jetzt - der neuen Nockenwellenanordnung entsprechend - unter den Zylindern und nicht mehr oberhalb.

Komplett neu entwickelt: /5-Motor

Viele Ideen und sogar manche Bauteile entstammten dem BMW-Automobilbau. Die Kurbelwelle zum Beispiel hatte die gleichen Grundmaße wie die Welle des Sechszylindermotors in der neuen Luxus-Limousine BMW 2800. Die Leichtmetallkolben waren wie bei den Automotoren mit "flatterfreien" Kolbenringen ausgerüstet. Neidlos erkannte die (damals noch vorhandene) britische Konkurrenz an, daß die neue BMW in mancher Hinsicht "built like a car", gebaut wie ein Auto war.

Für die Gemischaufbereitung sorgten bei der 500er und 600er Bing-Schieber-Vergaser. Die R 75/5 jedoch hatte zwei neuartige "Gleichdruckvergaser" mit Membranen, die den Leistungseinsatz des Motors positiv beeinflußten. Der Treibstoff kam aus einem großvolumigen 24-Liter-Stahlblechtank mit zwei Hähnen. Bei einem Verbrauch von fünf bis sechs Litern auf 100 km reichte der Vorrat für eine Distanz von 400 bis 480 Kilometern - das war einzigartig und machte die "Strich fünf" in Verbindung mit der komfortablen Doppelsitzbank

zum idealen Langstrecken- und Touren-motorrad. Die BMW-Werbung zielte allerdings mehr Richtung sportliche Fahrer: "Dieser Motor ist vollgasfest. Sein tiefliegender Schwerpunkt, seine Laufkultur und seine Vibrationsarmut machen es dem Fahrer leicht, stundenlang schnell zu sein..."

Beibehalten hatte man das robuste Dreiwellen-Viergang-Getriebe, doch waren Getriebe und Kardanantrieb im Hinblick auf die merklich gesteigerte Leistung verstärkt worden. Ihrer Zeit voraus waren die neuen BMW-Modelle in puncto Elektrik und Ausstattung. Eine 12-Volt-Anlage war ebenso serienmäßig vorhanden wie Lichthupe und vollständige Instrumentierung. Drehzahlmesser und Tachometer saßen in einem übersichtlichen Kombigerät, das außerdem die Kontrolleuchten für alle wichtigen Funktionen enthielt. Blinkanlage und Leerlaufanzeige waren ebenso selbstverständlich. Gegen Aufpreis gab es statt des mechanischen einen hydraulischen Lenkungsdämpfer. Eine gut eingefahrene R 75/5 schaffte 175 km/h Spitze, die R 50/5 war mit 157 "Sachen" angegeben.

Funktional: /5-Cockpit mit manuellem Lenkungsdämpfer. Unten: die neue Telegabel.

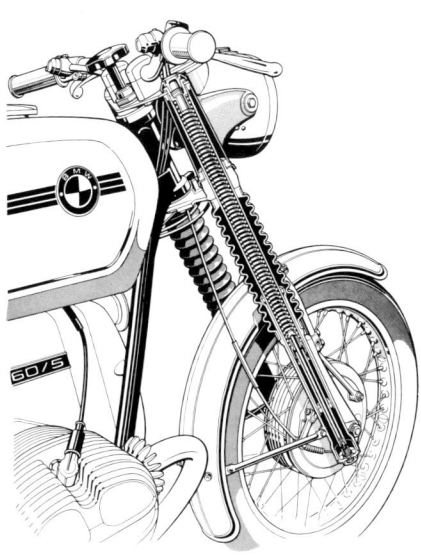

1972: alle Modelle nun mit Langschwinge

Daß die neue Boxer-Generation nicht mehr in München, sondern in Berlin-Spandau vom Band lief, tat der Nachfrage keinen Abbruch: 1970 verließen bereits 12.287 Maschinen der neuen Serie die Montagehallen an der Spree, 1971 fertigten 1.000 Mitarbeiter sogar 18.772 Einheiten. Bis 1973 wurden insgesamt 38.370 Fahrzeuge der /5-Reihe produziert, jede zweite davon war eine 75/5. Der sich zum Ende der 60er Jahre abzeichnende Trend zu möglichst viel Hubraum veranlaßte BMW bald, ein Topmodell mit 900 cm³ Hubraum zu entwickeln. Schon 1971 war der

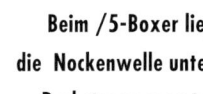

Beim /5-Boxer liegt die Nockenwelle unten. Standard: Anlasser, Drehstromgenerator.

117

gemeines Fahrverhalten aus. "Klacks" Ernst Leverkus schrieb im Rahmen eines Dauertests für "Das Motorrad": "Die R 75/5 ist keine Supersport-Maschine, aber sie ist ein sehr schnelles Reisemotorrad. Auf pottebenen Pisten mag sie vielleicht einem an Leistung stärkeren Konkurrenten in der Endgeschwindigkeit unterlegen sein, wenn es aber darauf ankommt, hohe Schnitte bei schlechten Straßenverhältnissen zu halten, dann ist sie in ihrem Element. Hier gleicht das

Wasserkühlung gab's nur in der Werbung bei der R 90 S. Die erste Serie von 1973 hatte noch 260 mm große Vollmetall-Bremsscheiben. Das Fahrwerk war nicht ganz ohne Tücken.

Prototyp einer R 90/5 fahrfertig, doch in dieser Form mit den unzulänglichen Trommelbremsen zunächst (gottlob) nicht käuflich. Die Super-BMW kam erst 1973 als R 90 S mit 67 PS und Scheibenbremsen auf den Markt, begleitet von den /6-Modellen.

Doch zunächst renovierte BMW die alte Baureihe noch einmal in wesentlichen Punkten: 1972 erschien die /5 nicht nur in neuen Farben und mit verchrom-

ten Seitendeckeln, sondern auch mit geändertem Lenkkopfwinkel und einer um 50 mm verlängerten Hinterradschwinge. Rahmenheck und Kardanwelle waren selbstverständlich mitgewachsen. Die Sitzbank hatte eine längere Grundplatte, jedoch keine verlängerte Sitzfläche. Der neue Lenkkopf unterdrückte Pendelerscheinungen bei hohem Tempo, die Radstandverlängerung wirkte sich positiv auf Geradeauslauf und all-

Fahrwerk fehlende PS aus..." Neu war ab Jahrgang 72 auch die Blinkerkontrolle oben im Lampengehäuse. Wahlweise gab es einen schmalen Sporttank mit 17,5 Litern Inhalt und Chromblenden. Bei den 73er Modellen indes verzichtete BMW wieder auf eine allzu üppige Verchromung. Auch die Seitendeckel fehlten beim letzten /5-Jahrgang. Zur Legende wurde die R 75/5: Sie war die meistverkaufte 750er in Deutschland..

1973: R 90 S als neues 900er Topmodell

Im Laufe der Zeit jedoch und unter dem immer stärker werdenden Druck der japanischen Konkurrenz war der Ruf nach einem noch potenteren Boxer immer stärker geworden. Im Jubiläumsjahr 1973 (50 Jahre BMW-Motorräder) reagierten die Bayern und präsentierten als neuen Höhepunkt der Entwicklung die R 90 S. Pressezitat: "Die langersehnte Abrundung des BMW-Programms nach oben ist Wirklichkeit geworden." Der kräftig aufgebohrte Boxer (gegenüber der R 75/5 von 82 auf 90 mm) leistete bei 7.000 U/min 67 PS, wurde von zwei 38er Dell'Orto-Vergasern beatmet und erfreute mit dem satten Drehmoment von 76 Nm bei 5.500 Touren. Neu im Programm war auch die unverkleidete R 90/6 mit 60 PS. Die R 50/5 hatte man ersatzlos gestrichen, das neue Basismodell hieß R 60/6. Aus der R 75/5 war eine deutlich aufgewertete R 75/6 geworden - mehr darüber später.

Natürlich wurde vor allem die R 90 S sofort intensiven Tests unterzogen. Zu den ersten, die den neuen Super-Boxer fahren konnten, gehörte natürlich "Klacks" Ernst Leverkus. Erstaunt stellte der bekannte Fachautor fest, daß der 900er Boxer trotz der großen beweglichen Massen und des weiterhin fehlenden Kurbelwellen-Mittellagers relativ vibrationsarm war: "Die Schwingungen erscheinen den an härtere Sachen gewöhnten Handgelenken nicht besonders stark. Die BMW-Laufkultur ist also auch bei der R 90 S geblieben."

Generell Fünfganggetriebe ab Serie /6

Konsequent weiterentwickelt hatte BMW hingegen das Gesamtkonzept: Das neue Topmodell war nicht nur die erste Serien-BMW, die eine Spitze von knapp 200 km/h erreichte ("Das Motorrad" ermittelte auf dem Nürburgring 196 km/h), auch im Detail war wieder ein Schritt nach vorn gelungen. So verfügte die R 90 S als erste BMW über eine (zunächst ungelochte) Doppel-Scheibenbremse am Vorderrad und eine lenkerfeste Cockpitverkleidung mit inte-grierten Rundinstrumenten inklusive Voltmeter und Zeituhr.

Weltweit war die R 90 S sogar das erste Motorrad mit H4-Licht. Das Scheinwerfergehäuse bestand jetzt aus Kunststoff. Der ganz neu gestaltete 24-Liter-Tank ermöglichte überdurchschnittliche Reichweiten. Die spezielle Sportsitzbank bot zwei Personen viel Komfort. Als besonders großer Fortschritt wurde die Einführung des komplett neu konstruierten Fünfgang-Getriebes betrach-

Äußerlich nur durch die vordere Trommelbremse unterschied sich die R 60/6 von der R 75/6. Wie diese hatte auch die R 90/6 eine Bremsscheibe im Vorderrad.

tet; es löste bei allen Modellen der neuen Generation die veraltete Viergang-Box ab und ließ sich merklich leichter und leiser schalten. Man hatte nicht nur einen fünften Gang hinzugefügt, sondern auch die Eingangs-Übersetzung geändert, um die Getriebedrehzahlen abzusenken. Gleichwohl gab es anfangs eine Menge Ärger mit der neuen Schaltbox: Schon Ende 1973 mußten alle /6-Typen in die Werkstätten zurückgerufen werden, weil es zu Getriebschäden gekommen war. Über die Ursache schwieg BMW sich lange aus, doch schließlich kam die Wahrheit doch ans Licht: mangelhafte Ölnebel-Schmierung bestimmter Zahnräder. Leitbleche und Zusatzbohrungen brachten dann Abhilfe.

Schalten wollte auch weiterhin gekonnt sein bei der BMW: Wer beim Herunterschalten vor Kurven nicht sauber kuppelte und kickte, konnte sein blaues Wunder erleben: Der falsche Gang rastete mit hörbarem Krachen ein, das Hinterrad blockierte, die Fuhre drohte außer Kontrolle zu geraten.

Neue Instrumente für alle Modelle

Die unverkleideten Modelle R 60/6, R 75/6 und R 90/6 entsprachen im Habitus noch ganz der alten Serie, hatten sich jedoch in wichtigen Details stark weiterentwickelt. Nur noch die R 60/6 besaß die von der Vorläuferserie her bekannte Duplex-Trommelbremse; die R 75/6 und die R 90/6 wurden von einer links angeschlagenen Vollscheibe verzögert. Waren bei den /5-Typen die Instrumente noch in den Scheinwerfer integriert, hatten die neuen Modelle erstmals eine unabhängig angebrachte Instrumentenkombination mit Tachometer und Drehzahlmesser. Beibehalten wurden bei den einfacheren Modellen zunächst die veralteten Armaturen der /5-Reihe. 1975 erhielten alle Typen modernere Einheiten mit fabrigen Schaltern.

Den Motoren sah man die zahlreichen Detailverbesserungen auf den ersten Blick nicht an. Geändert worden waren unter anderem der Lichtmaschinendeckel sowie die Auswuchtung und Abdichtung der Kurbelwelle. Das Kurbel-

gehäuse hatte man versteift. Die neue Lichtmaschine leistete allein schon wegen des H4-Scheinwerfers 280 statt 180 Watt, die Batteriekapazität war von 12 auf 25 Ah gewachsen. Die Leistung hatte sich allerdings nicht verändert: Die R 60/6 brachte es auf 40 PS und 155 km/h ("sitzend"), die R 75/6 war mit ihren 50 PS gut für 165 bis 177 km/h je nach Fahrerhaltung. Als ideales Tourenmotorrad erwies sich die bullige R 90/6 mit ihren 60 Pferdestärken und einer Höchstgeschwindigkeit von über 180 km/h.

F.J. Schermer urteilte damals in "Das Motorrad": "Die R 90/6 bietet ein Optimum dessen, was der Kunde für 7.150.- erhalten kann. Die gesamte Redaktion ist ein wenig vernarrt in die R 90/6, denn wenn man am Gasgriff dreht, dann rührt sich was..." Auf Wunsch - nur 29 Mark Aufpreis! - waren die /6-Typen mit 22-Liter-Tank zu haben (Serie: 18 Liter). Bei den Rädern mit Trommelbremsen fehlten jetzt die Edelstahl-Blenden. Grund: US-amerikanische Sicherheitsvorschriften, die verlangten, das jederzeit via Guckloch eine Bremsbelagkontrolle möglich sein müsse...

R 90 S: beschichtete Zylinderlaufbahnen

Im Alltagsbetrieb zeigten sich die Stärken, aber auch die Schwächen der mächtig aufgebohrten 900er Motoren. Sie verlangten eine penible Vergasersein-

Mit ihrem schmalen, reich bestückten Cockpit war die R 90 S ein unverwechselbarer Typ. Im Bild: die zweite Serie von 1975/76.

stellung, unter 3.000 Umdrehungen pro Minute neigten sie dazu, sich kräftig zu schütteln und nur unwillig Gas anzunehmen. Am rundesten gerade bei niedrigen Drehzahlen drehte der 600er Motor - wegen der geringen Einzelhubräume rechts und links. Zeichen der damaligen Zeit: Wegen des 1974 im Zuge der damaligen "Ölkrise" festgesetzten Tempolimits (80 km/h Landstraße, 100 km/h Autobahn) konnten selbst von den Fachzeitschriften auf öffentlichen Straßen keine Höchstgeschwindigkeiten gemessen werden, man vertraute einfach den (recht zuverlässigen) Werksangaben.

Der Motor der R 90 S hatte besondere Raffinessen wie vergrößerte und temperaturbeständigere Ventile sowie Nikasilbeschichtete Zylinderlaufbahnen zu bieten. Das Prinzip war zuvor erfolgreich an Wankelmotoren getestet worden. Im Fahrbetrieb überzeugte das Triebwerk durch seine kultivierte Art - zumindest oberhalb von 3.000 Touren. Klacks in "Das Motorrad": "Auf der R 90 S hatten wir nicht das Gefühl, einen besonders schwierigen, hochgezüchteten Renner mit viel Nerven- und Körperkraft bewegen zu müssen."

Ein Kapitel für sich war das Fahrwerk der neuen Serie. Den traditionellen Doppelschleifen-Rohrrahmen hatte man mit einem neu geformten Knotenblech am Lenkkopf versteift, auch die Querrohre an der Schwingenlagerung waren stärker gehalten. Gleichwohl hatte das Fahrwerk seine Grenzen. Leverkus stellte auf dem Nürburging fest: "Beim Anbremsen von Kurven, beim Gaswegnehmen und Absinken der Drehzahlen beginnt die R 90 S leicht zu pendeln. Abhilfe: sofort herunterschalten und wieder hohe Drehzahl fahren - im selben Moment stabilisiert sich die Spurhaltung. Auf der langen Geraden bei über 190 km/h wurde die Maschine vorn leicht, die Lenkung begann hin- und herzuschwimmen..." Und das trotz Lenkungsdämpfer.

Fahrwerk R 90 S: nicht ganz ohne Tücken

Käufer klagten gelegentlich über eine gewisse Fahrwerksunruhe in langgezogenen Autobahnkurven. Durch genaueste Einstellung von Lenkkopf- und Schwingenlagern ließ sich das Problem aber in den Griff bekommen.

Gelobt wurde allgemein die komfortable, "BMW-like" Federung. Gleichwohl drückten sich die langen und recht weichen Federn übermäßig zusammen, wenn der Fahrer Platz genommen hatte. Beim Anbremsen von Kurven sank der Restfederweg schnell auf Null, die Gabel wurde hart. Die Speichenräder der zunächst 8.510 Mark teuren R 90 S trugen neu entwickelte H-Reifen von Metzeler mit Nylon-Karkasse - 3.25 H 19 und 4.00 H 18. Für die übrigen Modelle

waren die Hochgeschwindigkeitspneus ebenfalls lieferbar - Aufpreis: 21 Mark.

Als Kuriosum mußte die zusammen mit Ate in Frankfurt entwickelte Scheibenbremsanlage bezeichnet werden: Die Betätigung erfolgte kombiniert über einen Seilzug zwischen Handhebel und Hauptbremszylinder unter dem Tank sowie über Bremsschläuche und Druckleitungen zu den Radbremszylindern. BMW hatte diese komplizierte Lösung gewählt, um den Druckzylinder jeder Sturzgefährdung zu entziehen und die Ausgewogenheit der Lenkung zu erhalten... Ab 1975 wurden nur noch gelochte Bremsscheiben montiert, um das Naßbremsverhalten zu verbessern. Die R 90 S kam trotz der Fahrwerks-

Gelochte Doppelbremsscheibe vorn: R 90 S der letzten Serie 1975. Unten: R 60/6 von 1973.

schwächen und des zuletzt auf 9.510 Mark gestiegenen Preises bestens beim Publikum an: 17.455 Exemplare konnten bis Herbst 1976 verkauft werden. Die BMW-Werbung vermarktete den Traum-Sportler unter der geschickt gewählten Headline "Dampf-Ansage". Die übrigen Versionen der /6-Serie brachten es auf 52.200 Einheiten - ein tolles, vom Boom der 70er Jahre mitverursachtes Ergebnis.

Motorradfahren als Freizeitspaß: die R 100 RS und die anderen Classic-Boxer ab 1976

Der anhaltende Motorradboom ermutigte BMW Mitte der 70er Jahre, die Modellpalette abermals zu erneuern und zu verbessern. Lange schon war von einem vollverkleideten Boxer gemunkelt worden, auf der IFMA im September 1976 dann wurde der Schleier des Geheimnisses gelüftet: Im Rampenlicht stand die damals absolut futuristisch anmutende R 100 RS, das neue Flaggschiff der Bayern. Im Vergleich zu den damals noch überwiegend unverkleideten Big Bikes aus Japan wirkte die neue BMW wie von einem anderen Stern. Die im Windkanal des Turiner Designers Sergio Pininfarina entwickelte und ganz um den Motor herumgezogene Vollverkleidung machte die Maschine unverwechselbar und gab ihr den beabsichtigten exklusiven Charakter. Die markanten Leichtmetallgußräder (zunächst als Option) und die neu entwickelte Sitzbank mit windschnittigem Heckbürzel paßten gut zum nonkonformistischen Erscheinungsbild.

1976: R 100 RS mit Vollverkleidung

So schwelgte denn auch die BMW-Werbung in Superlativen: "Die neue Spitzenmaschine der Baureihe 7 ist ein Motorrad, wie es bisher nicht existierte. Durch das neue BMW Integral-Cockpit wurde der entscheidende Schritt in die Zukunft des dynamischen Fahrerlebnisses getan. BMW ist der erste Motorrad-Hersteller, der ein derart konsequent mit der Gesamtkonstruktion abgestimmtes Cockpit produziert und serienmäßig anbietet." Man war fest davon überzeugt, das beste Motorrad entwickelt zu haben und unter den Käufern die besten Fahrer zu haben: "Bei BMW bestimmen professionelle Anforderungen das Styling und nicht modische Wünsche..."

Rein sachlich betrachtet handelte es sich beim Integral-Cockpit um einen rahmenfesten Wind- und Wetterschutz, der hohe Autobahn-Dauergeschwindigkeiten zuließ, bei Seitenwind wegen der großen Angriffsflächen aber seine Tücken hatte (auch wenn das gern abgestritten wurde). Auch verstärkte die Verkleidung den Motorlärm wie ein großer Resonanzkörper. Serienmäßig waren neben Tachometer (bis 220 km/h) und Drehzahlmesser (roter Bereich ab 7.000 U/min) Voltmeter sowie klassische Analog-Zeituhr.

Die Aufnahmen des schmalen Sportlenkers wurden durch eine Prallplatte abgedeckt - die RS vermittelte erstmals so etwas wie passive Sicherheit beim Motorrad. Es gab einen einstellbaren Lenkungsdämpfer, Lenker und Fußrasten (vorne und hinten) waren ebenfalls verstellbar - "für ein sicheres und ermüdungsfreies Vergnügen auch bei längeren Fahrten. Eine BMW verbindet in idealer Weise die Forderungen ihres Fahrers nach Kraft und Beweglichkeit mit den Wünschen der Sozia nach ruhigerem und angenehmerem Fahren..." Alternativ zur Doppelsitzbank war auch eine Soloausführung erhältlich.

Boxer jetzt mit rund 1000 cm³ und 70 PS, neue /7-Reihe mit vielen Verbesserungen

Auch der ohv-Boxermotor hatte wieder einen Schritt nach vorn gemacht: Durch abermaliges Aufbohren der Zylinder auf nunmehr 94 mm hatten die Ingenieure den Hubraum auf 980 cm³ aufstocken können - es sollte die größtmögliche und letzte Hubraumerweiterung sein. Auch die Leistung erreichte mit 70 PS 52 kW) bei 7.250 U/min ihre Höchstmarke im Serienbau. Mit Verstärkungen am Motorgehäuse suchte man der gewachsenen Belastung Herr zu werden. Äußeres Erkennungsmerkmal des neuen 1000er Motors waren die kantigen Ventildeckel: Sie lösten die rundlichen Nostalgieblenden für 15 Jahre ab, wie

Flaggschiff am Start: englische Händler bei der RS-Übernahme 1976. Unten eine R 100 RS von 1980 in voller Schräglage. Die Vollverkleidung wirkte damals futuristisch.

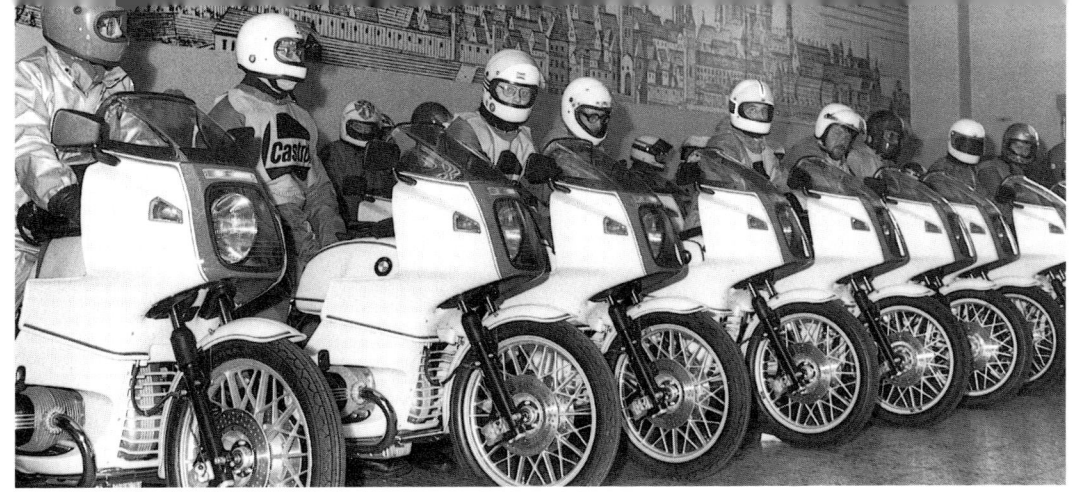

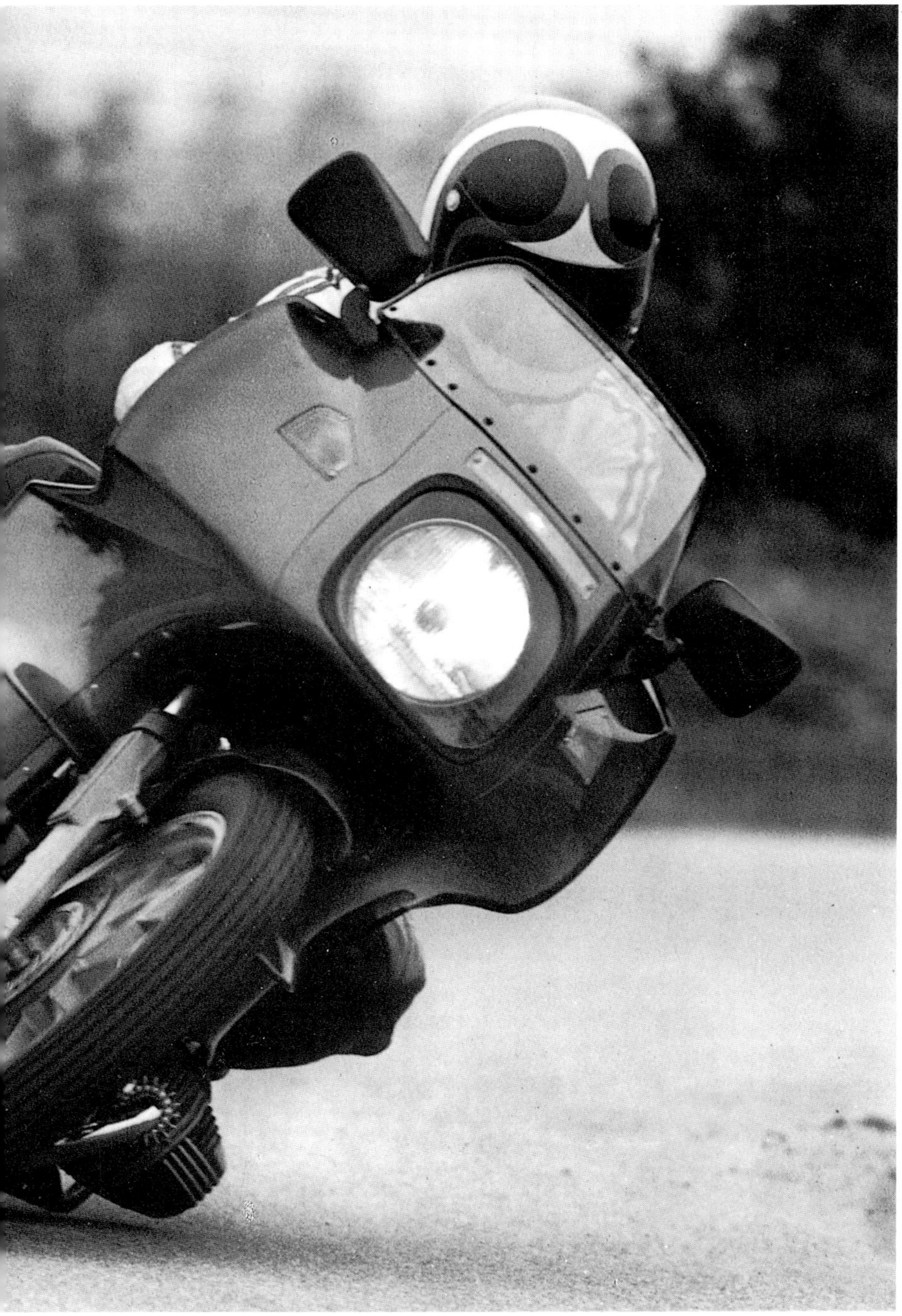

wir heute wissen. 1991 sind sie am Classic-Boxer R 100 R wiederauferstanden.

Generell wurden die 900er Motoren 1976 nach nur dreijähriger Bauzeit vom Einliter-Boxer abgelöst. Die Modelle der neuen /7-Reihe präsentierten sich außerdem in verändertem Design und mit verbesserter Ausstattung. Nachfolgerin der R 90 S wurde die R 100 S mit 65 PS (48 kW) bei 6.600 U/min. Das Tourenmodell R 90/6 fand seine Ablösung in der R 100/7 mit 60 PS (44 kW). Logischerweise gab es auch eine in vielen Details modifizierte R 75/7 mit 50 PS (37 kW) und eine R 60/7 mit den bekannten 40 Pferdestärken (30 kW). Mit der R 100 RS erweiterte BMW die Palette um ein zusätzliches Spitzenmodell, das für zunächst 11.210 Mark auf den Markt kam.

Daß die Fachpresse an den neuen Modellen gleich wieder etwas auszusetzen hatte, kam nicht von ungefähr: Viele hatten einen komplett neuen Boxer mit obenliegenden Nockenwellen, vielleicht sogar mit Königswellen erhofft. "Motorrad"-Chefredakteur Siegfried Rauch verspritzte Säure, als er schrieb: "R 100 RS heißt das Topmodell mit 70 PS. Aber - wer wird denn gleich an Königswelle denken. Früher durften nur die Königswellen-Motoren diese Titulierung 'RS' tragen - jetzt wird die hochtrabende Bezeichnung für einen simplen Stoßstangenmotor verwendet..."

Lob erntete dagegen die von Stylingchef Hans-Albrecht Muth entworfene Verkleidung: "Wir haben bisher noch keine Vollverkleidung gefahren, hinter der so wenig los war, wo solche Ruhe vor dem Sturm war. Allerdings gibt es kaum eine andere Verkleidung, die so 'voll' ist..." Bemerkenswert: der spoilerähnlich ausgebildete Bug, der das Motorrad mit wachsendem Tempo stärker auf die Fahrbahn drückte. Praktisch: Weil die Verkleidung aus vielen Einzelteilen bestand, war sie reparaturfreundlich und erleichterte den Zugang zu wartungsintensiven Elementen wie der zunächst noch kontaktgesteuerten Zündanlage. Obwohl das "Integral-Cockpit" der RS recht wuchtig wirkte, wog es komplett nur 9,5 kg. Vollgetankt brachte die neue Top-BMW lediglich 230 kg auf die Waage.

Innovative Lösung: RS-"Integral-Cockpit"

Doch die Sache hatte auch eine Kehrseite: Die RS-Verkleidung hielt den Gegenwind so gründlich ab, daß RS-Anfänger jegliches Gefühl für die tatsächlich gefahrene Geschwindigkeit verloren. Anderseits waren mit diesem Motorrad Reisedurchschnitte möglich wie mit keiner anderen Maschine jener Zeit. Auch hatte die RS etwas, was in den 70ern

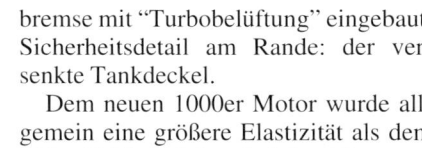

Markante Erscheinung:
Vorserien-R 100 RS von 1976
mit großem Lufteinlaßgitter in der Verkleidung
und Einzelsitzbank. Links: R 100 S und modifizierte R 100 RS von 1978.

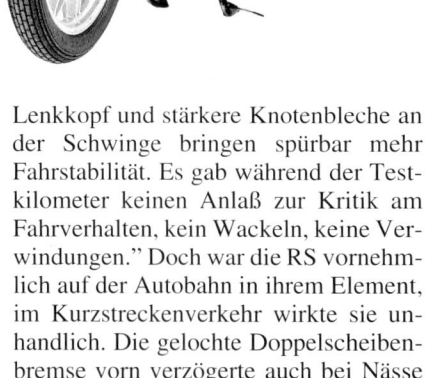
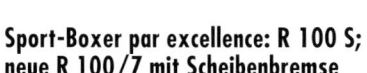

bremse mit "Turbobelüftung" eingebaut. Sicherheitsdetail am Rande: der versenkte Tankdeckel.

Dem neuen 1000er Motor wurde allgemein eine größere Elastizität als dem 900er Triebwerk bescheinigt. Ein neues Kurbelgehäuse-Entlüftungssystem senkte den Ölverbrauch, bei der RS half eine Ölwanne mit Leitblechen dabei, die hohen Öltemperaturen zu senken.

Generell waren die Dell'Orto-Vergaser durch Bing-Gleichdruck-Vergaser ersetzt worden. Die fünf Mehr-PS der RS gegenüber der S waren unter anderem größeren Vergaserdurchschnitten, stärkeren Krümmern und einer höheren Verdichtung zu verdanken.

Sport-Boxer par excellence: R 100 S; neue R 100/7 mit Scheibenbremse

Eine Klasse für sich war die neue R 100 S, optisch mit ihrer lenkerfesten Sportverkleidung (inklusive Zeituhr und Voltmeter) eng mit der alten R 90 S verwandt. Die 65 PS starke 1000er wurde von Fahrern bevorzugt, die sich nicht von einer Vollverkleidung den direkten Kontakt zur Fahrbahn nehmen lassen wollten. Die R 100 S war eindeutig die sportlichste der neuen 1000er-Generation, wirkte allein schon wegen des niedri-

noch besonders hoch im Kurs stand: "Überholprestige".

Die Fahrwerksprobleme mit den 900er Modellen hatten das Team um den Leiter der Fahrwerksentwicklung, Hans-Günther von der Marwitz, veranlaßt, den Rahmen der neuen /7 in wichtigen Punkten zu verbessern. "Motorrad" schrieb: "Größere Knotenbleche in der Lenkkopfpartie, ein Querrohr zwischen den vorderen Rahmenrohren unter dem

Lenkkopf und stärkere Knotenbleche an der Schwinge bringen spürbar mehr Fahrstabilität. Es gab während der Testkilometer keinen Anlaß zur Kritik am Fahrverhalten, kein Wackeln, keine Verwindungen." Doch war die RS vornehmlich auf der Autobahn in ihrem Element, im Kurzstreckenverkehr wirkte sie unhandlich. Die gelochte Doppelscheibenbremse vorn verzögerte auch bei Nässe zuverlässig, hinten war eine Trommel-

gen Gewichts von 220 kg ungemein handlich. Für den (unbedingt nötigen) Lenkungsdämpfer mußte der Kunde allerdings extra zahlen.

Optisch und von der Motorcharakteristik her als sehr ausgewogen präsentierte sich die R 100/7. Sie hatte wie die die R 90/6 brave 60 PS und gab schon bei 2.500 Umdrehungen schüttelfrei satte Leistung ab. Die stärkeren Triebwerke verlangten für sauberen Rundlauf Mindestdrehzahlen von 3.000. Das gegenüber der S nochmals um fünf Kilo abgesenkte Gewicht wirkte sich positiv auf das Handling aus. Als robustes Tourenmotorrad mit hoher Elastizität und akzeptablem Verbrauch erwarb sich der Lastesel unter den neuen 1000ern viele Freunde. Nicht ganz befriedigen konnte die Einscheiben-Bremse am Vorderrad. Vor allem bei Nässe erwies sie sich als zu schwach. Gegen Aufpreis war allerdings eine zweite Scheibe zu haben.

Alle BMW-Modelle der /7-Reihe waren nun mit dem formschönen und voluminösen 24-Liter-Tank ausgerüstet, der zuvor schon die R 90 S geziert hatte. Selbst das Einstiegsmodell R 60/7 verfügte nun über eine Bremsscheibe am

Hatte zunächst 65, ab Herbst 1978 70 PS: die R 100 S; rechts das Modell 77/78, unten die silberne Sonderserie vom Frühjahr 1980.

Vorderrad. Die 600er und 750 Triebwerke waren im Zuge der Modellpflege in einigen Details verbessert worden. Die ausschließlich verwendeten Fünfganggetriebe ließen sich jetzt etwas weicher schalten, doch ganz geräusch- und problemlos ging der Gangwechsel immer noch nicht über die Bühne. Alle Getriebe

waren gleich abgestuft. Den unterschiedlichen Leistungen suchte man mit verschiedenen Endübersetzungen gerecht zu werden.

Mit der neuen Boxer-Generation hatte BMW auf jeden Fall voll ins Schwarze getroffen. Die Nachfrage nach den Modellen der 7/-Reihe war so groß, daß die

Topmodell der von 1976 bis 1978 produzierten /7-Baureihe war die 60 PS starke R 100/7 (links). Bei der französischen Gendarmerie wurde die R 60/7 mit RS-Verkleidung eingesetzt. Das Bild entstand 1978. Unten: R 75/7 mit 50 und R 60/7 mit 40 PS.

Kapazitäten des Werks in Berlin-Spandau bis an die Grenze von 30.000 Einheiten/Jahr genutzt werden mußten. Vor allem nach der imposanten RS und der sportlichen S standen die Kunden Schlange.

1977: R 80/7 mit 50 PS löst R 75/7 ab

Natürlich blieb die Entwicklung nach dem erfolgreichen Start der neuen Boxer-Generation nicht stehen. Schon im August 1977 wurde die Mittelklasse renoviert, genauer gesagt: Eine neue BMW R 80/7 löste die R 75/7 ab und legte damit den Grundstein zu einer ganzen Familie von 800er Boxern, die erstmals 1980 mit der R 80 G/S erweitert wurde und ihre Fortsetzung bis zur aktuellen R 80 R gefunden hat. Technisch und optisch entsprach die R 80/7 weitge-hend der R 100/7, auch hielt BMW das gleiche Tourenzubehör von der Windschutzscheibe bis zu den beliebten Spezialkoffern bereit. Neben der Serienversion lief auch eine Behördenvariante vom Band; sie wurde in unterschiedlicher Ausführung an Polizei, Grenzschützer und Militärs in aller Welt geliefert.

Angeboten wurde die neue 800er zunächst in zwei Leistungsvarianten: mit 50 und mit 55 PS. BMW begründete den Modellwechsel folgendermaßen: "Mit den 50 Kubikzentimetern mehr und den neuen Gleichdruckvergasern wurde die bereits bekannte Harmonie von Leistung, Drehmomentverlauf und Elastizität im Vergleich zur abgelösten R 75/7 noch einmal verbessert. Die 55-PS-Version gibt der Maschine einen ansehnlichen Leistungszuwachs, der sie in der Nähe der 100er-Reihe plaziert. Mit der

50-PS-Version kommt BMW den deutschen Versicherungsprämien entgegen. Während die offene Variante verbleites Superbenzin benötigte, ließ sich der 50-PS-Boxer mit Normalkraftstoff betreiben; er besaß etwas flachere Kolben und ein von 9,2 auf 8,0 : 1 reduziertes Verdichtungsverhältnis. Nicht zuletzt auch auf Drängen verschiedener ausländischer Behörden hatte man die Normalbenzinversion ins Programm aufgenommen. Die Hubraumerweiterung hatte man durch Aufbohren der Zylinder um 2,8 auf 84,8 mm erzielt. Zu den technischen Features gehörten der verstärkte, aus konischen Ovalrohren geschweißte Doppelschleifenrahmen, die in Kegelrollen gelagerte Hinterradschwinge mit integriertem Kardanantrieb, die verstellbaren Federbeine und die gelochte Scheibenbremse vorn, Lenkungsdämpfer. Die berühmten "Nivomat"-Federbeine gab's nur gegen saftigen Aufpreis: 495 Mark pro Satz.

Der aufgebohrte Motor lief ab 3000 U/min recht ruhig, gleichwohl war nach Erreichen der Betriebstemperatur der Ventiltrieb deutlich zu hören. Der 24-Liter-Tank ermöglichte bei einem Verbrauch von 6,0 l/100 km die enorme Reichweite von 400 km. Auffällig waren leichte Fahrwerksunruhen bei Tempi

über 150 km/h im Solobetrieb; bei Besetzung mit zwei Personen lag die R 80/7 ruhig. Das gleiche Phänomen trat später auch bei der R 80 G/S auf.

Schaltkinematik und Erste-Hilfe-Set

Ab September 1977 präsentierten sich sämtliche Boxer ordentlich modellgepflegt. Sie bekamen generell eine "Schaltkinematik", d.h. einen Schalthebel mit Drehpunkt an der Fußraste und Umlenkung. Die RS- und S-Modelle erhielten eine zusätzliche Diebstahlsicherung in Form eines Stahlseilschlosses; geklaut wurde auch damals schon kräftig. Die R 100 RS wurde ab sofort nur noch mit den filigranen Alugußrädern geliefert, neu war die Serienfarbe Gold-Metallic.

Der Verbesserung der Sicherheit dien-

te die Einführung einer Bremsscheibe am Hinterrad beim Topmodell und der serienmäßige Einbau der Doppelbremsscheibe vorn auch beim Tourenmodell R 100/7. Ein "Erste-Hilfe-Set" unter der Sitzbank war ab Herbst 1977 Standard bei allen neuen BMWs. Weitere Neuerungen: überarbeitete Instrumentenkombination mit besser ablesbaren Instrumenten, Prallplatte aus Integralschaum für alle Modelle, Einschlüssel-System, weichere Handgriffe. Zweifellos eine bemerkenswerte Innovation war der Fahrtrichtungsanzeiger mit akustischem Signal: Er erinnerte den Fahrer (gelegentlich nervtötend) daran, den Blinker nach dem Abbiegen wieder auszuschalten. Alte BMW-Fahrer haben das durchdringende Piepen heute noch im Ohr...

Boxer mit Allroundqualitäten: R 100 T

Ein Jahr später, auf der IFMA 1978, wartete BMW abermals mit Modifikationen und Neuheiten auf. Aus der mit 60 PS nur durchschnittlich motorisierten R 100/7 wurde unter Anwendung der hauseigenen Baukastenphilosophie die 65 PS starke R 100 T. Serienmäßig waren Leichtmetallräder mit Doppelscheibenbremse vorn, Sportsitzbank mit Gepäckbrücke, Kofferhalter, Voltmeter

Die Ablösung für das 750er Modell kam 1977 in Gestalt der R 80/7 (Fahraufnahme ganz oben und Maschine links). Sie war mit 50 und 55 PS zu haben. Die R 100 S war ab Herbst 1978 auch hinten mit einer Scheibenbremse ausgerüstet.

und Quarzuhr, Doppelfanfare und Zylinderschutzbügel. Wahlweise gab es einen normalen oder hochgezogenen Lenker. Mit dem Triebwerk der S schaffte die Basis-R 100 nun Geschwindigkeiten von deutlich über 180 km/h. Die R 100 S war ab Herbst 1978 mit 70 PS bei 7.250 U/min genauso stark motorisiert wie die RS. Auch wurde sie jetzt ab Werk ebenfalls mit einer Scheibenbremse am Hinterrad ausgerüstet. Während die R 80/7 unverändert in beiden Leistungsversionen weiterproduziert wurde, verschwand die R 60/7 ganz aus dem Programm - nicht zuletzt mangels Nachfrage. Die RS zeigte sich in neuen Farben, war unter anderem in blau/weiß zu haben. Neu war beim Topmodell der Ölkühler mit geschlossenem Motorverkleidungsteil für noch bessere Aerodynamik.

1978: R 100 RT mit Tourenverkleidung

Star auf dem BMW-Stand 1978 war der neue, 70 PS starke und in erster Linie für den US-Export entwickelte Supertourer R 100 RT, der technisch und motorisch auf der aktuellen RS basierte, aber eine völlig neu entwickelte Tourenverkleidung besaß, von BMW als "Touring-Integral-Cockpit" apostrophiert.

Das ausladende Verkleidungs-Oberteil und die extra große Scheibe schützten besonders gut vor Wind und Wetter, der hochgezogene Tourenlenker gestattete eine vollkommen aufrechte Sitzhaltung. Prallplatte und Lenkungsdämpfer waren ebenso wie eine Doppelfanfare selbstverständlich serienmäßig.

Der Windschutz der RT ließ sich in drei Stufen an Fahrergröße und Sitzposition anpassen. Luftschächte im linken und rechten Seitenteil führten die Luft ins Cockpit, verstellbare Rosetten erlaubten wie im Auto eine individuelle Luftverteilung. Unterhalb der Rosetten befanden sich fest eingebaute und verschließbare Ablagefächer. Der neu gestaltete Instrumententräger umfaßte neben Tacho und Tourenzähler Voltmeter und Quarzuhr. Als Sonderausrüstung wurden ab Frühjahr 1979 ausklappbare Zusatzscheinwerfer angeboten, die mit Handhebeln im Cockpit aus- und eingefahren werden konnten. Die entsprechende Elektrik war bereits vorgerüstet.

Auch außerhalb der Verkleidung war die RT speziell für Langstreckenfahrten präpariert. So hatte der fünfte Gang Schongang-Charakter, reduzierte Verbrauch und Lärm. Die Doppelsitzbank war in der Polsterung verstärkt und endete in einem Gepäckhalter. Serienmäßig waren auch die Halter für die beiden Motokoffer sowie eine Steckdose hinter der Batterieblende. Gegen Aufpreis konnte der Kunde sogar eine Schaltwippe haben. Dem genüßlichen Touren stand damit nichts mehr im Wege. Erfolgreich war die R 100 RT - ganz nach Plan - vor allem in Ländern wie den USA; über 80 Prozent der Fahrzeuge wurden exportiert, jede vierte BMW ging Ende der 70er Jahre in die Staaten. In abgewandelter Form tat sie auch bei den Behörden Dienst, uns allen ist sie als Polizeimaschine der 80er Jahre bestens in Erinnerung.

Der Autor schrieb in der "Auto Zeitung": "Für Höchstgeschwindigkeits-Fanatiker wurde die Dicke sowieso nicht gemacht. Eher für jene, die zur Kontrolle derselben eingesetzt werden: für Streifenpolizisten." Und weiter: "Gut bedient sind Gemütsmenschen, die ausgedehnte Touren lieben. Und das nicht nur sonntags und bei Sonnenschein, sondern auch im Winter und bei Regen. Denn die kaum neun Kilo leichte Vollverkleidung hält auch an nieselnassen Herbsttagen die Unbill schnöder Witterung vom Fahrer fern. Selbst die Füße bleiben warm und trocken. Ein Komfort fast wie im Auto. Ausgefuchste Biker freilich bedauern, daß bei der R 100 RT der so sehr geschätzte unmittelbare Kontakt zur Straße teilweise verlorengeht. Und weil der Winddruck gänzlich fehlt, läßt sich die Geschwindigkeit rein gefühlsmäßig schlechter einschätzen. Nicht ungefährlich für Anfänger, die sich aus Prestigegründen solch ein Motorrad zulegen..."

Bemängelt wurde auch die hohe Seitenwindempfindlichkeit: "Wenn herbstliche Wirbelwinde fegen, dann ist es mit dem spurtreuen Geradeauslauf schnell vorbei. Wer sich mit der R 100 RT allerdings über kurvenreiche Landstraßen bewegt, fühlt sich wie der König der Lüfte - sicher, elegant, souverän." Auf welliger Piste überzeugte der Luxusdampfer

Als Boxer mit Tourerqualitäten empfahl sich die Ende 1978 eingeführte R 100 T. Sie hatte 65 PS, Leichtmetallräder und Kofferhalter.

Dollar und damit so viel wie ein ausgewachsener Mittelklassewagen. Mit großer Sorge beobachtete man gerade bei BMW den von den Japanern forcierten Trend zu extrem leistungsstarken und schweren Motorrädern.

Honda hatte mit der sechszylindrigen CBX 1000 einen Superlativ auf die Räder gestellt, Kawasaki präsentierte 1978 den sechs Zentner schweren und zunächst 120 PS starken Sechszylinderboliden Z 1300. Yamaha hielt mit der in Grenzsituationen schwer beherrschbaren XS 1100 dagegen. Allenthalben machte man sich Gedanken über die Zukunft des Motorradfahrens. Der erfolgreiche finni-

mit überragendem Komfort. Neu war, daß das Riesenrad nur noch mit Abblend- oder Fernlicht gefahren werden konnte, der herkömmliche Lichtschalter war - vorübergehend - überflüssig geworden. Fazit des Testers: "Insgesamt ein Motorrad für gesetzte Herrschaften, die gern ein bißchen auffallen und automobile Bequemlichkeit mit der Sportlichkeit des Motorradfahrens verbinden wollen." Das nötige Kleingeld dafür durfte aber nicht fehlen: Genau 11.450 Mark kostete die RT.

Späte 70er: Appelle an die Vernunft

Marktpolitisch standen die Zeichen damals auf Sturm. Der BMW-Export litt unter dem Verfall des Dollarkurses, eine R 100 RS kostete in den USA über 5.700

Eine Klasse für sich war die R 100 RT. Sie kam 1978 auf den Markt und bot sich mit ihrem speziell entwickelten "Touring-Integral-Cockpit" vor allem für Fernreisen an (Modell 78 Mitte und unten). Im Bild oben nimmt eine 1980er RT die Kurve gemeinsam mit einer R 45.

sche Journalist und Rallyefahrer Rauno Aaltonen verbreitete in einem von BMW zur IFMA 78 herausgebrachten Faltblatt Untergangsstimmung: "Ich bin sicher, daß uns die Motorradentwicklung in eine Sackgasse geführt hat, ... in der es zu einer Auseinandersetzung mit der öffentlichen Meinung und mit Sicherheit zu ... Restriktionen kommen wird." Selbst die vom Vollgasfahren lebende Zeitschrift "PS" gab sich damals fortschrittskritisch. Redakteur Wolfgang Bernhard schrieb: "Es gibt auch PS-starke Motorräder, die in der richtigen Hand sicheres Überholen und gefahrloses, schnelles Vorankommen erlauben. In

Ein begehrtes Extra für die großen Boxer waren in den 80ern die Nivomat-Federbeine.

der falschen Hand werden sie zur gefährlichen Waffe. Aber sollen wir das Messer abschaffen, weil sich ein paar Ungeschickte in die Finger schneiden?" Rauno Aaltonen setzte da noch eins obendrauf: "Ein solches Motorrad ist kein Messer, sondern - verglichen damit - eine Hochleistungs-Kreissäge für die Aufgabe des Brotschneidens. Wenn die unselige Entwicklung zur Hochleistungs-Kreissäge zum Brotschneiden weitergeht, wird der Staat dafür sorgen müssen, daß sie ein Ende nimmt..."

OHC-Boxer: Entwicklung gestoppt.

Mit seinen leichten und im Vergleich zu japanischen Superbikes eher bieder motorisierten Boxern stand BMW natürlich nicht im Verdacht, die Entwicklung zur Kreissäge mit voranzutreiben (auch wenn die ebenfalls 1978 eingeführten kleinen Modelle R 45 und R 65 so hoch drehten wie kein anderer Boxer je zuvor; mehr darüber später). Eindringlich appellierte auch der damalige Chef der BMW Motorrad-GmbH, Rudolf Graf von der Schulenburg, an die Vernunft der (anderen) Motorradhersteller: "Vernunft bedeutet ... für alle Hersteller eine Art der Selbstbeschränkung und die Rückkehr zu verantwortungsbewußten Konzeptionen und Konstruktionen im Motorradgeschäft."

Immerhin setzten sich die Verantwortlichen damals erstmals gemeinsam

an einen Tisch und beschlossen das legendäre 100-PS-Limit für den deutschen Markt. Während die Japaner fortan drosseln mußten, hatte BMW sich erst bis zu diesem Limit hochzuarbeiten; die Bayern erreichen es dann zehn Jahre später mit der vierzylindrigen K 1. Schon 1979 geisterten erstmals Zeichnungen von Prototypen mit längs liegenden Reihenmotoren durch die Presse. Aber sogleich hieß es, gewissermaßen abwehrend: "Der Boxer darf nicht sterben" (Helmut Luckner in "Motorrad"). Für die Japaner war der Boxer schon Ende der 70er so etwas wie ein Dino im Jurassic-Park. Sie ließen sogar verlauten: "Wenn es BMW einmal schlecht gehen würde, müßten wir zusammenlegen, um die Marke zu erhalten." 1994 kam alles ganz anders: BMW kaufte Rover und gab Honda das Nachsehen.

Gestoppt wurde 1978 die Entwicklung von Nachfolgemodellen für die R 100-Reihe. Der unter der Codierung "K 1" laufende Zukunftsboxer kam über das Prototypen-Stadium unter anderem nicht hinaus, weil er zu schwer (255 kg) und zu teuer geraten war. Ulkte damals Helmut Luckner in einem Leitartikel: "Die K 1, die 1980 starten sollte, war mit einer weiterentwickelten Ausgabe des 1000 cm³-Boxers ausstaffiert. Versuche mit zahnriemengetriebenen, obenliegenden Nockenwellen brachten nur den Spottnamen 'Hosenträger-Boxer', aber keine zusätzliche Leistung."

Einen spürbaren Fortschritt im Fahrwerksbereich brachten die gemeinsam mit Boge entwickelten "Nivomat"-Federbeine, die ab Februar 1980 wahlweise und gegen Aufpreis für alle Boxer zu haben waren. Die hydropneumatischen Federbeine paßten sich jeder Belastung automatisch an, Federwege und Bodenfreiheit blieben stets unverändert.

1980: modernisierte Motoren, bessere Bremsen; neu: R 100 CS und R 100

Das Jahr 1980 stand ganz im Zeichen der neuen Super-Enduro R 80 G/S, die am 1. September in Avignon vorgestellt wurde und den Grundstein zu einer komplett neuen BMW-Motorrad-Generation

legte (s.a. Kapitel ab Seite 120). Mit dem Erscheinen der Enduro nahm BMW die R 80/7 aus dem Programm. Sie fand erst zwei Jahre später in der R 80 ST eine Nachfolgerin. Die R 100 S verabschiedete sich im Frühjahr mit einer speziell lackierten Sonderserie und wurde dann durch die noch besser ausgestattete und technisch wesentlich modernere R 100 CS abgelöst. Die zunächst ausschließlich montierten Speichenräder wurden später durch stabilere Gußräder ersetzt. Mit einem Trockengewicht nahe 200 kg war die 70 PS starke "Classic Sport" die leichteste Tausender ihrer Zeit.

Nicht nur die CS war eine Stufe zeitgemäßer, alle Einliter-Modelle hatte

man für die Saison 1981 optimiert und
aufgewertet. Komplett überarbeitet präsentierte sich der Boxer-Motor. Er zeigte
nicht nur ein neues Design mit schwar-
zem Anlassergehäusedeckel, sondern
war auch wesentlich wartungsfreundli-
cher und noch standfester geworden.

Zu den wichtigen technischen Verbesserungen gehörten ein verstärktes Motorgehäuse, ein modifizierter Ölkreislauf
mit größerer Ölwanne, ein gut zugängli-
cher Plattenluftfilter mit besserer
Geräuschdämpfung, eine elektronisch
gesteuerte Zündanlage und ein elektronischer Regler. Alle Triebwerke besaßen
jetzt buchsenlose Aluminium-Zylinder
mit nikasilbeschichteten Laufbahnen.

**70 PS leistete der stark überarbeitete Motor
der von 1980 bis 1984 produzierten R 100 CS
"Classic Sport". Nur die Urversion hatte Speichenräder; später kamen Gußräder.**

Ein zweites Interferenzrohr für den Auspuff direkt unter dem Getriebe verbesserte den Leistungs- und Drehmomentverlauf. Der Choke-Hebel war vom Motorgehäuse an den Lenker gewandert,
der Gaszug lief dank neuer Führung besser. Die überarbeiteten Gleichdruckvergaser wiesen zusätzliche Schieber-
führungen auf. Auch die Kupplung war
neu gestaltet worden; sie war nun bedeu-
tend leichtgängiger, erforderte 30 Prozent weniger Handkraft. Neue Festsat-
tel-Scheibenbremsen mit neuartigen, asbestfreien Semimetall-Bremsbelägen
verbesserten das Naßbremsverhalten.
Der Bremsflüssigkeitsbehälter saß endlich da, wo er hingehörte: am Lenker.

Das 1000er Basismodell sah aus wie
frisch aus dem Jungbrunnen, hieß ab sofort schlicht R 100 und verfügte mit dem
neuen Motor jetzt über 67 PS (49 kW).
Das Triebwerk wurde allgemein als elastisch, durchzugskräftig und kultiviert
gelobt.

1982: kleiner Tourer R 80 RT mit 50 PS

Ab 1982 verkaufte BMW als preis-
werte Alternative zum großen Einliter-
Tourer die R 80 RT. Sie besaß den 800er

Die R 100 RS war schon 1981 ein Klassiker. Auch sie hatte den im Detail verbesserten, wartungsfreundlicheren und standfesteren Boxer. Neu waren unter anderem Motordesign, Plattenluftfilter, elektronische Zündung.

Boxermotor der Schwestermodelle G/S und ST, der mit munteren 50 PS für akzeptable Fahrleistungen sorgte. Das Fahrwerk entsprach dem Langschwingen-Chassis mit konventionellen Federbeinen, wie es auch die R 100 RT besaß. Nur gegen Aufpreis zu haben waren bei der kleinen RT Zeituhr, Voltmeter und Nivomat-Federbeine. Das Fahrwerk war ganz auf Komfort ausgelegt. Mit Funk ausgerüstet waren diejenigen Exemplare, die ab Juni 1983 dem ADAC für die "Stauberatung" auf Autobahnen zur Verfügung gestellt wurden. Für alle großen Boxer erhöhte BMW mit Wirkung vom 1. April 1981 das zulässige Gesamtgewicht von 398 auf 440 kg. Voraussetzung: Reifen mit erhöhter Tragkraft und bei bestimmten Typen spezielle Bremsbeläge.

Im Alltagsbetrieb hatten die großen Boxer die bekannten Vorzüge, das Fahrverhalten jedoch konnte nicht restlos begeistern. Treffend hat es Tester Franz Josef Schermer seinerzeit charakterisiert: "Alle 1000er BMW-Typen, besonders die R 100 CS, pflegen ab 160 bis 170 km/h sichtlich zu pendeln. Durch genaues Justieren aller Lagerstellen und peinlich genaue Einhaltung des empfohlenen Reifenluftdrucks kann man der Problemlösung sehr nahe kommen. Bestechend ist der Fahrkomfort, die langhubige Federung vorn und hinten steckt auch grobe Unebenheiten weg." Störend waren die Resonanzschwingungen, die der Motor bei hohen Drehzahlen in Verbindung mit der Verkleidung erzeugte.

BMW litt ab 1982 aber weniger unter spezifischen Schwächen bestimmter Produkte als vielmehr unter der weltweit

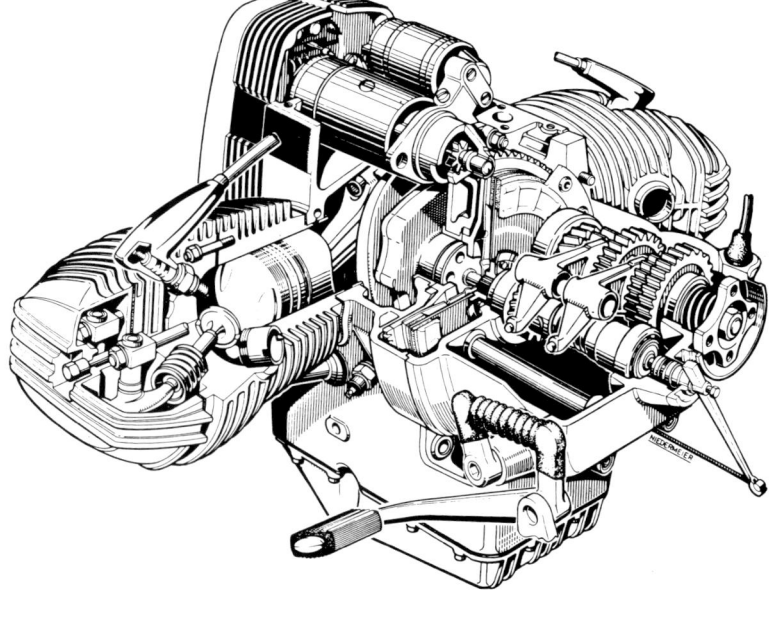

nachlassenden Nachfrage nach Motorrädern und dem damit einhergehenden Preisverfall. Dr. Eberhardt Sarfert, zu jener Zeit an der Spitze der Motorrad GmbH: "Die Frage drängt sich auf, wie die Hersteller und vor allem der Handel mit teilweise fast schon ruinös anmutenden Preisen wirtschaftlich noch zurechtkommen können." BMW hielt sich aus dem Preiskrieg raus und bereitete mit einer Investition von 150 Millionen Mark in die Berliner Motorradfertigung den Serienstart der neuen Vierzylindermodelle vor. Gleichzeitig wurde den Boxer-Fans Trost gespendet: "Es ist überhaupt nicht daran gedacht, den Boxer aufzugeben. Die Boxerlinie von BMW wird ... perfektioniert und weiterentwickelt."

1984: Ende für die starken Einliter-Boxer

Doch das war anders gemeint, als es von vielen Freunden der klassischen Boxer aufgefaßt wurde: Nachdem die neuen K-Modelle mit flüssigkeitsgekühlten Vierzylindermotoren im August 1983 vorgestellt worden waren, mußte auch der treueste Boxer-Fan erkennen, daß den alten Modellen bald die Stunde schlagen würde. Daß die Oldtimer noch über die Jahreswende hinweg im Programm bleiben konnten, war nichts weiter als ein Rückzugsgefecht und erklärte sich vor allem aus Exportverpflichtungen. Im Frühsommer 1984 war es dann so weit: R 100, R 100 CS, R 100 RT und R 100 RS mußten sich aufs Altenteil zurückziehen; man brauchte die Bänder in Berlin Spandau für die florierende K-Produktion. Die alte Schule wurde jetzt nur noch von der R 80 RT vertreten, die unverändert bis zum Herbst 1984 aus den Montagehallen rollte. Daß die klassischen 1000er Boxer schon 1986 ein Comeback erleben würden, hätte im Rezessionsjahr 1984 niemand vorauszusagen gewagt.

Anläßlich der IFMA-Pressekonferenz am 19. September 1984 nannte Dr. Eberhardt Sarfert die Gründe für den damals dramatischen Rückwärtstrend im Motorradbereich: "Gerade die Jugendlichen, die das Käuferpotential des Motorradmarktes entscheidend mitbestimmen, sind von der Arbeitslosigkeit mit am stärksten betroffen und damit zunehmend verschlechterten Einkommensverhältnissen ausgesetzt." Auch die japanischen Hersteller machte Sarfert mitverantwortlich für die Situation: "Eine riesige Überproduktion und eine wahre

Als kleiner Tourer mit 50 PS kam 1982 die R 80 RT auf den Markt, wie die R 100 RT (links) mit konventionellen Federbeinen bestückt.

Motorrad aus dem Baukasten: R 80 1984

Wie es weitergehen sollte mit dem Boxer, war nach dem Aus für die großen Einliter-Modelle nicht ganz klar gewesen. Zwar verkaufte sich die Enduro R 80 G/S blendend, die Liebhaber des klassisch unverkleideten, großvolumigen Straßenboxers jedoch fanden bei der Traditionsmarke kein passendes Angebot mehr. Gottlob wurde die schmerzliche Lücke sehr schnell geschlossen - mit der neuen R 80, die auf der 84er IFMA ihre Premiere hatte. Es handelte sich allerdings nicht um ein komplett neu entwickeltes Motorrad, sondern um ein Straßenmodell, das man geschickt aus vorhandenen Komponenten zusammengemixt hatte: Rahmen und Instrumentierung stammten im Prinzip von der eingestellten R 100, Motor und Hinterradführung waren von der R 80 G/S und der

Modellflut überschwemmten den Markt. Sie führten zu überhöhten Lagerbeständen und somit zu einem Preiskrieg... Schleuderpreise mit Einbrüchen bis zu 30 Prozent brachten Hersteller und Händler in eine wirtschaftlich prekäre

Lage." BMW indes hatte unbeirrt am Hochpreisniveau festgehalten. Die R 45 kostete Ende 1984 immerhin 7.690 Mark. Mit der Einführung der K-Modelle war es den Bayern sogar gelungen, ihren Marktanteil auszuweiten.

kleinen RT her bestens bekannt. Sarfert: "Die R 80 verkörpert das klassischsportliche Motorrad, ist gewissermaßen der Boxer pur." Mit vollgetankt 210 kg zählte die anfangs 9.990 Mark teure R 80 zu den Leichtgewichten ihrer Klasse.

Der Motor lieferte weiterhin kernige 50 PS, war bei allen 800ern aber geringfügig modifiziert worden. Geänderte Kipphebellager sorgten für eine deutliche Verringerung der Ventilgeräusche. Die klassische Linie der R 80 wurde durch eine schräg hochgezogene Auspuffanlage mit zwei konisch geformten Endschalldämpfern unterstrichen. Drehmomentverlauf und Geräuschdämpfung waren besser als bei der Enduro.

Der 22-Liter-Tank und die schlichten Rundinstrumente erinnerten an die großen Boxer der 70er Jahre. Neu war die komfortable Sitzbank mit Haltegriffen für den Beifahrer und einem Heckteil mit 5,5 Liter fassendem Stauraum.

Wesentliche Verbesserungen wies das Fahrwerk der R 80 auf. Neu konzipiert war die Teleskopgabel mit 175 mm Federweg und 38,5 mm dicken Standrohren. Ein in den Vorderradkotflügel integrierter Stabilisator erhöhte die Steifigkeit. Verzögert wurde vorn mit einer auf 285 mm Durchmesser vergrößerten Einscheiben-Festsattelbremse. Eine Neu-

entwicklung waren auch die filigranen 18-Zoll-Leichtmetallräder mit Speichen in Y-Anordnung; sie gestatteten jetzt auch das Aufziehen von schlauchlosen Reifen. Den bewährten Rahmen hatte man im Bereich des Rückgratrohrs und des angeschraubten Heckauslegers sorgsam verstärkt.

Alle Boxer jetzt mit Monolever-Schwinge

Bedeutendste Neuerung war die von der G/S übernommene Einarm-Hinterradschwinge. Das BMW "Monoleversystem" überzeugte durch torsionssteife Radführung und niedriges Gewicht, erlaubte außerdem einen problemlosen

Motorrad pur - das war die von 1980 bis 1984 verkaufte R 100 mit 67 PS. Die zeitlos-schöne Linie kann heute noch begeistern. Mit der R 80 RT rüstete der ADAC seine "Stauberater" aus; das Bild entstand 1983.

Die R 80 führte nach dem Produktions-stopp für die 1000er Boxer ab 1984 die klassische Linie fort. Der 50-PS-Motor lief ruhiger, das Fahrwerk war mit neu konstru-ierter Telegabel und Monolever-Hinterrad-schwinge up to date.

Entscheidender Umbruch 1985:
K 75 löst die kleinen Boxer ab; neue R 65

Im September 1985 setzte BMW mit Einführung der dreizylindrigen K 75-Modelle abermals einen Meilenstein. Gleichzeitig kam das Aus für vier Bo-xermodelle: R 45, R 65, R 65 LS und R 80 ST. Spätestens mit Erscheinen der R 80 ein Jahr zuvor war klar gewesen, daß die Stunde des Enduro-Ablegers ST bald schlagen würde. Es war kein Platz für zwei gleich starke und ähnlich konzi-pierte Boxer im BMW-Programm.

Die zuletzt nur noch schwer verkäufli-chen Typen R 45, R 65 und R 65 LS wur-den im September 1985 von einem einzi-gen Modell abgelöst, das im Prinzip al-lerdings keine Neuheit war, sondern eine R 80 mit einem 650er Boxer, der auf den bekannten kleinen Boxertriebwerken ba-sierte, im Detail aber ordentlich modifi-ziert worden war. Natürlich konnte das

Radausbau. Im Gegensatz zur G/S und ST war bei der R 80 das vierfach ver-stellbare Gasdruckfederbein jedoch nicht am Schwingenarm, sondern direkt am Hinterachsgehäuse angelenkt. Ein Kegelrollenlager im Hinterachsantrieb nach dem Vorbild der K-Reihe erhöhte die Belastbarkeit. Eine stärkere Batterie und ein verbesserter Hauptständer run-deten das Ausstattungspaket ab.

Die wichtigsten Detailverbesserungen an Motor und Fahrwerk waren auch der R 80 RT zugute gekommen. Das neue Modell war abgesehen von der Vollver-kleidung technisch mit der R 80 iden-tisch und hatte jetzt ebenfalls die moder-ne Monolever-Einarmschwinge. Auch die übrigen Fahrwerksdetails waren bei beiden Modellen gleich: feiner anspre-chendere Gabel, 18-Zoll-Räder, Brems-anlage mit einer Scheibe vorn. Kein Wunder, daß die neue RT ruhiger gera-deauslief und in Kurven besser lag. Außerdem war sie mit 227 kg für einen Tourer bemerkenswert leicht. Testurteil: "Dank kürzerer Federwege, neuer Tele-gabel, Einarm-Hinterradschwinge und längerem Nachlauf ist das RT-Chassis das Beste, was es bei Reisemaschinen dieser Klasse derzeit gibt."

Die Produktion der neuen R 80-Mo-delle lief im November 1984 an. Erst acht Jahre später, nämlich mit Ein-führung der R 80 R 1992, wurde die R 80 aus dem Programm genommen. Die R 80 RT erfreute sich - in all den Jahren weitgehend unverändert weitergebaut - bis zum Produktionsstopp im August 1994 großer Beliebtheit..

neue, 9395 Mark kostende "Einstei-germodell" wieder nur R 65 heißen - bekanntlich verweist seit den 40er Jahren bei BMW der Modellname auf den Hubraum.

Wahlweise war die neue R 65 mit 27 oder 48 PS zu haben (20 oder 35 kW), die 27-PS-Version war beson-ders anfängerfreundlich und versi-

Auch die R 80 RT bekam 1984 das Fahrwerk mit Einarmschwinge an der Hinterhand. Das Bild in der Mitte zeigt das Monolever-System. Unten die 1986 wiederaufgelegte R 100 RS.

Auch die 27-PS-Version erfreute durch satten Durchzug. Gegenüber der alten R 45 war das maximale Drehmoment um 30 Prozent auf 45 Nm gesteigert worden; schon bei 3.500 Touren war der Drehmomentgipfel erreicht. Das Motorradmagazin Mo lobte: "Die neue R 65 wird dem Image eines durchzugsstarken Boxers voll gerecht. Schon knapp über Leerlaufdrehzahl zieht sie ordentlich davon, was einer nerven- und materialschonenden Fahrweise sehr entgegenkommt." Mit aufrecht sitzendem Fahrer erreichte die 48-PS-Version eine Spitzengeschwindigkeit von beachtlichen 161 km/h.

R 65 auch mit 27 PS und viel Drehmoment

Optisch und fahrwerkstechnisch gab es keine Unterschiede zur R 80: verstärkter Doppel-Schleifen-Rohrrahmen, Einarmschwinge mit Monoshock-Federbein, Leichtmetall-Gußräder im Y-Design, schlauchlose Niederquerschnitts-

cherungsgünstig. Kostensenkend wirkte sich auch aus, daß die R 65 mit bleifreiem Normalbenzin betrieben werden konnte. Auch für die übrigen BMW-Modelle war jetzt zeitgemäßer Bleifrei-Kraftstoff zugelassen.

Obwohl die Leistung der ungedrosselten Version gegenüber dem Vorläufermodell um zwei PS abgenommen hatte, wirkte die neue R 65 keineswegs schmalbrüstiger - im Gegenteil: Weil man den Drehmomentverlauf entscheidend hatte verbessern können, zog der Motor viel kräftiger "von unten heraus" los. Das maximale Drehmoment von 47,8 Nm stand nicht erst bei 6.500 U/min wie bisher, sondern schon bei 3.500 U/min zur Verfügung. Von den Mitbewerbern ihrer Klasse unterschied sich die R 65 durch den charaktervollen Auftritt und das unverwechselbare Design.

und fahrerisch anspruchsvolle Strecken für Motorradfahrer gesperrt - auf Druck der protestierenden Bevölkerung.

1986: Comeback der legendären R 100 RS

Auf ganz andere Art Druck machten die Japaner und Amerikaner: Sie wollten einfach die bullige R 100 RS wiederhaben und setzten zur großen Verwunderung der Boxergemeinde tatsächlich durch, daß der 1976 erstmals präsentierte und 1984 beerdigte Klassiker auf der IFMA 86 ein sensationelles Comeback feiern konnte - in neuem Farbdesign (perlmuttweiß-metallic, hennarot) und mit modernisierter Technik. Bei einem

Praktisch eine R 80 mit 650er Motor war die ab 1985 gebaute R 65, hier im Tourentrimm mit Scheibe und Zusatzscheinwerfern. Vor allem die 48-PS-Version war voll soziustauglich.

reifen, kegelrollengelagerter Hinterachsantrieb, Telegabel mit 38,5 mm dicken Standrohren und Stabilisator, 285-mm-Bremsscheibe vorn. Bei einem Leergewicht von nur 205 kg (vollgetankt mit 22 Litern!) durfte die R 65 satte 235 kg zuladen, was sie zu einer ausgezeichneten und beliebten Tourenmaschine machte. Nicht zuletzt aufgrund der vernünftigen und zukunftsorientierten Modellpolitik ging es wirtschaftlich 1985 mit der Motorrad-GmbH wieder bergauf: Am Ende des Jahres hatte BMW mit 37.000 Einheiten so viele Motorräder produziert wie nie zuvor.

80er Jahre: weltweite Motorradkrise

Weltweit bremste sich die Talfahrt des Motorrads zwar ab, doch gab es auch 1986 noch keinen Grund zu überschwenglichem Optimismus. Hatten sich im Rekordjahr 1981 noch 1,7 Millionen Fahrzeuge verkaufen lassen, waren es 1986 nur noch gut 1,0 Millionen. In den USA hatte sich der Absatz auf unter 500.000 Einheiten halbiert. Dr. Eberhardt C. Sarfert, weiterhin Chef der BMW Motorrad GmbH, malte zur Eröffnung der 86er IFMA ein düsteres Bild:

"Die vielfach überkritische, oft unsachlich und polemisch geführte öffentliche Auseinandersetzung mit dem Thema Motorrad hat zweifellos ihre Spuren hinterlassen." Und weiter: "Uns erfüllt es mit Sorge, daß viele Jugendliche heute nicht nur aus finanziellen Gründen dem motorisierten Zweirad den Rücken kehren. So sank der Anteil der unter 20jährigen Käufer gegenüber 1980 um 70 Prozent." Die neuen Konkurrenten des Motorrads: Das waren Mountainbike und Drachenflieger, Surfbrett und Computer. Erstmals wurden landschaftlich schöne

Preis von 15.700 Mark lag die neue RS genau zwischen der K 100 und der K 100 RS. Weil die Auflage zunächst auf 1.000 Exemplare begrenzt war, setzte sogleich ein Run auf die noble Rarität ein.

Nüchtern betrachtet handelte es sich bei der wiederbelebten RS wieder um einen gekonnten Mix aus dem BMW-Baukasten: Rahmen, Fahrwerk und Auspuffanlage von der R 80, Verkleidung aus dem Fundus, Motor (mit Modifikationen) gewissermaßen aus dem Ersatzteillager für die alten 1000er Boxer. Bei genauem Hinsehen allerdings war auch

Vor allem auf japanischen und amerikanischen Wunsch hin legte BMW 1986 eine modernisierte R 100 RS mit Monolever-Schwinge und 60-PS-Motor auf. Ab 1987 gab es auch wieder eine zeitgemäß aufbereitete R 100 RT.

Fortschritt erkennbar. So erfüllte der große Boxer bereist die Lärm- und Abgasvorschriften, die europaweit erst 1988 gültig werden sollten. Er ließ sich dank neu konstruierter Zylinderköpfe mit gehärteten Ventilsitzen mit bleifreiem Normalbenzin betreiben und leistete nur noch 60 PS bei 6.500 U/min statt wie früher 70 PS bei 7.000 U/min. Verantwortlich für die Drosselung waren neben den kleineren Ventilen und der zurückgenommenen Verdichtung die 32er Vergaser, die man an Stelle der 40er eingesetzt hatte. Erstmals wurde in Zusammenhang mit dem neuen Motor bei BMW vom "umweltfreundlichen Mo-

torrad" gesprochen. Erfreulich: Das maximale Drehmoment von 74 Nm war nun schon bei 3.500 Umdrehungen verfügbar (gegenüber 76 Nm bei 6.000 U/min bis 1984). Kurbeltrieb, Kupplung und Getriebe stammten vom 800er Triebwerk. Kolben und Zylinder kamen von der alten RS.

Wie sich auf der Straße zeigte, bot das neue Einliter-Triebwerk eine besonders kraftvolle Leistungsentfaltung von unten heraus. Testzitat aus "Motorrad": "Das enorme Drehmoment von 74 Nm schon bei 3.500 U/min und die Laufruhe bei diesen mittleren Drehzahlen verwöhnen den Fahrer." Was man damals noch nicht wußte: Der neue 60-PS-Boxer war dazu bestimmt, später auch die neue Super-Enduro R 100 GS anzutreiben; sie kam ein Jahr später auf den Markt.

Rahmen, Gabel, Hinterradführung und Räder der neuen RS befanden sich auf dem technischen Stand der übrigen

Boxermodelle von der R 65 bis zur R 80 RT: verstärkte Telegabel mit Stabilisator, 18-Zoll-Leichtmetallräder im Y-Design, Einarmschwinge mit Monoshock-Federbein. Für angemessene Verzögerung der 185 km/h schnellen Maschine sorgte allerdings eine verbesserte Bremsanlage mit zwei 285 mm großen Scheiben vorn und einer starken Trommel hinten.

Der unverändert vom alten Modell übernommenen RS-Verkleidung wurde bescheinigt, daß sie nach wie vor aerodynamisch vorbildlich sei. "Sie wurde speziell für den aufrecht sitzenden Fahrer gestaltet und nicht wie die Kunststoffschalen vieler japanischer Sportmaschinen für den langliegenden Fahrer..." ("Motorrad" 4/87). Handlichkeit und Bremsleistung waren deutlich besser als bei der Ur-RS.

1987: Neuauflage des Tourers R 100 RT

Im September 1987 kam dann, was nun eigentlich kommen mußte: BMW bescherte auch dem Langstreckentourer R 100 RT wieder ein Comeback. Einschließlich der neuen Enduromodelle umfaßte die Boxer-Palette plötzlich wieder mehr Modelle als die K-Reihe: acht Typen von 650 bis 1000 cm³ gegenüber drei K 75- und vier K 100-Versionen.

Nachdem die auf 1.000 Exemplare begrenzte Sonderserie der R 100 RS ausverkauft war, entschloß sich BMW, die-

ses Motorrad wieder zum festen Bestandteil des Programms zu machen. Erst im Spätsommer 1992 verschwand die RS wieder von der Bildfläche; die Produktion wurde nun endgültig und für alle Zeiten eingestellt.

Motor und Fahrgestell der reaktivierten R 100 RT waren mit der Technik der R 100 RS identisch. Der Unterschied zur weiterhin produzierten R 80 RT bestand eigentlich nur in Hubraum und Leistung. Hervorstechendstes Merkmal des 60 PS starken Tourers war die große Handlichkeit. Serienmäßig war die 1000er RT mit Ölkühler, Quarzuhr, Doppelscheibenbremse, Voltmeter und Integralkoffern

ausgerüstet. Damit lag das Aussattungsniveau der 16.150 Mark teuren Maschine deutlich über dem der 2.400 Mark billigeren R 80 RT. Im Gegensatz zur RS blieb die bullige R 100 RT weiter im Programm, stand auch im Frühjahr 1994 noch in den Preislisten.

1990: Modellpflege und 27-PS-Versionen

Ende 1990 erfuhren die klassischen ohv-Boxer nochmals geringfügige Pflegemaßnahmen. So wurden die Vorderradbremsen bei allen Modellen mit Einscheibenbremsanlagen verbessert (R 80, R 80 RT Export). Dabei blieb nur der Bremssattel unverändert. Die Bremsscheibe war nun schwimmend gelagert, also über Rollen mit dem Träger verbunden. Dies ermöglichte einen optimalen Flächenausgleich zwischen Scheibe und Belag, eliminierte Qietschgeräusche und erhöhte die Bremswirkung. R 80 und R 80 RT waren ab sofort auf Wunsch auch in einer versicherungsgünstigen 27-PS-Version zu haben. Mit geringem Aufwand ließen sich die Motoren wieder auf

Die R 100 RT war sogar 1994 noch fabrikneu zu haben. Für Schlagzeilen sorgte BMW 1990 mit der "Umweltoffensive". Im Bild das innovative Sekundär-Luftsystem SLS.

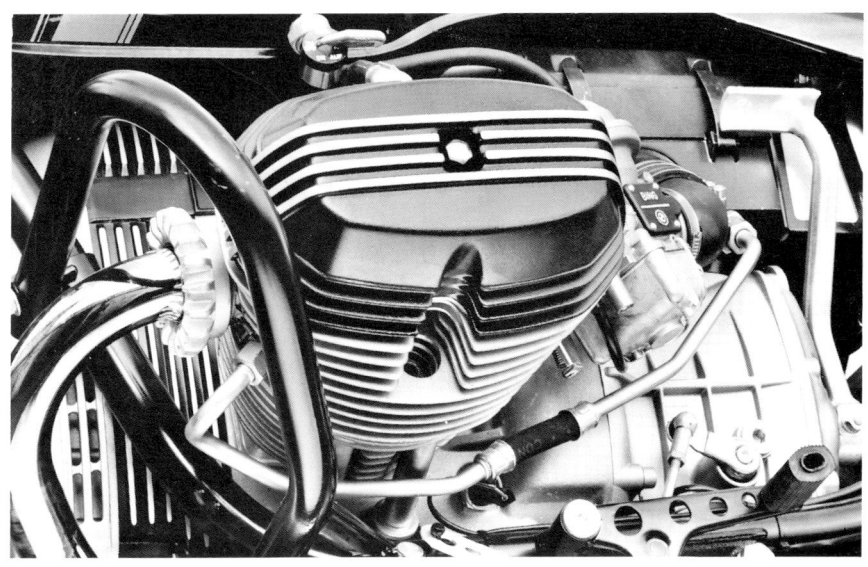

50 PS zurückrüsten. Die R 65 war bis zum endgültigen Produktionsstopp im Herbst 1993 nur noch in der einsteigerfreundlichen 27-PS-Version lieferbar.

Geringere Schadstoff-Emission durch Sekundär-Luftsystem (SLS)

Im Rahmen der auf der IFMA 1990 vorgestellten "Umweltoffensive", die mit geregelten Katalysatoren für die Vierventil-K-Modelle von sich reden machte, präsentierte BMW das fortschrittliche Sekundär-Luftsystem (SLS), das gegen geringen Aufpreis für alle Boxermodelle ab September 1990 lieferbar war. Leider war ein nachträglicher Einbau nicht möglich. Das System reduzierte durch Abgas-Nachverbrennung die Emission von Kohlenwasserstoffen um circa 30 und von Kohlenmonoxid um etwa 40 Prozent. Zuvor war das System bereits in den USA und in der Schweiz

Daß die klassische R 80 mit Vorstellung der R 80 R 1992 eingestellt wurde, haben viele Fans bedauert. Ende 1995 wird der ohv-Boxer voraussichtlich generell sterben.

zur Erfüllung der dortigen, schärferen Abgasbestimmungen eingesetzt worden. Beim SLS bewegen die Druckschwankungen im Auspuff zwei Membranventile im Luftfilterkasten, die bei geöffnetem Zustand Frischluft ansaugen. Die Luft wird über Stahlrohre zu den Zylinderköpfen geleitet und tritt dort unmittelbar hinter den Auslaßventilen in das Auspuffsystem ein. Der dadurch entstehende Luftüberschuß und die hohe Abgastemperatur bewirken eine direkte Verbrennung von HC und CO.

800er Boxer wahlweise auch mit reduzierter Leistung

Ab September 1991 wurden alle klassischen Boxer-Modelle mit Telegabeln des italienischen Spezialisten Marzocchi ausgerüstet. Die Herzen der Fangemeinde höher schlagen ließ die Präsentation des neuen Classic-Boxers R 100 R, der auf der Tokyo Motor Show im Oktober 1991 seine Weltpremiere feierte. Wir haben der Roadster-Serie ein eigenes Kapitel weiter vorn im Buch gewidmet.

Der europäischen Führerschein-Neuregelung entsprechend waren im Modelljahr 1994 alle 800er Boxer-Modelle

nicht nur mit 50 PS (37 kW), sondern wahlweise auch mit 34 PS (25 kW) Leistung zu haben. Preisgünstige Kits erlaubten das nachträgliche Auf- oder Abrüsten bereits ausgelieferter Maschinen.

1994: letztes Aufgebot für den klassischen Zweiventil-Boxer

In die letzte Runde gingen die klassischen Boxer im Sommer 1994. Am 28. Juli verschickte BMW-Pressesprecher Hans Sautter eine Mitteilung, die nachdenklich stimmte: "Langsam, aber sicher neigt sich die Zeit des 'alten' BMW Boxers dem Ende zu. Konkret sieht der Auslauf der BMW Motorräder mit Zweiventil-Zweizylinder-Boxermotoren so aus: Mit Beginn des Modelljahrs 1995 am 22. August 1994 (nach dem Betriebsurlaub) werden im BMW Werk in Berlin-Spandau zunächst keine Zweiventil-Boxermodelle mehr produziert. Seine 'Abschieds-Vorstellung' gibt der 'alte' Boxer dann bei der IFMA vom 5.-9. Oktober 1994 in Köln. Dort wird BMW unter dem Begriff "Classic Boxer" vier Modelle mit 1000 ccm-Motor präsentieren. Diese vier Modelle - eine R 100 R, die R 100 R Mystik, eine R 100 GS P-D und eine R 100 RT - sollen bis in den Herbst 1995 produziert werden."

Diese vier wohl definitiv letzten Classic-Boxer zeigen wir auf den Seiten 66 bis 68 in diesem Buch. Denkbar ist natürlich, daß BMW durch eine entsprechend hohe Nachfrage gezwungen wird, diese Entscheidung noch einmal zu revidieren. Eine Wiederaufnahme der Zweiventil-Boxer-Produktion in Berlin wäre fertigungstechnisch jedenfalls kein Problem. Der VW Käfer ist auch schon mehrfach totgesagt worden. Doch seit 1994 läuft er in Brasilien wieder vom Band...

Die IFMA 94 brachte allerdings nicht nur die vier Classic-Modelle der „Last Edition", auch zwei neue Vierventil-Boxer ohne Verkleidung wurden vorgestellt: die R 1100 R Roadster und die R 850 R (s. a. Seite 54-57). Der ursprünglich ebenfalls für eine Premiere auf der IFMA vorgesehene Vierventil-Tourer R 1100 RT wird frühestens im Frühjahr 1995 präsentiert.

Foto Seite 117 und Seite 119 unten: R 100 von 1982. Der bis 1984 produzierte Klassik-Boxer gehört inzwischen zu den gesuchten Liebhaberstücken. Bild oben links: R 90 S der zweiten Serie von 1975/76 mit gelochten Bremsscheiben. Daneben die 73er R 75/5 von Autor Hans J. Schneider. Unten links: R 75/6 von 1973 mit Lederpacktaschen.

Freude am Fahren auch im Gelände: die Zweiventil-Enduros 1980 bis 1994

Der 1. September 1980 ist als ganz besonderer Tag in die BMW-Motorradgeschichte eingegangen. Denn damals präsentierte BMW der internationalen Fachpresse im südfranzösischen Avignon die inzwischen legendäre R 80 G/S. Wie wir heute wissen, versprachen die BMW-Presseleute und -Techniker nicht zuviel, als sie die bullige Zweizylinder-Enduro charakterisierten: "Die R 80 G/S ist als universell nutzbares Freizeit-Instrument konzipiert. Die sportlichen Elemente dieses Motorrads, die hohe Leistungsfähigkeit im Alltagsgebrauch und bei der Reise eröffnen eine neue Dimension des Motorradfahrens. Die R 80 G/S ist komfortabel auf Touren, voll soziustauglich und bietet die Möglichkeit, genügend Gepäck mitzunehmen."

Neben den damals üblichen Einzylindern japanischer Provinienz wirkte die frischgebackene Super-Enduro von BMW wie von einem anderen Stern: kräftiger und kultivierter Zweizylinder-Boxermotor mit 800 cm³ und 50 PS (bestens bekannt von der R 80/7 her), elektrischer Anlasser (zunächst auf Wunsch, später serienmäßig), reichlich Platz für zwei Personen samt Fernreisegepäck, großer Tank für weite Strecken ohne Tankstop, wartungsfreier Kardanantrieb, komfortables und eigens für den kombinierten Einsatzzweck entwickeltes Spezialfahrwerk - fürs Gelände "G" und für die Straße "S".

Innovativ: Monolever-Hinterradschwinge

Vor allem die richtungweisende "Monolever"-Hinterradschwinge bescherte der neuen G/S dicke Schlagzeilen. Anders als bei allen BMW-Motorrädern zuvor und anders als auch bei den Maschinen der Wettbewerber wurde die Schwinge von einem einzigen, rechts am Rad vorbeigeführten Gasdruck-Federbein abgestützt. Die Schwinge selbst zeigte nicht die beiden üblichen Rohre, sondern hatte nur einen einzigen, dafür aber besonders stabil ausgelegten Arm aus gegossenem Aluminiumrohr. Die vom Getriebeausgang nach hinten führende Kardanwelle lief - geschützt vor Staub und Nässe - in diesem Rohr

und übertrug die Drehbewegung mittels Kreuzgelenk und Kegelrad auf das große Tellerrad im Hinterachsgetriebe.

Als Clou gelobt wurde die Befestigung des Hinterrades an der Nabe: Es war nur mit drei Schrauben befestigt und ließ sich daher so leicht abnehmen wie ein Autorad. Die bekannte Steckachse suchte man bei der G/S vergeblich. Ganz nebenbei ergab sich durch das neuartige Bauprinzip eine Gewichtsersparnis um zwei Kilogramm. Die Torsionsfestigkeit war um 50 Prozent gewachsen, die unerwünschten Rechts-/Linkskräfte beim Einfedern fielen weg.

Wie alle Boxer des Jahrgangs 80/81 verfügte die R 80 G/S über eine Vorder-

rad-Scheibenbremse mit umweltverträglichen, asbestfreien Semimetall-Belägen. Das Naßbremsverhalten verbesserte sich um 40 Prozent. Die bei einem Durchmesser von 264 Millimetern recht ordentlich dimensionierte Scheibe verzögerte - anders als eine herkömmliche Bremstrommel - auch dann noch zufriedenstellend, wenn die Maschine mit zwei Personen sowie Gepäck beladen war und im Höchstfall ein Gesamtgewicht von 398 Kilo auf die Waage brachte. Das Trockengewicht war angesichts von Leistung und Ausstattung mit 167 Kilogramm sensationell niedrig, erhöhte sich jedoch bei fahrfertiger und vollgetankter Maschine auf 191 kg.

Mit speziell getunten Vorläufern der R 80 G/S und dem Gewinn mehrerer Meisterschaften hatte BMW Ende der 70er Jahre die sportlichen Qualitäten des Konzepts eindrucksvoll unter Beweis gestellt. Elektronische, wartungsfreie Zündung, galnikalbeschichtete und entsprechend thermisch belastbare Aluminium-Zylinder, Ölwannenschutz und neuartige Zwei-in-eins-Auspuffanlage gehörten zu den besonderen technischen Merkmalen des G/S-Boxers. Eine eigens entwickelte, ultraleichte Kupplung reduzierte die Handkraft am Hebel außerordentlich. Serienmäßig war die R 80 G/S zunächst lediglich mit einem Kickstarter ausgerüstet. Den elektrischen Anlasser gab es von Anfang an jedoch gegen Aufpreis. Ab 1982 war dann jede G/S ab Werk mit E- und Kickstarter ausgerüstet.

Zwei Punkte machten besonders viel Freude: der leistungsfähige Halogen-Scheinwerfer und die große Reichweite. Im Umgang mit dem Treibstoff (Normalbenzin) erwies sich die G/S trotz der beachtlichen Fahrleistungen als recht genügsam. Im Langstreckentest ermittelten wir einen Durchschnittsverbrauch von 5,9 l/100 km. Daraus resultierte - in Verbindung mit dem 19,5 Liter fassenden Tank - die respektable Reichweite von 330 Kilometern.

Eine Neuentwicklung waren auch die bis 180 km/h zugelassenen Spezialreifen mit grobem Universalprofil von Metzeler. Immerhin erreichte die G/S im fünften Gang Geschwindigkeiten von über 165 km/h und war damit die schnellste Enduro der Welt.

Bullig und kultiviert: der 50-PS-Boxer

Der 50 PS starke Zweizylinder-Boxermotor basierte auf dem 797-cm³-Triebwerk der Straßenmaschine R 80/7, war allerdings in vielen Details der neuen Aufgabe angepaßt worden. Das maximale Drehmoment von 56,7 Nm stand zwar erst bei 5.000 (später 4.000)/min-l zur Verfügung, hatte im Drehzahl-Keller allerdings immer noch viel mehr Dampf als jeder andere Enduromotor.

Auf kurvenreichen Gebirgsstrecken und abseits fester Straßen zeigten sich die Vorzüge des bewährten Boxerkonzepts. Denn überall da, wo es darauf ankam, bei niedrigen Geschwindigkeiten hohe Leistungen abzurufen, erwies sich das kompakte Triebwerk mit den beiden außenliegenden, gut gekühlten Zylindern als erfreulich souverän. Und noch etwas gefiel - die Laufkultur. Auszug aus einem Testprotokoll: "Der Zweizylinder-Boxermotor bietet im Bereich der Laufkultur gegenüber den sonst verwendeten Einzylindermotoren erhebliche Vorteile sowohl auf der Langstrecke, als auch im Gelände."

Sondermodell nach Paris-Dakar-Sieg

Ein Vierteljahr nach der Premiere machte die BMW-Enduro im Sport Furore: Im Januar 1981 gewann Hubert Auriol auf einer Wettbewerbsversion der R 80 G/S die berüchtigte Rallye Paris-Dakar. 1983 konnte der Franzose seinen Triumph wiederholen. 1984 und 1985 brachte der Cross-Star Gaston Rahier die BMW siegreich ins Ziel.

Logisch, daß BMW die Rallye-Erfolge mit einer Sonderversion krönte: 1984 kam die R 80 G/S "Paris-Dakar" heraus, ausgerüstet mit mächtigem 32-Liter-Tank, roter Einzelsitzbank, Chrom-Auspuff und Gepäckbrücke. Verständlich, daß die G/S als Fernreise-Motorrad von Jahr zu Jahr beliebter wurde. Unzählige Globetrotter bereisten mit der BMW-Enduro die fünf Kontinente.

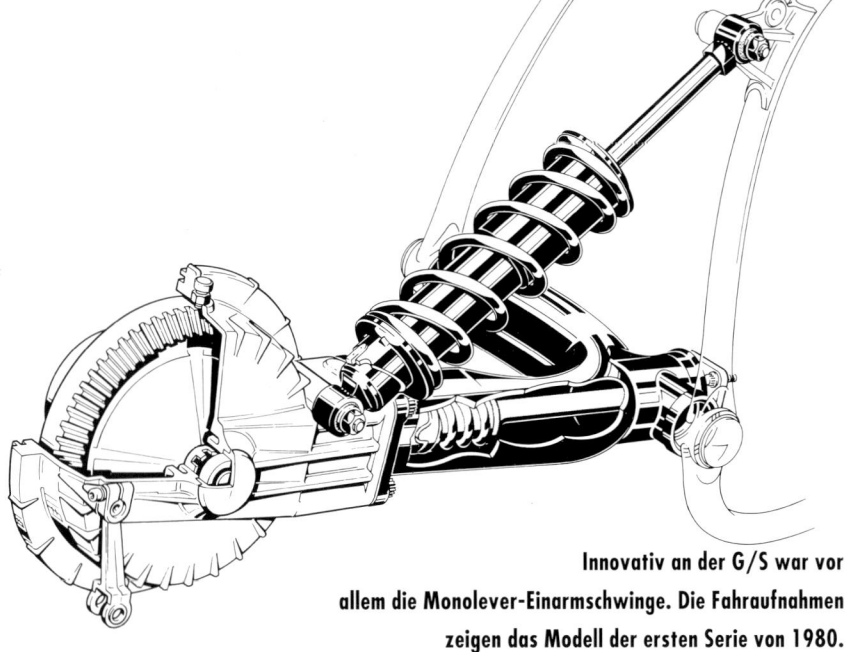

So präsentierten sich die 87/88er Modelle mit einer grundlegend neu konstruierten "Paralever"-Hinterradschwinge aus Leichtmetall. Das weltweit erstmals im Serienbau angewandte Prinzip der Doppelgelenkschwinge reduzierte wirkungsvoll das zuweilen als lästig empfundene Anfahrmoment und das Aufstellen der Maschine bei scharfem Beschleunigen. Auch andere unangenehme Lastwechselreaktionen wie das Hochheben des Hecks beim Bremsen gehörten der Vergangenheit an. In ihrer Wirkung entsprach die Paralever-Konstruktion von BMW einer Schwingenlänge von 1400 Millimetern und sorgte damit für einen Momentausgleich von rund 70 Prozent.

Neue Telegabel, bessere Bremsen

Eigens für die neue GS konstruierte Marzocchi-Vorderradgabeln mit einem Stabilisator zwischen den Gleitrohren, ein verstärkter Rahmen und deutlich längere Federwege (225/180 mm vorn/hinten) trugen ebenfalls entscheidend zur Verbesserung des Fahrverhaltens bei.

Bei der gemeinsam mit dem italienischen Spezialisten Marzocchi entwickelten Telegabel handelte es sich um ein technisches Kleinod mit einer besonders dauerhaften Gleitlagerung zwischen Standrohren und Tauchrohren. Die Leichtmetall-Schubrohre glitten auf Hülsen aus mehrschichtigem Lagermetall mit Teflonüberzug. Die Dämpferelemente arbeiteten mit besonders großem Ölvolumen, hohem Öldurchsatz und reichlich bemessenen Bohrungsquer-

Ständige Optimierung durch Modellpflege

Im Laufe der Zeit wurde die R 80 G/S wie jedes andere Großserienprodukt immer wieder verbessert. 1981 bekam sie eine breitere Hinterradfelge, einen geänderten Hauptbremszylinder und eine bequemere Sitzbank. Das Getriebe wurde mehrfach nachgebessert. Mit einer Spezialbeschichtung machte man ab Oktober 1982 den Auspuff korrosionsbeständiger. Kleinere Modellpflegemaßnahmen an Telegabel, Bremsanlage und Kupplung erhöhten die Zuverlässigkeit unter harten Bedingungen. Ab Dezember 1984 konnte die G/S - wie die übrigen Boxer - mit bleifreiem Benzin gefahren werden, dank gehärteter Aus-

laßventile. Bis Sommer 1987 liefen von der ersten Serie einschließlich der Paris-Dakar-Versionen exakt 24.309 Einheiten vom Band des BMW-Motorradwerks in Berlin-Spandau.

1987: Paralever-Modelle R 80, R 100 GS

Die Nachfolgemodelle R 80 GS und R 100 GS - in der Schreibweise jetzt ohne Schrägstrich - stellten eine gleichermaßen behutsame wie sinnvolle Weiterentwicklung des bewährten Konzepts dar. An der Linie war festgehalten worden, im Detail hatten die Ingenieure jedoch fast alles modifiziert und optimiert. Die größten Änderungen hatte sich das Fahrwerk gefallen lassen müssen.

schnitten. Folge: Eine angemessene Dämpfung auch bei harten Geländeeinlagen. Der wesentlich stärkere Gabelverbund verhinderte ein Gabelverziehen beim Bremsen.

Als weiteres Sicherheitsplus mußten die vergrößerten und leichter ansprechenden Bremsscheiben an den Vorderrädern der neuen Modelle (285 statt 260 mm Durchmesser) gewertet werden. Auch war die hydraulische Übersetzung

Im Bild oben: die 83er G/S des Autors.

Links eine Maschine aus dem gleichen Jahr.

Unten: letzte G/S-Version von 1986.

der Bremse geändert worden, um die Hebelkraft zu reduzieren. Insgesamt überzeugten die neuen GS-Modelle auf der Straße wie auch auf der Piste durch Fahreigenschaften, die das Prädikat erstklassig verdienten.

Ebenfalls innovativ war das Kreuzspeichen-Design der Räder. Die Speichen konnten nun sogar bei aufgezogenem Reifen gewechselt werden. Außerdem war die Verwendung schlauchloser Pneus möglich. Schließlich gab der Speichen-Kreuzverbund den Rädern eine höhere Verwindungsfestigkeit. Das Hinterrad war von 18 auf 17 Zoll verkleinert worden.

Einen deutlichen Sprung nach vorn machte die Motorisierung. Das Topmodell R 100 GS wartete nun - wie die ein Jahr zuvor wiederaufgelegte R 100 RS - mit 980 cm³ Hubraum und 60 PS (44 kW) Leistung auf. Entsprechend bein-

druckend war die erzielte Höchstgeschwindigkeit - über 180 km/h. Daneben erfreute die R 100 GS durch das satte Drehmoment von 76 Nm bei nur 3.750 U/min. BMW hatte es angesichts erstarkender Konkurrenz wieder einmal geschafft, einen Superlativ auf die Räder zu stellen - die stärkste und schnellste Enduro der Welt.

Zwei Bing-Gleichdruck-Vergaser mit 40 mm Querschnitt bereiteten das Gemisch auf. Der Ventiltrieb war duch eine korrektere Führung der Kipphebel standfester geworden. Ein zusätzlich montier-

1.334 Exemplare des Enduro-Basismodells das Berliner BMW-Werk. Danach stellte man die Produktion allerdings wieder ein.

Bei allen Versionen bis hinauf zur R 100 GS war der 15. Juli 1988 Stichtag für die erste Modellpflegemaßnahme - eine verbesserte Auslegung der Kickstarterwelle. Im September unternahm BMW mit dem Einbau einer Gore-tex-Membran in das Tachometergehäuse et-

1984 brachte BMW das Sondermodell R 80 G/S Paris-Dakar mit 32-Liter-Tank auf den Markt. Rechts die R 100 GS von 1987.

ter Ölkühler schützte vor Überhitzungserscheinungen im Vollastbereich. Neu auch der superleichte Elektrostarter und die besonders geräuschgedämpfte Auspuffanlage.

Alle Detailverbesserungen kamen natürlich auch der R 80 GS zugute, die ansonsten mit unveränderter Leistung daherkam: 50 PS (37 kW). Neu geformte, voluminöse 26-Liter-Tanks und vorne hochgezogene Sitzbänke verbesserten Reichweite und Komfort der neuen Enduro-Modelle. 210 Kilo Zuladung bildeten die ideale Voraussetzung für Touren zu zweit samt Gepäck. Ein kleines Windschild am Cockpit (Serie bei der R 100 GS) reduzierte den Fahrtwinddruck.

Monolever-Einsteigermodell: R 65 GS

Im September 1987 war Produktionsstart für ein relativ preiswertes Einsteigermodell - die R 65 GS. Fahrwerk und Ausstattung waren identisch mit dem, was die alte R 80 G/S zu bieten hatte: Monolever-Schwinge, kleiner 19,5-Liter-Tank. Den Antrieb besorgte der auf 27 PS gedrosselte Zweizylinder-Boxermotor der R 65. Mit einem maximalen Drehmoment von 43 Nm bei nur 3.500 Umdrehungen je Minute bot die kleine GS die gleiche kraftvolle Leistungsentfaltung von unten her wie die hubraumstärkeren Boxermodelle von BMW. Bei einem Leergewicht von 198 kg konnte die R 65 GS eine Zuladung von 200 kg verkraften. Bis Ende 1990 verließen

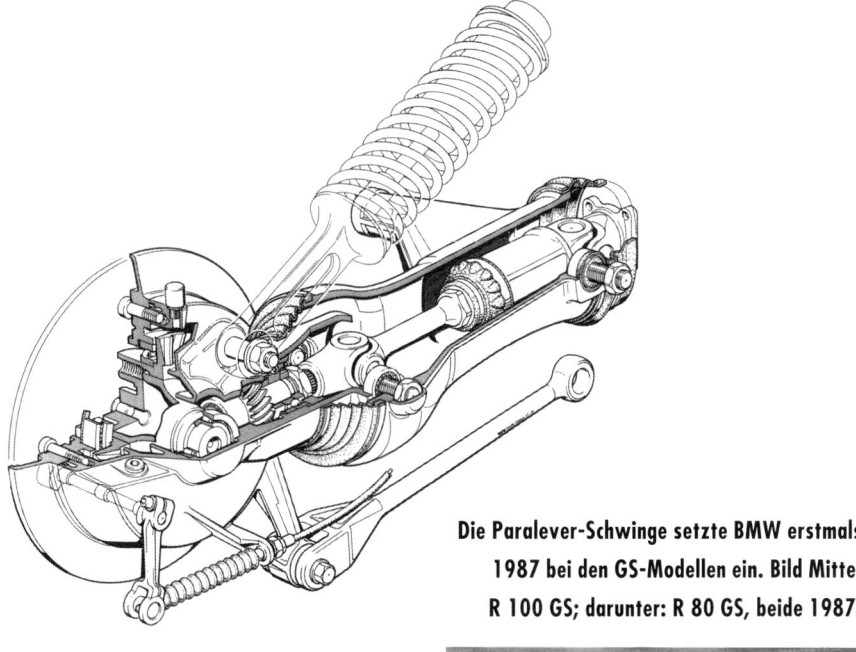

Die Paralever-Schwinge setzte BMW erstmals 1987 bei den GS-Modellen ein. Bild Mitte: R 100 GS; darunter: R 80 GS, beide 1987.

fahrer gewonnen. Der speziell für die R 100 GS entwickelte Paris-Dakar-Kit sollte vor allem den erhöhten Anforderungen gerecht werden, die man an ein großes Fernreisemotorrad stellt: Wind-, Wetter- und Steinschlagschutz, große Reichweite, gute Unterbringungsmöglichkeiten fürs Gepäck.

Die Kit-Elemente wurden ab September 1989 zunächst einzeln zur nachträglichen Umrüstung angeboten. Ab Frühjahr 1989 gab es die Paris-Dakar-Versi-

was gegen das Beschlagen der Tachometerverglasung. Auf vielfachen Kundenwunsch wurden die Topmodelle R 80 GS und R 100 GS ab November 1988 an der Hinterhand mit einem weicheren und leichter ansprechenden Federbein ausgeliefert. Die härtere Ausführung war weiterhin auf Wunsch erhältlich.

1988: Start der R 100 GS Paris-Dakar

Star der Internationalen Fahrrad- und Motorradausstellung (IFMA) 1988 in Köln war die neue R 100 GS Paris-Dakar. Vorausgegangen war der Präsentation ein weiterer Erfolg bei der berühmt-berüchtigten Wüsten-Rallye: Der Münchener Eddy Hau hatte auf einer von der bayerischen Firma HPN modifizierten R 80 G/S die Marathonwertung für Privat-

on dann auch ab Werk als eigenständiges Modell. Herzstück war der 35 Liter fassende, aus lackierbarem Kunststoff hergestellte und mit einem verschließbaren Staufach ausgerüstete Spezialtank. Guten Wetterschutz bot die neuartige Verkleidung, die an vier Punkten mit dem Steuerkopf und an zwei Punkten mit den Rahmenunterzügen verschraubt wurde.

Anders als bei herkömmlichen Systemen lagen die als Halter dienenden, rot lackierten Rohrbügel frei und optisch auffällig vor der Verkleidung. Im Mittelteil war reichlich Platz für Serien- und Zusatzinstrumente. Neu war der fest in die Verkleidung eingebaute, von der K 75 S stammende Halogen-Rechteck-Scheinwerfer. Ein aerodynamisch optimierter Windabweiser und gummigelagerte Blinker rundeten das Bild ab.

149

Unten an der Ölwanne befand sich ein stabiler Motorschutz aus Aluminium; er deckte sogar die Rahmenunterzüge und die Auspuffkrümmer ab. Damit nicht genug: Zylinderschutzbügel, Handprotektoren, eine Motor-Teilverkleidung aus schlagfestem Kunststoff und ein verbreiterter Vorderradkotflügel gehörten ebenfalls zur Paris-Dakar-Ausrüstung. Ideal für Solo-Fernreisen: die breite Einzel-

Topmodell ab 1988 war die R 100 GS Paris-Dakar mit 35-Liter-Tank, neuartiger Verkleidung, Schutzbügeln und Protektoren.

sitzbank. Sie ließ Platz für eine deutlich längere Gepäckbrücke. Wahlweise war auch die normale Doppelsitzbank mit kleiner Gepäckbrücke zu haben. Begreiflicherweise kletterte das Leergewicht der 60-PS-Maschine auf 236 Kilo (vollgetankt); an den Fahrleistungen mit 180 km/h Höchstgeschwindigkeit änderte sich jedoch nichts.

Verkaufsrekorde und Umweltoffensive

Der Erfolg der Enduro-Strategie von BMW blieb nicht aus: 1988 war die BMW R 100 GS mit 5.865 Exemplaren das meistverkaufte Motorrad überhaupt in der Bundesrepublik. Im September 1989 bekamen alle Boxermodelle, also auch die Enduros, eine verbesserte Hinterrad-Trommelbremse mit neu gelager-

ten Bremsbacken und Bremsbelägen, die von 25 auf 27,5 Millimeter verbreitert worden waren.

1990: Cockpit-Verkleidung für die GS

Einen wichtigen Schritt Richtung Umweltschutz tat das Werk im September 1990: Alle Zweizylinder-Boxermodelle sind seitdem auf Wunsch mit dem fortschrittlichen Sekundär-Luft-System lieferbar. SLS funktioniert nach dem System der Abgasnachverbrennung und reduziert die Schadstoffemission um bis zu 40 Prozent. (s.a. Boxer ab 1976).

Auf der IFMA 1990 in Köln präsentierten sich die Top-Enduros R 80 GS und R 100 GS zum letzten mal in neuer Gestalt. BMW feierte damit das zehnjährige Jubiläum dieser erfolgreichen

Motorradspezies. Wie die 1989 eingeführte Paris-Dakar-Version verfügten die neuen Modelle über eine rahmenfeste Cockpit-Verkleidung mit außenliegendem Rohrrahmen und integriertem K 75-Rechteck-Scheinwerfer. Ganz neu waren der individuell einstellbare Windabweiser und die beiden Meßinstrumente - links Tachometer, rechts Drehzahlmesser. Für höheren Bedienkomfort sorgten nun die Lenkerarmaturen von der K-Reihe. Lenkkopflager mit Feingewindeeinstellung - ebenfalls von der K-Reihe übernommen - ermöglichten jetzt eine besonders exakte Einstellung des Lagerspiels.

Damit sich der Tankrucksack problemlos befestigen ließ, schloß der Tankdeckel bündig mit der Tankoberfläche ab. Die Sitzbank war durch die Verwendung eines neuen Polstermaterials noch komfortabler und strapazierfähiger geworden. Am Hinterrad arbeitete seit September 1990 ein zusammen mit der Firma Bilstein komplett neu entwickeltes Federbein. Nicht nur die Federbasis ließ sich vorspannen, auch die Dämpfung war einstellbar.

Der Endschalldämpfer bestand jetzt aus poliertem, rostfreiem Edelstahl. Die Vorderradabdeckung war serienmäßig niedrig angebracht, auf Wunsch aber auch in der hochgesetzten Offroad-Version erhältlich. Verbessert worden waren schließlich die Einscheiben-Bremsanlagen an den Vorderrädern. Die Bremsscheibe war jetzt über Rollen mit dem Bremsscheibenträger schwimmend verbunden. Dies eliminierte zum einen jedes Quietsch-Geräusch, ermöglichte zum anderen eine nahezu hundertprozentige Ausnutzung der Bremsbelagfläche unter allen Bedingungen.

Alle wesentlichen technischen Änderungen des Modelljahrs 1991 kamen selbstverständlich auch der R 100 GS Paris-Dakar zugute. Ab Ende 1990 war die R 80 GS auch in einer auf 27 PS gedrosselten und entsprechend versiche-

R 80 ST: Straßensportler auf G/S-Basis

Zwei Jahre nach der Präsentation der R 80 G/S, also 1982, stellte BMW der großen Enduro ein Schwestermodell im Straßen-Trimm zur Seite - die R 80 ST. Die Fachzeitschrift "Motorrad" kommentierte: "Seit langem erwartet, besser als erhofft: Die neue R 80 ST hat die Tugenden der Enduro G/S auf die Straße gerettet." Mit der zierlichen und optisch gefälligen R 80 ST erfüllte BMW den

Wunsch vieler G/S-Freunde nach einer reinrassigen Straßenversion. Technisch zeigte die ST die gleichen Charaktermerkmale wie die Enduro: Monolever-Hinterradschwinge, kompakte Leichtbauweise, drehmomentstarker 800-cm³-Boxermotor.

Nicht nur die Käufer, sondern auch die Fachjournalisten waren begeistert: "Die zierliche 800er fasziniert durch eine Handlichkeit, wie man sie sonst allenfalls in der 250er Klasse finden kann"

1990 erfuhren die GS-Modelle ihre letzte grundlegende Überarbeitung (Bild links). Typisch: Verkleidung und tiefgelegter Kotflügel. Unten: R 65 GS von 1987.

rungsgünstigen Version zu haben. Mit geringem Aufwand ließ sich der Motor wieder auf 50 PS Leistung bringen. Im Herbst 1993 wurde die Drosselung gemäß den neuen Führerscheinbestimmungen geändert: Wie die übrigen 800er Boxer war jetzt auch die R 80 GS wahlweise mit 34 oder 50 PS lieferbar.

Alles in allem muß der Enduro-Idee von BMW bescheinigt werden, daß sie genau den Publikumsgeschmack getroffen hat. Über 62.000 von 1980 bis 1993 produzierte und in alle Welt verkaufte Einheiten sind der Beweis dafür, daß man in München das richtige Trendgespür gehabt hat. Die regulären GS-Modelle wurden im August 1994 aus dem Programm genommen. Weitergebaut wird bis Ende 1995 nur ein Sondermodell der R 100 GS Paris-Dakar. Die Zukunft soll der Vierventil-GS gehören

("auto, motor und sport" 16/82). "Das Handling ist trotz der breiten Reifen phantastisch, das muß man der R 80 ST lassen" ("mo"9/82).

Die Komplimente kamen nicht von ungefähr, denn mit einem Trockengewicht von 183 Kilogramm war die R 80 ST das leichteste Motorrad ihrer Klasse. Selbst vollgetankt wog sie weniger als 200 kg. Um auf der Straße noch mehr zu glänzen als die G/S, hatte die ST natürlich einige spezielle Geländeeigenschaften ablegen müssen. Zu den wichtigsten Modifikationen gehörte die Verkürzung der Federwege: Der Arbeitsweg des Federbeins am Monolever war von 170 auf 153 mm reduziert worden, der Federweg der Vordergabel von 200 auf 175 mm. Ganz neu der Vorbau: Das 21-Zoll-Vorderrad hatte einem 17-Zoll-Speichenrad weichen müssen. Die Telegabel bestand aus vorhandenen Bauteilen - den Standrohren der R 100-Gabel und den Gleitrohren der R 65.

Die Verkürzung der Federwege brachte unter anderem eine Absenkung der Sitzhöhe um 15 auf 845 Millimeter. Die tiefer liegende Ölwanne stammte von den Modellen R 45 und R 100 RS, der sich eng an das Vorderrad anschmiegende Kotflügel kam von der R 45/65. Neu waren die Niederquerschnittsreifen der Dimension 100/90 H 19 vorn und

Dynamisch wie immer präsentierte sich die GS bis zuletzt. Links unten Cockpit der Paris-Dakar-Version, daneben GS-Cockpit 1992.

120/90 H 18 hinten. Von der R 45/65 hatte man auch das Doppelinstrumenten-Cockpit mit Prallplatte und den H4-Rundscheinwerfer mit 160 mm Durchmesser übernommen.

Ein wesentliches Element der R 80 ST war der hohe Lenker von der USA-Version der R 65. Anders als bei der G/S war der Tank mit dem versenkten, abschließbaren Tankdeckel der übrigen Modelle ausgestattet. Beibehalten hatte BMW die hochgelegte Zwei-in-eins-Auspuffanlage. Sie war indes hochglanz- statt schwarzverchromt und besaß eine neu gestaltete Blende.

Monolever und Motor mit "Boxerschlag"

In wesentlichen Punkten war die ST mit der G/S absolut identisch. Die torsionssteife Monolever-Schwinge garantierte hohe Spurgenauigkeit, sorgte für eine präzise Hinterradführung und ermöglichte den leichten Ein- und Ausbau des Hinterrades. Der bullige 800-cm³-Boxermotor hatte einen angenehmen Drehmomentverlauf und eine Leistung von wiederum 50 PS (37 kW). Das reichte für eine Höchstgeschwindigkeit von 174 km/h.

"Dieser BMW-Motor", schrieb "PS" im September 1982, "ist sehr zu loben. Rund und ruhig läuft er mit dem klassischen Boxerschlag. Viel Hubraum und Schwungmasse im Verhältnis zur Leistung geben diesem Motor einen kraftvollen Charakter. Nie wirkt er nervös und knapp bei Leistung."

Zu den Stärken von G/S und ST das klauengeschaltete Fünfganggetriebe, die Einscheiben-Trockenkupplung und die Kraftübertragung per Kardanwelle. Zuverlässig funktionierende Torsionsdämpfer schufen weiche Übergänge beim Gasgeben und Gaswegnehmen. Entsprechend gemildert - wenn auch nicht ganz verschwunden - waren die Lastwechselreaktionen.

Trotzdem war das für den BMW-Kardanantrieb charakteristische Aufstellmoment bei G/S und ST besonders kräftig ausgeprägt. Grund unter anderem: die geringe Massenträgheit der leichten Monolever-Schwingenkon-

struktion. Hinzu kam, daß bei der ST die Schwinge gegenüber der G/S leicht gekürzt worden war. Eine ausgesprochen nostalgische Note bekam die ST durch die schönen Stahlspeichenräder mit Acron-Felgen aus hochglanzpoliertem Aluminium.

Das Fahrwerk der ST erntete - vom Aufstellmoment einmal abgesehen - nur Lob: "Was Straßenlage, Handling und Fahrsicherheit selbst auf rasant gefahrenen, kurvenreichen Landstraßen mit Querrillen, Sprunghügeln und Spitzkehren betrifft, ist die ST Spitze," schrieb der Autor damals in der holländischen Zeitschrift "moto 73". Verzögert wurde der Straßensportler vorn durch eine gelochte und auch bei Nässe fadingfreie

Scheibenbremse, die allerdings kräftiges Zupacken erforderte. Der nachträgliche Einbau einer zweiten Bremsscheibe war nicht möglich. Die mechanisch betätigte Vollnaben-Trommelbremse am Hinterrad sprach - wie bei der G/S - gleichmäßig und sanft an, die Bremskraft ließ sich gut dosieren.

Billig war die R 80 ST nicht: 1982 kostete sie 9.490 Mark. Daß dieses charaktervolle und schöne Motorrad mit dem Erscheinen der K 75-Dreizylinder-Modelle 1985 wieder aus dem Programm genommen wurde, bedauerten Classic-Bike-Fans in aller Welt. Die Ablösung trat in Gestalt der bis 1992 produzierten R 80 auf den Plan - siehe Kapitel Boxer ab 1976 Seite 98 bis 116.

Kompaktklasse mit Pfiff:
die kleinen Boxer R 45 und R 65

Nach dem Wegfall der traditionsreichen Halblitermodelle klaffte eine Lücke im Boxer-Programm, es fehlte ein attraktives und preisgünstiges Einsteigermodell. Im Frühjahr 1978 schloß BMW die Lücke mit einer völlig neuen, sehr eigenständigen Zweizylinder-Generation und präsentierte die Zwillingsmodelle R 45 und R 65. Davon, daß die neuen Kompakt-Typen ein wenig zu schwer geraten waren, suchte die Presseabteilung geschickt abzulenken: "Wir wollen mit den neuen kleinen Modellen jenen Fahrern ein Angebot machen, die ein richtig schweres Motorrad bewegen möchten, ohne am Stammtisch mit Superhubraum und Rennsport-Leistung renommieren zu wollen..."

Die BMW-Werbung argumentierte wie gewohnt etwas von oben herab: "Aufgabe der BMW Konstrukteure war es, eine Lücke in der mittleren Hubraum- und Leistungsklasse zu schließen: mit einem Motorrad, das sich schon in seiner Erscheinung deutlich von den vielen Maschinen unterscheidet, die eher an Weiterentwicklungen von Leichtmotorrädern erinnern..."

Hohes Gewicht, aber zierliche Optik

Wer sich auskannte, registrierte natürlich den Widerspruch: Einerseits verwies BMW damals bei jeder Gelegenheit stolz auf das niedrige Gewicht der großen Einliter-Boxer, andererseits erweckte man den Eindruck, die kleine 450er könne gar nicht schwer genug sein. Tatsache war, daß die neuen Zwillingsboxer R 45 und R 65 mit 210 kg Leergewicht fast genauso viel wogen wie die doppelt so starken Topmodelle. Japanische Mittelklasse-Motorräder brachten rund 20 kg weniger auf die Waage und waren entsprechend agiler. Verantwortlich für das hohe Gewicht der

kleinen Boxer war die traditionelle Bauweise mit Doppelschleifenrahmen, konventionellem Fahrwerk, massivem Boxer-Motor und aufwendigem Kardanantrieb. Die hochwertige Ausstattung trieb das Gewicht zusätzlich nach oben. Trotzdem wurden die kleinen BMW-

Modelle enthusiastisch aufgenommen. Die Kölner "Auto Zeitung" schrieb: "Wer die neuen BMW-Motorräder sieht und erlebt, fühlt sich eine Klasse besser als der, der sich für ein japanisches Produkt der gleichen Leistungsstufe entscheidet."

Die Leser der Zeitschrift "PS" wählten die R 45 auf Anhieb zum "Motorrad der Vernunft" - mit großem Abstand vor der Yamaha SR 500 und der Honda CX 500. Was die kleinen BMW-Modelle so gut beim Publikum ankommen ließ, war neben der guten Verarbeitung vor allem das unproblematische Fahrverhalten.

Nach dem Baukastensystem konstruiert, aber wendiger als die großen Boxer: R 45 und R 65. Die Bilder zeigen die Modelle von 1978.

Trotz des hohen Gewichts waren R 45 und R 65 außerordentlich handlich, gutmütig in der Kurve, komfortabel auf schlechten Straßen, solide im Geradeauslauf. Auch die Bremsen waren besser als das, was die Wettbewerber in dieser Klasse zu bieten hatten.

Von den großen 800er und 1000er Typen der /7-Reihe, auf denen sie basierten, unterschieden sich die 450er und 650er "Kompaktmodelle" durch das andere Styling von Tank und Sitzbank, gummigepolsterte Instrumente, eine neue Telegabel, zierlichere Kotflügel und ein spezielles Motorblockdesign. Im zwar 56 mm schmaleren, optisch aber gewohnt markanten Boxermotor verringerte eine eigens entwickelte Kurbelwelle den Hub auf 61,5 mm, die Zylinder wiesen auf 70 bzw. 82 mm reduzierte Bohrungen auf.

Versicherungsgünstiges Basismodell war die R 45 mit 27 PS für zunächst 5.880 Mark; das waren 1.500 Mark mehr, als seinerzeit die Massenhersteller für vergleichbar große Modelle verlangten. Daneben bot BMW eine 35-PS-Version mit modifizierten Kolben, schärferer Nockenwelle und geänderten Vergasern an; im Export war dieser Motor das Standard-Triebwerk. Rein äußerlich ließen sich die beiden unterschiedlichen R 45-Versionen nur durch die Eingravierung der Durchlaßgrößen an den Vergasern erkennen - 26 mm beim 27-PS-Modell (Normalbenzin verbleit), 28 mm bei der 35-PS-Version (Super verbleit). Bei der R 65, die zunächst 45, ab 1980 sogar 50 PS leistete, beliefen sich die Durchlaßgrößen auf 32 mm.

Die Schriftzüge auf den Seitendeckeln sorgten zusätzlich für Sicherheit vor Verwechslungen. Bei der R 65 hatte man höhere Leistung und größeren Hubraum durch dickere Kolben in weiteren Bohrungen, geänderte Vergaser und eine spezielle Nockenwelle erzielt. Das Baukastensystem bewährte sich auch bei den neuen Kompakt-BMWs. Während die R 45 mit einer Einfach-Scheibenbremse mit Festsattel am Vorderrad auskommen mußte, wies die R 65 eine Doppelscheibenbremse auf. Hinten war die gewohnte Simplex-Trommelbremse Standard.

Neu und sicherheitstechnisch bedeutsam war, daß die übersichtlichen Rundinstrumente, die Kontrolleuchten und Zusatzschalter in einer energieabsorbierenden Gummi-Prallplatte zusammengefaßt waren. Selbst Warnblinkanlage und Erste-Hilfe-Set waren vorhanden. Der 22 Liter fassende und für Reichweiten von 300 bis 400 Kilometern gute Tank besaß den Sicherheitsverschluß der /7-Modelle. Auf der Sitzbank thronte man zwar recht hoch, doch stellten Polsterung und Komfort absolut zufrieden. Charakteristisch war der in Fahrzeugfarbe lackierte Heckbürzel oberhalb der großflächigen Rückleuchte.

Der kleine Boxer: munter durch Drehzahl

Die kürzer bauenden Zylinder erlaubten höhere Schräglagen als bei den 247er Modellen, vordere Motorabdeckhaube und Block waren neu gestaltet worden: Senkrechte, schwarz hinterlegte Zierrippen ließen den Boxer zierlicher erscheinen. Die eckigen Ventildeckel und die Zwei-in-zwei-Auspuffanlage stammten vom 1000er Motor. Zwei Farben standen zur Wahl: hellrot-metallic mit Gold-Linierung und silberbeige-metallic mit Oliv-Linierung.

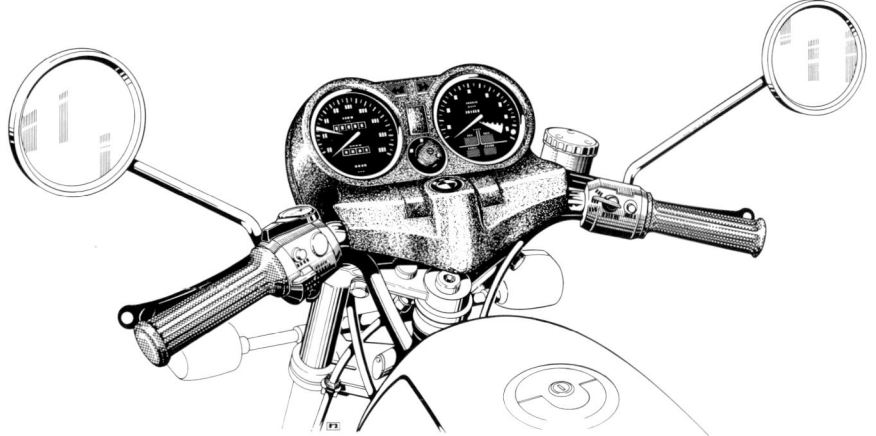

samtkonstruktion war der bewährte /7-Rahmen mit zwei Unterzügen und angeschraubtem Heckteil. Die über Kegelrollenlager angelenkte Hinterradschwinge war 50 mm kürzer als bei den /7-Modellen und besonders verwindungssteif.

Der vordere Kotffügel bestand aus glasfaserverstärktem Kunststoff, der hintere aus dem gleichen Material, aus dem BMW damals auch Autospoiler herstellte. Wie gewohnt waren die hinteren Federbeine in der Vorspannung dreifach verstellbar. Serienmäßig waren hoch belastbare Leichtmetall-Gußräder mit konventionellen Diagonalreifen der Größen 3.25 - 18 und 4.00 - 18. Während die 27 PS starke R 45 eine Höchstgeschwindigkeit von knapp 140 km/h erreichte, schaffte die R 65 eine Spitze von 175 km/h und mischte damit schon fast in der Oberklasse mit.

Das Cockpit der kleinen Modelle besaß einen elastischen Prallschutz. Unten eine R 65 von 1980 mit stark verbessertem Motor.

Gewöhnungsbedürftig war, daß die neuen Motoren recht hoch drehten: Die 27-PS-Version der R 45 erreichte ihre Höchstleistung bei 6.500 Umdrehungen pro Minute, die 35-PS-Variante und der 45 PS starke R 65-Motor brauchten sogar 7.250 U/min. Wer zumal mit der R 45 zügig vorankommen wollte, mußte den Motor ordentlich drehen und das bemerkenswert präzise funktionierende Fünfgang-Getriebe häufig bedienen.

Gleichwohl wurde der kleine Boxer nicht überstrapaziert: Der reduzierte Hub hatte geringere Kolbengeschwindigkeiten zur Folge. Neu war die Batterie-Zündanlage mit kontaktgesteuerter Zündung, die sich - wie beim Pkw - auch bei laufendem Motor einstellen ließ. Das Getriebe stammte mit geringen Modifikationen von der /7-Reihe, besaß allerdings ein verstärktes Gehäuse. In den Kardanantrieb hatte man mit Anlauf der neuen Modelle einen Spezialstoßdämpfer integriert.

Eine völlige Neukonstruktion war die Teleskopgabel der neuen BMW-Mittelklasse mit 175 mm Federweg und spielfrei einstellbaren Kegelrollenlagern im Lenkkopf. Die Lenkergriffe hatte man unverändert von den großen Modellen übernommen, der Hauptbremszylinder saß rechts am Lenker. Rückgrat der Ge-

Ein wenig exotisch wirkte das Design der ab 1981 gebauten R 65 LS. Der Frontspoiler sollte den Auftrieb am Vorderrad reduzieren.

1979/80: Fahrschulversion, neue Motoren

Im November 1979 stellte BMW eine speziell für den Fahrschulbetrieb modifizierte R 45 mit folgenden Merkmalen vor: niedrige Sitzbank, Zylinderschutzbügel, Signallackierung (alpinweiß mit rot/schwarzer Linierung), Warnblinkanlage, hoher Lenker, Spezialtank mit Kasten für Sprechfunkgerät, Kickstarter, Gepäckträger mit Fahrschul-Schild.

Im Herbst 1980 wurde die Leistung des 650er Modells auf 50 PS bei unverändertem 7.250 U/min angehoben. Doch damit nicht genug: Alle motortechnischen Verbesserungen, die man für die Saison 1981 den großen Boxern hatte angedeihen lassen, kamen auch den kleinen Typen zugute: buchsenlose Alu-Zylinder mit nikasilbeschichteten Laufbahnen, geänderter Ölkreislauf und größere Ölwanne, neuer Plattenluftfilter mit Kunststoffgehäuse (optisch wichtigstes Unterscheidungsmerkmal gegenüber dem alten Vollmetall-Motor), kontaktlo-

se elektronische Zündung, überarbeitete Gleichdruckvergaser. Der Choke wanderte an den Lenker, der Auspuff bekam ein zweites Interferenzrohr, die Kupplung wurde leichter und besser bedienbar. Außerdem bekamen die kleinen Boxer niedrigere und damit deutlich bequemere Sitzbänke.

1981: sportive Variante R 65 LS

Nach den Sommerferien 1981 nahm BMW zusätzlich die leicht avantgardistisch gestylte Spezialversion R 65 LS ins Programm auf. Charakteristisch war vor allem die vom damaligen Design-Chef Hans Albrecht Muth entwickelte und an die Suzuki Katana erinnernde Cockpitverkleidung. Der spoilerähnlich geformte Vorbau sollte den Auftrieb am Vorderrad um 30 Prozent mindern und damit die Sicherheit bei hohen Geschwindigkeiten verbessern.

Auch der schmale Sportlenker, die Sportsitzbank mit Bürzel und Haltegriffen, die mattschwarze Auspuffanlage sowie die hell lackierten Aluminium-Compound-Räder unterstrichen die sportlich-exklusive Note der R 65 LS. Das Besondere an den patentierten Rädern: Der aus Aluminium hergestellte Felgenkranz war in den sternförmigen Radkörper aus Alu-Druckguß eingegossen. Leicht abgehoben wieder die BMW-Werbung: "Die R 65 LS bietet ein Erscheinungsbild, das die BMW Exklusivität durch Formgebung akzentuiert, aber trotz eigenständigem Design nicht von der BMW Linie abweicht..."

Das Aus für die gesamte Baureihe kam mit Einführung der K 75 im September 1985. Das Publikumsinteresse hatte die Erwartungen zuletzt nicht mehr erfüllt, zu stark war die japanische Konkurrenz in der Mittelklasse geworden. Auch waren die kleinen Boxer hinsichtlich Fahrverhalten und Motorcharakteristik zuletzt nicht mehr auf der Höhe der Zeit. An Stelle der kompakten R 65 der Ära 1978 bis 1985 trat die bis Ende 1993 produzierte R 65 auf Basis der R 80 mit Monolever-Fahrwerk. Einzelheiten zu diesem Motorrad finden sich im vorangehenden Kapitel.

Rennsiege am laufenden Band und Weltrekorde: der Boxer im Sport bis 1939

Ein derart langlebiges und in seiner Technik immer wieder optimiertes Motorenkonzept wie das des legendären Boxers von BMW machte im Lauf der Jahrzehnte natürlich auch bei Rennen und Rekordjagden Furore - und das gleich von Anfang an. Um genau zu sein: fast von Anfang an. Denn der erste ernstzunehmende Einsatz der brandneuen R 32 verlief nicht ganz nach Plan.

Und das kam so: Kaum konnte BMW-Konstrukteur Max Friz über das erste Serien-Boxermotorrad verfügen, beschloß er, noch 1923 mit seinem "Baby" am renommierten Bergrennen hinauf zum Stuttgarter Schloß Solitude teilzunehmen. Ihre Feuertaufe hatte die R 32 bereits bei dem nur regional bedeutsamen Wettbewerb "Durch Bayerns Berge" bestanden; sie war ohne gravierende Probleme ins Ziel gekommen, hatte aber auch kein großes Aufsehen erregt.

Auf der Solitude war die Konkurrenz ziemlich stark. Vor allem die junge Marke "Victoria" trumpfte auf. Doch Friz scheute die Herausforderung nicht, mit seinem Boxer gegen die hervorragenden, übrigens von einem ehemaligen BMW-Ingenieur konstruierten Maschinen anzutreten. Leider jedoch erlitt er ausgerechnet auf dem Kurs seiner Heimatstadt eine böse Schlappe: Der Motor hielt nicht bis ins Ziel.

Schaffte den Durchbruch: Schleichers R 37

Doch die Revanche folgte bald. Friz hatte noch im selben Jahr Rudolf Schleicher in die Entwicklungsabteilung geholt. Der erst 26jährige Diplom-Ingenieur entwickelte neue Leichtmetall- Zylinderköpfe mit hängenden Ventilen für den Boxer; die R 37 war geboren. Mit drei Exemplaren des neuen ohv-Sportmodells kreuzte BMW in der folgenden Saison wieder beim Solitude-Rennen auf. Die Fahrer - Rudolf Reich, Franz Bieber sowie Schleicher - starteten in verschiedenen Klassen und siegten.

Von nun an verließ die weißblaue Marke nicht mehr die Erfolgsschiene. 1925 heimste die R 37, die aus 500 Kubik bereits 16 PS schöpfte, sagenhafte 91 erste Preise ein. Im nächsten Jahr schick-

te BMW, auf's höchste motiviert, Schleicher als Privatfahrer zu den Sixdays nach England. Inzwischen hatte auch die internationale Konkurrenz vom Potential der Boxer Wind bekommen. So konnte Schleicher, der später die Renn- und Versuchsabteilung übernehmen sollte, seltsamerweise auf der ganzen britischen Insel keine Offroad-Reifen auftreiben! Daß er trotzdem diesen knochenharten Wettbewerb gewann, grenzte fast an ein Wunder. Für den Boxer war der Sieg bei der Sechstage-Fahrt 1926 der internationale Durchbruch.

Schon in den 20er Jahren legte BMW den Grundstein zur zweiten sportlichen Erfolgsschiene, den Rekorden. Schleicher war auf einen jungen Rennfahrer aufmerksam geworden, der bei Bahnren-

nen und Geländefahrten mit seinem beherzten Fahrstil brillierte: Ernst Henne. 1925 heuerte er den jungen Münchner für den mittlerweile hochangesehenen BMW-Rennstall an.

279,5 km/h: Ernst Henne auf Rekordjagd

Zum Auftakt stürzte Henne bei einer Trainingsfahrt schwer, kam aber nach neun Tagen Bewußtlosigkeit schnell wieder auf die Beine und fuhr danach für BMW von Sieg zu Sieg. 1926 wurde er Deutscher Halblitermeister, 1927 Champion bei den 750ern.

Mit diesen Erfolgen im Rücken benötigte Henne, der inzwischen eine BMW-Vertretung in München eröffnet hatte, nicht viel Überredungskunst, um

schaffenheit und Fahrwerkstechnik ein sagenhafter Wert. Dabei wäre die Sache beinahe ins Auge gegangen: Während einer Testfahrt auf der Ingolstädter Landstraße im Norden von München löste sich bei über 200 km/h der Wulst des Vorderreifens aus dem Felgenbett. Wild schlingernd jagte die Maschine über die nur sechs Meter breite Straße, fegte haarscharf an den Zeitnehmertischen vorbei, verfehlte nur knapp einen kräftigen Alleebaum und kam erst nach zwei Kilometern zum Stehen.

Der Henne-Rekord hielt nicht lange, denn der Brite J.S. Wright konterte umgehend mit einer neuen Bestmarke: 220,9 km/h. Im nun entbrannten Duell setzte Henne nicht nur auf immer stärkere Motoren, sondern auch auf aerodyna-

Bild ganz links: Schorsch Meier mit seiner Kompressor-BMW auf dem Weg zum Sieg bei der TT 1939. Links: Franz Biber bei der Boxer-Motorsport-Premiere am 18. Mai 1924 mit der R 32 auf der Solitude. Oben: Rudolf Schleicher und die von ihm entwickelte ohv-R 37.

das Stammwerk für einen Angriff auf den damals von den Briten gehaltenen Geschwindigkeits-Weltrekord zu gewinnen. Bereits 1926 hatte Schleicher mit einer Kompressorversion des Boxers geliebäugelt, doch scheiterten seine Pläne am strikten Veto von Friz. Erst im Hinblick auf das prestigeträchtige Rekordprojekt gab die Firmenleitung nach.

Mit dem in eine unverkleidete Maschine eingebauten Kompressormotor stellte Henne dann 1929 tatsächlich mit 216,75 km/h einen neuen Weltrekord auf - angesichts der damaligen Straßenbe-

mische Verbesserungen: Nicht nur die Maschinen, sondern auch Helm und sogar Stiefelabsätze wurden stromlinienförmig verkleidet. 1935 hatten die weißblauen Rekordjäger die 250 km/h-Grenze überschritten, mit herkömmlichen Mitteln ließ sich das Tempo kaum noch steigern. Deshalb baute BMW auf Basis der R 5 eine komplett verkleidete Maschine, die satte 100 PS bei 7.000 U/min leistete. Der Rekordversuch geriet allerdings zum Horrortrip: Bei über 270 km/h verlor der Pilot plötzlich die Herrschaft über seine Stromlinien-BMW, schaffte

sich reden. Unvergessen ist zum Beispiel Hans Soenius, der nach Henne für drei weitere Jahre den nationalen Meistertitel in der Halbliterklasse holte. Zwischen 1928 und 1932 gewannen Toni Bauhofer, Josef Stelzer, Fritz Wiese und Ralph Roese in der 1000er-Klasse die Deutsche Meisterschaft. Daneben gingen zahlreiche Grand Prix-Siege auf

aber mit dem wild schlingernden Motorrad noch unglaubliche 272 km/h. Bei einer anschließenden Untersuchung im Windkanal der Friedrichshafener Zeppelin-Werke stellte sich dann heraus, daß die Aerodynamik nicht in Ordnung war: Man hätte die eiförmige Schale einfach herumdrehen müssen, um das Fahrzeug ruhig zu bekommen.

Natürlich gab Henne nicht auf. 1937 schraubte er mit einer verbesserten, abermals verkleideten Halbliter-Kompressor-BMW die Rekordmarke auf 279,5 km/h, um anschließend seine Rennfahrer-Karriere zu beenden. In seiner aktiven Zeit stellte Henne auf Solo- und Seitenwagenmaschinen insgesamt 76 Rekorde auf, sein Weltrekord von 1937 blieb bis 1957 ungebrochen!

Auch im Straßen-Motorradsport machten ab Ende der 20er Jahre kraftstrotzende BMW-Kompressormaschinen mit 500er und 750er Motoren von

Legendär ist die Rekordfahrt von Ernst Henne am 28. November 1937: Mit dem über 90 PS starken Kompressor-Boxer schraubte er die Weltbestmarke auf 279,5 km/h (Bild oben). Mitte: Henne an seinem 90. Geburtstag am 22. Februar 1994 mit dem 750er Rekordboxer 1929 bis 1935. Rechts: Schorsch Meier bei der TT 1939.

das Konto von BMW-Fahrern: Josef Stelzer, Karl Gall, Kurt Mansfeld und Otto Ley zählten damals zu den international herausragenden BMW-Piloten.

Mit Ludwig Kraus und Georg "Schorsch" Meier arbeiteten sich in den Jahren vor Kriegsausbruch zwei weitere Ausnahmetalente nach oben; sie sollten BMW auch nach 1945 noch zahlreiche Siege bescheren. Im Gegensatz zu Meier war Kraus nicht auf Solomaschinen festgelegt. Erste große Erfolge verzeichnete "Wiggerl" Kraus als Beifahrer. Mit Sepp Mauermeyer gewann er 1933 die Six Days in Wales, 1934 in Garmisch; Ernst Henne und Sepp Stelzer siegten jeweils in den Soloklassen. Ein Jahr später fuhr Kraus als Fahrer eines Kompressorgespanns abermals einen BMW-Sieg heraus - bei der Internationalen Sechstage-

Meiers 500er Kompressor-Rennmaschine mit 56 PS bei 7.000 U/min; Spitze: ca. 205 km/h.

fahrt in Mittenwald/Allgäu. Zusammen mit "Pepi" Stelzer und Ernst Henne errangen Kraus und Schmiermaxe Josef Müller bei der gleichen Veranstaltung außerdem den Nationenpreis. Als Solofahrer krönte Kraus 1939 den ersten Teil seiner Karriere mit der Deutschen Meisterschaft in der Halbliterklasse.

Unschlagbar auf Rundstrecken und bei der Tourist Trophy: Schorsch Meier und die Kompressor-BMW

1937, elf Jahre nach Rudolf Schleichers Sieg in England, holte sich bei den Sixdays auf der Insel ein Mann die Goldmedaille, der in die Motorradgeschichte eingehen sollte: "Schorsch" Meier. Bereits als Landpolizist war Meier mit seinem Dienstmotorrad so schnell unterwegs gewesen, daß seine Vorgesetzten ihn 1933 zur 2000 km-Fahrt durch Deutschland abkommandiert hatten. Trotz geringer Vorbereitungszeit schnitt er als bester Fahrer ab und zog damit die Aufmerksamkeit von BMW auf sich.

Mit Genehmigung seiner Dienststelle und Unterstützung des Münchner Werks gründete er eine Dreier-Mannschaft und bestritt mit ihr fortan alle Rennen. Nicht nur die stählernen Polizeihelme, sondern auch ein sagenhaftes Durchhaltevermögen trugen Meier sowie seinen beiden Mitstreitern Fritz Linhardt und Josef Forstner bald den Beinahmen "Die drei Gußeisernen" ein.

Bald quittierte Meier den Polizeidienst, gewann in seiner ersten Saison als Rennprofi gleich die englischen Sixdays - ein Erfolg, der angesichts der damaligen britischen Dominanz umso schwerer wog. 1938 fuhr Meier fast in jedem Rennen vorneweg, siegte bei allen Großen Preisen, wurde so Deutscher Meister und Europameister.

Nachdem im gleichen Jahr der Autorennfahrer Bernd Rosemeyer bei Rekordversuchen tödlich verunglückt war, gelang es der Auto Union, Meier ins Lager der vierrädrigen Renner zu ziehen. Doch das Intermezzo im Cockpit der 12- und 16-Zylinder-Boliden währte nicht lange. Als BMW den "Gußeisernen" bat, gemeinsam mit Karl Gall an der bereits

in jenen Jahren legendären Tourist Trophy teilzunehmen, nahm Meier ohne Zögern die Herausforderung an.

Doch das TT-Spektakel 1939 auf der Isle of Man begann mit einem entsetzlichen Unfall: BMW-Pilot Gall stürzte im Training schwer und starb daraufhin an den Folgen. Tief betroffen wollten Meier und sein englischer Markenkollege Jock West zunächst die Nennung zurückziehen. Doch letztlich siegte das Rennfieber, die beiden gingen für BMW an den Start des 264-Meilen-Rennens. Die Chancen standen nicht schlecht. Denn zur Verfügung standen zwei überlegene Halbliter-Kompressormaschinen auf Basis der R 5 mit obenliegenden, königswellengetriebenen Nockenwellen.

Meier legte vom Start weg die schnellsten Rundenzeiten hin, West folgte dichtauf an zweiter Stelle. Bis ins Ziel gaben die beiden BMW-Piloten das Heft nicht mehr aus der Hand, errangen einen sensationellen Doppelsieg. Und zum ersten Mal ging die Senior-Trophy an einen ausländischen Fahrer auf einer ausländischen Maschine. Die schnellste Norton mußte sich mit Platz drei zufriedengeben.

Ansonsten stand das Jahr 1939 nicht unter einem guten Stern. Meier lag in beiden Meisterschaften abermals in Führung, als er beim Großen Preis von Schweden schwer stürzte. Den Kriegsausbruch erlebte der BMW-Pilot mit dreifach gebrochener Brustwirbelsäule im Krankenhaus.

Exotisch: Boxer-Renngespanne ab 1925

Rennerfolge und Rekorde erzielten BMW-Boxer vor dem Zweiten Weltkrieg allerdings beileibe nicht nur auf

zwei Rädern. Sehr früh sorgten sie auch im Gespannsport für Schlagzeilen, wenngleich Seitenwagenrennen damals insgesamt eine relativ geringe Bedeutung hatten. Renngespanne entsprachen noch weitgehend der käuflichen Serie. Der erste, 1925 unter dem Berliner BMW-Händler Schoth siegreiche Dreirad-Boxer basierte auf dem von Royal speziell für das Münchner Werk gefertigten Kasten-Chassis. Acht Jahre später errang Schoth auf der Avus den ersten GP-Sieg für ein BMW-Gespann.

Bereits Ende der 20er Jahre tauchte Wiggerl Kraus bei Gespannrennen auf, zunächst im Beiwagen. Gemeinsam mit seinem Chauffeur Alois Sitzberger avancierte er schnell zum gefürchteten Gegner bei den damaligen Bergrennen. Später folgten seine oben bereits erwähnten Triumphe bei den Sechstagefahrten. Ernst Henne stellte 1932 mit 207,7 km/h einen Geschwindigkeitsrekord für Gespanne auf.

Mit Erfolg setzte 1936 auch Josef Stelzer, der Sixdays-Mitstreiter von Kraus, die starken BMW-Kompressormotoren bei Seitenwagenrennen ein. Der bereits ein Jahr zuvor in der Einliter-Gespannklasse beim Großen Preis der Schweiz siegreiche Ernst Stärkle landete mit Stelzers Maschine beim helvetischen GP von 1936 auf Rang zwei, Stelzer selbst setzte sein dreirädriges Geschoß ebenfalls mit Fortune ein.

In der folgenden Saison konzentrierte sich die BMW-Rennabteilung völlig auf die publikumsträchtige Soloszene, die Gespann-Bilanz der blauweißen Marke ließ schnell zu wünschen übrig. Nachdem sich verschiedene schwere Unfälle ereignet hatten, wurden 1938 Seitenwagenrennen gänzlich verboten.

Erfolge mit Meier, Zeller, Butenuth: der Solo-Boxer am Start 1946 bis 1971

Die Zwangspause im Rennsport, die 1939 mit Ausbruch des Zweiten Weltkriegs begann, dauerte erstaunlicherweise nur bis 1946: Schon ein Jahr nach Kriegsende fiel in Deutschland zum ersten Mal wieder die Startflagge. Die Menschen wollten abschalten und vergessen, wollten wie vor dem Krieg einfach Spaß haben bei spannenden Motorradrennen. Natürlich zählte das Publikum auf die Asse der Vorkriegszeit, fieberte dem Comeback von alten Haudegen wie Schorsch Meier entgegen.

Der TT-Sieger von 1939 hatte Glück im Unglück gehabt und war wegen der Verletzungen bei seinem schweren GP-Unfall in Schweden von Fronteinsätzen verschont geblieben. Nach seiner Genesung hatte man ihm die Leitung eines Wehrmachts-Fuhrparks anvertraut.

1946: Kompressor-BMW aus der Scheune

Als dann 1946 die Rennszene zu neuem Leben erwachte, kribbelte es natürlich auch dem Meisterfahrer der 30er Jahre wieder mächtig in der Gashand. Da fügte es sich prächtig, daß seine Kompressor-BMW den Krieg ebenfalls unversehrt überstanden hatte - gut versteckt in einem Heustadel im Münchner Vorort Allach.

Mit dem aufgeladenen Boxer kehrte Meier 1947 auf die Rennstrecke zurück und wurde auf Anhieb Deutscher Meister. Zuvor hatte er die rennbegeisterte amerikanische Militärverwaltung für seine Sache gewinnen und damit das Motorrad vor der Beschlagnahme bewahren können. Bis 1950 beherrschte der Gußeiserne mit seiner aufgeladenen BMW die Rennszene, sicherte sich viermal hintereinander die Deutsche Meisterschaft. So erhielt auch der Name BMW seinen alten Klang zurück.

International war der Kompressor seit 1947 nicht mehr zugelassen. Fast 30 Pferdestärken büßte der Königswellenmotor durch die Amputation des Laders

Schorsch Meier hatte 1947 mit dem Kompressor-Boxer sein Comeback. Der legendäre Fahrer starb am 19. Februar 1999 im Alter von 88 Jahren.

ein. Damit war für die Norton-Racer die Stunde der Revanche gekommen.

Zu Meiers großen Gegenspielern in jenen Jahren zählte neben dem NSU-Werksfahrer Heiner Fleischmann der frühere Weggefährte Wiggerl Kraus. Der seit eh und je im Schatten des überragenden Meier stehende Markenkollege wendete sich nach mehreren verpaßten Meisterschaften ganz der Gespannklasse zu. Obwohl schon 43 Jahre alt, holte Kraus 1950 in der 1000er Klasse den ersten nationalen Meistertitel in der Seitenwagenklasse, zwei weitere Titel folgten bei den Halbliter-Dreirädern.

Inzwischen neigte sich auch auf nationaler Ebene - in Folge des von der FIM ausgesprochenen internationalen Verbots - die Kompressor-Ära ihrem Ende

zu. Zum Saisonschluß 1950 konzentrierte BMW sich bereits völlig auf die Entwicklung neuer Saugmotoren. Im Rennsport kamen zunächst auf Vergaser umgerüstete Kompressor-Boxer, sehr bald jedoch auch neukonstruierte Königswellen-Motoren und daneben getunte R 51/2 zum Einsatz.

Neuer Stern am BMW-Himmel: W. Zeller

Die Mühe lohnte sich, die weißblaue Marke fand schnell wieder den Anschluß. Neben Schorsch Meier profilierten sich auch dessen jüngerer Bruder Hans sowie Walter Zeller. Der junge Zeller, wie die Meiers Mitglied des BMW-Werksteams, mauserte sich schnell zu einem starken Konkurrenten

Wurde 1951 auf BMW Deutscher Meister: Walter Zeller. 1953 gewann er mit einem Schwingen-Boxer (links) den GP von Deutschland.

Unten: In den späten 60ern begann die Karriere von Helmut Dähne. Das Foto zeigt den Münchner beim Sudelfeld-Bergrennen 1968. Es war sein erster Start und sein erster Sieg.

für Meier. Erster Höhepunkt: 1951 schnappte er seinem Lehrmeister den DM-Titel vor der Nase weg.

Zwei Jahre später errang Zeller beim Großen Preis von Deutschland mit einer Schwingen-BMW, die er bereits bei der TT auf der Isle of Man eingesetzt hatte, seinen ersten (und einzigen) GP-Sieg. Während Zeller nach Schorsch Meiers Rückzug auf den heimischen Rundkursen dominierte und sich 1954/55 zwei weitere Titel sicherte, blieb ihm der größtmögliche internationale Triumph, die Weltmeisterschaft, versagt: Zeller verlor den Heim-GP 1955 um Haaresbreite gegen Geoff Duke auf Gilera. 1956 wurde es nichts mit dem Weltmeistertitel wegen technischer Probleme.

50er Jahre: Rekordfahrten und GP-Siege

Zeller trug jedoch in jenen Jahren nicht nur zur Mehrung der sportlichen Erfolge seines Arbeitgebers BMW bei, sondern half auch bei der Entwicklung beispielsweise des 51er RS-Langhubers mit. Außerdem testete er im harten Renneinsatz diverse Neuerungen, so die bereits erwähnte Vorderschwinge, die bis zum Ende der 60er Jahre chrakteristisch für die Serienmaschinen bleiben sollte. Maßgeblich zu Zellers Erfolgen trug auch eine neu entwickelte RS mit Benzineinspritzung und 60 PS bei. Modelle mit Vollverkleidungen wurden ebenfalls eingesetzt.

Die Erfahrung der Rennabteilung kam letztlich auch den Privatiers zugute. Zur Saison 1954 präsentierten die Münchner eine Replica von Zellers Werksrennmaschine mit Königswellen-dohc-Ventil-

steuerung und Vollschwingen-Fahrwerk. Der Vergasermotor dieser Spezial-RS produzierte bei immerhin 8.000 U/min 45 PS. Zwei Jahre später leistete der inzwischen auf Kurzhub umkonstruierte Werksrenner bereits 61 PS bei 9.000 Umdrehungen. Neben der Rennerei unternahm Zeller mehrere Rekordfahrten. Gemeinsam mit den Meier-Brüdern stellte er 1954 bei Paris sechs Langstrecken-Weltrekorde auf, im folgenden Jahr schraubte er die Kurzstrecken-Bestmarke auf 241,8 km/h.

Die beiden letzten Jahre seiner Rennpilotenkarriere bestritt Zeller nur noch als Privatfahrer, allerdings mit Unterstützung von BMW; das Werksteam war bereits Ende 1954 aufgelöst worden. Mitten in der 57er Saison mußte der amtierende Vizeweltmeister seinen Helm an den Nagel hängen, weil er dringend im elterlichen Betrieb gebraucht wurde.

Doch auch nach Zellers Rückzug blieben die Boxer dominant, dafür sorgten Fahrer wie Ernst Riedelbauch (Deutscher Meister 1956) oder Gerold Klinger, der in der damaligen CSSR 1956 und 1957 zwei Grand Prix-Siege für BMW erkämpfte. Den letzten GP-Sieg holte 1958 Ernst Hiller beim Großen Preis von Deutschland.

Kurzes Gastspiel: Duke, Dale, Surtees

Um auf internationaler Ebene weiter mithalten zu können, nahm BMW 1958 die erfolgreichen britischen Piloten Geoff Duke und Dickie Dale unter Vertrag. Der zuvor bei Gilera verpflichtete sechsfache Weltmeister Duke startete mit einem Sieg in Hockenheim zwar hoffnungsvoll, sein Ausfall bei der wenig

Oben: Hans-Otto Butenuth wurde 1971 mit der RS 500 Deutscher Meister.
Links Walter Zellers RS 500 von 1954 mit Königswellen, 50 PS und Schwinge vorn.

einmal wichtigere Dinge zu tun, als konkurrenzfähige Motoren für die Rennerei zu konstruieren. Es war eine Sensation, als es Hans-Otto Butenuth 1971 trotz fehlender Werksunterstützung gelang, mit einer von Dieter Busch getunten Königswellen-RS noch einmal die Deutsche Meisterschaft für BMW zu erringen. Bereits 1970 hatte der Dortmunder mit der ehemaligen Werksmaschine zum Halbliter-Vizemeister avancieren können. Doch nach diesem letzten Aufbäumen waren die Boxer in dieser nun von Zweitaktern beherrschten Klasse endgültig nicht mehr konkurrenzfähig.

1971: Butenuth wird Deutscher Meister

Schon sehr früh tauchten BMW-Maschinen bei Langstreckenrennen auf. Bereits 1948 belegten die Boxer die ersten drei Plätze beim Bol d'Or. 1959 glänzten die Schwingenmodelle mit Siegen bei Serienmaschinenrennen über 500 Meilen in Thruxton und beim 24-Stundenrennen von Barcelona. Weitere Erfolge wie ein Sieg beim Bol d'Or 1960 und bei den 1.000 Meilen von Silverstone folgten. Danach wurde es für einige Zeit stiller um die Boxer.

später folgenden TT läutete jedoch eine Serie von technisch bedingten Mißerfolgen ein.

Bereits 1954 hatte sich übrigens der spätere mehrfache Motorrad- und Automobilweltmeister John Surtees auf eine Liaison mit BMW eingelassen, die allerdings nicht von Erfolg gekrönt war. Besser lief es für Dickie Dale: Er beendete die Saison 1958 als Dritter der WM. Zeitweise fuhr auch Fergus Anderson für BMW.

In der Folgezeit jedoch konnten Dale und sein japanischer Nachfolger Fumio Ito in der WM nicht mehr Fuß fassen,

denn die Boxer waren mittlerweile leistungsmäßig arg ins Hintertreffen geraten; Erfolge in den Soloklassen blieben aus. Eine Weile konnten Ernst Hiller und Hans-Günther Jäger die Vorherrschaft der weißblauen Marke zumindest in ihrer Heimat noch bewahren: 1962 rundete Hiller mit seinem vierten Meistertitel die seit 1947 nur einmal unterbrochene BMW-Siegesserie in der DM ab.

Daß der Boxer im Sport zurückfiel, hing auch mit dem Niedergang der Motorradindustrie seit Ende der 50er Jahre zusammen: In München hatte man auf

Der Boxer als souveräner Weltmeister: Gespannrennen und Siege ab 1947

Bereits vor dem Krieg war BMW mit dem Boxer auch in den Gespannklassen erfolgreich angetreten. Der große Durchbruch in der Seitenwagen-Kategorie kam jedoch erst nach Kriegsende. Das 1938 verhängte Verbot von Gespannrennen stand nach 1945 nicht mehr zur Debatte, sodaß schon 1947 in der Einliterklasse erstmals wieder die Deutsche Meisterschaft ausgetragen werden konnte.

Sepp Stelzers ehemaliger Schmiermaxe Josef Müller hatte inzwischen auf den Fahrersitz einer in Eigenregie aufgebauten R 75 gewechselt und holte mit verschiedenen Beifahrern auf Anhieb vier Meistertitel. Seine Siegesserie wurde nur 1950 von Wiggerl Kraus/Bernhard Huser unterbrochen.

Deutsche Meisterschaften mit dem Boxer wie am Fließband

Von den Markenkollegen machte nicht nur Kraus dem Josef Müller das Siegen schwer; zu den Hauptkonkurrenten zählten auch die BMW-Teams Thomas Seppenhauser/Franz Höller und

Max Klankermeier/Hermann Wolz. Ebenso wie Kraus pilotierte der von der BMW-Versuchsabteilung engagierte Klankermeier eine auf 900 Kubik aufgebohrte R 75. Mit einer Kompressor-RS trat er im darauffolgenden Jahr in der 600er-Klasse an und wurde vollkommen problemlos Deutscher Meister.

1950 konnte Hermann Böhm mit einer ebenfalls aufgeladenen NSU die sich anbahnende Vorherrschaft der blau-weißen Marke noch einmal hinauszögern. Danach läuteten Kraus/Huser eine beispiellose Siegesserie für BMW ein. Zwischen 1954 und 1974 konnten die Weiß-Blauen 21 Europa- und Weltmeistertitel in ununterbrochener Folge erringen. Die Namen der siegreichen Teams sind unvergessen: Faust/Remmert und Hillebrand/Grunwald zum Beispiel, Schneider/Strauß, Fath/Wohlgemut, Deubel/Hörner, Scheidegger/Robinson und Enders/Engelhardt.

Es gab mehrere Ursachen für die jahrzehntelange Dominanz von BMW im Gespannsport. So konnten die Bayern stets über genügend hochkarätige Teams verfügen. Außerdem trug zweifellos das

Boxerkonzept zu der Überlegenheit der BMW-Gespanne bei: Der Motor drückte den Schwerpunkt nach unten und ermöglichte eine niedrige Sitzhaltung; die Zylinder lagen voll im kühlenden Fahrtwind, und der exzellente Massenausgleich hielt zerstörerische Vibrationen in Grenzen.

Boxerkonzept ideal für Gespannbetrieb

Anders als bei den kettengetriebenen Gespannen bereiteten die Geometrie-Änderungen beim Einfedern des Hinterrades der äußerst steifen Motor-/Antriebseinheit mit ihrer Kardanwelle keine Probleme, ferner kompensierte der feste Antriebsblock die bei den hohen Querkräften im Beiwagenbetrieb ständig auftretenden Schwingentorsionen.

Selbstverständlich orientierte sich die Leistung der Gespannmaschinen in jenen Jahren am hohen Level der rund 60

Sieg 1950 beim Schauinsland-Rennen: Max Klankermeier, auch "Klankermax" genannt, mit seinem "Schmiermaxen" Herrmann Wolz.

PS starken Solo-BMWs. Als deutsche Fahrer 1951 endlich wieder zu internationalen Veranstaltungen zugelassen wurden, fanden die Sidecar-Teams schnell Anschluß an die Elite.

Erste Achtungserfolge errang Kraus gleich im ersten Jahr gegen den vierfachen Weltmeister Eric Oliver. So richtig los ging das BMW-Feuerwerk aber erst 1954, als Wilhelm Noll/Fritz Cron die britische Norton-Mannschaft von der Weltspitze verdrängen konnten. Danach sicherten sich bis 1967 ausschließlich BMW-Teams den Weltmeistertitel. Die zweifachen Champions Noll/Cron, die 1954/55 mit einer 80 PS starken RS den Gespann-Weltrekord ganz nebenbei auf 280,2 km/h hochschraubten, mußten sich vor allem der Konkurrenz aus dem eigenen Lager erwehren: 1955 verloren sie den Titel an Willi Faust/Karl Remmert. Doch schon im darauffolgenden Jahr holte sich Noll den Lorbeer mit einem stromlinienverkleideten Gespann zurück.

Tolle Siege, aber auch böse Stürze

In derselben Saison gewannen Friedrich Hillebrand/Manfred Grunwald für BMW die TT. Nachdem Noll sich aus dem Sport zurückgezogen hatte, gelang Hillebrand/Grunwald 1956 der Gewinn der Weltmeisterschaft. Doch der Triumph konnte nicht genossen werden: Bei einem der letzten 56er Rennen im spanischen Bilbao verunglückte Hillebrand tödlich.

Ehrenrunde mit Hans Albers 1949:
Max Klankermeier und Hermann Walz nach dem Sieg beim Riemer Rundstreckenrennen.
Unten: die Gespann-Weltmeister von 1954 - Wilhelm Noll und Fritz Cron.

Mit Walter Schneider/Hans Strauß und den Schweizern Fritz Scheidegger/Horst Burkhardt sowie Florian Camathias/Hilmar Cecco hatten sich inzwischen weitere Formationen nach oben gearbeitet. Schneider holte zwei WM-Championate und einen DM-Titel, Scheidegger kam erst 1965 zusammen mit dem Briten John Robinson im Boot zu Weltmeisterehren. Inzwischen hatten Helmut Fath/Alfred Wohlgemut 1960 in WM und DM gehörig abgesahnt, danach etablierten sich Max Deubel/Emil Hörner gleich vier Jahre hintereinander an der WM-Spitze. Ganz nebenbei stellten zwischen 1954 und 1959 BMW-Gespanne auch 116 Rekorde, darunter zahlreiche Weltrekorde auf.

Für die beispiellose Siegesserie auf der Rundstrecke mußte allerdings ein hoher Preis gezahlt werden - tragische Ereignisse warfen harte Schatten auf die beeindruckende Erfolgsbilanz. Den Unfalltod von Friedrich Hillebrand 1956 erwähnten wir bereits. 1965 verunglückte der vierfache Vizeweltmeister und Weltrekordjäger Camathias in Brands Hatch tödlich. Zwei Jahre später ereilte Scheidegger in Mallory Park das gleiche Schicksal. Helmut Fath kam 1961 nur knapp mit dem Leben davon; erst Jahre später fand der vor kurzem verstorbene Rennfahrer und Tuner, der maßgeblich die Entwicklung der Renngespanne beeinflußt hatte, wieder Anschluß an die internationale Spitze.

Unvergessen: Deubel/Hörner, Enders/Engelhardt, Fath/Wohlgemut

In den 60er Jahren wandelte sich die Technik der schnellen Dreiräder grundlegend. Die Räder schrumpften zugunsten einer besseren Schwerpunktlage auf 16 Zoll Durchmesser, komplett verschweißte Fahrgestelle kamen in Mode. Fath holte seinen WM-Titel mit einem Einspritz-Boxer, gleichzeitig tauchten die ersten Kneeler auf. Mit ihrem Rücktritt ebneten die mehrfachen Weltmeister

Max Deubel/ Emil Hörner einer weiteren Beiwagenlegende den Weg: Klaus Enders/Rolf Engelhardt übertrumpften ihre Vorgänger mit gleich sechs WM-Titeln und avancierten so zu den erfolgreichsten deutschen Motorradrennfahrern überhaupt. Zum Bedauern der Teams hatte man in München inzwischen das Engagement im Motorradsport drastisch reduziert. So war es lediglich der Privatinitiative solch engagierter Fahrer wie Enders zu verdanken, daß die schnellen BMW-Gespanne letztlich sagenhafte 21 Titel in der Marken-WM erringen konnten.

Sogar als die BMW-Boxer in den Solorennen schon längst passé waren, mischten sie in der Gespannklasse noch kräftig mit. Markenintern konnten sich die dreifachen Vizeweltmeister Georg Auerbacher/Eduard Dein nie aus dem Schatten von Enders/Engelhardt lösen. Auch dem Team Sigi Schauzu/Wolfgang Kalauch blieb trotz zahlreicher internationaler Erfolge (insbesondere zwischen 1967 und 1974 bei der TT) der Durchbruch zur Meisterschaft versagt.

Mittlerweile hatten die Zweitakter immer mehr Fuß fassen können. Trotz tatkräftiger Unterstützung durch Rennmäzen Mike Krauser und seinen Tuner Willy Roth sahen die Duos Otto Haller/Max Haslbeck und Heinz Luthringhauser/Jürgen Cusnick mit ihren Vierventil-Boxern gegen die Konkurrenz kein Land mehr. Immerhin fuhr Luthringhauser mit seinem Beifahrer Hahn bei der TT 1974 in der Halbliterklasse als Erster über die Ziellinie.

Rückzug und private Achtungserfolge

Ab Mitte der 70er Jahre traten die BMW-Renngespanne immer mehr in den Hintergrund. Es gab nur noch spärliche Auftritte, Erfolge bekamen Seltenheitswert. Im Sande verlief letztlich eine Initiative der Gespann-Spezialisten Horst und Falk Hartmann. Die Brüder hatten sich im Gelände mit Boxer-Gespannen einiges Ansehen verschafft und sich später um den holländischen

Oben: Wiggerl Kraus und Schmiermaxe Bernhard Huser, Deutsche Gespannmeister 1953. Mitte: BMW 500 4V-PT für die WM 1976 mit Fahrer Otto Haller und Co Erich Haselbeck. Links: Luthringhauser/Hahn auf Siegesfahrt bei der TT 1974.

Straßengespannhersteller EML verdient gemacht. 1981 rief die Firma Hartmann einen Boxer-Gespann-Cup ins Leben. Nachdem das Echo rundum positiv ausgefallen war, fing sie an, geeignete Fahrzeuge in kleiner Serie herzustellen. 1983 sollte der Cup starten, diverse Veranstalter hatten bereits grünes Licht gegeben. Doch plötzlich sprangen Kaufinteressenten, mit denen der Hersteller fest gerechnet hatte, ab. Resultat: Man mußte die Idee vom Boxercup wieder fallen lassen. Einige der inzwischen fertiggestellten 30 "Rennpantoffel" kamen dennoch zum Einsatz - allerdings erst viel später bei Rennen von MOTO-AKTIV.

Optimal getunter Boxer für die Serienmaschinen-Trophy 1990

Ein ganz spezielles BMW-Gespann, das bei MOTO AKTIV für gewaltigen Wirbel sorgte, verdient wohlwollende Erwähnung: In der offenen Klasse der jungen Motorradsport-Organisation tauchte 1990 ein Mann auf, der sich in Ostwestfalen ganz dem Bau von Tourengespannen auf Boxerbasis verschrieben hatte: Heinz Bals. Mit einem lupenreinen Kneeler auf Basis eines ursprünglich von Siegfried Schauzu gefahrenen Busch-Fahrwerks und einem optimal getunten Boxermotor, dem Insider rund

90 PS nachsagten, trat der Bückeburger gegen viel üppiger motorisierte Konkurrenz in der Serienmaschinen-Trophy an und verblies diese quasi nach Noten.

Doch wie das Leben so spielt: Die MOTO AKTIV-Macher sahen ihr Konzept der Seriennähe in Gefahr und änderten flugs ihr Reglement, sodaß Bals seinen als Sonderfahrzeug straßenzugelassenen (!) Renner in der folgenden Saison nicht mehr an den Start schieben durfte. Bals selbst akzeptierte den Beschluß nicht widerspruchslos: "Wenn meine Gegner ihre Vierzylinder bis auf 140 PS tunen dürfen, warum kann ich da nicht mein Fahrwerk schneller machen? Ich muß mit dem Boxer in den Kurven aufholen, was ich auf den Geraden verliere..." Doch konnte er sich mit seinen Argumenten letztlich nicht durchsetzen.

Der vom Rennbazillus total angefressene Bals - in dessen Wohnzimmer konnte der Autor das letzte Weltmeistergespann von Enders/Engelhard bewundern - wanderte notgedrungen zur OMK ab und holte sich mit Beifahrer Roland

Gewannen zwischen 1967 und 1974 sechsmal für BMW die Marken-Weltmeisterschaft: Klaus Enders und Ralf Engelhardt (oben). Links: Horst Hartmann und Tochter mit Boxer-Cup-Gespann um 1984.

Dehne prompt den Titel im Deutschen Rundstrecken-Pokal. Mit diesem eigentlich anachronistischen Achtungserfolg hatten die BMW-Gespanne nun aber endgültig ausgesiegt. In der Deutschen Meisterschaft sah selbst Boxerfan Bals absolut keine Chancen mehr für das vormals so überlegene Motorenkonzept und stieg auf aktuelles, konkurrenzfähiges Zweitakt-Material um.

Butenuth, Dähne, Beinhauer & Co: der Boxer im Straßenrennsport der 70er Jahre

Dienstag, 8. Juni 1976: Exakt 37 Jahre nach dem legendären TT-Sieg von Schorsch Meier gewinnt in der Serienmaschinen-Kategorie bis 1000 cm³ erstmals wieder eine BMW auf der Isle of Man: Helmut Dähne und Hans-Otto Butenuth pilotieren eine R 90 S zum insgesamt vierten deutschen Soloklassen-Triumph in der Geschichte der berühmten Tourist Trophy.

H. O. Butenuth: TT-Fahrer aus Passion

Es war allerdings ein Sieg mit Fragezeichen. Denn die 1000er waren im Rahmen eines Handicap-Rennens gemeinsam mit den auf dem winkligen Kurs einfach schnelleren Viertel- und Achtelliter-Maschinen gestartet; Dähne/Butenuth sahen die Zielflagge zwar als schnellstes Team der großen Klasse, kamen insgesamt jedoch erst als Fünfte ins Ziel. Vielleicht nahm BMW deshalb von dieser tollen Leistung auf einer der schwierigsten Rundstrecken der Welt kaum Notiz, versäumte es völlig, den Boxer-Sieg werbewirksam umzusetzen.

Die Privatfahrer Dähne und Butenuth konnten zu diesem Zeitpunkt bereits auf eine ganze Reihe beachtlicher Erfolge zurückblicken. Hans-Otto Butenuth startete bereits 1957 seine Rennkarriere mit einer umgebauten R 51/3 in der damaligen "Ausweis"-Klasse. Nach dem bereits im vorigen Kapitel erwähnten Gewinn der Deutschen Meisterschaft 1971 im Sattel einer Königswellen-RS verlegte Butenuth sich stärker auf Langstreckenrennen und auf die TT. Über 40 Rennen hat der Renn-Methusalem auf der Isle of Man bisher bestritten.

Unter anderem setzte Butenuth auch werksseitig vorbereitete Motorräder ein. Bei der TT 71 brachte er eine R 75/5 mit einer mächtigen Vollverkleidung an den Start; das für Langstreckenrennen gedachte Ungetüm wurde scherzhaft "weißer Riese" genannt. Da es jedoch zu schwer war, stoppte BMW das Projekt bald. Später bestritt der Deutsche Meister und TT-Sieger dann mit einem Krauser-Vierventiler die BoT, bis dort die Ducati übermächtig wurden. Wegen seines Alters bekam der Dortmunder

trotz ungebrochener Vitalität dann Probleme mit der Lizenz-Zuteilung; er fuhr daraufhin nur noch Klassik-Rennen. Am 20. 08. 1997 starb er im Alter von 67 Jahren.

Helmut Dähne: Boxer-Spezialist seit 1968

Was für Butenuth die Isle of Man, ist für Helmut Dähne die Nordschleife des Nürburgring. Mit der lapidaren Feststellung: "Ich hatte es schon immer eilig" weist der Münchner auf die Wurzeln seiner Rennleidenschaft hin. Der blauweißen Marke BMW war Dähne schon in seiner Jugendzeit verbunden. Eigentlich wollte er zur Fliegerei. Doch als es darum ging, sich für eine Lehre zu entscheiden, beschloß er, am Boden zu bleiben: "Dornier war zwanzig Kilometer weg, BMW nur vier."

Noch in der Ausbildungszeit landete der schon damals rennbegeisterte Dähne

Steve Mc Laughlin und Red Prigmore sorgten 1976 für einen spektakulären BMW-Doppelsieg beim Superbike-Rennen in Daytona.

Bild ganz links: H.O. Butenuth mit dem
"Weißen Riesen" auf Basis R 75/5 am TT-
Start 1971. Oben: Helmut Dähne bei der TT
1971 (4. Platz). Links: Dieter Nagel 1981.

Boxer als "unhandliche Springböcke"
einstuft, ist Faktum, daß Dähne sich mit
den Zweizylindern bis Ende der 70er
Jahre behaupten konnte. Als dann die
Unterstützung durch das Werk immer
mäßiger, die Konkurrenz gleichzeitig
immer schneller wurde, sattelte er auf eine
ne Eckert-Honda um.

Dieter Nagel: Rallye-Siege in Serie

Neben Dähne hielten auch Fahrer wie
Werner Dieringer und Dieter Nagel bei
Langstreckenrennen und Zuverlässigkeitsfahrten die weißblaue Fahne hoch.
1972 wurde der "ZuVi"-Pokal ausge-
schrieben, ein Jahr später startete die
Deutsche Rallye-Meisterschaft. In den
Starterlisten jener Jahre finden sich viele
Namen von Leuten, die auch beruflich
eng mit der Marke BMW verbunden waren oder immer noch sind: Rüdiger Gut-
sche, Ekkehard Rapelius, Alfred Halbfeld (später HPN), Peter Zettelmayer
und Fritz Scherb von der Versuchsabteilung oder die Tuning- und Zubehör-Spe-
zialisten Helmut Wüstenhöfer (WÜDO)

in der Entwicklungsabteilung. Für sein
Debut beim Straßenrennsport lieh ihm
Alex von Falkenhausen einen auf 500
Kubik umgerüsteten und mit Rollenstößeln verfeinerten R 60-Motor. Gleich
bei seinem ersten Auftritt gewann Dähne
1968 das Sudelfeld-Bergrennen, von da
ab war er immer auf den vorderen Plät-
zen zu finden.

In Imola landete er vier Jahre später
mit frischgedruckter I-Lizenz auf Rang
13 - gegen WM-Hochkaräter wie Phil
Read oder Agostini! Der Rahmen seiner

selbst aufgebauten Maschine stammte
vom Werk. "Das lief alles unter der
Hand...", beschreibt Dähne das Engagement von BMW. Zum Glück für ihn hatte Entwicklungs-Chef von Falkenhausen
als ehemaliger Rennfahrer selbst "einen
Draht dafür".

In den folgenden Jahren lagen Dähnes
Hauptaktivitäten bei Zuverlässigkeitsfahrten und bei der TT, wo er Formel-
Motorräder (zunächst mit 750 cm³ und
später mit einem Liter Hubraum) ein-
setzte. Obwohl er im nachhinein seine

und Peter Knott (KnoScher). Beachtliche Resultate bei Rallyes, Rund- und Langstreckenrennen erzielte Dieter Nagel mit einer weitgehend serienmäßigen R 75/5, die er von Jahr zu Jahr in Eigenregie optimierte. Der Wuppertaler hatte nach einem schweren Unfall mit zwei gebrochenen Halswirbeln eigentlich schon die Rennerei aufgegeben. 1973 packte ihn der Bazillus jedoch wieder; von da an rangierte er konstant unter den besten Fünf der Deutschen Motorrad-Rallye-Meisterschaft. 1976 avancierte er sogar zum Mannschaftsmeister.

Mit Reinhard Nückel pilotierte Nagel 1978 eine speziell für den Rennsport präparierte Ramacher-BMW bei den 1.000 km von Mettet/Belgien auf den dritten Platz, mit Helmut Dähne holte er 77 und 78 auf einer getunten R 100 den Sieg beim 1.000 km-Rennen in Hockenheim. Der Hattrick im nächsten Jahr scheiterte an einem Pleuellagerschaden.

Anschließend sattelte Nagel auf leistungsstärkere Fabrikate um, wurde mit mit diesen Maschinen dreimal Rallye-Meister. Wie schnell ein Boxer sein konnte, bewies er noch einmal 1981 in Mainz-Finthen, wo er allen Vierzylinder-Piloten (darunter so bekannte Größen wie Alois Tost und Klaus Caspers) den Auspuff zeigte - bis ihm der Sprit ausging...

Erfolge mit getunten Motoren, Königswellen-Boxern und Vierventilern

Den von Nagel in Mainz eingesetzten Motor hatte der Boxer-Spezialist Willi Michel getunt. Neben ihm sorgten vor allem Feierabend-Edelschrauber wie Muthig, Blum oder Ramacher dafür, daß die BMWs bis zum Ende der 70er Jahre auf den Lang- und Rundstreckenrennen nicht ins Hintertreffen gerieten. Für Helmut Dähne und den Motorjournalisten Kalli Hufstadt zauberte Helmut Bucher zusätzliche PS herbei. Neben viel Feinarbeit galten scharfe Nockenwellen, höhere Verdichtung, nach außen gestellte Einlaßkanäle und Sportschalldämpfer als die üblichen Tuningmittel. Die Vierventilköpfe von Krauser standen erst ab 1981 zur Verfügung.

Wie Butenuth und andere Spitzenfahrer wurde Dähne zwischenzeitlich auch von BMW-Technikern betreut. Vom Werk gab es zudem Motorsport-Accessoires wie Magnesium-Gehäuseteile, Sportrahmen für höhergelegte Motoren oder breitere Schwingen. Dennoch, so urteilen die Insider über jene Ära, bekannte sich BMW nicht offiziell zum Straßenrennsport, sondern partizipierte im Hintergrund an den Erfolgen engagierter Markenfreunde - manchmal nicht nur ideell, sondern auch praktisch. So ließ man die Verkleidung der 1976 präsentierten R 100 RS vorab auch auf der Rennstrecke testen.

Zwei herausragende Projekte der Tuningbranche mußten ihr Potential ebenfalls im harten Renneinsatz demonstrieren. Großes Aufsehen erregte der Königswellen-Motor von Werner Fallert. Mit diesem Triebwerk wurde der Österreicher Konrad Stückler Berg- Europameister. Doch kurz darauf legte Fallert seine Eigenentwicklung wieder ad acta.

Wesentlich zukunftsträchtiger waren die Bemühungen von Halbfeld/Zettelmayer um Krausers Gitterrohrrahmen; sie testeten die Konstruktion im Hinblick auf die Serienfertigung ab 1976 erfolgreich auf der Langstrecke. Bislang wurden vom "MKM"-Chassis über 300 Stück produziert. 1984 brachte Martin Wimmer eine MKM 1000 bei der Battle of Twins in Daytona auf Rang sechs. Der ebenfalls mit einem Krauser-Vierventiler gestartete US-Amerikaner Harry Klinzmann ließ sich erst auf den letzten

Bild oben: Dietmar Beinhauer holte 1976 beim 24-Stunden-Rennen von Interlagos den letzten großen BMW-Sieg. Links: Helmut Dähne errang 1976 bei der TT mit der R 90 S in der Serienklasse bis 1.000 Kubik zusammen mit H.O. Butenuth den ersten Platz.

Importeur der USA, aufgebauten Rennmaschine siegte Steve McLaughlin 1976 in Daytona. Im gleichen Jahr avancierte Reg Pridmore zum US-Superbike-Champion. Neben Pridmore setzte Ron Pierce die Modelle R 90 S und R 100 bei den Production-Races recht erfolgreich ein.

Einen weiteren Höhepunkt gab es bei den 24 Stunden von Interlagos im gleichen Jahr: Dietmar Beinhauer und der Belgier Guy Tilkens siegten überlegen. Doch es war das letzte Mal, daß ein werksunterstützter BMW-Boxer ein Langstreckenrennen gewann. In der Folgezeit überließ das Werk endgültig den privaten Enthusiasten das Feld.

Mit der Gründung der BMW Motorrad GmbH war Dietmar Beinhauer zur Sportabteilung gewechselt. Ursprünglich hatte er das Langstrecken-Projekt "Weißer Riese" vorantreiben sollen, doch nach dessen Scheitern schwenkte er auf den Geländesport um. Es war die Zeit, als die Prototypen der neuen G/S-Enduro das Laufen lernten. Als Teamchef zunächst bei Sixdays und Europa-Meisterschaft, später dann bei der Rallye Paris-Dakar koordinierte Beinhauer die überaus erfolgreichen Einsätze der BMW-Mannschaft. Besonders ausführliche Berichte über diese Ära finden sich in unserem Buch "Faszination BMW GS".

1977: Rekordfahrten mit der R 100 RS

Auf Initiative eines italienischen BMW-Clubs stellten im Herbst 1977 Beinhauer, Dähne sowie die italienischen Fahrer Elvio Zanini, Angiolino Clericuzio und Dr. Alberto Cossutti auf der Fiat-Versuchsstrecke in Nardo gleich fünf neue Weltrekorde auf. Das vom Werk gestellte Motorrad, eine R 100 RS, besaß einen tiefergelegten Rahmen, die Federwege waren auf 60/40 Millimeter reduziert, den Motor hatte Helmut Bucher auf 83 PS getunt.

Die Zehn-Kilometer-Distanz schaffte Cossutti nach stehendem Start mit 211,675 km/h, die 100 km dann mit 218,646 km/h. Nicht ohne technische Probleme bewältigte das Team die Dauervollgasfahrten über sechs, zwölf und 24 Stunden. Am Ende brachte Zanini die Maschine mit abgerissenem linken Pleuel schiebend ins Ziel - der Schnitt betrug dennoch 169,466 km/h (sechs und zwölf Stunden: über 190 km/h). Drei Jahre später schraubten Cossutti & Co. gemeinsam mit dem Belgier Collevaert und dem Deutschen Norbert Sturm die Rekordmarken noch einmal höher.

Immer ganz vorne mit dabei: die Rennsportboxer der 70er und frühen 80er Jahre. Bild oben: Helmut Wüstenhöfer mit seiner R 100 CS bei der Int. ADAC-Prüfungsfahrt auf der Solitude 1981. Links: H.O. Butenuth mit der Michel-BMW auf dem Nürburgring 1977.

Metern von einer Ducati den zweiten Platz wegschnappen.

Seit den im Vorkapitel erwähnten Siegen zu Beginn der 60er Jahre in Thruxton und Barcelona waren die Boxer aus der internationalen Langstreckenszene nicht mehr wegzudenken. Anfang der 70er Jahre gingen die Boxer beim Bol d'Or sogar mit Werksunterstützung gegen die Triumph Tridents (nicht zu verwechseln mit den modernen Triumph-Modellen) und Honda CB 750 an den Start; die Techniker unter dem damaligen Versuchsleiter Hans-Günther von der Marwitz wollten dieses strapaziöse 24-Stunden-Rennen für neue Erkenntnisse nutzen.

Hohe Präsenz bei Langstreckenrennen

Auf der britischen Insel bemühte sich unterdessen der Londoner BMW-Händler Gus Kuhn, die sportliche Seite der weißblauen Marke weiter zu kultivieren. Unter anderem experimentierte er mit einer speziellen Vorderschwinge. Unbeirrbar blieb auch Langstrecken-Spezialist Horst "Happy" Glück BMW treu; über viele Jahre hinweg war er bei Rennen wie in Montjuich nicht aus dem Starterfeld wegzudenken. Hubert Rigal gewann mit einer fast serienmäßigen R 90 S die 74er Tour de France Moto. Mit einer von Butler & Smith, dem ersten BMW-

Der Boxer in der Battle of Twins: vom bulligen Zweiventiler zum professionellen Vierventil-Renner

Auf der Langstrecke hatte der Boxer gegen die immer stärkere Konkurrenz Ende der 70er Jahre keine Chance mehr. Erst mit der aus den USA importierten Battle of Twins tat sich im Straßenrennsport wieder ein Betätigungsfeld auf. Nach ihrer Premiere 1984 in Colmar faßte die BoT auch in Deutschland schnell Fuß: Zur Saison 1986 installierte der damalige nationale Motorradsportverband OMK zunächst eine Pokalserie, zwei Jahre später die BoT-DM. Anfangs war es noch möglich, mit den luftgekühlten Zweiventil-Boxern im Vorderfeld mitzuhalten. Doch schnell ergriff die dem Rennsport eigene Dynamik auch von dieser Klasse Besitz; die Motoren wurden stärker, die Maschinen leichter und schneller, die Reifen breiter.

In der ersten komplett veranstalteten BoT-Saison 1985 waren (nach Einschätzung des Co-Initiators Jochen Kuhnle) die BMW-Boxer der Serie näher als die Ducatis und Guzzis. So gewann zum Beispiel Andreas Schlieper mit einer fast originalen R 100 das Fischereihafen-Rennen in Bremerhaven sowie den Bergpokal. Ulrich Ernst trat ebenfalls mit einer weitgehend unveränderten BMW erfolgreich auf. Unter den Maschinen am Start fanden sich auch Exoten wie die Königswellen-Fallert von Konrad Stückler. Seinen mit Vergasern immerhin 112 PS starken Exoten trieb er bei vier Starts dreimal zum Sieg.

80er Jahre: erste Siege bei der BoT

Im folgenden Jahr ging das Gerücht um, der mehrfache Sandbahn-Weltmeister Karl Maier wolle in einem von Herbert Schek geführten Krauser-Team auf die Straße wechseln. Tatsächlich startete dann jedoch Harald Neckerauer unter der Schirmherrschaft des pfälzischen Markenhändlers Handrich & Mayer mit einer Michel-BMW und belegte am Ende den zweiten Platz in der BoT-DM.

Mit dem Wahlspruch "100% BMW" unterstützten die Boxer-beseelten Pfälzer dann bis 1990 den talentierten Nachwuchsfahrer Herbert Enzinger. Zum BoT-Auftakt 1986 landete der Bayer mit einer fast serienmäßigen, straßenzugelassenen R 90 S bei allen sechs gefahrenen Rennen immer unter den Top Ten. Nach einer verletzungsbedingt verpatzten Saison holte Enzinger dann 1987 mit einer von Michel getunten Maschine den Vizetitel im OMK-Pokal. Bereits im nächsten Jahr errang er trotz einer weite

108 PS leistete der Krauser-Vierventil-Boxer, mit dem Herbert Enzinger Anfang der 90er Jahre bei Sportpokal- und BoT-Rennen antrat. Bild: BoT-Einsatz 1992 mit Telelever-Fahrwerk.

Mit Achsschenkellenkung trat Anfang der 80er Jahre die VV von Ulrich Völkel an. 1987 und 1988 belegte die OAS vordere BoT-Plätze.

Unten: das Telelever-Chassis von Enzingers 92er Rennboxer. Die neuartige Vorderradführung ging 1993 bei BMW in Serie. Rechts: GMR-BMW mit Krauser-Vierventil-Motor in voller Schräglage.

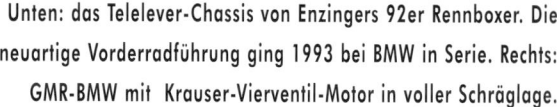

ren Verletzung den dritten Platz in der eine Klasse höher eingestuften BoT-DM. Noch in jener Saison stieg Enzinger auf einen Krauser-Vierventiler im Gitter-Chassis um. Doch in der Folgezeit muß-te er sich mit seiner MKM aufgrund technisch bedingter Ausfälle unter Wert geschlagen geben: 1989 wurde er DM-Vierter, 1990 "nur" Sechster.

Beim Pro Twins-GP in Daytona erkämpfte Enzinger allerdings einen beachtlichen siebten Platz. Mit dem US-Amerikaner David Emde plazierte sich ein weiterer Fahrer des HM-Teams auf Rang zehn, dicht gefolgt von Seigo Kikuchi mit einer Maschine des japanischen BMW-Händlerteams A.M.S. Fujii.

Die durchaus respektablen Einzelresultate konnten jedoch nicht darüber hinwegtäuschen, daß die Konkurrenz - allen voran Ducati - den Leistungsvorsprung gegenüber den Boxern mit der Zeit auf 20 bis 30 PS ausgebaut hatte. Außerdem stiegen die Kosten für professionelle Renneinsätze und adäquates Material in den 80er Jahren immens. Handrich & Mayer zog die Konsequenzen und beendeten ihr Rennsport-Engagement.

1991: Rennboxer als Technologieträger

Mit Unterstützung von BMW machte Enzinger in Eigenregie weiter und brachte 1991 einen von Otto Lantenhammer

auf circa 108 PS getunten Krauser-Vierventiler an den Start. Historisch besonders bemerkenswert: Das von Nico Bakker konstruierte Fahrwerk besaß erstmals eine Telelever-Radaufhängung, die dann im Renneinsatz ihre Fähigkeiten sofort unter Beweis stellte. Enzinger schaffte trotz des Leistungsmankos den fünften Platz in der BoT-DM.

In der folgenden Saison setzte der Bayer mit Unterstützung von Krauser und BMW zum letzten Mal seinen Telelever-Boxer in der BoT ein. Nachdem er mangels PS über den sechsten Rang in der Gesamtwertung nicht mehr hinauskam und BMW seine Möglichkeiten für eine weitere Betreuung erschöpft sah,

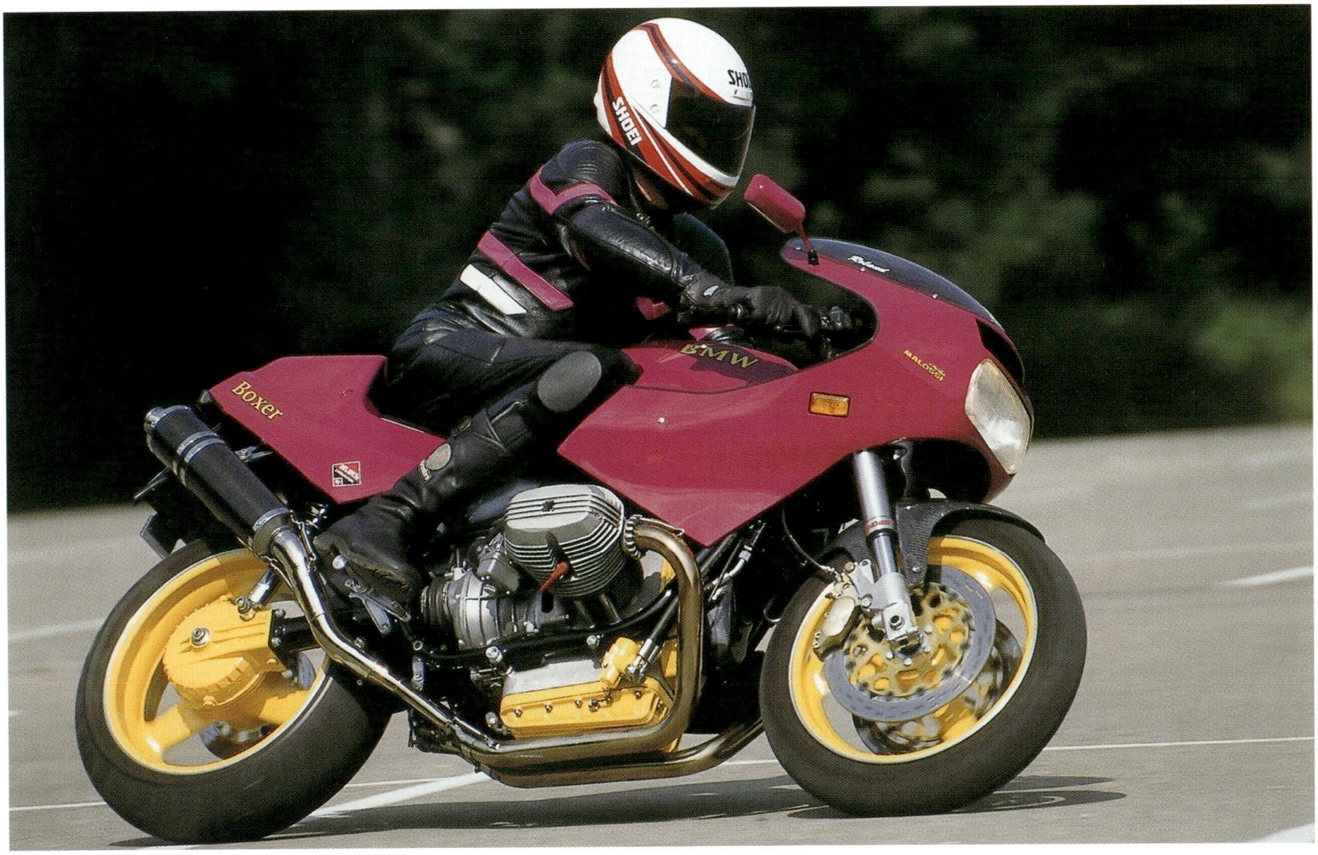

Zweimal Rennsport-Boxer von Winter mit Straßenzulassung auf Basis R 100 S; die Ducati-Optik ist natürlich rein zufällig...

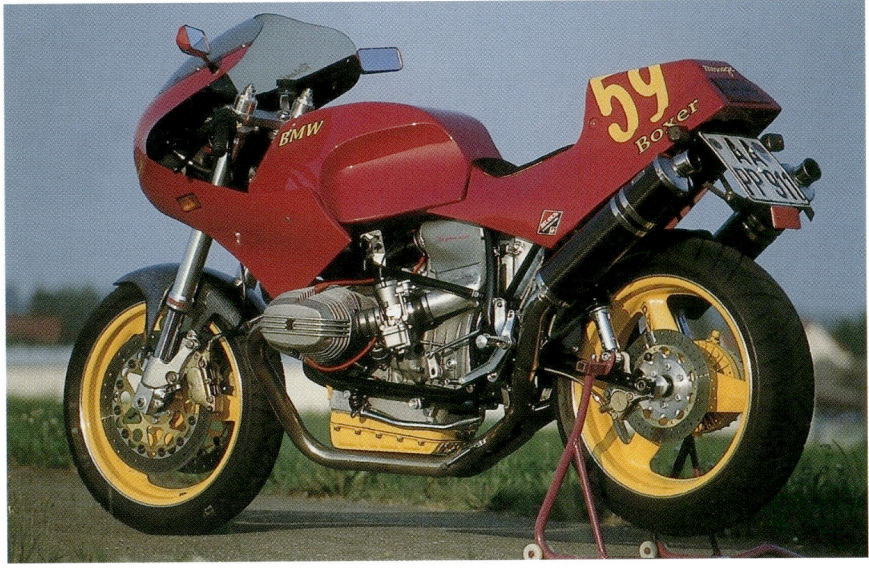

stieg er auf eine Ducati um. Anfang 1993 ging das von Enzinger miterprobte, neue Telelever mit der R 1100 RS in Serie. 1994 fand Enzinger nochmals zu BMW zurück: Mit einer F 650 belegte er beim SoS-Lauf am Nürburgring auf Anhieb Rang zwei. Der überraschende Auftritt mit dem Einzylinder vor einem begeisterten Publikum sollte jedoch ein einmaliges Experiment bleiben.

VV: spektakuläre Achsschenkel-Lenkung

Doch nicht nur in puncto Telelever-Gabel dienten die Rennboxer als Technologieträger. Bereits zehn Jahre zuvor hatte der Wuppertaler Ulrich Völkel mit der Konstruktion eines Motorrades begonnen, das unter seinem Firmenkürzel VV (O-Ton Völkel: "Völlig verbaut") Furore machte. Als wichtigste Besonderheit wies der VV-Boxer nämlich eine Achsschenkel-Lenkung auf. Völkels OAS ("One Arm System") zählte neben der Elf X und der Bimota Tesi zu den Motorrädern, die diese im Automobilbau übliche Vorderradaufhängung nach 70 Jahren erneut in die Diskussion brachte; bereits 1922 hatte C.A. Neracher sein "Neracar" mit diesem Lenksystem vorgestellt. Wesentliche Elemente des VV-Rennfahrwerks fanden sich dann bei der im Herbst 1992 vorgestellten Yamaha GTS 1000 wieder...

Nachdem Völkel zunächst ein Fahrwerk mit abschraubbaren Unterzügen sowie per Cantilever geführtem und mittig angeordnetem 180er Reifen auf die Räder gestellt hatte, setzte er 1984 erstmals seine neue Lenkung im Rennen ein. In der Anfangsphase betreuten BMW-Ingenieure im Rahmen einer Diplomarbeit dieses Projekt mit. Mit einigen Modifikationen brachte VV dann sein OAS auf die Straße. Erste Erfolge stellten sich für die VV-OAS mit Michael

Seeber in der BoT-DM 1987 ein: fünfter Platz 1988, neunter Rang 1989 vor dem elftplazierten Teamkollegen Edmund Heider. Doch dann ging dem VV-Team das Geld für die immer aufwendigeren Renneinsätze aus. Motorentuner Paul Blum fand zudem kein Rezept, noch mehr als 95 PS bei 9.500 /min^{-1} aus dem Zweiventiler zu pressen. So gab die VV-OAS unter Ralf Waldmann in Daytona 1990 ihre Abschiedsvorstellung. Wenn der Motor nicht vorübergehend gestreikt hätte, wäre für den GP-Star durchaus mehr als Rang 17 drin gewesen. Immerhin schaffte der Blum-Boxer die gleichen Rundenzeiten wie Enzingers Krauser-Triebwerk. Zuletzt wog die VV-OAS nur 129 kg fahrfertig!

Leistungsdefizit und explodierende Kosten: der Zweiventiler am Limit

Nicht nur Enzinger und Seeber verhalfen den Boxern in der BoT der 80er Jahre zum Höhenflug. Auch die Fallert-Fahrer Stückler, Hartmut Müller und Uwe Brunzel holten mit den BMW-Zweiventilern so manche Kastanie aus dem Feuer, bis der badische Tuner Ende der 90er Saison der Szene - vorgeblich aus Zeitmangel - den Rücken kehrte. In Wahrheit dürften wie bei dem bis dahin ebenfalls stark engagierten Günter Michel (GMR) die explodierenden Kosten sowie das unstrittige Leistungsdefizit der Zweiventil-Boxer den Ausschlag für den Ausstieg Fallerts gegeben haben. Aus den gleichen Gründen strichen Butenuth und andere Piloten ebenfalls die Segel.

Als Kuriosum geht der Boxer von Wolfgang Schnepf in die Geschichte der BoT eingehen. Der ehemalige BMW-Ingenieur pfiff auf Renn-Optik; sein Zweiventil-Boxer ging ohne Verkleidung und mit dem Sattel der Behördenversion an den Start. Doch unter Insidern galt die Schnepf-BMW wegen ihres enorm starken Motors als Wolf im Schafspelz. "Das Ding hatte soviel Qualm, daß es andauernd auf dem Hinterrad stand", erinnert sich ein Fahrerkollege. Tragisch war der Abgang von Manfred Rettich: Den Titelgewinn 1988 zum Greifen nah, verunglückte der BoT-Routinier in Augsburg bei einem Überholmanöver tödlich.

Schärfer geht's nicht: Zweiventil-Rennboxer mit kompromißlos optimierter Technik. Die beiden oberen Bilder zeigen die 100 PS starke und 145 kg leichte Ottenhoff-BMW des Rennfahrers Rolf von der Weyden. Unten die extreme WBK/Beirlein-BMW mit patentierter Achsschenkellenkung.

Superleichte Spezial-Zweiventiler: Beirlein und Von der Weyden

Neben der BoT bot sich seit Anfang der 80er Jahre für den Boxer auch die BEARS-Serie (British European American Racer Series) an, bei der japanische Motorräder ebensowenig wie Motoren mit mehr als drei Zylindern, Kompressoren oder Turboladern zugelassen sind. Hier tauchte zum Beispiel 1994 der Münchner Mechanikermeister Wilhelm Karl Beirlein mit einem futuristisch gestylten Zweiventil-Boxer auf, der wie die VV über eine Achsschenkel-Lenkung verfügte und fahrfertig nur 135 kg wog.

Zu den wenigen Privatfahrern, die dem Zweiventil-Boxer noch bis weit in die 90er Jahre hinein die Treue hielten, gehörte Rolf von der Weyden. Der aus Meerbusch bei Neuss stammende Energieberater fand 1986 zum Rennsport; nach einigen "Lehrjahren" mit einer Krauser-MKM, die von einem selbstgetunten Zweiventil befeuert wurde, fuhr er immer in den Top Ten mit. "VdW" bestreitet auch im benachbarten Holland zahlreiche Rennen.

Das Fahrgestell des VdW-Zweiventil-Renners stellte der Amsterdamer BMW-Händler Rudy Ottenhoff, über dessen Vierventil-Rennmaschine Scuderia RO 1100 noch zu sprechen sein wird, zur Verfügung. Der grazile, aus 0,9er Reynoldsrohr gefertigte Gitter-Rahmen wiegt gerade einmal 6,5 kg, trocken bringt die VdW-BMW 145 kg auf die Waage, leistet bei 8500/min^{-1} circa 100 PS. 1997 wurde Von der Weyden Gesamtvierter in der holländischen Zweiventil-Wertung. Für die folgende Saison erwarb er den Vierventil-Boxer des Hiller-Teams.

Ab 1995: Comeback mit dem Vierventiler

"Der Vierventiler gab dem Thema BMW und Sport entscheidende neue Impulse. Die Zweiventil-Boxer sind zuletzt

Wurde 1998 Vizemeister im deutschen BoT-Cup mit der Vierventil-Hiller-BMW: Rolf von der Weyden. Der Boxer leistete 117 PS.

Bilder oben, Mitte: die Hiller-R 1100 in ihrer ganzen Pracht. Das Motorrad holte zahlreiche Siege für die Sponsoren "Hobbyist" und "MO".

nur noch herumgekrebst", bewertet Von der Weyden den Einzug der neuen Boxer-Generation in die Straßenrennszene. Tatsächlich dauerte es nicht lange, bis die ersten Boxer mit Vierventil-Motoren in den Starterfeldern der BoT und vergleichbarer ausländischer Rennserien zu finden waren.

Bei den ersten Renneinsätzen trat der neue Boxer noch weitgehend serienmäßig an. So zum Beispiel 1995 mit Fahrer Romolo Liebchen bei einem 24-Stunden-Rennen des Veranstalters Moto Aktiv. Oder bei der Battle of the Legends ab 1993. Die BOTL fand, initiiert von BMW of North America, zwischen 1991 und 1997 im Rahmenprogramm der "200 Meilen von Daytona" statt, zuerst mit Zweiventil-Boxern des Typs R 100 R, dann mit dem Viervieler R 1100 RS. "Pensionierte" Rennsportgrößen wie Jay Springsteen, Don Vesco, David Aldana oder Reg Pridmore drehten dabei nochmal kräftig am Gasgriff. Überschattet wurde das letzte Battle-Rennen 1997 vom Unfalltod des mehrfachen Daytona-200-Siegers Roger Reiman.

Hiller-Vierventiler: sehr erfolgreich mit Joos und Von der Weyden

Schon in den 80er Jahren engagierte sich Oskar Hiller mit einem Renn-Team in der BoT. Mit einem von seiner Mannschaft präparierten Zweiventil-Boxer gewann zum Beispiel Bruno Baumann 1990 den Vizetitel im BoT-OMK-Pokal. Doch mußten auch Hiller und sein Techniker Adalbert Gührer erkennen, daß mit dem betagten Stoßstangen-Motor kein Blumentopf mehr zu gewinnen war. 1993 konstruierte Gührer um den Motorblock des neuen Vierventilers herum ein Spezialfahrwerk für Renneinsätze.

Die Lenkkopf-Partie wurde komplett neu im Delta-Box-Layout gestaltet und aus einer speziellen Leichtmetall-Legierung hergestellt. Das vordere der von Marvic stammenden 17-Zoll-Dreispeichenräder aus Magnesiumguß hing nicht im Telelever, sondern in einer Upside-Down-Gabel von White Power; das Hinterrad mit einem breiten 180/55er Reifen wurde von einer Paralever-

Lauerstellung in der Box: Der Vierventil-Boxer des holländischen Motorradhändlers Paul Boelsma. Eckdaten der Maschine: 165 kg, 102 PS dank Cip-Tuning.

Blaues Wunder: die von Rudy Ottenhoff auf 1151 Kubik gebrachte "Scuderia"-BMW. Links: der Vierventiler von Stefan Arnold.

Boxer-Team: High Tech vom Feinsten

Schwinge mit einem aus der BMW-Serie stammenden Federbein geführt. Trotzdem überstieg die Hiller-BMW trocken nicht das BoT-Gewichtslimit von 170 kg.

Mit diversen Modifikationen wie einer erleichterten Kurbelwelle, Titan-Pleueln, Wiseco-Kolben sowie überarbeiteten Zylinderköpfen mit schärferen Nockenwellen und größeren Ventilen leistete das Vierventil-Triebwerk nun circa 123 PS bei 8500/min[-1] und schien bis 9000/min[-1]

wirklich drehzahlfest zu sein. "Bei meinen 19 Renneinsätzen hatte ich keine Probleme", versichert der jetzige Besitzer Rolf von der Weyden, der 1998 mit der Hiller-BMW Vizemeister im deutschen BoT-Cup wurde, das Gleiche bei der analogen Dutch Open in Holland erreichte. 1997 gewann der besonders stark vom Fachblatt "MO" unterstützte Martin Joos mit der Hiller-BMW überlegen den BoT-Cup.

Während Joos bereits 1996 erste Rennen mit der Hiller-BMW bestritt, befand sich der Vierventil-Renner des "Boxer-Teams" um Romolo Liebchen, Peter John und Christian Kohlhaas noch in der Konstruktionsphase. Liebchen, Ingenieur bei Audi, hatte sich schon vorher dem Rennsport mit BMW-Motorrädern verschrieben: Mit einer HPN-GS auf Straßenreifen überraschte er die Konkurrenz 1991 mit einem zweiten Platz beim Vier-Stunden-Rennen von Zeltweg.

Für seine R 1100 RSR trieb das Boxer-Team kaum weniger Aufwand als Gührer für die Hiller-BMW. Doch die Philosophie war anders: Man verwendete die Telelever-Gabel weiter, wenn auch mit einem Lenkkopf in geänderter Ausführung. Die Ähnlichkeit mit den Komponenten der Serie legte nicht nur für die Zeitschrift "Motorrad" die Vermutung nahe, daß BMW bei diesem Projekt seine Finger im Spiel hatte. Die verblüffende

1999 das Non-plus-ultra der Rennboxer-Szene: die 123 PS starke R 1100 RSR des "Boxer-Teams". Kohlefaserteile drückten das Gewicht. War die Ähnlichkeit mit der Serien R 1100 S etwa beabsichtigt?

Ähnlichkeit von Verkleidung und Scheinwerfer mit den entsprechenden Bauteilen der 1998 vorgestellten R 1100 S konnte diesen Verdacht nur erhärten. Darüber hinaus bestach und besticht das Fahrwerk der Liebchen-R 1100 RSR mit besonders hochwertigen Technik-Details: Spezialfederbeine von Sachs oder Monoblock-Bremszangen mit Titankolben von Brembo findet man sonst nur auf höchster WM-Ebene. Um 123 PS aus 1100 Kubik

realisieren zu können, mußte Motorentuner Helmut Mader tief in die Trickkiste greifen, zumal neben strammer Leistung Standfestigkeit oberstes Gebot war.

Maßgeblich zum satten Drehmoment von 106 Nm trug die speziell angefertigte und mit der Elektronik abgestimmte Schalldämpferanlage von MHG bei, deren Endtöpfe in das Heck aus CfK integriert waren. Die mit zahlreichen Kohlefaserteilen nur 185 kg schwere RSR

holte 1998 die Deutsche Langstreckenmeisterschaft. Beim "Sound of Thunder-Race" in Daytona 1999 pilotierte Martin Joos die BMW auf den vierten Rang.

Arnold-BMW: überschaubares Tuning

Angesichts solchen Aufwands mutet der Vierventil-Renner von Stefan Arnold geradezu bescheiden an. Der BoT-Privatfahrer beschränkt sich beim Motortuning auf eine Zündanlage von Silent Hektik sowie den Austausch der Einspritzung gegen 40er Mikuni-Vergaser. Auch Arnold änderte den Lenkkopf, behilflich bei den Schweißarbeiten war Moko-Chef Leis. USD-Gabel und Vorderrad samt Bremsanlage stammten aus der Kawasaki ZXR 750. Verkleidung und Tank waren im Stil der Aprilia RS-Modelle gehalten.

Scuderia, Boelsma: Holland-Connection

In Holland erfreuen sich die weißblauen "Flat Twins" einer mindestens ebenso großen Beliebtheit wie in ihrem Heimatland. Zu den bekanntesten Tunern gehört Rudy Ottenhoff. Der Amsterdamer BMW-Händler hatte mit seinem Gitterrohr-Chassis für die Zweiven-

tiler bereits seine Fähigkeiten als Fahrwerkbauer unter Beweis gestellt. Auf die Gitterrohr-Bauweise griff er auch bei der Konstruktion seines Lenkkopfrahmens für den Elfhunderter zurück. Dabei konnte der Anstellwinkel der Upside-Down-Gabel von White Power zwischen 63 und 66 Grad stufenlos eingestellt werden.

Zur Verkürzung des Radstandes verbaute Ottenhoff im Heck die Paraleverschwinge der R 100 GS, das Federbein war dabei jedoch zentral plaziert, sein oberer Anlenkpunkt ließ sich zur individuellen Abstimmung fünffach verstellen. Die Zylinder des Vierventilers bohrte Ottenhoff auf 1151 cm³ auf, dem Motor rückte er mit viel Feintuning zuleibe. Die Einspritzanlage mußte 44er Bing-Vergasern weichen, Getriebespezialist Kayser steuerte eine Sechsgang-Schaltbox bei.

Paul Boelsma verdient in Holland sein Geld mit Motorrädern diverser Marken. Für sein Rennsport-Hobby bevorzugt er jedoch ausschließlich BMW-Boxer. Nach Jahren auf einem Bakker-Umbau mit dem Krauser-Vierventiler wechselte er auf den Elfhunderter-Einspritzer. Das Fahrgestell schweißte er sich aus einem Einzylinder-Chassis von Bakker passend, für die Federung konsultierte er White Power. Leichte Marvic-Räder, die Verkleidung der Aprilia RS 250 und der Höckersitz von der Yamaha TZ 250 gaben dem Boelsma-Renner den beson-

Erfolg für das "Boxer-Team" auch in Amerika: Im März 1999 errang Martin Joos auf der R 1100 RSR einen vierten Platz in Daytona.

deren Schliff. Der Tank stammte von der K 100. Schleicher-Nockenwellen, Spezial-kolben, modifizierte Köpfe und Chip-Tuning verhalfen dem trocken 165 Kilo leichten Renn-Boxer zu 102 PS am Hinterrad.

VV, CAN-AM: Ideen für die Zukunft

Mit dem Vierventiler plant VV-Chef Uli Völkel ein Comeback für 1999. In der Bears-Serie will der Räder-Hersteller mit einer verschärften Version seines Specxer-Umbaus antreten. Unter Weiter-verwendung des Telelevers, aber mit einem um 200 mm (!) abgesenkten Lenk-kopf soll sein Renner extrem flach bauen. Auch den Motor will Völkel drastisch er-leichtern. Eine voll programmierbare Einspritz-Anlage soll zum notwendigen Leistungszuwachs beitragen.

Mit der im Tuning-Kapitel weiter hin-ten vorgestellten Can-Am-BMW zielt Emmerich Stenger auf eine spezielle Zielgruppe: Für über 40jährige Fahrerin-nen und Fahrer mit Renn-Ambitionen will der in Südfrankreich lebende Ba-dener eine eigene Cup-Serie ins Leben rufen. Um exzessive technische Auf-rüstung und damit ausufernde Kosten von vorne herein zu vermeiden, zieht das Reglement für Tuningmaßnahmen an Stengers appetitlichen Cup-Boxern enge Grenzen. Zweifellos eine pfiffige Idee. Doch ob ein derart exklusiver Marken-cup genügend potentielle und potente Renn-Rentner zu mobilisieren vermag, bleibt abzuwarten. Horst Hartmann und Helmut Wüstenhöfer scheiterten damals mit ihren Cup-Ideen.

Meisterwerk: die VV-Achsschenkellenkung

Ideal für Oldie-Rennen: historische Boxer-Gespanne

Oben: französisches Team mit 1000er Boxer aus den 70ern; die Piloten siegten 1998 bei der Retromobile Lisieux. Unten: Gespann auf Basis R 51/3 von Thomas Sonnen Düsseldorf.

Bei den Gespannrennen der aktuellen Sportszene sind die BMW-Zweizylinder mittlerweile fast völlig ausgestorben. Nach dem Wechsel von Heinz Bals in die OMK-Pokalserie hielt bei den Moto Aktiv-Rennen einzig Benedikt Heim dem Boxer kontinuierlich die Treue. 1996 tauchte der Allgäuer erstmals mit einem Fahrzeug auf, das einen Vierventilmotor besaß.

Das kompromißlos auf Renneinsätze zugeschnittene Fahrwerk hatte Heim in Zusammenarbeit mit der alteingesessenen schweizerischen Gespannschmiede HMO auf die Räder gestellt. Mit Michael Zimmermann im Beiwagen hatte der 59jährige Hobby-Renfahrer 1998 den Klassensieg zum Greifen nahe, doch mußte er sich nach einem punktelosen Finallauf mit Rang zwei begnügen.

Ein reichhaltiges Betätigungsfeld für klassische Boxergespanne bieten die ver-schiedenen, äußerst beliebten werdenden Veteranenrennen im In- und Ausland. Doch wie in der Rennszene üblich, kann man auch hier auf Tuning und Tricks nicht verzichten, wenn man vorne mitfahren will. Wirklich im Originalzustand sind bei den Oldie-Rennen daher nur die wenigsten Boxer-Gespanne. Es sei denn, das eine oder andere Museum bringt ein BMW-Dreirad mit Geschichte an den Start.

Der Boxer im Gelände: mit Top-Piloten von Anfang an auf Erfolgskurs

Nicht erst mit den seit 1980 produzierten G/S-Modellen machte sich BMW auch als Hersteller guter Offroad-Motorräder einen Namen. Schon in der Anfangszeit, also in den 20er Jahren, bewiesen die Boxer Enduro-Qualitäten - im Alltag auf den zumeist holprigen und ungeteerten Straßen, aber auch bei Zuverlässigkeitsfahrten mit knackigen Querfeldein-Etappen.

Sixdays-Triumphe vor dem Krieg

Als Glanzlichter der Vorkriegs-Ära gingen die BMW-Sixdays-Siege in die Motorrad-Geländesportgeschichte ein: 1926 gewannen Rudolf Schleicher und Fritz Roth, 1933-35 Ernst Henne, Josef Stelzer und Mauermayer / Kraus bzw. Kraus / Müller. Ein Meilenstein war auch die spätere Siegesserie der "drei Gußeisernen", die sich aus Fritz Linhardt, Josef Forster und dem Anfang 1999 im hohen Alter von 88 Jahren verstorbenen Georg "Schorsch" Meier zusammensetzten.

Ebenso wie die Spitzenfahrer jener Zeit bei Straßen- und Geländerennen als Multitalente auftraten, mußten auch die Motorräder für jeden Einsatzzweck taugen - von der heutigen Spezialisierung war man noch weit entfernt. So unterschieden sich die Geländemaschinen von den Straßenrennern im wesentlichen nur durch eine Schutzplatte für die Ölwanne; anfangs waren nicht einmal die Auspufftöpfe hochgelegt. Bemerkenswert: Seine Geradweg-Hinterradfederung probierte Alex von Falkenhausen, damals junger Entwicklungs-Ingenieur bei BMW, zunächst bei Gelände-Veranstaltungen aus. Nähere Einzelheiten zum Thema Geländesport der Vorkriegs- und Nachkriegszeit können dem im gleichen Verlag erschienenen Buch "Faszination BMW GS" entnommen werden.

Ab 1951 Boxer wieder im Gelände vorn

Nach Kriegsende durften sich die deutschen Geländefahrer erst ab 1951 wieder mit internationaler Konkurrenz messen. Zu den Sixdays in Varese und ein Jahr später in Bad Aussee schickte BMW ein komplettes Werksteam. Mit Georg und Hans Meier, Walter Zeller, Hans Roth

sowie den Gespannteams Kraus/Huser und Klankermeier/Wolz sorgten weiterhin die Allround-Genies für reichlich Gold. Die Maschinen hatten sich inzwischen beträchtlich weiterentwickelt: So verfügten die Boxer (zunächst die R 51/3 als Solomaschine und die R 67 als Gespann, danach die R 68 mit 600 Kubik und 35 PS) nun über 21-Zoll-Vorderräder, nach oben geführte Zwei-in-eins-Schalldämpfer und schmutzabweisende Faltenbälge an den Telegabeln.

Auch in hochspezialisierten Disziplinen fuhren die Boxer zahlreiche Erfolge ein - zum Beispiel im Bahnsport: Zwischen 1950 und 1954 wurde das BMW-Team Willi Haselbeck / Franz Scherzber-

Geländesportveranstaltungen wurden im "Dritten Reich" gefördert. Sepp Müller bei der Sechstagefahrt 1933 mit R 66-Gespann.

ger viermal Sandbahnmeister. Mike Krauser / Franz Peißl sicherten sich mit einem Schwenkergespann auf Basis einer Ex-Wehrmachts-R 75 in jenen Jahren zweimal die Vizemeisterschaft.

Ab 1955 mischten die Schwingenmodelle auf Basis der R 50 in der Geländeszene stark mit. Allerdings verbaute BMW in den Werksrennern teilweise Telegabeln, außerdem speckte man die schweren Maschinen Zug um Zug ab. In der Halbliter-Soloklasse und bei den

den 60er Jahren wichen die für den Off-road-Einsatz modifizierten Steib-Beiwagen leichteren Sitzkisten, das Reserverad verschwand. Die R 69 S wurde mit Zylindern von Kayser umgerüstet, teilweise verwendete man auch die Keihin-Vergaser der Honda CB 450.

1973 setzte Hartmann mit seinem Spezial-Gespann neue Akzente im Geländesport. Nun ohne jede Sitzgelegenheit im Beiwagen entsprach sein Gespann weitgehend den Crossern und erlaubte wegen der größeren Bewegungsfreiheit für den Passagier höheres Tempo in den Sonderprüfungen. Der Leistungszuwachs

Gespannen hatten sich inzwischen junge Fahrer an die Spitze vorgearbeitet. Nachdem Hans Meier 1955 und Konrad Wellnhofer 1958 die ersten DM-Titel auf Gelände-Boxern errungen hatten, beherrschten in den frühen 60ern der fünffache Gelände-Champion Sebastian Nachtmann sowie Manfred Sensburg die Szene.

Zur gleichen Zeit dominierte in der Gespannklasse Karl Ibscher mit seiner Schwingen-R 69 S, zunächst mit Josef Hintermaier, dann mit Edgar Rettschlag im Boot. Nachdem Ibscher sich vier Jahre an der DM-Spitze hatte halten können, lösten ihn Günther Steenbock / Dieter Kistner ab. Steenbock rüstete den Boxer erstmals auf Kette um, da die vom Kardan induzierten Schläge fast keine Sitzpausen erlaubten.

Erfolgreich mit Boxer und Boot: die Brüder Hartmann und Noss

Dann kam die große Zeit der Brüderpaare Hartmann und Noss. Horst Hartmann war 30 Jahre im Geländesport aktiv; auf BMW errang er 1966, 1968, 1970 und 1974 seine vier DM-Titel, davon drei mit seinem Bruder Falk im Boot. In der (allerdings nur inoffiziellen) EM-Wertung stand er achtmal an der Spitze. Heute baut Horst Hartmann noble Tourengespanne, Falk fungiert als Importeur der Weltmarke E.M.L., die beide Brüder mit aus der Taufe gehoben haben.

In den Jahren zwischen den Hartmann-Erfolgen wurden Edgar und Reinhold Noss Meister. 1976 hatten die Brüder Noss mit ihrem sechsten DM-Sieg Horst

Den Erfolg fest im Blick: Wiggerl Kraus und Bernhard Huser bei den Sixdays 1952 in Österreich (links). Oben. Schorsch Meier auf der BMW R 68 bei der Österreichischen Alpenfahrt 1952.

Hartmann endgültig überflügelt, dann wurden sie von Wolfgang und Joachim Reich abgelöst. Die Hartmänner hatten mit ihren Namensvettern aus Schnaitheim inzwischen bereits "Nachwuchs" herangezüchtet: Manfred und Werner Hartmann mischten sich 1973 in das Dauerduell zwischen ihren "Paten" und Noss/Noss mit einem ersten Titel ein. Mit Heinz Theilacker landete Manfred Hartmann nach 1978 gleich einen Hattrick.

Bis Mitte der 80er Jahre mischten die BMW-Dreiräder im Gelände ganz vorne mit. Früher bauten sich die Aktiven ihre Kampfgeräte auf Basis der R 69 S und der R 75/5 (allerdings mit Schwingenstatt Telegabel) meistens selbst auf. In

der großen Boxer R 90 und R 100 reichte Mitte der 70er nur kurz gegen die ebenfalls erstarkte Konkurrenz; dann waren Tuner wie Willi Michel gefragt.

Maßgeblich um die Technik der Geländegespanne bemühte sich auch Günther Steenbock, der 1981 mit dem unverwüstlichen Hans-Georg Peppinghaus abermals Deutscher Meister wurde. Steenbocks Fahrwerke holten insgesamt zehn DM-Titel. 1983/84 beendete das von Steenbock und Krauser unterstützte Team Peter Kunel / Thomas Mannl die Erfolgsserie der BMW-Gespanne in der Enduro-Meisterschaft. Danach wurde die Luft für den Boxer spürbar dünner. Gespanne auf Basis der robusten Yamaha

XS 650 drängten immer stärker nach vorn. Im OMK-Pokal dominierten die Boxer noch eine Weile, zuletzt siegte Steenbocks Sohn Jörg mit Matthias Wenz 1987 im Nachwuchs-Championat. Mit ihrem Meistertitel 1998 auf einer F 650 im E.M.L.-Fahrwerk brachten Norbert Degenhardt / Carsten Bachmann die Marke BMW wieder ins Gespräch; mittlerweile wird der Einzylinder auch im Gespann-Cross eingesetzt. Die Boxer von Steenbock oder den Schweizer Gurtner-Brüdern kann man heute nur noch bei Veteranenrennen bewundern.

um im Auftrag von BMW aus - und zwar äußerst erfolgreich: Schek holte den DM-Titel 1970 ebenso wie in den beiden folgenden Jahren, zuletzt allerdings ohne Werksunterstützung auf einem nochmals wesentlich erleichterten Eigenbau mit Maico-Gabel.

Als 1973 die Sixdays erstmalig in den USA ausgetragen wurden, entschloß sich BMW abermals zu einem werksunterstützten Auftritt. Und trotz diverser technischer Probleme mit dem eigens für diesen Anlaß extrem getunten Geländerenner holte Schek eine Goldmedaille. Danach verschwanden die Offroad-Boxer fast völlig von der immer mehr durch die zweitaktende Maico 501 beherrschten Bildfläche.

Peres, Witthöft, Schalber, Schütz: Titelgewinn mit der R 80 GS

Während dieser Flaute bemühte sich nicht nur der Wangener BMW-Händler Schek um die Fortentwicklung der weißblauen Geländemaschinen; im Werk

Oben: Sebastian Nachtmann 1960 auf der R 69 S. Mitte: Krauser sen./Peißl im spektakulären Drift mit einem für die Sandbahn umgebauten R 75-Gespann 1952.
Unten: Edgar und Reinhold Noss 1972.

Nachtmann, Tweesmann, Schek: solo mit dem Geländeboxer auf Goldkurs

Doch zurück zum Solo-Geländeboxer. Mit einem 194 Kilo schweren und eigens für Gelände-Einsätze konstruierten Fahrwerk und dem 44 PS starken R 69 S-Motor gewann Sebastian Nachtmann 1964 und 1965 die Deutsche Meisterschaft in der Soloklasse. Der zur folgenden Saison neben Herbert Schek neu ins Werksteam aufgenommene Kurt Tweesmann löste ihn an der Spitze ab, danach beendete BMW sein Engagement auf diesem Sektor - doch nur vorerst.

Denn mit einer 175 kg leichten Wettbewerbsmaschine auf Basis der neuen R 75/5 rückten Nachtmann, Tweesmann, Schek und Kurt Distler ab 1970 wieder-

Der Boxermotor der in vielen Details weiter verbesserten GS 80 leistete nun 55 PS, neu waren das hintere Zentralfederbein und die hochgelegte Zwei-in-zwei-Auspuffanlage. Der Erfolg der hochkarätigen BMW-Mannschaft blieb nicht aus, beschränkte sich nicht nur auf den DM-Doppelsieg: Schalber kämpfte sich in der Europameisterschaft auf Rang drei vor, im folgenden Jahr siegte Witthöft sogar in diesem höchsten Gelände-Prädikat.

entwickelte Laszlo Peres ebenfalls ein neues Wettbewerbsgerät. Die trocken nur 142 Kilo schwere GS 80 verfügte vorne über 250 und hinten über 200 mm Federweg. Mit einem ultrakurzen Hub-Bohrung-Verhältnis baute der Boxer so schmal wie die kleinen Straßenmodelle R 45/R 65.

Geländeboxer als Publikumsliebling

Peres selbst wurde mit der Super-GS 1978 auf Anhieb Deutscher Vizemeister hinter Rolf Witthöft (Kawasaki) in der Klasse über 750 cm³, die von der OMK eigens für die beim Publikum beliebten Viertakt-Boliden neu installiert worden war. Zwar bestand diese Kategorie nur drei Jahre, doch sie brachte mit Richard Schalber und Werner Schütz immerhin zwei Champions auf BMW-Boxern hervor.

Bild oben: Günther Steenbock am Lenker des Cross-Gespanns 1972. Links: Lazlo Peres mit der R 80 GS 1978. Rechts: Der Deutsche Meister von 1980, Werner Schütz.

Nach diesem vom Werk maßgeblich beeinflußten Erfolg von Peres durfte Teamchef Dietmar Beinhauer gleich sechs Werksfahrer für die Meisterschaften und die prestigeträchtigen Sixdays engagieren: Tweesmann, Schek, Schalber und Peres waren selbstverständlich mit von der Partie, daneben Witthöft, Fritz Witzel und Scheks späterer Schwiegersohn Kurt Fischer. Als Einsatzleiter fungierte der früher bei den "Zuvis" aktive Ekkehard Rapelius.

Bei den Sixdays 1979 in Neunkirchen/Siegerland konnten die inzwischen auf 138 Kilo abgespeckten Boxer den Leichtgewichten von Zündapp zwar nicht die Führung in der Markenwertung nehmen, in der großen Klasse gewann Witzel jedoch die Einzelwertung. Mit einem nochmals optimierten Werksrenner verwiesen Witthöft, Schütz und Witzel bei der nächsten Sechstage-Fahrt in Brioude/Frankreich die Zweitakter im Kampf um die Silbervase auf die Plätze - eine schöne Grundlage für den Serienstart der R 80 G/S im Herbst des gleichen Jahres. Bei den Geländerennen setzten sich allerdings nun mehr und mehr die leichteren Einzylinder durch.

BMW im Rallyesport: vier Boxer-Siege bei der Paris - Dakar; 1999: F 650 in Afrika ganz vorn

Die Erfolge im Geländesport der späten 70er und frühen 80er Jahre konnten nicht darüber hinwegtäuschen, daß die bulligen Boxer trotz aller Finessen im Detail gegen die leichtere Konkurrenz auf Dauer keine Chance hatten. Da kam es wie gerufen, daß sich für die standfesten Schwerathleten aus Bayern bald ein neues Betätigungsfeld auftat: die Teilnahme an den damals (und neuerdings wieder) stark beachteten Wüsten-Rallyes.

Bereits bei der ersten Auflage der berühmt-berüchtigten Rallye Paris-Dakar 1979 war BMW vertreten, jedoch nicht durch ein Werksteam, sondern durch den französischen Journalisten Jean Claude Morellet alias "Fenouil" als Privat-Fahrer. Mit seiner von Herbert Schek präparierten GS rangierte der erfahrene Wüsten-Pilot zeitweise sogar auf Rang drei. Doch dann warf ihn ein Sturz aus dem Rennen.

Pleiten, Pech und Pannen zum Auftakt

Erst zwei Monate vor der zweiten "PD" 1980 gab BMW dem Drängen der französischen Geschäftspartner nach und stellte zwei Motorräder bereit. Bei den hektischen Vorbereitungen zu dieser völlig neuartigen Aufgabe kamen Teamchef Beinhauer die zuvor bei den Europameisterschaften und den Sixdays gewonnenen Erfahrungen zugute. Schek übernahm wiederum das Tuning. Resultat waren 55 PS aus 800 Kubik und ein Fahrwerk mit extrem langen Federwegen.

Die ersten Tage begannen für die beiden Piloten Hubert Auriol und Fenouil recht verheißungsvoll. Der in Afrika aufgewachsene Auriol lag zunächst dicht hinter dem führenden Cyril Neveu auf Yamaha XT 500, konnte dann sogar zwei Etappen gewinnen. Alles deutete auf einen BMW-Sieg hin - bis dann ein Getriebedefekt den Franzosen bremste und zu einem entscheidenden Fehler verleite-

te: Anstatt auf Beinhauers Service-Trupp zu warten, verfrachtete Auriol seine Maschine auf ein Lastwagen-Taxi. Prompt wurde er erwischt und disqualifiziert. Fenouil sorgte mit seinem fünften Rang hinter den vier siegreichen Yamaha XT zumindest für ein vorzeigbares Resultat bei diesem ersten Werkseinsatz.

1981: erster Sieg; 1982: Abbruch

Im folgenden Jahr gingen Fenouil, Auriol und der französische Polizist Bernard Neimer mit drei von der bayerischen Tuningfirma HPN aufgebauten Maschinen an den PD-Start. Das Ergebnis von 1981 war einfach umwerfend: "L'Africain" Auriol siegte mit drei Stunden Vorsprung vor seinem Landsmann Serge Bacou auf Yamaha; Fenouil wurde Vierter, Neimer Siebter. Der als Privatfahrer gestartete, damals bereits 47 Jahre alte Herbert Schek mußte nach einem schweren Sturz, bei dem er sich einen Beckenbruch zuzog, aufgeben.

Die Paris-Dakar galt von Anfang an als die härteste Rallye der Welt, auch BMW blieb von Einbrüchen nicht verschont. 1982 lag Auriol, unterstützt von Fenouil und dem neu ins Team gekommenen Raymond Loizeaux, zwar zunächst in Führung. Doch Getriebeschäden und diverse Orientierungsprobleme der Fahrer zwangen Teamleiter Beinhauer letztlich, den Einsatz vorzeitig zu beenden.

1983: Auriol zum zweiten Mal vorn

Beim nächsten Paris-Dakar-Spektakel (der Boxer feierte seinen 60. Geburtstag) ging neben dem Werksteam der dreifache Motocross-Weltmeister Gaston Rahier an den Start. Bald lag der Belgier an der Spitze, doch dann schlug er die Ölwanne seines Boxers auf. Auriol konnte sich trotz zweier Reifenschäden an die Spitze vorarbeiten und gab diese anschließend nicht mehr ab. Fenouil landete, nachdem er seinem Teamgefährten mit einem Rad ausgeholfen hatte, immerhin noch auf

Viermal gewannen BMW-Fahrer in den 80er Jahren mit dem Zweiventil-Boxer die Rallye Paris-Dakar. Rechts: Hubert Auriol mit seiner siegreichen Spezial-GS 1981.

dem neunten, Loizeaux auf dem 14. Rang. Wiederum hatte Herbert Schek die Motoren getunt, als Teilnehmer mußte er mit einer Schulterprellung ausscheiden.

1984: Doppelsieg mit Rahier und Auriol

Rahier hatte trotz seines Pechs einen respektablen Einstand gegeben. Folge: BMW bot ihm auch für 1984 einen Vertrag an - eine gute Entscheidung, wie sich bald zeigen sollte. Die abermals von Schek vorbereiteten Werksboxer verfügten jetzt über so ausgeklügelte Details wie 45-Liter-Kevlar-Tanks und Moosgummikerne in den Reifen.

Rahiers BMW besaß als einzige Maschine zudem einen Elektroanlasser, denn mit nur 1,64 Metern Körpergröße tat sich der Cross-Champion schwer, den 1000er Boxer per Kickstarter anzuwerfen. Die extremen Federwege von 310/ 280 mm bereiteten ihm zusätzlich beim Auf- und Absteigen Probleme: Stets sprang er daher erst auf, wenn die Maschine bereits rollte. Dennoch lief 1984 alles zur vollen Zufriedenheit: Rahier erreichte Dakar als Sieger mit 20 Minuten Vorsprung auf Auriol, der damit einen respaktablen zweiten Platz errang.

1985: Rahier gewinnt auf HPN-Boxer

Für die nächste Generation der Rallye-Boxer zeichnete wieder HPN verantwortlich. Bereits die Generalprobe gelang: Die Pharaonenrallye in Ägypten gewann Rahier mit dem 70 PS-Renner vor seinem neuen Teamkollegen Eddy Hau. Bei der fünften Ausgabe der Paris-Dakar lief es für den Belgier zunächst nicht so glatt: Noch auf europäischem Boden wurde sein Renner bei einer Kollision arg verbogen und mußte notdürftig wieder hergerichtet werden.

In Afrika warfen ihn dann Reifenpannen auf Rang 30 zurück, Loizeaux und Hau fielen nach Stürzen ganz aus. Dann bahnte sich eine Sensation an: Weil der Belgier trotz aller Widrigkeiten nicht aufgegeben hatte, fand er sich am Ende der Wüste Ténéré unvermittelt hinter dem führenden Piloten Franco Picco wieder, konnte den Yamaha-Piloten in der Sonderprüfung sogar noch bezwingen. Der Triumph Rahiers von 1985 war der vierte Boxer-Sieg bei bis dahin fünf Paris-Dakar-Einsätzen.

Die Rallye Pharao im Herbst 1985 beendete Rahier einmal mehr als Sieger. Doch dann verließ ihn das Glück. Ein schwerer Sturz, Spritmangel und Getriebeprobleme bei der 86er PD warfen den Meister zurück; entnervt kündigte er noch während der Rallye seine Trennung von BMW an. Nachdem das Wüsten-Rennen nicht nur durch den Unfalltod von Organisator Thierry Sabine immer mehr ins Kreuzfeuer der Kritik geraten war, beschloß BMW die Auflösung des Werksteams. Gleichwohl konnten interessierte Privatfahrer weiterhin bei HPN PD-Replicas ordern. Für die Rallye-Teilnahme gewährte BMW finanzielle Unterstützung.

Rahier gründete ein eigenes Team und erzielte mit HPN-getunten Maschinen bei der Pharao 1986 noch einmal einen dritten und bei der 87er Paris-Dakar ei-

nen fünften Rang. Mit den von Rahier zuletzt eingesetzten Werksmotoren in einem Monocoque-Rahmen aus Kohlefaser- Kevlar versuchte dann Organisator Pierre-Marie Poli 1988 einen neuen Anlauf. Sein trocken nur 172 Kilo schwerer Ecureuil-Renner konnte jedoch keinen Spitzenplatz belegen. Unterdessen erkämpften Eddy Hau und Richard Schalber mit normal käuflichen HPN-Boxern den Sieg in der Marathonklasse und Rang zwölf in der Gesamtwertung.

Hau, Schalber, Kleinschmidt: Klassensiege mit HPN- und Serien-GS

Erst 1992 machte die weißblaue Marke im Zusammenhang mit der härtesten Rallye der Welt, die jetzt bis nach Kapstadt führte, wieder Schlagzeilen. Die damals bei BMW angestellte Ingenieurin Jutta Kleinschmidt, die schon mit einem Klassensieg bei der Raid Transpaña 1990 auf sich aufmerksam gemacht hatte, kam trotz eines gebrochenen Fußes als 23. im Gesamtklassement, als Fünfte in der Marathonwertung sowie als schnellste Frau nach 12.700 Kilometern in Kapstadt an. Ihre 60 PS starke R 100 GS unterschied sich lediglich durch Zusatztanks und White Power-Federung vom Standard des normalen Serienmodells.

Danach tauchte die GS immer seltener in den Ergebnislisten der renommierten Rallyes auf - auch wenn Raymond Loizeaux mit seiner HPN mittlerweile als Institution bei der Dakar gilt oder gelegentliche Erfolge wie der Sieg in der Zweizylinderwertung der Rallye München- Breslau 1997 den Boxer doch noch nicht völlig zum alten Eisen abstempeln. Man muß wissen, daß es die Mitbewerber inzwischen auch im Rallyesport geschafft hatten, ihre dicken Einzylinder nicht nur leichter und schneller, sondern auch standfest zu machen.

1999: fünfter Dakar-Sieg mit F 650 RR

Erst im Januar 1998 klinkte sich BMW mit einem von Richard Schalber geführten Werksteam und vier F 650 im Rallye-Trimm wieder in das mittlerweile nur noch von Granada nach Dakar laufende Spektakel ein. Zwar scheiterten die 80 PS

Links: BMW-Parade vor dem dritten PD-Sieg 1984; Auriol, Loizeaux und der spätere Sieger Rahier. Mitte links: Rahier auf dem Weg zum zweiten PD-Sieg 1985 mit der HPN-BMW. Daneben: Eddy Hau 1986. Links unten: Jutta Kleinschmidt gewann 1992 auf einer serienmäßigen R 100 GS PD die Damenwertung der Paris-Kapstadt. Unten rechts: Rahier bei der PD 1984.

Triumph im zweiten Anlauf: Richard Sainct auf seiner F 650 RR auf dem Weg zum Sieg bei der Rallye Granada-Dakar 1999. Unten: Oscar Gallardo auf dem 4V-Boxer-Prototyp im April 1999 unterwegs in Tunesien.

starken und 180 km/h schnellen Einzylinder im ersten Anlauf. Doch ein Jahr später, bei der 21. Rallye-Auflage vom 1. bis 17. Januar 1999, triumphierte das von Hubert Auriol geführte Team über die favorisierte KTM-Mannschaft: Der Franzose Richard Sainct holte mit dem hauchdünnen Vorsprung von 4:o9 Minuten den fünften Dakar-Sieg für BMW. Die Allgäuerin Andrea Mayer brachte ihre F 650 trotz eines schweren Sturzes als 32. ins Ziel und gewann damit die Damenwertung. Oscar Gallardo und Jean Brucy belegten auf zwei weiteren BMW-Singles die Plätze neun und 20.

Reif für die Wüste: Vierventil-Boxer

Doch schon wenig später zeigte sich, daß sich die Einzylinder-Erfolge nicht so gut vermarkten ließen wie erhofft. Bald tauchte die Vermutung auf, BMW würde deshalb bei zukünftigen Rallye-Einsätzen wohl wieder den Boxer ins Spiel bringen, diesmal in der vierventiligen Ausführung. Schon im April 1999 zeigte sich, daß an den Gerüchten eine Menge dran war: Der zum BMW-Team gehörende Spanier Oscar Gallardo brachte bei der tunesischen Optic 2000-Rallye eine von HPN aufgebaute R 1100 GS an den Start. Die elektronisch gesteuerte Einspritzanlage hatte man durch 40er Bing-Vergaser ersetzt, das Vorderrad lief in einer White-Power-Gabel.Laut Team-Manager Richard Schalber hatte der Vierventiler 85 PS.

Den Sieg holte zwar wieder Richard Sainct auf seiner F 650 RR. Doch mindestens ebensoviel Aufsehen erregte Gallardo mit dem neuen Wettbewerbs-Prototypen der Vierventil-GS. Trotz einer verpatzten Startetappe - der Motor soff nach knietiefen Wasserdurchfahrten ab, was den Spanier vier Stunden kostete - belegte Gallardo nach einer bravourösen Aufholjagd am Ende einen respektablen 34. Platz. Ebenfalls bemerkenswert: Eine private WITEC-GS ähnlicher Konzeption landete auf Rang 33.

Fest steht, daß so endgültig abgeschlossen, wie alle Welt dachte, das Kapitel "Boxer und Rallyesport" doch noch nicht ist. Weitere Einzelheiten zu diesem Thema finden Sie, lieber Leser, in der Neuauflage unseres GS-Buchs.

Boxer-Gespanne und Moto-Trikes: den anderen auf drei Rädern die Schau stehlen

Die Geschichte der BMW-Gespanne reicht bis in die Frühzeit des Boxers zurück. 1924, gut ein Jahr nach Aufnahme der Motorradproduktion, brachte BMW bereits eine Seitenwagenversion der R 32 auf den Markt. Beiwagenmaschinen waren damals viel erschwinglicher als Automobile und deshalb als Gebrauchsfahrzeuge und Transportmittel begehrt. So wundert es

nicht, daß die Motorradhersteller es sich - im Gegensatz zu heute - nicht nehmen ließen, selbst Gespanne anzubieten, konnten sie doch mit dem Absatz ansehnlicher Stückzahlen rechnen.

20er Jahre: Beiwagen aus Sperrholz und Blech von renommierten Zulieferern

Wie schon vor dem Krieg durchaus üblich, produzierte auch BMW die Seitenwagen nicht in Eigenregie. Vielmehr orderte man bei der Anfang 1924 ebenfalls in München gegründeten Firma Royal ein Boot, dessen aus Sperrholz gefertigte Gondel exklusiv für die R 32 auf einem geschlossenen Kastenrohrrahmen montiert war. Wenig später setzten sich dann die Blechkarosserien durch; die Käufer konnten unter verschiedenen Modellen wählen, die teilweise auch direkt von Royal offeriert wurden.

Trotz dieser zweigleisigen Verkaufspolitik währte die enge Zusammenarbeit mit Royal bis nach dem Zweiten Weltkrieg. Zahlreiche Beiwagen für zivile, behördliche und militärische Zwecke wurden in jener Ära an BMW-Boxer geschraubt. Außer mit Royal kooperierte BMW in den 30er Jahren auch mit Stoye und Steib, den beiden anderen großen "Bootswerften". Nach dem Krieg setzte

sich im Kampf um Werksaufträge zunehmend Steib durch. Mit dem besonders für die Einzylinder R 25 geeigneten LS 200 und dem ursprünglich als Wehrmachts-Seitenwagen für große Maschinen konzipierten TR 500 fuhren BMW-Gespanne weiterhin auf Erfolgskurs, bis das beginnende Wirtschaftswunder Mitte der 50er das Ende des Motorrads als Massenverkehrsmittel besiegelte.

Legendär: Seitenwagen von Steib für Ein- und Zweizylindermodelle

Wie viele andere Firmen der Motorrad- und Beiwagenbranche mußte Royal bald schließen. Steib lieferte seine Beiwagen auch noch für die ab 1955 gebauten BMW, die auf Grund ihrer Vorderschwingen besonders tauglich für den Gespannbetrieb waren. Zu Beginn der 60er Jahre stellte das Nürnberger Werk dann den Bootsbau ein und widmete sich nur noch der Herstellung von Landmaschinen. Bis 1966 versuchte BMW, das entstandene Vakuum zu füllen und montierte für die wenigen verbliebenen Gespannkunden Beiwagen aus Steib-Teilen im Münchner Stammwerk.

Über 30 Jahre liegen zwischen diesen beiden Gespannen; links eine R 60 mit Steib-Boot von 1959, unten die Stern R 100 R von 1993.

Links oben: ein 93er R 100 R-Troika-Gespann.

Daneben: R 1100 RS von ARMEC 1994.

Rechts: R 100 RS von HMO aus den 80ern.

1986 übernahm der Remscheider Oldtimer-Spezialist Stemler das komplette Seitenwagen-Lager von Steib und bietet seither die vollständige Modellpalette an. Der legendäre TR 500 dient daneben anderen deutschen Herstellern bis heute als Vorlage, Globe in Indien nimmt für seine GfK-Gondeln auch andere Steib-Modelle als Vorlage.

Der in Leipzig ansässige Traditionsbetrieb Stoye schaffte es bis 1972, der Verstaatlichung durch die damalige DDR zu entgehen. Dann, als "Werk IV" des "Volkseigenen Betriebes MZ" fertigte man weiterhin das Preßblechboot "Super-Elastic" für die Zschopauer Zweitakter, zuletzt mit beträchtlichen staatlichen Subventionen. Mit der "Wende" kam zwangsläufig das Aus. Der westdeutsche Gespann-Grossist Walter sicherte sich die Rechte am Markennamen Stoye und präsentierte unter diesem Emblem auf der IFMA 1990 ein gediegenes, zeitgemäß aus Fiberglas gefertigtes, an eine K 100 geschraubtes Familienboot. So kam es, daß die Namen BMW und Stoye nach mehreren Jahrzehnten wieder verknüpft wurden.

1969: Produktionsstopp für den letzten gespanntauglichen Serien-Boxer

Die Historie der klassischen BMW-Gespanne könnte ein ganzes Buch füllen. Mit der R 69 S verschwand der letzte ab Werk gespanntaugliche Boxer der alten Generation vom Markt. Dieses bis 1969 gebaute Modell besaß nicht nur ein entsprechend stabil ausgelegtes Fahrwerk, sondern eine Schwingengabel, deren

Schubschwinge sich an den unteren Gabelenden zur Verkürzung des Vorderradnachlaufes umstecken ließ. Dadurch reduzierte sich der Kraftaufwand beim Lenken spürbar.

Die 1969 folgende Boxer-Generation taugte dagegen weder vom Fahrgestell, noch von der verwindungsfreudigen Telegabel her für das dritte Rad. Mit den /5-Typen legte BMW das Thema Beiwagenmaschinen zum Leidwesen der verbliebenen Fans für lange Zeit ad acta.

1972: Neubeginn mit Hartmann und EML

Doch Totgesagte leben länger. Die Geburtsstunde des modernen Gespanns schlug 1972, als Geländespezialist Horst Hartmann mit einer dreirädrigen GS-BMW bei einer Straßensport-Veranstaltung auf dem Nürburgring auftauchte und der Konkurrenz mächtig einheizte.

Als dann bei der Siegerehrung jemand meinte, daß solch ein Gespann mit "richtigem", professionell für den Rennsport

präpariertem Boot doch wohl unschlagbar wäre, reifte bei Hartmann schnell der Entschluß, diese Idee in die Tat umzusetzen. Er motivierte den Holländer Hennie Winkelhuis, der ihm bereits sein siegreiches GS-Fahrgestell gebaut hatte, ein Straßengespann mit Schwingengabel zu entwickeln. Das Skelett der /6 befand man nach eingehender Prüfung für zu schwach, um die hohen Seitenkräfte verarbeiten zu können. So konstruierte das Duo ein Chassis mit dickwandigeren Rohren und stärkerer Lenkkopfpartie.

Zu dieser Zeit war ein solches Projekt "EinMaLig": Dieses Attribut lieferte der inzwischen größten westlichen Gespannmanufaktur das Kürzel für ihren Firmennamen EML. Der 1974 beim Elefantentreffen am Nürburgring vorgestellte Prototyp lief noch auf den Rädern der Basis-R 90/6; wenig später schwenkte EML auf 15-Zoll-Pneus aus dem Automobilbau um. Dadurch konnten Schwerpunkt und Reifenverschleiß merklich gesenkt werden.

Mit Werksunterstützung: edle Troika-Dreiräder von Heidenwag

Wie EML setzten auch die britische Marke Wasp sowie HMO auf komplett neue Rahmen. Die Schweizer Edelschmiede gehörte übrigens mit EML zu den Wegbereitern der 15-Zoll-Generation. Die Boxer-Gespanne von HMO profitierten in der Straßenlage zudem von dem ins Bootsheck ausgelagerten Haupttank; bekannt wurden sie jedoch durch ihre Gondeln mit den typischen Einstiegstürchen.

Noch vor dem ab Mitte der 80er Jahre einsetzenden Gespannboom hatte sich der Schorndorfer BMW-Händler Heidenwag & Krautter mit seinem "Troika" einen Namen geschaffen. Dessen Komponenten werden bis heute bei EML hergestellt. Heidenwag bot vorübergehend das technisch an die EML-Boxer angelehnte Dreirad auch in einer "Light"-Version auf Roadster-Basis mit Originalrädern und Telegabel an; gefräste Gabelbrücken reduzierten dabei den Nachlauf für eine leichtgängigere Lenkung.

Die BMW-Chefetage war vom Troika so sehr angetan, daß man bereit war, Heidenwag für seine Umbauten Rumpfmotorräder ohne alle überflüssigen Komponenten zu liefern. Außerdem gestattete man ihm, seine Gespanne über

das Händlernetz mit sechsmonatiger Werksgarantie für alle BMW-Teile zu vertreiben - ein Privileg, um das die ebenfalls auf BMW-Motorräder eingeschworene Konkurrenz Heidenwag bis heute beneidet.

Moderate Umbaukosten: Classic-Boxer

Überhaupt wurden konventionelle Tauchgabeln für Boxergespanne mit der 1991 vorgestellten R 100 R wieder salonfähig. Zahlreiche Gespann-Anbieter vertrauten auf die neue Showa-Telegabel der R mit ihren 41 mm dicken und in Kurven ausreichende Verwindungssteifigkeit gewährenden Standrohren. Sofern die Fahrwerks-Geometrie der R 100 R beim Umbau unverändert übernommen wurde, mußte man zwar höhere Lenkkräfte in Kauf nehmen; doch nahmen viele Classicboxer-Gespann-Fans dies angesichts der Ersparnis beim Umbau gerne in Kauf.

Bis heute erfreuen sich die Zweiventil-Boxer unter Gespannbauern und -fahrern hoher Beliebtheit. Standfestigkeit, überschaubare Technik, gute Durchzugskraft und nicht zuletzt der wartungsfreie Kardanantrieb machen die klassischen Boxermodelle zu Seitenwagenmaschinen par excellence. Auch für spezielle Aufgaben müssen die bewährten Motoren her-

Dreimal R 1100 RS 1997; oben das Wasp Tornado-Gespann mit Klappscheibe, daneben das ARMEC Tremola II. Unten: Troika V.

halten: Sie werden zum Beispiel als Austauschmotoren in die russischen Dnepr- und Ural-Gespanne transplantiert, deren Original-Triebwerke als chronische Pflegefälle gelten.

1993: neue Perspektiven durch den Vierventil-Boxer mit Telelever

Daß BMW-Motorräder in Gespannfahrerkreisen generell höchste Sympathien genießen, spiegelt sich auch im anhaltenden Erfolg der drei- und vierzylindrigen K-Modelle in dieser Szene wider. So

Exklusives von ARMEC: Sidewinder-Schwenker (oben) und Tremola I, beide Modelle auf Basis R 1100 R 1997.

durch zwei kurze Luftdruckdämpfer unterstützt, die anstelle der Telelever-Holme in den Gabelbrücken klemmen und gleichzeitig die Lenkbefehle übertragen.

Die Aufnahme des Achsdornes übernimmt ein Rohrbogen, der an der unteren Gabelbrücke und im Radbereich an einem Dreieck-Querlenker fixiert ist. Dessen Lagerung übernehmen zwei am Seitenwagenchassis angebrachte Kugelgelenke. Das patentierte "ALS" erlaubt die Beibehaltung von Lenkeinschlag und Federweg der Basismaschine, das Rad läßt sich wie beim Pkw demontieren.

Völlig auf Elemente des Telelever verzichtet das Tornado von Wasp. Konstrukteur Otto Hermeling setzt auch für die Vierventil-Boxer auf seine schon an anderen Zugmaschinen erprobte Achsschenkellenkung. Anders als bei Telegabel-Systemen werden hier Radführung, Federung und Übertragung der Lenkbefehle von unterschiedlichen Bauteilen übernommen; das Übersetzungsverhältnis zwischen Lenker und Rad ist variabel. Weiteres Schmankerl am Tornado: Die Windschutzscheibe des sportlich gestylten Beiwagens läßt sich so umlegen, daß sie die Einstiegsöffnung des Fahrgastraumes verschließt.

Allroundgespanne auf Roadster-Basis

Während die Vierventil-Boxer RS und RT vornehmlich bei der gut betuchten Gespannkundschaft als Basis für noble Sporttourer oder geräumige Familienkutschen Anklang finden, dienen die Roadster-Modelle eher als Zugpferde für etwas preisgünstigere, aber nicht minder leistungsfähige Allrounder. 35.000 Mark muß der Kunde mindestens für ein BMW-Komplettgespann hinlegen. Trotzdem muß messerscharf kalkuliert werden, damit die Preise nichts ins Uferlose wuchern. Ein besonders ausgewogenes Angebot ist die R 1100 R von Sauer mit dem geräumigen Beiwagen "Bruno". Mit ihrer beispielhaften Bremsanlage, ihrem neutralen Fahrverhalten und vom Preis-Leistungs-Verhältnis her gehört diese Kombination zum Besten, was der Markt Ende der 90er Jahre zu bieten hat.

Großer Hubraum ist nach wie vor gefragt: Obwohl der 850er Vierventil-

konnten die Gespannbauer 1993 sicher sein, daß der neue Vierventil-Boxer bestens beim Publikum ankommen würde. Mit ihrem Telelever-Fahrwerk stellte die R 1100 RS die Dreiradprofis allerdings vor völlig neue Aufgaben.

Den ersten Versuch wagte der für seine Schnellschüsse bekannte Helmut Walter mit einer in der Geometrie abgeänderten und verstärkten Telelever-Gabel. Obwohl dieses Arrangement gut funktionierte, schwenkte Deutschlands größter Beiwagen-Hersteller für die Serie auf eine konventionelle Schwingengabel um. Diesen Schritt gingen auch EML, EZS, Heidenwag und diverse andere Hersteller. Dabei wurde der A-Lenker zur Aufnahme der unteren Gabelbrücke starr fixiert, teilwei-

se sogar durch ein stärker dimensioniertes Bauteil ersetzt. Lediglich Schepsky setzt für seinen R 1100 GS-Umbau auf ein nur leicht modifiziertes Telelever. Obwohl er dafür gute Gründe anführt, setzen alle anderen Anbieter die innovative Vorderradführung nur bei den gemütlichen Cruiser-Dreirädern ein.

ARMEC, Wasp: alternative Lenksysteme

Einen eigenen und radikalen Weg geht die schweizerische Gespannschmiede ARMEC. Die Aregger-Brüder ersetzen den Telelever durch eine Kombination aus Lenkkopf- und Achsschenkellenkung. Der Längslenker bleibt dabei unberührt; das Federbein jedoch wird

Boxer kaum schlechtere Fahrleistungen ermöglicht und sogar kultivierter läuft als der 1100er, tendiert die Mehrzahl der Kundschaft zum größeren Motor.

Wer Seitenwagen liebt, aber nicht auf Schräglagen verzichten möchte, kann die R 1100 R auch zum Schwenkergespann umbauen lassen. ARMEC kombiniert die Roadster über zwei kräftige Kugelgelenke mit dem schlanken "Sidewinder"-Boot. Skurril: Während sich die Zugmaschine wie ein Solomotorrad in die Kurven neigt, bleibt die Gondel immer in der Vertikalen. Anders das "Flexit" des Südafrikaners Hannes Myburgh: Hier schwenkt dank eines ausgeklügelten Verbindungsmechanismus auch der Beiwagen mit. Sowohl beim Sidewinder als auch beim Flexit ist wahlweise Solobetrieb erlaubt; die Seitenwagen lassen sich ohne große Mühe abschrauben.

R 1100 GS: Gespanne fürs Grobe

Als Basismotorrad für Expeditions- und Rallyegespanne ist die schwere BMW-Enduro R 1100 GS ideal. Verschiedene Hersteller von ARMEC über Schepsky bis Walter kombinieren die Maschine mit ihren Tourenbooten und vermarkten diese Adventure-Soft-Versionen recht erfolgreich. Wasp geht einen Schritt weiter und macht aus dem bekannten Tornado-Beiwagen ein leichtgewichtiges und völlig offenes Geländeboot. Die feinprofilierten Reifen sowie der gewaltige Wendekreis des Gespanns stehen ernsthaften Offroad-Aktivitäten allerdings entgegen. E.M.L. funktionierte seine Behördengondel zum klassischen Enduro-Seitenwagen E 2000 um und verband das Boot mit der GS.

Echte Offroad-Ziele verfolgt Enduro-Experte Horst Ullrich (HU): Er pflanzt den Vierventil-Boxer in ein komplett verschweißtes Rohrchassis, das vorne eine Schwingengabel sowie Zweiarmschwingen für Hinter- und Beiwagenrad besitzt. Mobec entwickelte auf Basis der GS sein "Duo Drive" mit Seitenwagen-Antrieb (hatte 1941 nur die Militär-R 75). Per Viskose-Kupplung wird die Antriebskraft am Bootsrad abhängig von dessen

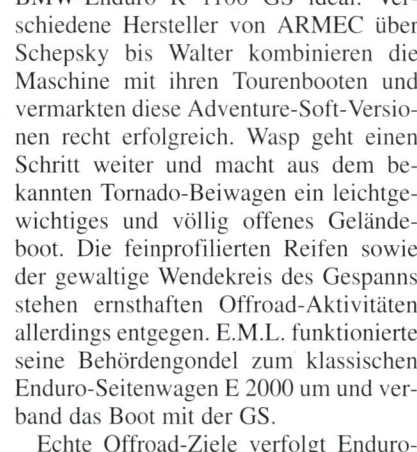

Links: R 1100 R 1997 von Sauer mit "Bruno" - Einstieg für 35.000 Mark. Unten: Bruno und EZS-Compact 1997, ebenfalls mit R 1100 R.

195

Jedem das Seine! Oben R 100-Racer von Stern und Troika IV mit R 850 R; Mitte EML R 1100 RT mit CT 2000, unten MOBEC Duo-Drive/GS.

Drehzahl-Differenz zum Hinterrad intelligenter reguliert, als dies ein herkömmliches Ausgleichsgetriebe mit Differentialsperre könnte. Selbst extreme Steigungen und glatte Schneepisten lassen sich mit dem "DD" verblüffend gut meistern.

Gänzlich anders geht Holger Frank dieses Thema an. Das Beiwagenrad seiner Eigenbau-GS besitzt einen rein mechanischen Antrieb, der sich über eine in der Radnabe versteckte, pneumatisch betätigte Kupplung zuschalten läßt. Ein Differentialgetriebe fehlt, deshalb eignet sich das System nur als Anfahrhilfe auf rutschigem Untergrund, nicht jedoch für den normalen Fahrbetrieb. Weitere Informationen und Fotos zum Thema GS-Gespanne finden Sie in der Neuauflage unseres Buches "Faszination BMW GS".

Exklusiv: Cruiser-Troika von Heidenwag

Kreativität und Phantasie gehören zu den wichtigsten Tugenden der Entwicklungs-Abteilungen. Doch nicht alle Entwürfe werden umgesetzt, das ist bei BMW genauso wie in anderen Werken. Manche Ideen der Münchner Designer schaffen es immerhin vom Reißbrett bis zum Prototyp, landen am Ende aber doch als Schaustück im Werksmuseum.

Dieses Schicksal hätte wohl auch dem ersten Gespann geblüht, das die weißblaue Marke nach knapp dreißigjähriger Dreirad-Abstinenz auf der IAA 1997 in Frankfurt präsentierte, wenn BMW nicht seit langen Jahren gute Beziehungen zum

Schorndorfer Markenhändler und Seitenwagen-Spezialisten Heidenwag & Krautter pflegen würde.

Heidenwag wunderte sich ziemlich, als der damalige BMW-Motorrad-Entwicklungsleiter Wolfgang Dürheimer ihn im Frühjahr 1997 nach München zum Essen einlud und dabei sehr auf einen baldigen Termin drängte. Bei dem Treffen wurde Heidenwag sofort der Grund für die Eile kundgetan: Dürheimer legte dem Vater der Troika-Gespanne Entwürfe eines Cruiser-Gespanns von Chefdesigner Dave Robb vor und fragte den völlig überraschten Schwaben ohne weitere Umschweife, ob er die Studie in die Tat umsetzen wolle.

Natürlich war Heidenwag sofort Feuer und Flamme. Unter strengster Geheimhaltung - schließlich stand die Präsentation der Solo-R 1200 C damals ebenfalls noch bevor - wurde eine Maschine nach Schorndorf in Heidenwags Privatgarage verfrachtet. Dort mußte der Gespanntüftler dann so manche Nachtschicht einlegen, denn die Zeit drängte, die strikten Design-Vorgaben warfen zusätzliche Probleme auf. "Das Federbein sollte unbedingt liegend angeordnet sein. Ein richtiges Hexenwerk war das, bis ich eine gescheite Abstimmung hatte", berichtet Heidenwag.

Auch in puncto Verarbeitungs- und Materialqualität durfte nicht gespart werden. Für die Verkleidung der Frontpartie und für die Heckreeling wählte Heidenwag Teakholz, das er aufwendig vorbehandelte, um es witterungsfest zu machen und die Maserung besser hervortreten zu lassen. Die Befestigungsstangen der Sitzlehne wurden aus Vollmaterial gedreht. Die Polyesterarbeiten übernahm der Spezialbetrieb "Schöne Linie" aus Schwäbisch-Gmünd.

Auf der IAA zog der Gespann-Prototyp dann wunschgemäß alle Blicke auf sich. Klar, daß die Seitenwagen-Fans sofort von der Serienfertigung des stilvollen Dreiers auf Basis der brandneuen R 1200 C träumten. Doch die Münchner Manager gaben sich zurückhaltend: "Wir wollten zunächst nur mit einem Hin-

Da kommt Freude auf: Zu dritt unterwegs mit "Sonnenwind" und R 1200 C von Sauer.

197

Beim 77.000 DM teuren Troika SR 1200 C von Heidenwag hatte BMW die Hand im Spiel; das Design stammt von David Robb (Bild rechts und kleines Bild). Unten: das nostalgisch gestylte Konkurrenzprodukt "Swing" von Kalich.

gucker die Reaktion des Publikums testen." Trotz der beeindruckenden Resonanz war den BMW-Leuten klar, daß an eine Produktion in München oder Berlin kaum zu denken war. Grund: Der bei einer großen Firma wie BMW erforderliche Entwicklungsaufwand hätte sich niemals amortisiert; zu gering waren die zu erwartenden Stückzahlen.

Dennoch wollte BMW das Projekt nicht sterben lassen. Man entschloß sich deshalb, das Gespann als "Troika SR 1200 C" in Kleinstserie von Heidenwag bauen zu lassen, selbstverständlich wieder mit der schon bei den früheren Troika-Dreiern üblichen Werksunterstützung. Nachteil: Dem noblen Cruiser-Dreier blieb damit der Status eines vollgültigen BMW-Produktes verwehrt. Möglichweise hat BMW damit im Hinblick auf die ins Auge gefaßte Kundschaft auf ein entscheidendes Verkaufsargument verzichtet. Denn wer stolze 77.000 Mark für ein so aufwendiges Gespann ausgibt, möchte dafür zweifellos auch das uneingeschränkte Markenimage erwerben.

Bis der Heidenwag-Cruiser dann im Frühjahr 1999 serienreif war, hatten bereits diverse Konkurrenten ihre Variatio-nen zu diesem Thema produktionsreif. Allen voran einmal mehr Helmut Walter. Der Hesse kombiniert die R 1200 C z.B. mit dem "Freeway Roadster" oder dem geräumigeren "Freeway-King", zwei Beiwagen im Stil der alten Indian-Gondeln. ARMEC modifiziert für die BMW seinen schnittigen Sidewinder-Beiwagen zum "Bullet". Allerdings verschrauben die Schweizer den Einsitzer (oder wahlweise die Tremola-Modelle) nur starr mit dem Cruiser. Kalich bietet die R 1200 C in Kombination mit dem, ebenfalls bei "Schöne Linie" gefertigten "Bobby" als Schwenkergespann "Swing" an.

Zwei in einem Boot: Cruiser von Sauer mit Beiwagen "Sonnenwind"

Noch ausgefallener als das Troika-Gespann von Heidenwag präsentiert sich das "Sonnenwind"-Dreirad, das Peter Sauer zusammen mit dem Designer Thomas Breen und dem Polyester-Bauer Jörg Bosse kreiert hat. Das seitlich völlig offene Boot besitzt einen Mitteltunnel, auf dem hintereinander zwei bequeme

EZS wählte den Reisedampfer, um das neue Megaboot "Summit" auf der Sinsheimer Messe Anfang 1999 zu präsentieren.

Auf dem Sportsektor erregte Stern mit einem Umbau der R 1100 S einiges Aufsehen. Das bereits vor dem offiziellen Verkaufsstart der Solomaschine Anfang 1999 vorgestellte Gespann läuft auf ultra-

Bombig: ARMEC R 1200 C mit "Bullet"-Boot.
Sportlich: R 11000 S-Gespanne, rechts von Stern, darunter von Walter mit "Windy Corner"

Corbin-Sättel angeordnet sind. So fühlen sich die Mitfahrer fast wie auf einem Motorrad. Jedenfalls hat dieser von gängigen Vorstellungen abweichende Seitenwagen durchaus das Zeug, dem Troika die Schau zu stellen. Ob er aber in unseren recht wetterabhängigen Breitengraden Freunde findet, ist eine andere Frage. Für den konventionellen Geschmack hält Sauer den Harley-Nachbau "Kondor" oder den Mobec "Zero" parat. Alle Cruiser-Anbieter werben damit, daß die Zugmaschine weiterhin wahlweise solo gefahren werden darf. Doch ein Hersteller verrät: "Beim Kauf legen die Leute darauf größten Wert, aber am Ende nutzen sie diese Option doch nie..."

Rassig: Supertourer, Sportgespanne

Als Tourer-Flaggschiff der R-Reihe ist die RT für Familiengespanne geradezu prädestiniert. Alle namhaften Hersteller von ARMEC bis Walter führen dazu passende Zweisitzer im Programm. Heidenwag entwarf eigens für die RT sein Troika V, der holländische Hersteller

breiten 195/45er Reifen, der von EZS/ Squire stammende RX 4 wurde stilistisch zum Sport II umgearbeitet, seine Frontpartie mit einer BMW-Niere optisch an die "S" angepaßt. Zur gleichen Zeit stellte Walter in Zusammenarbeit mit dem gespannbegeisterten Bernd Scherer von der BMW-Niederlassung Kassel ein R 1100 S-Gespann mit etwas schmaleren Rädern vor. Und weil es in seinem offenherzigen Cobra-Beiwagen recht luftig zugeht, nannte er die sportliche Kombination treffend "Windy Corner". Sicher ist damit noch nicht das letzte Wort zum Thema Sportboxer gesprochen.

Alternative für Autofahrer: Moto-Trikes auf Boxer-Basis

Was tun, wenn man keinen Motorrad-Führerschein besitzt, sich mit Sitzhöhe und Gewicht der großvolumigen Boxer schwertut oder ganz einfach ein absolut exklusives Fahrzeug haben möchte? Für solche Fälle bieten sich Moto-Trikes auf Basis der BMW-Vierventilboxer an.

Mit dem Begriff "Trike" verbinden Außenstehende fast automatisch nicht nur die Spezies symmetrisch gebauter Dreiräder mit extrem langen Gabeln, sondern auch ein gewisses Rocker-Image. Doch haben die Moto-Trikes, die neuerdings immer mehr in Mode kommen, rein gar nichts mit den aufgemotzten Custom-Dreiern zu tun. Technisch gesehen sind sie Kombinationen von Motorrädern mit zweirädrigen Hinterachsen, die meist aus dem Automobilbau kommen. Die bewährten, in Großserie produzierten Motorrad-Motoren sowie die meisten Motorrad-Komponenten bleiben erhalten und prägen weitgehend das Erscheinungsbild der Fahrzeuge.

Am reizvollsten für Interessenten dürfte jedoch sein, daß diese Moto-Trikes zulassungsrechtlich als "Pkw-offen" eingestuft werden und deshalb mit dem Auto-Führerschein pilotiert werden dürfen. Auf diesem Wege erschließt sich ein motorradähnliches Fahrgefühl völlig neuen Kreisen. Die beiden fett bereiften Hinterräder gewähren bereits im Stand, aber auch bei zügiger Fahrt frappierende Kippsicherheit. Das macht die Handhabung für Leute, die von der Körpergröße oder der verfügbaren Kraft her kaum einen Boxer beherrschen könnten, recht problemlos.

Um diesen Dreirädern gerecht zu werden, sollte man sie unvoreingenommen als eigenständige Fahrzeuggattung betrachten. Fahrdynamik und Lenkverhalten kommen zwar dem Gespann nahe, doch muß man sich nicht mit dessen unterschiedlichem Verhalten in Rechts- und Linkskurven herumplagen. Auch wenn Schräglagen nur Könnern (beim Überschreiten der Kippgrenze) vorbehalten bleiben, vermitteln die Moto-Trikes verblüffend viel vom Fahrvergnügen eines Solomotorrades.

Spezialisiert auf derartige Umbauten hat sich die kanadische Firma Lehman, deren Europa-Importeur Christoph in Herbolzheim auch Umbauten für die R 1100-Modelle im Programm führt. Die Hinterachse stammt aus einem amerikanischen Ford, die Leichtmetallräder sind mit Gummiwalzen der Größe 245/60 R 15 bereift. Vorderrad samt Telelever übernimmt Lehman unverändert. Im Heck befindet sich ein kleiner Gepäckraum. Ein ähnliches Projekt präsentierte 1997 auch der französische Gespann-Hersteller Panda. Das Fahrzeug kam bislang jedoch nicht über das Stadium eines Prototypen hinaus.

Skurril, aber im Trend: Moto Trikes von Lehman auf Basis R 1100 RT (oben) und Panda (Prototyp aus Frankreich auf Basis R 1100 R).

Maßarbeit: Tuning- und Spezial-Boxer mit Zwei- und Vierventil-Technik

Schon zu Zeiten, als auf einen Motorradboom noch niemand zu hoffen wagte, gab es Tüftler, die in der Optimierung von Serienmaschinen ein sinnvolles Betätigungsfeld sahen. Dank ihrer hohen Verbreitung rechtfertigten die BMW-Boxer durchaus den für die Entwicklung von seriösem Zubehör nötigen Aufwand. Bei den BMW-Fahrern der "Nachkriegszeit" handelte es sich allerdings zumeist um Unentwegte, die bei jedem Wetter unterwegs waren. Auf diese Zielgruppe ausgerichtet war denn auch das Zubehör-Angebot der 50er und 60er Jahre. Vor allem große Tanks für lange Strecken, ausladende Lenkerverkleidungen und Beinschützer waren beliebt.

Hoske, Heinrich, Gläser: dicke Tanks und wuchtige Verkleidungen

Hoch im Kurs standen bis in die 60er Jahre hinein die Produkte von Hoske, dann machten sich vor allem Heinrich und Labitzke einen guten Namen auf dem Zubehörmarkt. Der Hildener BMW-Händler und Rennfahrer Otto Labitzke, der später bei einem Autounfall ums Leben kam, tunte unter anderem R 75/5-Motoren und entwarf eine sportliche Halbschale. Die Aktivitäten von Heinrich führt seit 1981 die Firma Theofried Jäckel fort.

Auch Unternehmen wie Gläser und KnoScher produzierten vornehmlich Touring-Accessoires. Die in Vienenburg im Harz ansässige Firma Gläser stattete bis in die 80er Jahre hinein unter anderem die "Behörden-Kräder" mit der gewaltigen, aber aerodynamischen und in Richtung Unfallschutz konzipierten Vollverkleidung "Monza" aus.

Hinter "KnoScher" verbargen sich Peter Knott und Fritz Scherb; letzterer arbeitete ursprünglich bei BMW im Versuch und widmete sich später, nach seiner Trennung von Knott, dem Bau von Verkleidungen und Spezialumbauten ebenso wie Leistungsoptimierungen.

Boxer-Tuning in Vollendung: die Moko-BMW von Julius Ilmberger. Der Zweiventilmotor sitzt in einem hochwertigen Gitterrohrrahmen.

Heukerott: frühe Experimente mit Sportverkleidung und Höckersitzbank

Als das Motorrad sich endgültig vom Nutzfahrzeug zum Hobbyartikel gewandelt hatte, wagten sich immer mehr BMW-Liebhaber an optische und technische Tunings für die Boxer. Typisch für ihre Zeit war die Heukerott-BMW von 1976: Mit Avon-Sportverkleidung, Höckersitzbank, Yamaha-TX 750-Gabel, Kuma-Gußrädern und Grimeca-Scheibenbremse gab sie sich sehr sportlich. Die reduzierte Schwungmasse sowie das von BMW stammende Sportgetriebe sorgten für die entsprechende Motorcharakteristik.

Willi Michel: Devise leicht und schnell

Einen bedeutenden Beitrag zum Thema BMW-Boxer-Tuning leistete zweifellos Willi Michel; seine Devise lautete: "So leicht und schnell wie möglich". 1977 machte der Pfälzer mit einer 980-Kubik-Rennversion Furore. Erheblich überarbeitete Zylinderköpfe mit leichteren Ventilen und Kipphebeln sowie radikal verringerte Schwungmassen erlaubten satte 8.500/min-1. Michels Boxer war für damalige Verhältnisse höllisch schnell: Mit mehr als 240 km/h flog er unter dem Rennfahrer Karl-Heinz Schade in Hockenheim durch die Lichtschranke.

Diverse Details dieses trocken nur 135 Kilo schweren Renners bot Michel auch für straßenzugelassene R 90 S an, so das verstärkte Fahrwerk mit einer überarbeiteten Originalgabel und PVM-Gußrädern oder das Integralbremssystem mit hinterer Scheibenbremse. Auch gab es eine Vollverkleidung samt Höckerbank. Daneben experimentierte Michel mit dem R 65-Motor: durch Aufbohren auf 731 Kubik und Gewichtsreduzierung der Innereien holte er 65 PS bei 8000/min-1 aus dem kleinen Boxer.

Die Anfänge waren eher bescheiden. Oben eine R 45 von 1978 mit Gläser-Verkleidung. Schnell und technisch raffiniert: Michel-Leichtbau-Racing-Boxer von 1982 (rechts).

Magni: Leichtbaurahmen aus Spezialstahl

Bei zügiger Fahrweise zeigten die Serienboxer der 70er und 80er Jahre eindeutige Schwächen - eine Herausforderung für Fahrwerk-Spezialisten. So wollte Arturo Magni dem labilen Fahrverhalten mit einem komplett neuen Chassis beikommen. Der ehemalige MV Agusta-Rennleiter entwarf für den Boxer ein klassisches Doppelschleifen-Fahrwerk aus Chrommolybdän-Stahl. Trotz der vertrauenerweckend kräftig aussehenden Rohre wog der Rahmen nur neun Kilo und trug so dazu bei, das Trockengewicht der Magni-BMW auf 190 kg zu drücken. Doch trotz seines moderaten Preises von 17.000 Mark erfreute sich der 1982 erstmals präsentierte Komplettumbau nicht gerade großer Nachfrage. Heute aber gehören Magni-Boxer - ebenso wie die auf der Honda CB 900 Bol d'Or basierenden Modelle MK 1 und MK 2 - zu den gesuchten Raritäten.

Krauser: Gitterrohrahmen, Vierventil-Motoren und Koffer von Weltruf

Wesentlich erfolgreicher war der Gitterrohrahmen von Krauser, den der Kofferproduzent und Rennmäzen noch vor Magni, nämlich zur IFMA 1980, in Verbindung mit seiner MKM 1000 präsentierte. Das Chassis basierte auf einer Entwicklung der Ingenieure Peter Zettelmayer und Alfred Halbfeld (HPN), seine Feuertaufe hatte es bereits 1976 bei Langstreckenrennen bestanden.

Das präzise verschweißte Rohrgitter war mit 11,5 kg um mehr als ein Drittel leichter als das Serienchassis, gewährte aber nicht zuletzt wegen seines um 45 mm längeren Lenkkopfes höhere Fahrstabilität und Lenkpräzision. Die Telegabel blieb ziemlich serienmäßig, das hintere LM-Rad mit dem damals als breit geltenden 130er Niederquerschnittsreifen wurde von zwei speziellen Boge-Dämpfern gebändigt.

Krausers trocken nur 198 kg schwere MKM 1000 bestach auch optisch mit einem gefälligen Monocoque und einer für Wartungsarbeiten mehrfach geteilten Verkleidung. Der eigentliche Tank befand sich unter der Kunststoff-Attrappe. Geradezu revolutionär waren die von Willi Roth für Krauser konstruierten Vierventil-Zylinderköpfe, mit denen sich aus dem normalerweise 70 PS starken R 100 S-Motor immerhin zwölf zusätzliche PS kitzeln ließen. Die Höchstgeschwindigkeit kletterte von 193 auf 211 km/h (Messung der Zeitschrift "Motorrad") - auch dank der langen MKM-Übersetzung. Doch war der Leistungszuwachs über den gesamten Drehzahlbereich zu spüren; zwischen 4.000/min^{-1} und der bei 7.300/min^{-1} liegenden Nenndrehzahl standen über 80 Nm zur Verfügung.

Wie beim Serienmotor wurden die Kipphebel über - aber stark verkürzte - Stoßstangen gesteuert, die Kipphebelachsen waren direkt im Aluminiumguß des Kopfes gelagert. Für ausreichende Kühlung sorgten Luftkanäle zwischen den Ventilschäften von Ein- und Auslaß. Insgesamt baute der Vierventil-Boxer 35 mm schmaler als das Original.

Dank seiner engen Beziehung zum Werk, für das er lange Zeit Teile und Accessoires lieferte, durfte Michael Krauser seine MKM sogar mit BMW-Jahresgarantie über ausgewählte Markenhändler vertreiben. Mit einem Preis von 24.000 Mark konnte sich dieses Motorrad schon damals der notwendigen Exklusivität sicher sein; die R 100 S von der Stange kostete nur die Hälfte.

Mit der auch im Sport erfolgreichen MKM erschöpfte sich Krausers Engagement in Sachen BMW keineswegs. "Traveller" nannte sich ein leicht angechopperter Umbau mit langer Gabel und Hochlenker, daneben bot die in Mering bei Augsburg ansässige Firma Tourenverkleidungen, Schutzbügel, Auspuffblenden und anderes Zubehör an.

Einen Namen machte sich das Unternehmen vor allem mit seinen Transport-Accessoires. Bereits in den 70ern waren Krauser-Koffer ein Begriff, 1988 revolutionierte das Gepäcksystem K2 den Markt. Als Träger für die in diversen Ausführungen erhältlichen Koffer fun-

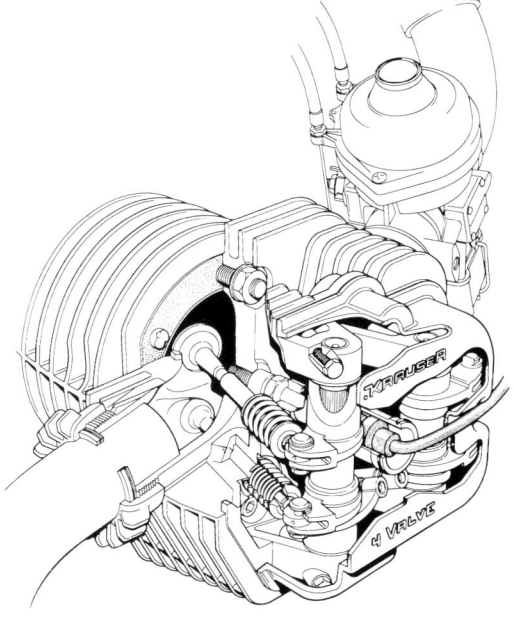

Echt Krauser: schnelle MKM 1000 von 1980, Vierventilkopf für 12 Mehr-PS (Schnitt), filigraner Gitterrohrrahmen mit Standard-Boxer.

gierte ein optisch unauffälliger Kunststoffbügel, der im Gegensatz zu den bis dato üblichen Schleifen bei der Radmontage nicht mehr im Weg war. Durch den Wegfall eines Großkunden mußte die Firma 1997 überraschend Konkurs anmelden. Die Produktion der Koffersysteme führt nun Hepco-Becker unter dem renommierten Namen Krauser weiter. Dagegen blieb die Zylinderbearbeitung bei Krausers Tochter. Die edlen Domani-Gespanne mit BMW K-Motoren produziert nach wie vor Michael Krauser jr.

Fallert: Königswellen-Boxer, Tuning für Zwei- und Vierventiler

Noch vor dem Debut des Krauser-Vierventilers sorgte ein anderes Projekt für Gesprächsstoff unter den Boxerfans. Gemeinsam mit dem Österreicher Ludwig Apfelbeck, der einige Jahre als Ingenieur bei BMW gearbeitet hatte, entwarf BMW-Händler Werner Fallert 1977 einen Königswellenmotor, der mit dem weißblauen Boxer lediglich noch das Bauprinzip gemeinsam hatte. Streng genommen nicht einmal das: Denn der Vierventiler besaß zwar einen Hubzapfenversatz von 180 Grad, die Zylinder ragten zur Erzielung größerer Schräglagen aber um fünf Grad aus der Waagerechten nach oben. Die Kurbelwelle besaß eine zusätzliche Mittellagerung.

Gut 105 PS bei 8.500/min^{-1} leistete der Einliter-Pseudoboxer auf Anhieb, die "Motorrad"-Tester maßen 253 km/h Spitze. Mit einer Einspritzung anstelle der 45er Dell'Orto-Vergaser sollten noch ein paar Pferdestärken mehr möglich sein. Zunächst waren Einsätze bei Langstreckenrennen geplant, später sollte

dann die Produktion einer Kleinserie für betuchte Straßenfahrer folgen.

Soweit kam es allerdings nicht mehr: Fallert erkannte, daß eine Serienfertigung zu marktorientierten Preisen nicht realisierbar war und legte seinen schnellen Motor nach einigen Sporteinsätzen ins Regal. Umso intensiver widmet sich der renommierte Badener seither dem alltagsorientierten Tuning der Serien-BMWs. Ganz nach Geschmack kann der Kunde zwischen unterschiedlichen Leistungsstufen wählen.

Besonders auf satten Durchzug ausgelegt ist die Hubraumvergrößerung der 800er Zweiventiler auf 971 cm^3; dabei werden spezielle Sportkolben von Mahle verwendet. Im Ansaugtrakt begrenzen Reduzierhülsen die Leistung auf versicherungsgünstige 50 PS. Der Drehmomentoptimierung dient gleichfalls die

"Bergnockenwelle" für die leistungsstärkeren Fallert-Boxer. 65 PS sind mit vergleichsweise geringen Mitteln realisierbar. 80 PS benötigen mit größeren Ventilen, 40er Bing-Vergasern und einer scharfen Nockenwelle bereits deutlich mehr Aufwand. Die für solche Leistungssteigerungen sinnvollen Anpassungen der Getriebeabstufung nimmt der Badener ebenfalls vor.

Beim nächsten Projekt wollte Fallert aus satten 1154 Kubik 90 PS bei 7.000/min^{-1} und 98 Nm Drehmoment bei 5.000/min^{-1} schöpfen. Doch erwies sich der Big-Bore-Kit mit Titan-Pleueln sowie extrem kurzen und nur 446 Gramm (Original circa 700 g) schweren Kolben als nicht ausreichend standfest. Letztlich beschränkte sich Fallert auf 1108 cm^3 und eine etwas reduzierte Spitzenleistung. 40er Dell'Orto-Vergaser übernah-

203

Technisches Meisterwerk: Der Apfelbeck-Fallert-Königs-wellen-Boxer von 1977. Rechts: Fallert FM 1154 von 1993 mit 90 PS.

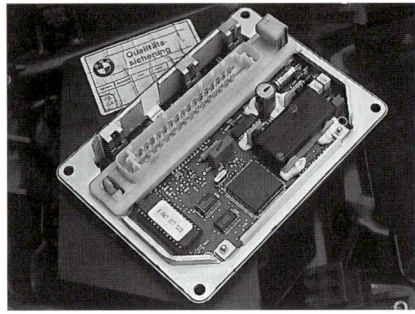

Moderne Zeiten bei Fallert; links die "Black Box", über die per "Chip-Tuning" einige Mehr-PS gewonnen werden können. Daneben die sportive Fallert R 1100 R mit Sportbank und Verkleidung C1.

men die Aufbereitung des Gemischs, das durch zwei Kerzen pro Zylinder gezündet wurde. Auf Wunsch ermöglichte eine Spezialnockenwelle mit Rollenstößeln Drehzahlen bis 8500/min^{-1}. Nach wie vor umfaßt das Repertoire des badischen Tuners auch Modifikationen am Fahrwerk der "alten" Boxer, dabei zählen hochwertige Federbeine oder leichte PVM-Gußräder zum Programm.

Auch für die Vierventil-Boxer hat Fallert einige Tricks parat. Deren modernes Motormanagement macht klassisches Hubraum- und Kopftuning als isolierte Maßnahmen wenig effektiv. Allein durch "Chiptuning" gewinnt Fallert etwa vier PS, leichtere Ventile und Kolben bringen zusätzlich bis zu sechs PS.

Seit jeher bemüht sich Fallert auch um die Drosselung der Boxermotoren, wobei er auf eine harmonische Leistungsabgabe größten Wert legt. Die herkömmliche Verkleinerung des Ansaugtrakts würde im Falle der Vierventiler zu unnötiger Überfettung führen. Daher verlegt sich Fallert auf modifizierte Chips und verändert so das gesamte Kennfeld. Mit diesem "Anti-Tuning" können R 850/1100 bis auf 34 PS heruntergedrosselt und dadurch auch für Führerschein-Neulinge legalisiert werden. Daneben bietet Fallert

diverse Accessoires an: Verkleidungen, Tanks, Sitzbänke, Räder, Superbike-Lenker. Für die aktuelle Roadster entwickelte er die Cockpitverkleidung C1.

WÜDO: Zubehör für viele Zwecke, Boxer-Umbauten für jeden Geschmack

Nicht minder vielseitig ist das Programm von WÜDO. Der Dortmunder BMW-Händler Helmut Wüstenhöfer, wie Fallert früher im Straßenrennsport aktiv, hat für die Boxer in bald 25 Jahren so manche Verfeinerung entwickelt. Andererseits scheut er sich nicht, aus Gründen der Rentabilität hochwertige Fremdprodukte in sein Programm aufzunehmen. So bezieht er seine Tuning-Kits für die Zweiventiler teilweise von Fallert. Sein Repertoire umfaßt hier leistungssteigernde oder -reduzierende Maßnahmen ebenso wie Verbesserungen im

Detail. Dazu zählen geräuschärmere Kipphebellagerungen und Doppelzündanlagen ebenso wie Fünf- und Sechsganggetriebe mit unterschiedlichen Abstufungen oder sogar verbesserte Nockenwellen für die Krauser-Vierventiler.

Auf dem Fahrwerksektor geht Wüstenhöfer eigene Wege. In puncto Federung setzte er früher auf White Power, selbst die Upside-Down-Gabel der Holländer wurde für den Zweiventiler verwendet. Neuerdings bevorzugt WÜDO Federbeine des jungen Herstellers Technoflex, die Federungs-Profi Benny Wilbers speziell für Wüstenhöfer anfertigt.

Das WÜDO-Programm umfaßt neben den zahlreichen Motor- und Fahrwerksteilen umfangreiches Zubehör, teilweise aus komplett eigenständiger Entwicklung, teilweise aber auch geschickt aus BMW-Teilen mit den Boxern kombiniert. Beispiele: die K 75-Lenkerverklei-

Streetfighter anno 1990: die freche Speedster von WÜDO mit 80 PS und kurzer Übersetzung.

dung oder das Cockpit der alten R 90 S, das gut zu den R 100 R-Modellen paßt.

Um seine vielfältigen Möglichkeiten zu demonstrieren, stellte WÜDO schon früher Sondermodelle auf zwei Räder. Herausragend war Ende der 80er Jahre die äußerlich unscheinbare, aber auf den vollen Liter Hubraum aufgebohrte R 80 mit satten 80 PS und Sechsganggetriebe. Das Fahrwerk war mit WP-Federbeinen und Breitreifen entsprechend ausgelegt und verdaute 200 km/h Höchstgeschwindigkeit problemlos.

In krassem Gegensatz dazu stand die 1990 vorgestellte Speedster. Damals hatte man die Gattung "Streetfighter" noch nicht definiert, die Speedster hätte am ehesten in diese Kategorie gepaßt. Der bullige Tank und der Einersitz mit dem wie abgehackt scheinendem Heckbürzel ließen sie kraftstrotzend aussehen. Damit die Speedster den Erwartungen auch gerecht wurde, bekam sie 80 PS und eine knackig kurze Übersetzung.

Ein gutes Gespür für Trends bewies WÜDO wieder, als sich die Vierventil-Boxer etablierten. Noch bevor das Thema Cruiser in München spruchreif war, hatte der Dortmunder bereits eine entsprechend modifizierte Version der Roadster auf den Rädern stehen. Ebenfalls baute er (angeregt durch das Fachblatt "Tourenfahrer") eine R 850 R zur Reise-Enduro um - heute gibt es eine "kleine" GS ab Werk.

Selbstredend interessierte den Ex-Rennfahrer Wüstenhöfer das Thema Sportboxer auch im Zusammenhang mit dem Vierventiler. Lange bevor die R 1100 S auftauchte, hatte WÜDO die Roadster schon auf sportlich getrimmt und als Renngerät für einen geplanten Boxer-Cup beworben. Weil die Nachfrage jedoch gleich null war, ließ der Dortmunder das Projekt wieder einschlafen.

Ohne Kompromisse ging Nico Bakker das Thema Sportboxer an. Der seitens BMW in die Entwicklung des Telelever involvierte Fahrwerk-Spezialist verwirklichte mit der "Bomber" schon 1994 seine Vorstellungen von einem Sportboxer, WÜDO importierte das exklusive Motorrad nach Deutschland. Das einzige Manko der Bakker-BMW dürfte der unglücklich gewählte Name gewesen

Handarbeit: Bakker "Bomber" (Mitte); unten: Chronos-Cruiser von WÜDO mit Nostalgie-Details.

Man kann sie auch zum Springen bringen:
Bakker Kangaroo (links). Bissig wie ein
Höllenhund: Cerberus-Streetfighter von WÜDO.

bike-Lenker mit gefrästen Gabelbrücken, Fußrasten-Anlagen des Krefelder Spezialbetriebes Rairotec und CfK-Teile an. Auf andere Art sportlich präsentiert sich der "Cerberus" im Streetfighter-Stil. Der Doppelscheinwerfer, das kurze Heck und der fette 180/55er Hinterreifen verleihen diesem Roadster-Umbau ein ziemlich martialisches Aussehen. Und tatsächlich kehrt dieses fahraktive Motorrad im Einsatz den Höllenhund richtig heraus.

Ruhigere Gemüter werden sich eher für den aktuellen Cruiser-Umbau "Chronos" begeistern können. Klassisch geschwungene Kotflügel, viel Chrom und geschmackvolle Lackierungen machen aus Serien-R 1200 C ein richtig individuelles Motorrad. Der Tourenlenker, ein Adapter zur Verbreiterung des Soziussitzes und natürlich penibel abgestimmte Technoflex-Dämpfer sorgen für gesteigerten Komfort. Der Schweizer Zubehör-Hersteller Grüter + Gut (GG) steuert unter anderem eine Reeling mit Sissy Bar zu WÜDOs Cruiser-Programm bei.

GMR / KTT: Kette statt Kardan

Ganz der weißblauen Marke hatte sich gleichfalls Günter Michel verschrieben. Unter dem Firmenkürzel GMR (Günter Michel Racing) zählte der Bruder des bekannten Motorentuners Willi Michel lange zu den ersten Adressen in Sachen BMW Boxer. Im Mittelpunkt seines Programmes stand die "Eterna" in verschiedenen Ausstattungsvarianten. Dieser Sportumbau zeichnete sich optisch durch seine niedrig gehaltene Vollverkleidung mit Doppelscheinwerfer sowie einer Zweimannbank aus, deren Soziusplatz mit einer Plastikhutze abgedeckt werden konnte. Der Boxermotor wurde um vier cm im Serienrahmen angehoben.

Fahrwerkseitig rüstete GMR seine Boxer mit der Telegabel der K 75 S aus, die Bremsen vorne stammten entweder ebenfalls vom weißblauen Dreizylinder oder in Vierkolbenausführung von Lockheed.

sein. In der Praxis erwies sich das im Radstand um 20 mm kürzere Motorrad als ebenso fahrstabil wie wendig. Wie bei den R-Modellen aus der Großserie fungierte auch hier der Motor als mittragendes Bauteil. Sämtliche Rahmenkomponenten fertigte Bakker allerdings aus Leichtmetall. Allein die CNC-gefräste und sauber verschweißte Lenkkopfpartie war ein technischer Leckerbissen. Auch bei der Bomber wurde das Vorderrad von einer Telelever-Gabel geführt, den A-Lenker fräste der Holländer ebenfalls aus LM-Vollmaterial. Obwohl der Umbau-

preis von 15.000 Mark ohne Lackierung sicherlich gerechtfertigt war, bissen die Fans nicht an.

Schon 1992 hatte WÜDO einen interessanten Zweiventiler-Umbau von Bakker im Programm. Die Kangaroo basierte auf einem Rahmen aus Leichtmetall-Profilen, der nicht nur höhere Stabilität versprach, sondern auch das Trockengewicht des Boxers auf 192 Kilo senkte. Mit dem Erscheinen der R 1100 S tat sich für WÜDO ein neues Betätigungsfeld auf. Neben den bereits erwähnten Technoflex-Federbeinen bietet er Super-

Ältere Boxer baute GMR auf Paralever um. Mit 42,5er Dell'Orto-Vergasern, Doppelzündung, modifizierten Schalldämpfern und weiteren Tricks holte Michel aus dem auf 1.042 Kubik aufgebohrten Boxer 82 PS bei 7.400/min^{-1}. Ein Sechsgang-Getriebe komplettierte diese Tuningmaßnahmen. Für den Renneinsatz verpaßte GMR dem Boxer statt des Kardans einen Kettenantrieb. Zu Michels Repertoire zählte auch die Anfertigung von kompletten Rahmen. Ab Mitte der 90er Jahre firmierte GMR noch einige Zeit als Tuningteile-Firma KTT.

Reizvolle Studie von Wüstenhöfer auf Basis der Roadster, gedacht für Cup-Rennen. Unten: KTT-GMR mit Krauser-Vierventil-Köpfen.

HPN, WITEC, OSX:
Spezial-Boxer für die Wüste

Die tragenden Säulen der kleinen, aber feinen Tuning-Schmiede in Seibersdorf unweit der Grenze zu Österreich sind Alfred Halbfeld und Klaus Pepperl. Sie haben sich ganz der Entwicklung und Vorbereitung kompromißloser GS-Maschinen verschrieben und gelten - besonders was sportliche Erfolge angeht - in diesem Segment als führend. In den Jahren 1981 und 1985 gewannen im Auftrag von BMW präparierte HPN-Motorräder die Rallye Paris-Dakar, 1984 holte eine HPN den Gesamtsieg bei der Pharaonen-Rallye (s.a. Kap.Rallye-Sport).

Zwar ist HPN bis heute für BMW beim Aufbau von Rallye-Motorrädern aktiv, doch sucht man seine Klientel vor allem unter Fernreisenden aus Passion. Und das sind Leute, die höhere Anforderungen stellen, als eine Serien-BMW sie erfüllen kann. Im Mittelpunkt des HPN-Tunings für die Zweiventil-Boxer steht die Optimierung des BMW-Fahrwerks. Die Serienrahmen werden im Bereich des Lenkkopfes, der Schwingenaufnahme und der Heckpartie versteift, die Monoschwinge um zehn Zentimeter verlängert oder gleich durch eine zweiarmige Wettbewerbs-Ausführung ersetzt.

Selbstverständlich versorgt HPN seine Kundschaft auch mit entsprechendem Motormaterial. Mit speziellen Mahle-Kolben stocken die GS-Profis den Serien-Tausender auf 1.043 Kubik auf, nicht ohne ihm gleichzeitig die großen Ohren zu stutzen - im Gelände zahlt sich jeder eingesparte Zentimeter Baubreite

aus. Das Getriebe wird mit verstärkten Wellen und Zahnrädern aus hochfestem Material für extreme Belastungen aufbereitet. An Sondermodellen auf Basis der Zweiventiler bietet HPN diverse Replicas von siegreichen Rallye-Boxern an, zum Beispiel die schlanke Sport, die leichte Baja oder die Paris-Dakar von Eddy Hau. Die mit der Vierventil-GS 1999 von Oscar Gallardo gemachten Erfahrungen (s.a. Seite 190) werden sich über kurz oder lang gewiß auch in käuflichen HPN-Umbauten der R 1100 GS niederschlagen.

Bereits 1998 über das Erprobungsstadium hinaus war dagegen die rallyetaugliche Witec-BMW auf Basis der R 1100 GS. Im Jahr davor gewann Peter Sperlich mit dem Prototypen RS 1100 die Optic-Rallye in Tunesien, Werner Haubold siegte bei der Rallye München-Breslau. Konstrukteur Thomas Eckardt entwarf

für den Vierventiler einen komplett neuen Gitterrahmen aus Stahlrohr. Weitere Besonderheiten sind die Upside-up-Gabel von Marzocchi mit 50 mm dicken Standrohren und die aus Leichtmetall zu einem hochstabilen Gehäuse verschweißte Einarmschwinge. Auf Wunsch tauscht Witec die Benzin-Einspritzung gegen 40er Bing-Vergaser.

OSX-PeRFORMaNCe macht die Vierventil-GS mit eigenen Federbeinen, Verstärkungen für das hochbelastete Getriebegehäuse und diversen Tuningteilen rallyetauglich. Daneben kitzelt Tuner Xaver Achatz mehr Leistung aus dem Elfhunderter: Allein eine geänderte Elektronik verspricht fünf bis acht Mehr-PS, zusätzliche Maßnahmen im Ein- und Auslaßtrakt sollen neben einer weiteren Leistungssteigerung satte 168 Nm Drehmoment bringen. Für Individualisten hat die im bayrischen Roding ansässige

Wer seine GS fern-
reisetauglich
machen will, ist
bei Touratech
richtig. Unten: GS-
Umbau von WÜDO

BMW-Boxer mit Komponenten von Technoflex, White Power oder Öhlins individuell ab. Für die Vorderradbremse führt er sogar Achtkolbenzangen im Programm.

Für die 1100er Vierventiler entwickelte Lottmann ein Hubraumtuning auf 1170 cm³. Dazu gibt es leichtere Kurbelwellen, feinpräparierte Kipphebel und Ventile, außerdem sogar Titanpleuel (Satz 3500 Mark).

Die Firma Q-Tech in Löhne beherrscht ebenfalls das gängige Spektrum der Motoren-Optimierung für die Zweiventiler. Als Spezialität bietet Inhaber Rudolf Kallenbach Hochleistungs-Zündsysteme. Für alle Zweiventil-Boxer ab Baujahr 1969 führt Q-Tech Doppelzündanlagen im Programm. Bei der von Kallenbach entwickelten "3-D-Kennfeldzündung" wird der Zündzeitpunkt nach Drehzahl und Last für jeden Zylinder individuell berechnet. In puncto Fahrwerk setzt Q-Tech auf HPN. Kallenbach erprobt seine Entwicklungen bei Rallyes: Zuletzt 1998 gewann Michel Riedl auf einem von Q-Tech präparierten Boxer den Enduro-Rallye-Cup und die Mehrzylinderwertung der Transdanubia-Rallye (3. Platz im Gesamtfeld).

Schek, Touratech: GS-Tuning mit Pfiff.

Im Endurosport war Herbert Schek schon zu Zeiten ein Begriff, als man in München noch nicht von einer Renaissance des Motorrades zu träumen wagte: Bereits Mitte der 60er Jahre stellte Hans-Georg von der Marwitz - damals noch für die Sportaktivitäten von BMW verantwortlich - dem Allgäuer ein Werksmotorrad auf Basis der R 69 S zur Verfügung. Schek führte BMW in diesen mageren Jahren schon bald zum Erfolg: Bereits 1967 gewann er bei den Six-Days in Garmisch Gold, zwischen 1970 und 1973 holte er den Titel in der Gelände-DM, 1984 siegte er in der Marathon- Wertung der Paris-Dakar.

Für das Wüsten-Spektakel konstruierte er bereits ein Jahr zuvor das Motorrad, mit dem Hubert Auriol im Auftrag von BMW-France die "PD" gewann. Als dann das Interesse des Werks an dieser Mammut-Rallye rapide abnahm, verlegte

Firma einige Umbau-Vorschläge parat, so das Funbike "Streetfighter" mit fetten 17-Zoll-Rädern und Doppelscheinwerfer-Cockpitverkleidung auf Basis der GS oder die Roadster Spezial mit lenkerfester Schale, geändertem Heck sowie 17-Zoll-Rädern. Weitere Informationen über GS-Neuheiten und zahlreiche Fotos finden Sie, lieber Leser, in der dritten Auflage unseres Buchs "Faszination BMW GS".

Lottmann und Q-Tech: Feintuning für Zylinderköpfe und Zündanlagen

In einer bescheidenen, aber piekfeinen Kellerwerkstatt unweit der Münchner BMW-Residenz optimiert Fritz Lottmann Motorräder der weißblauen Marke. Unter Insidern genießt der seit jeher mit

BMW verbundene Diplom-Ingenieur einen hervorragenden Ruf, seine Entwicklungen fanden maßgeblich in den Motoren von HPN ihren Niederschlag. Detaillösungen wie die von WÜDO und anderen Veredlern angebotene Vergrößerung des Ölreservoires gehen gleichfalls auf sein Konto. Vom "Kipphebel-Tuning" über die Ventildeckel-Außenverschraubung bis hin zu 1043 cm³ Hubraum (72 PS, 85 Nm) läßt er dem Boxer angedeihen, was man ihm ab Werk nicht mit auf den Weg gab.

Zu Lottmanns Spezialitäten zählt die Doppelzündung, die nach seiner Erfahrung nur mehr Leistung bringt, wenn die Verdichtung erhöht wird. Die Tuningmaßnahmen des Münchners beschränken sich allerdings nicht auf Motor und Getriebe: Fahrwerkseitig stimmt er die

Zwei Spezialitäten mit Krauser-Zylinderköpfen: die unkonventionelle Schade-BMW (links) und die RäMo R 90 S mit K1-Gabel.

niker Paul Wurm entwickelte Ende der 80er Jahre einen geregelten Kat, der die Schadstoffe im Abgas nachweislich besser reduzierte als das werkseigene Sekundär-Luft-System SLS. Dabei wurde die Luftmenge per Lambda-Sonde reguliert, sodaß der sonst meist zu fett laufende Boxer spürbar weniger Sprit verbrauchte. Mancher Klassik-Boxer-Fahrer ließ seine BMW umrüsten. Die Weiterführung des ehrgeizigen Projekts wäre nur mit aufwendigem Marketing möglich gewesen. Weitere Details s.a. Seite 91.

sich Schek auf den Bau fernreisetauglicher Maschinen für engagierte Privatiers.

Scheks Motortuning eignet sich für alle Boxer. Dabei legt der Bayer das Hauptgewicht auf sattes Drehmoment: Aus 1010 cm^3 Hubraum schöpft sein getunter Zweiventiler 67 PS und satte 83 Nm bereits bei 3.100/min^{-1}. Im Zuge dieses Umbaus wird auch die Baubreite des Boxers um vier Zentimeter reduziert, für mehr Bodenfreiheit hebt Schek den Motorblock im Rahmen an. Andere Getriebe-Abstufungen und Schalldämpfer-Anlagen, vergrößerte Ölwanne, Ölkühler etc. zählen auch hier zum Repertoire.

Im Fahrwerkbereich wartet der Allgäuer seit jeher mit diversen Tuningmaßnahmen für die GS-Modelle auf. So rüstete er früher die Originalgabel der Zweiventiler auf Luftunterstützung um, aktuell bietet er die "Magnum" von Marzocchi mit 45er Gleitrohren und 280 mm Federweg an. Um die Federung im Heck solch langem Hub anzugleichen, verbaut Schek eine geänderte Mono-Schwinge samt längeren Dämpfern von White Power oder Öhlins. Mit einer Brembo-Vierkolbenbremse, 43 Liter-Kunststofftank, Spezialgepäckträger und Aluminiumkoffern wird die GS zum löwenstarken Wüstentier.

Der badische Zubehör-Anbieter Touratech hat sich in den letzten Jahren besonders auf dem Endurosektor einen Namen geschaffen. Auch für die Zwei- und Vierventilboxer bieten Herbert Schwarz und Jochen Schanz diverse Spezialteile von abschließbaren Öltankdeckeln über geländetaugliche Motorschutzplatten bis hin zu Verkleidungen und DE-Scheinwerfern an. Mehr dazu im neuen GS-Buch.

Wunderlich, Wurm: Spezialteile und Katalysatoren

Auch Wunderlich hat sich schnell zu einem namhaften Anbieter entwickelt. Zum Thema BMW steuert die seit 1999 in Sinzig ansässige Firma einen umfangreichen Katalog bei: Von der Nikasilbeschichtung für Zylinder über Spezial-Kupplungsbeläge bis hin zu progressiven Gabelfedern und Bitubo-Dämpfereinheiten findet man hier viele Teile für die Boxer. Umweltbewußte Biker interessierten sich um 1990 besonders für die Bleifrei-Umrüstung des Ventiltriebs und die ungeregelten Proterra-Katalysatoren.

Überhaupt war die Abgasreinigung schon vor dem Erscheinen der Vierventiler ein Thema. Der Stuttgarter Tech-

Stütz: Zweizylinder mit Turbotechnik

Weniger denkt Siegfried Stütz ans Spritsparen. Der Pfälzer beschäftigt sich mit Turbotechnik, seit die Kawasaki Z 900 seines Schwagers schneller war als seine Münch TTS. Kurzerhand verpaßte Stütz seiner "Mammut" einen Turbolader - das war 1973. Nächstes Opfer war dann die R 100 RS: Mit Lader leistete sie 100 PS bei 6.800/min^{-1} und konnte sogar vor dem TÜV bestehen. Allein war Stütz mit seiner Idee damals nicht. In den USA entwickelte Zubehör-Hersteller Luftmeister ebenfalls einen Turbokit für den Bayern-Boxer mit ähnlich fetter Leistungsausbeute. Um beide Umbauten blieb es hierzulande jedoch recht still. Für diese Art High Tech schienen die

gardistische "OAS" später auf den Rennstrecken einiges Aufsehen erregen (s. auch Sportkapitel). In den Genuß der rennerprobten Lenkung konnten auch normale Kunden kommen. Zum Lenksystem gehörte ein komplettes Fahrwerk mit herkömmlicher Kastenschwinge, "Stereo"-Federung und 150er Reifen hinten oder mit Paralever-Monoschwinge und einer 180er Walze, die trotz ihrer Breite exakt mittig zur Längsachse lief. Die Renn-VV wog zuletzt nur 129 Kilo...

Für Verblüffung bei den Ducati-Fans sorgte Völkel, der mittlerweile im oberbergischen Halver Spezialräder produziert, 1998 mit seiner Specxer V1 (Special Boxer). Auf den ersten Blick sieht dieses Motorrad nämlich wie eine Duc 916 aus, erst beim zweiten Hinschauen entlarven die seitlich herausragenden Zylinder und das Telelever den Sportler als BMW. Auch über die Ducati-Optik hinaus hat die fahrfertig 220 kg leichte Specxer nicht mehr viel mit der R 1100 R gemein. Die filigranen 17-Zoll-Verbundräder stammen aus eigener Fertigung, hinten läuft die straßenzugelassene VV-BMW auf einem 180/55er Reifen.

Mit erleichterter Kurbelwelle, heraufgesetzter Verdichtung, überarbeitetem Einlaßtrakt und modifizierter Elektronik leistet der Motor laut Völkel nun 112 PS bei $7400/min^{-1}$ und 116 Nm bei $5600/min^{-1}$, als Drehzahllimit gibt Völkel $8700/min^{-1}$ an. Wer möglichst unauffällig schnell sein möchte, bekommt das Vierventiler-Tuning auch dezent im Gewand der Roadster verpackt - allerdings mit einer entsprechenden Überarbeitung des Standard-Fahrwerks. Für die Jahrtausendwende plant Völkel eine ultraflache Specxer V2 mit einem um 20 cm abgesenkten Lenkkopf, das Telelever soll weiter verwendet werden.

Boxer Shop: Kombinierte Vielfalt; Sonnen: Boxer im Harley-Look

Auf BMW eingeschworen sind auch Norbert Naundorf und seine Mitstreiter, wie ihr Geschäftsname "Boxer Shop" schon signalisiert. In den vergangenen Jahren haben die Krefelder so manchen Umbau auf die Räder gestellt, sie greifen dabei möglichst auf Original-BMW-

sonst so leistungsorientierten Motorradfahrer keine Antenne zu besitzen, selbst japanische Serien-Turbomaschinen konnten sich damals nicht durchsetzen.

Die Außenseiter-Position hat Stütz bis heute jedoch nicht entmutigt. Neben den K-Vierzylindern bekamen auch bald die Vierventil-Boxer einen Turbo-Kit verpaßt. Nach seinem Dafürhalten eignet sich der neue Boxer auf Grund seines soliden Aufbaus und der Einspritzung hervorragend für derartige Experimente.

Der Stütz-Turbolader setzt bei 2.200 bis $2.600/min^{-1}$ ein und verhilft dem 1100er Boxer über einen weiten Dreh-

zahlbereich zu einem Drehmoment von mehr als 130 Nm. Für die Standard-Ausführung gibt Stütz 125 PS bei $6.800/min^{-1}$ an, das reicht für 245 km/h. Das Problem der Ladeluftkühlung löst Stütz platzsparend, indem er Kraftstoffgemisch vor dem Verdichter einspritzt.

VV: Achsschenkellenkung, Ducati-Optik

Bereits Anfang der 80er Jahre entwickelte der Wuppertaler Ulrich Völkel eine Achsschenkel-Lenkung für den Boxer. Unter dem Kürzel VV sollte Völkels für damalige Verhältnisse avant-

Komponenten zurück. Das macht die Individualität preiswerter - auch bei Reparaturen. So verwenden sie bevorzugt die Telegabeln der älteren K-Modelle, die sich für die Aufnahme von Drahtspeichenrädern modifizieren lassen. Doch auch qualitativ hochwertiges Zubehör anderer Tuner findet im Boxer Shop Verwendung: gefräste Gabelbrücken für Stummellenker von Rairotec, Gabelbrillen für Superbike-Lenker und Bremsanlagen mit schwimmend gelagerten Scheiben von WiWo, Räder von VV oder Gitterrohr-Fahrgestelle von Krauser.

Recht gut spiegelt der Straßenumbau einer R 100 GS das Spektrum der Krefelder Spezialisten wider. Der aus der BoT stammende Motor mit knapp 90 PS aus einem Liter Hubraum hängt für mehr Bodenfreiheit höher im Rahmen; Ölkühler, große Ölwanne und ein geänderter Kreislauf für die Schmierung sind angesichts der hohen Leistung ebenso obligat wie die Spezial-Schalldämpferanlage. Nicht sichtbar ist die zusätzliche Motorlagerung am Rahmenrückgrat. Ein verstärkter Rahmen, die Telegabel der K 100 sowie Drahtspeichenräder (wahlweise Dreispeichen-LM-Gußfelgen) mit Reifen vorne 120/70 x 17 und 160/60 x 18 hinten machen das Fahrwerk fit. Das rahmenfeste Cockpit stammt von der R 90 S, die Sitzbank kommt von Fallert. Auch die private GS des vom Boxer-Shop unterstützten Rennfahrers Rolf von der Weyden mit Leichtmetallrädern und Straßenreifen zeigt, was sich aus einem Serien-Boxer machen läßt.

Scrambler-Fans dürften an der Privat-Enduro von Werkstattmann Uwe Riethmüller ihre Freude haben. Um Platz für die selbstgefertigte, hochverlegte Zwei-in-eins-Auspuffanlage aus VA-Stahl zu gewinnen, mußte der Behördentank aufgeschnitten und angepaßt werden. Die komplette Elektrik versteckt sich geschützt unter dem Anlasserdeckel. Die GS läßt sich mit den Rädern der RS zum Funbike umrüsten.

Schwerpunktmäßig realisiert Thomas Sonnen Spezialumbauten für Harley Düsseldorf, Grenzen setzt dabei nur das Budget der Kunden. Daneben haben es die bajuwarischen Boxer-Twins dem ideenreichen Veredler angetan, selbst die R 45 inspirierte ihn bereits zu einem

exklusiven Einzelstück. Mit dem Tank des betagten Softchoppers Suzuki GS 550 L, einem eigentlich für Moto Guzzi bestimmten Sito-Auspuff, Harley-Kotflügeln und einem komplett neuen Rahmenheck wird aus dem Mauerblümchen ein appetitliches Retrobike.

Räbiger, Schade, Perfect Shine, Gimbel: gekonntes Optical-Tuning

Horst Räbiger widmet sich neben seiner Suzuki-Markenvertretung und vielseitigen Gespannumbauten dem optischen Tuning von BMW-Motorrädern. Dabei verzichtet der im hessischen Homberg/Ohm beheimatete Kfz-Meister weitgehend auf Eigenentwicklungen, vielmehr kombiniert er Komponenten anderer BMW-Modelle mit den Boxern. Eine R 100 im K 1-Outfit z.B. oder eine R 1100 R mit Ducati-Halbschale sind kein Problem. Fahrwerkänderungen und leistungssteigernde Maßnahmen führt Räbiger ebenfalls durch.

Auch begabte Hobbyschrauber lassen immer wieder atemberaubende und technisch hochwertige Kompositionen entstehen. Beispiel: die R 100 des Fahrzeugbau-Spezialisten Dirk Schade. Die Optik wird von der Moko-Superbike-Verkleidung für die Suzuki GSX-R 750 (Doppelscheinwerfer) und dem Tank der betagten Yamaha XZ 550 geprägt. Für starken Vortrieb sorgt der mit 40er Bing-Vergasern und Krauser-Köpfen aufgemotzte 82 PS-Motor. Die Abgasanlage mündet in zwei dünnen Rohren unterhalb des Heckbürzels. Weitere Details: K 100-Telegabel, PVM-Räder, WiWo-Bremsen, Zifferblätter in Motorradfarbe.

In "Motorrad" vorgestellt wurde 1999 der etwas skurrile Eigenbau des Programmierers Klaus Baumgärtner. Im Leichtmetall-Doppelschleifenrahmen einer Suzuki GSX-R 1100 sitzt der mit Doppelzündung, Schleicher-Nockenwelle, Wahl-Kolben und 41er Dell'Orto-Vergasern auf 100 PS gebrachte Zweiventil-Motor der R 100 R. Vom gleichen Modell

Für Herz und Auge: Einzelstück Sauer R 100 mit Spezial-LM-Rahmen (oben), Moko-Zweiventiler mit feinem Gitterrohrrahmen.

Bug- und Heckspoiler, Solo-Höckerbank, zurückverlegte Fußrastenanlage und Superbike-Lenkerkits mit aufschraubbarer oder Ersatz-Gabelbrücke. Der "Power-Chip" in Verbindung mit dem Pro d'Or-Schalldämpfer von Laser soll fast zehn Prozent mehr Motorleistung bringen.

Beirlein, Pflüger, Winter: Eigenbauten mit Straßenzulassung

Ein Prachtstück aus Privattuner-Werkstätten ist die sportliche BMW von Wilhelm Karl Beirlein, die 1989 den Eigenbau-Wettbewerb der Zeitschrift MO gewann. Der 102 Kurbelwellen-PS kräftige Boxer verblüfft mit Details wie Getriebe-Zahnrädern aus Kunststoff, Zahnriemenantrieb für die Nockenwelle und in der Sitzbank verankerten Fußrasten. Die Heckpartie kommt ohne Hilfsrahmen aus, da die Sitzbankeinheit doppelwandig und damit äußerst stabil ausgeführt ist. Die Vergaser münden in einem unter dem Polster verborgenen Ansaugkasten. Bei genauem Hinschauen entdeckt man zudem die Aluschwinge mit dem Marzocchi-Zentralfederbein und die WKB-Momentabstützung für das PVM-Dreispeichenrad im Heck.

Mit einem noch schärferen Umbau kreuzte Beirlein in den 90er Jahren bei BEARS-Rennen auf. Das Fahrwerk für den wiederum gut 100 PS starken Zweiventiler war nach den Kriterien des Flugzeugbaus konstruiert und mit 135 kg inklusive Sprit entsprechend leicht. Wie bei der VV-OAS führte auch bei der WKB-BMW eine patentierte Achsschenkel-Lenkung das Vorderrad (Foto s. Sport-Kap.). Wie die meisten Extrem-tuner hat auch Beirlein beruflich mit Konstruktionen zu tun. In seinem Betrieb WKB tüftelt der Mechanikermeister Prototypen für alle möglichen Geräte und Maschinen aus. Auch für Moto Guzzi hat er ein Spezial-Fahrwerk entwickelt, das er bei entsprechender Nachfrage durchaus in Serie produzieren würde.

Der Zweiventiler von Hans-Joachim Pflüger war MO noch Ende 1997 einen Artikel wert. Mit modischen Zutaten baute der Schwabe aus einer R 100 S eine Mischung aus Sportler und Streetfighter. Eine lenkerfeste Verkleidung von Speer

stammen auch die Showa- Gabel und die Paralever-Schwinge samt Kardan. Ein bunter Mix sind die übrigen Teile: Cockpitverkleidung R 45, Sitzbank Cagiva Mito, Lenkerstummel Ducati 851. 22.000 Mark und 500 Stunden Arbeit steckte Baumgärtner in seinen Traum-Boxer. Einziges Handicap: Der TÜV hat bislang noch nicht "ja" gesagt.

Wie Bastler Baumgärtner mit seiner Suzuki-BMW oder Profi Völkel mit seinem als Ducati 916 verkleideten Vier-ventiler verwirrt auch die Firma Perfect Shine die Boxerfans - mit einer R 1100 RS, die mit ihrer rahmenfesten Verklei-dung und dem umgeformten Tank auf den ersten Blick glatt als Suzuki TL 1000 S durchgehen würde - wären da nicht die "abstehenden Ohren" und der Telelever.

Verkleidungs-Spezialist Gimbel hat für die Vierventiler sein eigenes Umbau-Pro-gramm zusammengestellt. Dazu gehören eine Halbschale mit DE-Scheinwerfer, die Lampenverkleidung "Speedgun",

Als vielseitiger Spezialist für Optical Tuning hat sich Gimbel in der Boxer-Szene einen Namen gemacht. Geschmackssache: Der Spoiler auf dem Solo-Höcker

mit integrierter Scheinwerfer-Einheit der Aprilia RS 250 sowie eine selbstgebaute Höcker-Einmannbank verliehen der Pflüger-BMW eine aggressive Note. Das Fahrwerk wurde durch eine Upside-Down-Gabel von White Power, Brembo-Vierkolbenbremsen mit 320er Scheiben und Breitreifen aufgewertet. Damit der 160/60er weder an der Zweiarmschwinge der R 100 S schliff, noch versetzt lief, speichte Pflüger die Felge außermittig ein und versetzte den Motorblock samt Schwinge im Rahmen nach rechts.

Ebenfalls auf Basis der R 100 S realisierte Roland Winter seine Vorstellungen vom Sport-Boxer. Um rund 100 PS und Drehzahlen bis 9000/min^{-1} zu erreichen, zelebrierte er extremes Motortuning: erleichterte und feingewuchtete Kurbelwelle, 41er Dell'Orto-Vergaser, scharfe Nockenwelle, überarbeitete Zylinderköpfe, Doppelzündung, erhöhte Verdichtung, kurze Spezialkolben. Eine kurze Upside-Down-Gabel von Showa optimierte Fahrstabilität und Handling.

Edler als das Serienmodell: Der R 1200 C-Cruiser von Phoenix mit polierten Scheibenrädern und Remus-Endrohren.

Den Ideenreichtum der Boxer-Szene spiegelt auch die R 100 SS von Mathias Upgang wider. Der studierte Maschinenbauer pflanzte den Zweiventiler in das Chassis einer Ducati 900 Super Sport, da ein Eigenbau-Rahmen die Prüfkosten für eine Straßenzulassung zu sehr in die Höhe getrieben hätte. Ganz einfach war dieses Vorhaben jedoch nicht: Upgang mußte den Unterrahmen an den BMW-Motorblock anpassen. Die Hinterradschwinge zur Aufnahme des Ducati-Rades konstruierte er in Cantileverbauweise gleich komplett neu. Von der Verkleidung bis hin zu den Schalldämpfern stammten alle Anbauteile von der Ducati 900 SS. Fahrbereit wog Upgangs Umbau nur 200 kg.

Sauer, Moko: perfektes Boxer-Tuning

Noch einen Zentner leichter ist der Zweiventil-Boxer von Martin Sauer. Ohne Rücksicht auf Kosten und Aufwand verwirklichte der Badener seine Traum-BMW, bei der sich die noch verbliebenen Originalteile an einer Hand abzählen lassen. Daß hier ein begnadeter Spezialist am Werke war, verrät allein schon der absolut sauber gearbeitete Kastenprofilrahmen aus Leichtmetall.

Doch auch zahlreiche andere Komponenten stellte Maschinenbaumeister Sauer, der im badischen Oberkirch einen Fachbetrieb für Leichtmetall-Verarbeitung besitzt, selbst her oder veränderte Serienteile nach seinen Vorstellungen. So entspricht die Gabel nur noch äußerlich der Tele aus der Suzuki GSX-R von 1986, selbst das Dämpferelement für die Paralever-Schwinge ist hausgemacht. Um Gewicht zu sparen, verzichtete Sauer auf den Elektro-Anlasser und beschränkte sich für das vordere 17-Zoll-Rad auf eine einzelne Scheibenbremse mit einer ISR-Sechskolbenzange. Der zierliche Tank faßt immerhin 20 Liter Sprit, die BMW-Uhren wurden auf einen digitalen Drehzahlmesser und eigenständige Zifferblätter umgerüstet.

Nahezu sämtliche Innereien des Motors wurden optimiert, Stahlteile gegen solche aus Leichtmetall getauscht, die Wände des Gehäuses dünner gearbeitet. Fast unglaublich, wieviel Zeit in das Projekt gesteckt wurde. "Es werden allein 2000 Werkstattstunden gewesen sein, dazu kam die komplette Planung. Doch ich wollte absolut keine Kompromisse," sagt Sauer. Selbst für eine sechsstellige Summe würde er sein Schmuckstück nicht verkaufen.

Den Traum vom Boxer mit Königswellen-Motor und Desmodromik hat sich Franz Pohn erfüllt. 90 PS leistet das schmal bauende Triebwerk.

Auch der Moko-BMW von Julius Ilmberger sieht man auf Anhieb an, daß hier Profis am Werk waren (Fotos S. 201, 212). Der Bayer ist Spezialist für Kohlefaser- und BoT-Racingteile. Das Chassis baute er jedoch nicht selbst, sondern erwarb es von seinem langjährigen Freund Norbert Leis. Der produziert unter dem Firmennamen Mota seit 1988 die aus früheren Jahren bekannten Moko-Gitterrohr-Rahmen und hatte prompt ein Exemplar parat, in das der Zweiventil-Boxer paßte. Die Upside-Down-Gabel und das Federbein für die Paralever-Hinterradschwinge kamen von White Power, die 17-Zoll-Räder samt der vorderen 320er Bremsscheiben für die Sechskolbenzangen von PVM. Für die Hinterradbremse bediente sich Ilmberger bei der K 100. Damit der breite 180/55er in der Spur des vorderen 120/70er-Reifens läuft, wurde der Motor leicht um die Längsachse gedreht; die Schwinge ist nach rechts versetzt. Die meisten Anbauteile sind aus CfK gefertigt, daher wiegt die Moko-BMW vollgetankt nur 187 kg.

Dem auf 1043 Kubik gebrachten Motor verhalf kein Geringerer als Bahnsport-Tuner Otto Lantenhammer zu 93 PS bei 8200/min[-1]. Dabei zog "OL" - abgesehen vom Verzicht auf eine Doppelzündung - sämtliche Register und verbaute eine um 1300 Gramm erleichterte Kurbelwelle, eine schärfere Nockenwelle, kurze Mahle-Kolben mit je drei Ringen sowie grundlegend überarbeitete Zylinderköpfe samt 40er Amal-Vergasern. 230 km/h Höchstgeschwindigkeit gab MO im Fahrbericht 1995 an. Die exklusiven Boxer von Sauer und Moko besitzen die Straßenzulassung.

Franz Pohn: Boxer mit Königswelle

Der Königswellen-Boxer existiert seit den Zeiten der legendären Rennmaschine RS 54 in den Köpfen mancher BMW-Liebhaber weiter. Selbst viele Händler wünschen sich - auch im Hinblick auf die Kawasaki W 650 - ab Werk einen Boxer dieser Bauart. Ansätze gab es ja bereits bei der Entwicklung des Vierventilers.

Doch in die Tat umgesetzt hat die Königswellen-Idee außer dem Konstrukteursduo Apfelbeck/Fallert bislang nur ein Privatier, der Österreicher Franz Pohn. Bereits in den 80er Jahren verpaßte der Boxer-Liebhaber einer R 90 S Königswellen, beließ es damals jedoch bei zwei desmodromisch gesteuerten Ventilen pro Zylinder. Doch damit war er nicht zufrieden: Er konstruierte einen kompletten Boxermotor, diesmal mit Vierventil-Zylinderköpfen (Einlaß/Auslaß 36/33 mm), Doppelzündung und Doppel-Tandem-Ölpumpe. Die beiden Königswellen werden von einer über der Kurbelwelle liegenden Zwischenwelle angetrieben, die Kegelräder sind spiralverzahnt, die Ventile werden desmodromisch mit Öffner- und Schließerkipphebeln gesteuert.

Lohn tausender Stunden Arbeit war am Ende ein Motor, der nicht nur deutlich schmaler baute als ein weißblauer Boxer, sondern der auch auf Anhieb aus einem Liter Hubraum (Bohrung und Hub wie Serien-R 100) rund 90 PS bei einer Verdichtung von 9,6 : 1 leistete. Bis zur Drucklegung dieses Buches hat der Königswellen-Boxer nach Auskunft seines Konstrukteurs bereits über 16.000 km ohne Zwischenfälle zurückgelegt.

Can-Am: Supserie für Renn-Senioren

Auf ganz andere Weise geht Emmerich Stenger seinem Hang zum sportlichen BMW-Boxer nach. Der Kfz-Meister, der in seiner Wahlheimat Südfrankreich Perfektions-Trainings durchführt, baute gemeinsam mit seinem Bruder Klaus aus der Vierventil-Roadster ein Sportmotorrad, das er allerdings nicht nur als straßenzugelassene Version vermarkten will (s.a. Sportkapitel). Auf jeden Fall macht die "Can-Am" Appetit auf flotte Runden. Die sportliche Halbschale und der 17-Liter-Tank aus Kunststoff wurden von den Stenger-Brüdern in Eigenregie entwickelt, ebenso die schlanke Einmann-Höckerbank. Unter dieser verbergen sich ein leichtes Alu-Heck sowie die beiden Endschalldämpfer. Die Schüle-Auspuffanlage ist auf den chipgetunten Motor abgestimmt, Stenger gibt 102 PS an.

Technologieträger 1980: Futuro

Sie war der Knüller der IFMA 1980: die im BMW-Auftrag von dem Frankfurter Design-Team b&b und dem Konstrukteur Eberhard Schulz gebaute "Futuro". Die mit Vollscheibenrädern ausgerüstete Studie wog trocken nur 180 kg, der 800er Boxer leistete dank Turbolader mit Ladeluftkühlung 75 PS. Wegweisend: der erstmalige Einsatz von Mikroprozessoren und elektronischer Einspritzung. Der Monocoque-Rahmen bestand ebenso wie Räder, Cantilever-Schwinge und sogar Bremsscheiben aus Leichtmetall. Statt Paralever gab es einen "Reaktionslenker" zur Unterdrückung der Kardanmomente. Futuristisch damals: Dreischeiben-Integralbremse, H4-Licht, Digital-Cockpit, ausgeschäumter Tank und "definierte Gleitbahnen" als Unfallschutz.

Einspurauto oder rasendes WC? Die Futuro war in vielen Details wegweisend, weniger gut gefielen jedoch Design, Sitzposition, Komfortniveau (zu kurze Federwege). Gleichwohl wurden viele Ideen bei der Entwicklung späterer BMW-Modelle von den Ingenieuren aufgegriffen.

Phoenix: Edles für Cruiser und Sportler

Zu den größten deutschen Motorradhändlern zählt die Firma Kohl Automobile in Aachen. Neben BMW-Fahrzeugen vertreibt der Handelsgigant die bekannten Remus-Schalldämpfer. Außerdem betreibt Kohl unter der Marke "Phoenix" einen Geschäftszweig für Motorrad-Tuning und -Zubehör. Zum Programm zählen Leichtmetall-Verbundräder in diversen Ausführungen, Bremssysteme, Fußrastenanlagen und Carbonteile.

Daneben bietet Phoenix auch komplette Vierventil-Sondermodelle an, z.B. ein Funbike auf Basis der GS mit 17-Zoll-Spezialrädern und einem knackigen Sportauspuff in Carbon-Optik. Nach demselben Muster wird auch die Roadster veredelt. Mit Fünfspeichenrädern, Remus-GP-Schalldämpfer und einer Sonderlackierung erhält die R 1100 S eine individuelle Note.

Als Highlight gilt die seit 1998 angebotene Phoenix-R 1200 C (s.S. 213). Mit noblen Zutaten hebt sich die Cruiser recht deutlich von der Serie ab. Einige der noblen Details: stilvoll polierte Scheibenräder, ein Hochlenker an gefrästen Gabelbrücken-Aufsätzen, Remus-Endrohre mit schräg angeschnittenen Mündungen, klassisch gestylte Rückleuchte.

Zubehör für den Boxer: enorme Vielfalt

Neben den hier portraitierten Tunern widmen sich zahlreiche weitere Firmen den Boxern, wie etwa der Getriebe-Spezialist Kayser, die Ausstatter LSL,

Corbin, DuGa, P&W oder Hänsle. P&W bietet u.a. eine Streetfighter-Verkleidung mit DE-Licht an.

Betrachtet man das Engagement der Tuner, Zubehöranbieter und Edelbastler seit dem Boom der 70er Jahre, zeigt sich klar, daß der Boxer seit jener Zeit nichts von seiner Beliebtheit als Tuning-Objekt eingebüßt hat. Keine andere Modellreihe egal welcher Marke beschäftigt eine derart vielseitige Kleinindustrie wie die traditionsreichen Zweizylinder aus München. Selbst die Vertreter extremer Konzepte wie AME (Chopper) oder Ecomobile - das erste "Oekomobil" wurde von einem

R-Motor angetrieben - bezogen und beziehen den Boxer in ihre Überlegungen ein. Besonders bemerkenswert ist, daß die Vierventiler in wenigen Jahren derart viele Veredler auf den Plan gerufen haben, daß man allein mit den aktuellen Tuningmodellen ein ganzes Buch füllen könnte. Der Schluß ist wohl erlaubt: Anscheinend ist auch zur Jahrtausendwende keine BMW so perfekt, daß sie sich nicht noch verbessern ließe. Jedenfalls besitzt auch die neue Boxer-Generation genug Flair, um die Phantasie der professionellen Tuner ebenso wie die der Hobby-Schrauber zu beflügeln.

Echter Hingucker: Die Can-Am der Stenger-Brüder. 102 PS leistet der chipgetunte Motor, das Trockengewicht der mit reichlich Kunststoff verschalten Maschine liegt bei nur 205 kg.

Boxer 1923 bis 1969: technische Daten

MODELL	Verkaufsbezeichnung	R 32	R 37	R 42	R 47	R 52	R 57	R 62	R 63
	gebaut von/bis	1923-26	1925-26	1926-28	1927-28	1928-29	1928-30	1928-29	1928-29
	Produktionszahl	3090	152	6502	1720	4377	1006	4355	794
MOTOR	Bauart	Zweizylinder-Viertakt-Boxermotor, fahrtwindgekühlt --------							
	Hubraum cm^3	494	494	494	494	487	494	745	735
	Bohrung x Hub mm	68x68	68x68	68x68	68x68	63x78	68x68	78x78	83x68
	Leistung PS/min^{-1}	8,5/3300	16/4000	12/3400	18/4000	12/3400	18/4000	18/3400	24/4000
	Verdichtungsverhältnis	5,0:1	6,2:1	4,9:1	5,8:1	5,0:1	5,8:1	5,5:1	6,2:1
	Ventilsteuerung	sv	ohv	sv	ohv	sv	ohv	sv	ohv
	Ventile pro Zyl., Lage	2/stehend	2/hängend	2/stehend	2/hängend	2/stehend	2/hängend	2/stehend	2/hängend
	Vergaser/Durchlaß mm	1 BMW/22	1 BMW/26	1 BMW/22	1 BMW/22	1 BMW/22	1 BMW/22	1 BMW/24	1 BMW/24
	Zündung	Magnet	Magnet	Magnet	Magnet	Magnet	Magnet	Magnet	Magnet
	Starter	Kick	Kick	Kick	Kick	Kick	Kick	Kick	Kick
KRAFTÜBERTRAGUNG	Kupplung	Einscheiben, trocken ----------							
	Getriebe/Schaltung	3-Gang/Ha.	3-Gang/Ha.	3-Gang/Ha.	3-Gang/Ha.	3-Gang/Ha.	3-Gang/Ha.	3-Gang/Ha.	3-Gang/Ha.
	Hinterradantrieb	Kardanwelle, offen laufend --------							
RAHMEN, FAHRWERK, BREMSEN	Rahmenbauart	Doppelschleifen-Rohrrahmen --------							
	Vorderradführung	Blattfeder-Rohrschwinge --------							
	Hinterradführung	starr	starr	starr	starr	starr	starr	starr	starr
	Räder v/h	Speichen	Speichen	Speichen	Speichen	Speichen	Speichen	Speichen	Speichen
	Reifen v/h	20"26x3	20"26x3	20"26x3,5	20"26x3,5	19"26x3,5	19"26x3,5	19"26x3,5	19"26x3,5
	Bremse vorn	Innenbacken 150 mm --------		Innenbacken 150 mm --------		Trommel 200 mm --------			
	Bremse hinten	Klotzbremse --------		Außenbacken auf Kardan --------					
MASSE,GEWICHT,TANK,PREIS	Länge mm	2100	2100	2100	2100	2100	2100	2100	2100
	Breite mm	800	800	800	800	800	800	800	800
	Radstand mm	1380	1380	1380	1380	1400	1400	1400	1400
	Leergewicht kg	120	134	126	130	152	150	155	152
	Tankinhalt Liter	14	14	14	14	12,5	12,5	12,5	12,5
	Höchstgeschw. km/h	95	115	95	110	100	115	115	120
	Preis Gold-/Reichsmark	2200.- GM	2900.- GM	1510.- RM	1850.- RM	1510.- RM	1700.- RM	1450.- RM	2100.- RM

MODELL	Verkaufsbezeichnung	R 11 1V	R 11 2V	R 16	R 12 1V	R 12 2V	R 17	R 5	R 6
	gebaut von/bis	1929-34	1931-34	1929-34	1935-39	1935-41	1935-37	1936-37	1937
	Produktionszahl	7500 (1und2 Vergaser)		1106	36008 (1und 2 Vergaser)		434	2652	1850
MOTOR	Bauart	Zweizylinder-Viertakt-Boxermotor, fahrtwindgekühlt --------							
	Hubraum cm^3	745	745	735	745	745	735	494	596
	Bohrung x Hub mm	78x78	78x78	83x68	78x78	78x78	83x68	68x68	70x78
	Leistung PS/min^{-1}	18/3400	20/4000	33/4000	18/3400	20/4000	33/5000	24/5800	18/4800
	Verdichtungsverhältnis	5,5:1	5,5:1	6,5:1	5,2:1	5,2:1	6,5:1	6,7:1	6,0:1
	Ventilsteuerung	sv	sv	ohv	sv	sv	ohv	ohv	sv
	Ventile pro Zyl., Lage	2/stehend	2/stehend	2/hängend	2/stehend	2/stehend	2/hängend	2/hängend	2/stehend
	Vergaser	1 BMW/24	2 Amal/25	2 Amal/25	1 Sum/25	2 Amal/23,8	2 Amal/25,4	2 Amal/22,2	2 Amal/22,2
	Zündung	Zündlicht-Magnet --------						Batterie --------	
	Starter	Kick	Kick	Kick	Kick	Kick	Kick	Kick	Kick
KRAFTÜBERTRAGUNG	Kupplung	Zweischeiben, trocken --------		Einscheiben	Zweischeiben, trocken --------			Einscheiben, trocken --------	
	Getriebe/Schaltung	3-Gang/Ha.	3-Gang/Ha.	3-Gang/Ha.	4-Gang/Ha.	4-Gang/Ha.	4-Gang/Ha.	4-Gang/Fuß	4-Gang/Fuß
	Hinterradantrieb	Kardanwelle, offen laufend --------							
RAHMEN, FAHRWERK, BREMSEN	Rahmenbauart	Doppelschleifen-Preßstahlrahmen --------						Doppelschleifen-Rohrrahmen --------	
	Vorderradführung	Blattfeder-Preßstahlschwinge --------		Teleskopgabel --------					
	Hinterradführung	starr	starr	starr	starr	starr	starr	starr	starr
	Räder v/h	Speichen	Speichen	Speichen	Speichen	Speichen	Speichen	Speichen	Speichen
	Reifen v/h	19"26x3,5	19"26x3,5	19"26x3,5	3,50x19	3,50x19	3,50x19	3,50x19	3,50x19
	Bremse vorn	Trommel 200 mm --------							
	Bremse hinten	Kardanbremse --------				Trommel 200 mm --------			
MASSE,GEWICHT,TANK,PREIS	Länge mm	2100	2100	2100	2100	2100	2100	2130	2130
	Breite mm	890	890	890	900	900	900	800	800
	Radstand mm	1380	1380	1380	1380	1380	1380	1400	1400
	Leergewicht kg	162	162	165	185	185	183	165	175
	Tankinhalt Liter	14	14	14	14	14	14	15	15
	Höchstgeschw. km/h	100	100	120	110	110	140	135	125
	Preis Reichsmark	1630.- RM	1750.- RM	2200.- RM	1630.- RM	1630.- RM	2040.- RM	1550.- RM	1375.- RM

MODELL	Verkaufsbezeichnung	R 51	R 66	R 61	R 71	R 75 Gesp.	R 51/2	R 51/3	R 67
	gebaut von/bis	1938-40	1938-41	1938-41	1938-41	1941-44	1950-51	1951-54	1951
	Produktionszahl	3775	1669	3747	3458	18000	5000	18420	1470
MOTOR	Bauart	Zweizylinder-Viertakt-Boxermotor, fahrtwindgekühlt --------							
	Hubraum cm^3	494	597	597	745	745	494	494	594
	Bohrung x Hub mm	68x68	69,8x78	70x78	78x78	78x78	68x68	68x68	72x73
	Leistung PS/min^{-1}	24/5600	30/5300	18/4800	22/4600	26/4000	24/5800	24/5800	26/5500
	Verdichtungsverhältnis	6,7:1	6,8:1	5,7:1	5,5:1	5,8:1	6,3:1	6,3:1	5,6:1
	Ventilsteuerung	ohv	ohv	sv	sv	ohv	ohv	ohv	ohv
	Ventile pro Zyl., Lage	2/hängend	2/hängend	2/stehend	2/stehend	2/hängend	2/hängend	2/hängend	2/hängend
	Vergaser/Durchlaß mm	2Amal/22,2	2Amal/23,8	2Amal/22,2	2Graetz./24	2Graetz./24	2 Bing/22	2 Bing/22	2 Bing/24
	Zündung	Batterie	Batterie	Batterie	Batterie	Magnet	Batterie	Magnet	Magnet
	Starter	Kick	Kick	Kick	Kick	Kick	Kick	Kick	Kick
KRAFTÜBERTRAGUNG	Kupplung	Einscheiben, trocken --------							
	Getriebe/Schaltung	4-Gang/Fuß	4-Gang/Fuß	4-Gang/Fuß	4-Gang/Fuß	4-Gang/F+H	4-Gang/Fuß	4-Gang/Fuß	4-Gang/Fuß
	Hinterradantrieb	Kardanwelle, offen laufend --------							
RAHMEN, FAHRWERK, BREMSEN	Rahmenbauart	Doppelschleifen-Rohrrahmen --------				RohrverschrDoppelschleifen-Rohrrahmen --------			
	Vorderradführung	Teleskopgabel --------							
	Hinterradführung	Geradwegfederung --------				starr	Geradwegfederung --------		
	Räder v/h	Speichen	Speichen	Speichen	Speichen	Speichen	Speichen	Speichen	Speichen
	Reifen v/h	3,50x19	3,50x19	3,50x19	3,50x19	5,00x16	3,50x19	3,50x19	3,50x19
	Bremse vorn	Trommel 200 mm --------				Trommel 250	Trommel 200 mm --------		
	Bremse hinten	Trommel 200 mm --------				Trommel 250	Trommel 200 mm --------		
MASSE,GEWICHT,TANK,PREIS	Länge mm	2130	2130	2130	2130	2400	2130	2130	2130
	Breite mm	815	815	815	815	1730	815	790	790
	Radstand mm	1400	1400	1400	1400	1444	1400	1400	1400
	Leergewicht kg	182	187	184	187	420	185	190	192
	Tankinhalt Liter	14	14	14	14	24	14	17	17
	Höchstgeschw. km/h	140	145	115	125	95	140	140	145
	Preis Reichs-/D-Mark	1595.- RM	1695.- RM	1420.- RM	1595.- RM	2630.- RM	2750.- DM	2875.- DM	3000.- DM

MODELL	Verkaufsbezeichnung	R 67/2	R 67/3	R 68	R 69	R 50 +/2	R 60 +/2	R 50 S	R 69 S
	gebaut von/bis	1952-54	1955-56	1952-54	1955-60	1955-69	1956-69	1960-62	1960-69
	Produktionszahl	4234	700	1452	2956	32546	20836	1634	11317
MOTOR	Bauart	Zweizylinder-Viertakt-Boxermotor --------							
	Hubraum cm^3	594	594	594	594	494	594	494	594
	Bohrung x Hub mm	72x73	72x73	72x73	72x73	68x68	72x73	68x68	72x73
	Leistung PS/min^{-1}	28/5600	28/5600	35/7000	35/6800	26/5800	30/5800	35/7650	42/7000
	Verdichtungsverhältnis	5,6:1	5,6:1	7,5:1	8,0:1	6,8:1	7,5:1	9,2:1	9,5:1
	Ventilsteuerung	ohv	ohv	ohv	ohv	ohv	ohv	ohv	ohv
	Ventile pro Zyl., Lage	2/hängend	2/hängend	2/hängend	2/hängend	2/hängend	2/hängend	2/hängend	2/hängend
	Vergaser/Durchlaß mm	2 Bing/24	2 Bing/24	2 Bing/26	2 Bing/26	2 Bing/24	2 Bing/24	2 Bing/26	2 Bing/26
	Zündung	Magnet	Magnet	Magnet	Magnet	Magnet	Magnet	Magnet	Magnet
	Starter	Kick	Kick	Kick	Kick	Kick	Kick	Kick	Kick
KRAFTÜBERTRAGUNG	Kupplung	Einscheiben, trocken --------							
	Getriebe/Schaltung	4-Gang/Fuß	4-Gang/Fuß	4-Gang/Fuß	4-Gang/Fuß	4-Gang/Fuß	4-Gang/Fuß	4-Gang/Fuß	4-Gang/Fuß
	Hinterradantrieb	Kardanwelle, offen laufend --------			Kardanwelle, gekapselt --------				
RAHMEN, FAHRWERK, BREMSEN	Rahmenbauart	Doppelschleifen-Rohrrahmen --------							
	Vorderradführung	Teleskopgabel --------			Schwinge mit 2 Federbeinen --------				
	Hinterradführung	Geradwegfederung --------			Schwinge mit 2 Federbeinen --------				
	Räder v/h	Speichen	Speichen	Speichen	Speichen	Speichen	Speichen	Speichen	Speichen
	Reifen v/h	3,50x19	3,50x19/4,00x18	3,50x19	3,50x18	3,50x18	3,50x18	3,50x18	3,50x18
	Bremse vorn	Trommel 200 mm --------			Vollnaben-Trommel 200 mm --------				
	Bremse hinten	Trommel 200 mm --------			Vollnaben-Trommel 200 mm --------				
MASSE,GEWICHT,TANK,PREIS	Länge mm	2130	2130	2150	2125	2125	2125	2125	2125
	Breite mm	790	790	790	660	660	660	660	660
	Radstand mm	1400	1400	1400	1415	1415	1415	1415	1415
	Leergewicht kg	192	192	193	202	195	198	198	202
	Tankinhalt Liter	17	17	17	17	17	17	17	17
	Höchstgeschw. km/h	145	145	160	165	140	150	160	175
	Preis D-Mark	3235.- DM	3235.- DM	3950.- DM	3950.- DM	3050.- DM	3235.- DM	3535.- DM	4030.- DM

Zweiventil-Boxer 1969 bis 1994: technische Daten

		R 50/5	R 60/5	R 75/5	R 60/6	R 75/6	R 90/6	R 90 S	R 90 S/2
MODELL	Verkaufsbezeichnung	R 50/5	R 60/5	R 75/5	R 60/6	R 75/6	R 90/6	R 90 S	R 90 S/2
	gebaut von/bis	1969-73	1969-73	1969-73	1973-76	1973-76	1973-76	1973-75	1975-76
	Produktionszahl	7865	22721	38370	13511	17587	21070	17455 Serie 1 und 2	
MOTOR	Bauart	Zweizylinder-Viertakt-Boxermotor, fahrtwindgekühlt ----------							
	Hubraum cm³	498	599	745	599	745	898	898	898
	Bohrung x Hub mm	67x70,6	73,5x70,6	82x70,6	73,5x70,6	82x70,6	90x70,6	90x70,6	90x70,6
	Leistung PS/kW/min⁻¹	32/24/6400	40/30/6400	50/37/6200	40/30/6400	50/37/6200	60/44/6500	67/50/7000	67/50/7000
	max. Drehmoment Nm/min⁻¹	39/5000	49/5000	60/5000	49/5000	60/5000	73/5500	76/5500	76/5500
	Verdichtungsverhältnis	8,6:1	9,2:1	9,0:1	9,2:1	9,0:1	9,0:1	9,5:1	9,5:1
	Ventilsteuerung	ohv	ohv	ohv	ohv	ohv	ohv	ohv	ohv
	Lage Nockenwelle	zentral unterhalb der Kurbelwelle ----------							
	Ventile pro Zyl./Lage	2/hängend, gesteuert über Stößelstangen und Kipphebel ----------							
	Vergaser/Durchlaß mm	2 Bing/26	2 Bing/26	2 Bing/32	2 Bing/26	2 Bing/32	2 Bing/32	2 Dell'Orto/38 ----------	
	Zündung	Batterie	Batterie	Batterie	Batterie	Batterie	Batterie	Batterie	Batterie
	Lichtmaschine	Drehstrom 12 Volt/180 Watt ----------			Drehstrom 12 Volt/280 Watt ----------				
	Batterie	12V/15Ah	12V/15Ah	12V/15Ah	12V/25Ah	12V/25Ah	12V/25Ah	12V/25Ah	12V/25Ah
	Starter	Kick	Kick- und Elektrostarter ----------						
KRAFTÜBERTRAGUNG	Kupplung	Einscheiben-Trockenkupplung mit Membranfeder ----------							
	Getriebe/Schaltung	4-Gang/Fuß	4-Gang/Fuß	4-Gang/Fuß	5-Gang/Fuß	5-Gang/Fuß	5-Gang/Fuß	5-Gang/Fuß	5-Gang/Fuß
	Hinterradantrieb	Kardanwelle, gekapselt ----------							
RAHMEN, FAHRWERK, BREMSEN	Rahmenbauart	Doppelschleifen-Stahlrohrrahmen mit abschraubbarem Heckteil ----------				Vorderradführung	Teleskop-Federgabel mit Lenkungsdämpfer ----------		
	Vorderradführung	Teleskopgabel							
	Federung/Dämpfung vorn	Schraubenfedern, hydraulische Dämpfung ----------							
	Federweg vorn mm	208	208	208	208	208	208	200	200
	Hinterradführung	Langarm-Rohrschwinge mit integrierter Kardanwelle ----------							
	Federung/Dämpfung hinten	2 in der Vorspannung verstellbare Federbeine mit hydraulischer Dämpfung ----------							
	Federweg hinten mm	125	125	125	125	125	125	125	125
	Rad vorn	1,85x19	1,85x19	1,85x19	1,85x19	1,85x19	1,85x19	1,85x19	1,85x19
	Rad hinten	2,15x18	2,15x18	2,15x18	2,15x18	2,15x18	2,15x18	2,15x18	2,15x18
	Reifen vorn	3,25 S 19	3,25 S 19	3,25 S 19	3,25 S 19	3,25 S 19	3.25 H 19	3,25 H 19	3,25 H 19
	Reifen hinten	4,00 S 18	4,00 S 18	4,00 S 18	4,00 S 18	4,00 S 18	4,00 H 18	4,00 H 18	4,00 H 18
	Bremse vorn	Duplex-Vollnabenbremse, Trommel 200 mm ----------				Scheibe 260 mm	2 Scheiben 260 mm ----------		
	Bremse hinten	Simplex-Vollnabenbremse, Trommel 200 mm ----------							
MASSE, GEWICHT, TANK	Länge mm	2100	2100	2100	2180	2180	2180	2180	2180
	Breite mm	740	740	740	740	740	740	740	740
	Höhe mm	1040	1040	1040	1040	1040	1040	1080	1080
	Radstand mm	1385	1385	1385	1465	1465	1465	1465	1465
	Sitzhöhe mm	850	850	850	810	810	810	810	810
	Leergewicht kg	200	205	205	200	200	200	205	205
	zuläss. Gesamtgew. kg	398	398	398	398	398	398	398	398
	Tankinhalt Liter	18	18	18	18	18	18	24	24
FAHRLEISTUNGEN, PREIS	Beschleun. 0-100 km/h s	10,2	8,2	6,4	8,2	6,4	5,1	4,8	4,8
	Höchstgeschw. km/h	157	167	175	167	177	188	200	200
	Preis DM bei Serienstart	3696.-	3996.-	4996.-	5745.-	6650.-	7150.-	8510.-	9510.-
WICHTIGE MODIFIKATIONEN		/5-Modelle: Radstand-Verlängerung im Herbst 1972 auf 1435 mm; Tank wahlweise 24 Liter, gelochte Bremsscheiben							

MODELL	Verkaufsbezeichnung	R 60/7	R 75/7	R 100/7	R 100 S	R 100 RS	R 80/7	R 100 T	R 100 RT
	gebaut von/bis	1976-80	1976-77	1976-78	1976-80	1976-84	1977-80	1978-80	1978-84
	Produktionszahl	11163	6264	12029	9657	33648	18552	6838	13516
MOTOR	Bauart	Zweizylinder-Viertakt-Boxermotor, fahrtwindgekühlt ----------							
	Hubraum cm^3	599	745	980	980	980	785	980	980
	Bohrung x Hub mm	73,5x70,6	82x70,6	94x70,6	94x70,6	94x70,6	84,8x70,6	94x70,6	94x70,6
	Leistung PS/kW/min^{-1}	40/30/6400	50/37/6200	60/44/6500	65/48/6600	70/52/7250	55/41/7000	65/48/6600	70/52/7250
	max. Drehmoment Nm/min^{-1}	48/5000	58,8/5000	73,5/4000	75/5500	76/5500	62,5/5500	77/5500	77/5500
	Verdichtungsverhältnis	9,2:1	9,0:1	9,0:1	9,5:1	9,5:1	9,2:1	9,5:1	9,5:1
	Ventilsteuerung	ohv	ohv	ohv	ohv	ohv	ohv	ohv	ohv
	Lage Nockenwelle	zentral unterhalb der Kurbelwelle ----------							
	Ventile pro Zyl./Lage	2/hängend, gesteuert über Stößelstangen und Kipphebel ----------							
	Vergaser/Durchlaß mm	2 Bing/26	2 Bing/32	2 Bing/32	2 Bing/40	2 Bing/40	2 Bing/32	2 Bing/40	2 Bing/40
	Zündung	Batterie	Batterie	Batterie	Batterie	Batterie	Batterie	Batterie	Batterie
	Lichtmaschine	Drehstrom 12 V/280 W ----------			Drehstrom 12 V/240 W ----------		Drehstrom 12 V/280 W ----------		
	Batterie	12V/28Ah	12V/28Ah	12V/28Ah	12V/28Ah	12V/28Ah	12V/28Ah	12V/28Ah	12V/28Ah
	Starter	Kick- und Elektrostarter ----------							
KRAFTÜBERTRAGUNG	Kupplung	Einscheiben-Trockenkupplung mit Membranfeder ----------							
	Getriebe/Schaltung	5-Gang/Fuß	5-Gang/Fuß	5-Gang/Fuß	5-Gang/Fuß	5-Gang/Fuß	5-Gang/Fuß	5-Gang/Fuß	5-Gang/Fuß
	Hinterradantrieb	Kardanwelle, gekapselt ----------							
RAHMEN, FAHRWERK, BREMSEN	Rahmenbauart	Doppelschleifen-Stahlrohrrahmen mit abschraubbarem Heckteil ----------							
	Vorderradführung	Teleskopgabel ----------							
	Federung/Dämpfung vorn	Schraubenfedern, hydraulische Dämpfung ----------							
	Federweg vorn mm	200	200	200	200	200	200	200	200
	Hinterradführung	Langarm-Rohrschwinge mit integrierter Kardanwelle ----------							
	Federung/Dämpfung hinten	2 in der Vorspannung verstellbare Federbeine mit hydraulischer Dämpfung ----------							
	Federweg hinten mm	125	125	125	125	125	125	125	125
	Rad vorn	1,85x19	1,85x19	1,85x19	1,85x19	1,85x19	1,85x19	1,85x19	1,85x19
	Rad hinten	2,15x18	2,15x18	2,15x18	2,15x18	2,50x18	2,15x18	2,50x18	2,75x18
	Reifen vorn	3,25 S 19	3,25 S 19	3,25 S 19	3,25 H 19	3,25 H 19	3,25 H 19	3,25 H 19	3,25 H 19
	Reifen hinten	4,00 S 18	4,00 S 18	4,00 S 18	4,00 H 18	4,00 H 18	4,00 H 18	4,00 H 18	4,00 H 18
	Bremse vorn	Scheibe 260 mm ----------			2 Scheiben 260 mm ----------		1 Scheibe	2 Scheiben 260 mm ----------	
	Bremse hinten	Simplex-Vollnabenbremse, Trommel 200 mm ----------							Scheibe 260
MASSE, GEWICHT, TANK	Länge mm	2130	2130	2130	2130	2130	2180	2210	2210
	Breite mm	746	746	746	746	746	746	746	746
	Höhe mm	1080	1080	1080	1210	1300	1080	1080	1465
	Radstand mm	1465	1465	1465	1465	1465	1465	1465	1465
	Sitzhöhe mm	810	810	810	810	810	810	820	820
	Leergewicht kg	215	215	215	220	230	215	218	234
	zuläss. Gesamtgewicht kg	398	398	398	398	398	398	398	398
	Tankinhalt Liter	24	24	24	24	24	24	24	24
FAHRLEISTUNGEN, PREIS	Beschleun. 0-100 km/h s	7,7	6,7	5,1	4,7	4,6	5,9	4,7	5,0
	Höchstgeschw. km/h	165	175	185	200	200	182	195	190
	Preis DM bei Serienstart	6850.-	7985.-	8590.-	10190.-	11210.-	7990.-	9290.-	11480.-
WICHTIGE MODIFIKATIONEN		R 100 S ab 1979: 70/52 PS/kW und Scheibenbremse hinten							

R 100 S ab 1979: 70/52 PS/kW und Scheibenbremse hinten
R 80/7 auch mit 50/37 PS/kW 7250, 177 km/h; ab 1979 2 Bremssch.vorn
R 100 RS und R 100 RT: ab 1980 verbesserte Motoren,
elektronische Zündung, Trockenluftfilter

MODELL	Verkaufsbezeichnung	R 100	R 100 CS	R 80 RT	R 80 ST	R 80	R 80 RT/2	R 65	R 100 RS/2
	gebaut von/bis	1980-84	1980-84	1980-84	1982-85	1984-91	1984-94	1985-93	1986-92
	Produktionszahl bis 8/94	6795	6141	7315	5963	12932	21625	8245	6068
MOTOR	Bauart	Zweizylinder-Viertakt-Boxermotor, fahrtwindgekühlt --------							
	Hubraum cm^3	980	980	798	798	798	798	650	980
	Bohrung x Hub mm	94x70,6	94x70,6	84x70,6	84x70,6	84x70,6	84x70,6	82x61,5	94x70,6
	Leistung PS/kW/min^{-1}	67/50/7000	70/52/7000	50/37/6500	50/37/6500	50/37/6500	50/37/6500	48/36/7250	60/44/6500
	max. Drehmoment Nm/min^{-1}	72/5500	76/6000	59/3500	56,7/5000	58/4000	58/4000	47,8/3500	74/3500
	Verdichtungsverhältnis	8,2:1	9,5:1	8,2:1	8,0:1	8,2:1	8,2:1	8,7:1	8,45:1
	Ventilsteuerung	ohv	ohv	ohv	ohv	ohv	ohv	ohv	ohv
	Lage Nockenwelle	zentral unterhalb der Kurbelwelle --------							
	Ventile pro Zyl./Lage	2/hängend, gesteuert über Stößelstangen und Kipphebel --------							
	Vergaser/Durchlaß mm	2 Bing/40	2 Bing/40	2 Bing/32	2 Bing/32	2 Bing/32	2 Bing/32	2 Bing/32	2 Bing/32
	Zündung	Batteriezündung, kontaktlos, elektronisch --------							
	Lichtmaschine	Drehstrom 12 V/280 W --------							
	Batterie	12V/28Ah	12V/28Ah	12V/16Ah	12V/16Ah	12V/20Ah	12V/20Ah	12V/20Ah	12V/30Ah
	Starter	elektrischer Anlasser 0,7 kW --------							
KRAFTÜBERTRAGUNG	Kupplung	Einscheiben-Trockenkupplung mit übersetzten Membranfedern --------							
	Getriebe/Schaltung	5-Gang/Fuß	5-Gang/Fuß	5-Gang/Fuß	5-Gang/Fuß	5-Gang/Fuß	5-Gang/Fuß	5-Gang/Fuß	5-Gang/Fuß
	Hinterradantrieb	Kardanwelle, gekapselt mit Torsionsdämpfer --------							
RAHMEN, FAHRWERK, BREMSEN	Rahmenbauart	Doppelschleifen-Stahlrohrrahmen mit abschraubbarem Heckteil --------							
	Vorderradführung	Teleskopgabel --------							
	Federung/Dämpfung vorn	Schraubenfedern, hydraulische Dämpfung --------							
	Federweg vorn mm	200	200	200	175	175	175	175	175
	Hinterradführung	Langarm-Rohrschwinge --------			Monolever-Einarmschwinge --------				
	Federung/Dämpfung hinten	2 einstellbare Federbeine --------			1 seitlich geführtes Federbein --------				
	Federweg hinten mm	125	125	125	153	121	121	121	121
	Rad vorn	2,15x19	2,15x19	2,15x19	1,85x19	2,50x18	2,50x18	2,50x18	2,50x18
	Rad hinten	2,50x18	2,50x18	2,50x18	2,50x18	2,50x18	2,50x18	2,50x18	
	Reifen vorn	3,25 H 19	3,25 H 19	3,25 S 19	100/90 H19	90/90 H18	90/90 H18	90/90 H18	90/90 H18
	Reifen hinten	4,00 H 18	4,00 H 18	4,00 S 18	120/90 H18	120/90 H18	120/90 H18	120/90 H18	120/90 H18
	Bremse vorn	2 Scheiben 260 mm --------			1 Sch. 260	1 Sch. 285 mm --------			2 Sch. 285
	Bremse hinten	Simplex-Trommel 200 mm --------							
MASSE, GEWICHT, TANK	Länge mm	2210	2210	2220	2180	2175	2175	2175	2175
	Breite mm	746	746	930	790	800	960	800	800
	Höhe mm	1080	1210	1465	1150	1106	1441	1106	1322
	Radstand mm	1465	1465	1446	1465	1447	1447	1447	1447
	Sitzhöhe mm	820	820	820	845	807	807	807	807
	Leergewicht kg	218	220	235	198	210	227	205	229
	zuläss. Gesamtgewicht kg	440	440	440	398	440	440	440	440
	Tankinhalt Liter	24	24	24	19	22	22	22	22
FAHRLEISTUNGEN, PREIS	Beschleun. 0-100 km/h s	4,6	4,6	6,4	6,0	6,0	6,4	6,8	5,0
	Höchstgeschw. km/h	195	200	161	174	178	170	173	185
	Preis DM bei Serienstart	9590.-	11260.-	10990.-	9490.-	9990.-	12110.-	9290.-	15700.-
WICHTIGE MODIFIKATIONEN		R 100 CS: Gußräder ab 81, R 65: auch mit 27/20 PS/kW bei 5500/min^{-1}, 155 km/h; 8980.- DM 1985							

MODELL	Verkaufsbezeichnung	R 100 RT/2	R 100 R	R 100 R Mystic	R 80 R	R 45/27	R 45/35	R 65 kompakt	R 65 LS
	gebaut von/bis	1987-1/96	1991-1/96	1993-1/96	1992-94	1978-85	1978-85	1978-85	1981-85
	Produktionszahl bis 12/98	9738	16339	3650	3444	15883	12275	29454	6389
MOTOR	Bauart	Zweizylinder-Viertakt-Boxermotor, fahrtwindgekühlt ---							
	Hubraum cm^3	980	980	980	798	473	473	650	650
	Bohrung x Hub mm	94x70,6	94x70,6	94x70,6	84,4x70,6	70x61,5	70x61,5	82x61,5	82x61,5
	Leistung PS/kW/min^{-1}	60/44/6500	60/44/6500	60/44/6500	50/37/6500	27/20/6500	35/26/7250	45/33/7250	50/37/7250
	max. Drehmoment Nm/min^{-1}	74/3500	76/3750	76/3750	61/3750	31,3/5000	37,5/5500	50/5500	52,3/6500
	Verdichtungsverhältnis	8,45 : 1	8,5 : 1	8,5 : 1	8,2 : 1	8,2 : 1	9,2 : 1	9,2 : 1	9,2 : 1
	Ventilsteuerung	ohv	ohv	ohv	ohv	ohv	ohv	ohv	ohv
	Lage Nockenwelle	zentral unterhalb der Kurbelwelle ---							
	Ventile pro Zyl./Lage	2/hängend, gesteuert über Stößelstangen und Kipphebel ---							
	Vergaser/Durchlaß mm	2 Bing/32	2 Bing/40	2 Bing/40	2 Bing/32	2 Bing/26	2 Bing/28	2 Bing/32	2 Bing/32
	Zündung	Batteriezündung, kontaktlos ----------------------------				Zündung kontaktgesteuert ---------------------------			kontaktlos
	Lichtmaschine	12V/280W	12V/240W	12V/240W	12V/240W	12V/280W	12V/280W	12V/280W	12V/280W
	Batterie	12V/30Ah	12V/30Ah	12V/30Ah	12V/25Ah	12V/16Ah	12V/16Ah	12V/16Ah	12V/16Ah
	Starter	elektrisch 0,7 kW --							
KRAFTÜBERTRAGUNG	Kupplung	Einscheiben-Trockenkupplung mit übersetzten Membranfedern ---							
	Getriebe/Schaltung	5-Gang/Fuß	5-Gang/Fuß	5-Gang/Fuß	5-Gang/Fuß	5-Gang/Fuß	5-Gang/Fuß	5-Gang/Fuß	5-Gang/Fuß
	Hinterradantrieb	Kardanwelle, gekapselt, mitTorsionsdämpfer, 1 Kreuzgelenk (Paralever-Modelle: 2 Kreuzgelenke) ----------------							
RAHMEN, FAHRWERK, BRE.	Rahmenbauart	Doppelschleifen-Stahlrohrrahmen mit abschraubbarem Heckteil --							
	Vorderradführung	Teleskop-Federgabel ---							
	Federung/Dämpfung vorn	Schraubenfedern, hydraulische Dämpfung ---							
	Federweg vorn mm	175	135	135	135	175	175	175	175
	Hinterradführung	Monolever	Paralever-Einarmschwinge ------------------------			Stahlrohrschwinge --------------------------			
	Federung/Dämpfung hinten	1 seitlich geführtes Federbein -----------------------------				2 einstellbare Federbeine ---------------------			
	Federweg hinten mm	121	140	140	140	110	110	110	110
	Rad vorn	2,50x18	2,50x18	2,50x18	2,50x18	1,85x18	1,85x18	1,85x18	2,15x18
	Rad hinten	2,50x18	2,50x17	2,50x17	2,50x17	2,50x18	2,50x18	2,50x18	2,50x18
	Reifen vorn	90/90 H18	110/0 V18	110/80 V18	110/80 V18	3,25 18	3,25 S 18	3,25 S 18	3,25 H 18
	Reifen hinten	120/90 H18	140/80 V17	140/80 V17	140/80 V17	4,00 18	4,00 S 18	4,00 S 18	4,00 H 18
	Bremse vorn	Doppelscheibe, 285 mm Durchmesser --------------------------			1 Sch. 285 mm	1 Scheibe 260 mm ---------------------		2 Scheiben 260 mm -------------------	
	Bremse hinten	Simplex-Trommelbremse 200 mm Durchmesser ---							
MASSE, GEWICHTE, TANK	Länge mm	2175	2210	2210	2210	2110	2110	2110	2110
	Breite mm	960	1000	1000	1000	688	688	688	688
	Höhe mm	1441	1090	1090	1080	1080	1090	1090	1090
	Radstand mm	1447	1513	1513	1513	1390	1390	1390	1400
	Sitzhöhe mm	807	800	790	800	770	770	770	810
	Leergewicht kg	234	218	215	217	205	205	205	205
	zuläss. Gesamtgewicht kg	440	420	420	420	398	398	398	398
	Tankinhalt Liter	22	24	24	24	22	22	22	22
FAHRLEISTUNGEN, PREIS	Beschleun. 0-100 km/h s	5,0	4,8	4,8	6,0	8,5	7,4	5,9	5,8
	Höchstgeschw. km/h	185	180	180	168	145	160	175	175
	Preis DM Serienstart (o. NK)	16150.-	13450.-	13350.-	13450.-	5880.-	5880.-	6980.-	8955.-

MODIFIKATIONEN

R 100 R: bis 1992 nur 1 Bremsscheibe vorn; alle R 100-Modelle: Oktober 1994 bis Januar 1996 nur noch als Classic-Edition

R 80 R: auch mit 27(20) bzw. 34(25) PS(kW)

R 45 / R 65: ab 1980 verbesserter Motor, kontaktlose Zündung, andere Sitzbank etc.; R 65: ab 1980 mit 50/37 PS/kW bei 7250/min^{-1}, 181 km/h

MODELL	Verkaufsbezeichnung	R 80 G/S	R 80 G/S Paris-D.	R 65 GS	R 80 GS	R 100 GS	R 100 GS P.-D.	R 80 GS/2	R 100 GS/2	R 80 GS Basic
	gebaut von/bis	1980-87	1984-87	1987-90	1987-90	1987-90	1988-1/96	1990-94	1990-94	1996
	Produktionszahl bis 12/98	21334	2975	1334	3928	12063	9007	6660	8736	3003
MOTOR	Bauart	Zweizylinder-Viertakt-Boxermotor, fahrtwindgekühlt --								
	Hubraum cm^3	798	798	650	798	980	980	798	980	798
	Bohrung x Hub mm	84x70,6	84x70,6	82x61,5	84,8x70,6	94x70,6	94x70,6	84,8x70,6	94x70,6	84,8x70,6
	Leistung PS/kW/min^{-1}	50/37/6500	50/37/6500	27/20/5500	50/37/6500	60/44/6500	60/44/6500	50/37/6500	60/44/6500	50/37/6500
	max. Drehmoment Nm/min^{-1}	56,7/5000	58/4000	43/3500	61/3750	76/3750	76/3750	61/3750	76/3750	61/3750
	Verdichtungsverhältnis	8,2 : 1	8,2 : 1	8,4 : 1	8,2 : 1	8,5 : 1	8,5 : 1	8,2 : 1	8,5 : 1	8,2 : 1
	Ventilsteuerung	ohv	ohv	ohv	ohv	ohv	ohv	ohv	ohv	ohv
	Lage Nockenwelle	zentral unterhalb der Kurbelwelle --								
	Ventile pro Zyl./Lage	2/hängend, gesteuert über Stößelstangen und Kipphebel --								
	Vergaser/Durchlaß mm	2 Bing/32	2 Bing/32	2 Bing/26	2 Bing/32	2 Bing/40	2 Bing/40	2 Bing/32	2 Bing/40	2 Bing/32
	Zündung	Batteriezündung, kontaktlos, elektronisch --								
	Lichtmaschine	12V/280W	12V/280W	12V/280W	12V/280W	12V/280W	12V/280W	12V/280W	12V/280W	12V/280W
	Batterie	12V/16Ah	12V/20Ah	12V/20Ah	12V/25Ah	12V/25Ah	12V/25Ah	12V/25Ah	12V/25Ah	12V/25Ah
	Starter	elektrisch, 0,7 kW ---								
KRAFTÜBERTRAGUNG	Kupplung	Einscheiben-Trockenkupplung mit übersetzten Membranfedern --								
	Getriebe/Schaltung	5-Gang/Fuß	5-Gang/Fuß	5-Gang/Fuß	5-Gang/Fuß	5-Gang/Fuß	5-Gang/Fuß	5-Gang/Fuß	5-Gang/Fuß	5-Gang/Fuß
	Hinterradantrieb	Kardanwelle, gekapselt, mit Torsionsdämpfer, 1 Kreuzgelenk (Paralever-Modelle: 2 Kreuzgelenke) -------------------								
RAHMEN, FAHRWERK, BRE.	Rahmenbauart	Doppelschleifen-Stahlrohrrahmen mit abschraubbarem Heckteil --								
	Vorderradführung	Teleskop-Federgabel ---								
	Federung/Dämpfung vorn	Schraubenfedern, hydraulische Dämpfung ---								
	Federweg vorn mm	200	200	200	225	225	225	225	225	225
	Hinterradführung	Monolever-Einarmschwinge ----------------------------------			Paralever-Einarmschwinge ----------------------					
	Federung/Dämpfung hinten	1 seitlich geführtes, hydraulisch gedämpftes Federbein --								
	Federweg hinten mm	170	170	170	180	180	180	180	180	180
	Rad vorn	1,85x21	1,85x21	1,85x21	1,85x21	1,85x21	1,85x21	1,85x21	1,85x21	1,85x21
	Rad hinten	2,50x18	2,50x18	2,50x18	2,50x17	2,50x17	2,50x17	2,50x17	2,50x17	2,50x17
	Reifen vorn	3,00 R 21	3,00 R 21	3,00 R 21	90/90 T 21	90/90 T 21	90/90 T 21	90/90 T 21	90/90 T 21	90/90 T 21
	Reifen hinten	4,00 R 18	4,00 R 18	4,00 R 18	130/80 T 17	130/80 T 17	130/80 T 17	130/80 T 17	130/80 T 17	130/80 T 17
	Bremse vorn	1 Scheibe 264	1 Scheibe 260 mm --------------------		1 Scheibe 285 mm Durchmesser -------------------					
	Bremse hinten	Simplex-Trommelbremse 200 mm Durchmesser ---								
MASSE, GEWICHTE, TANK	Länge mm	2230	2230	2230	2290	2290	2290	2290	2290	2290
	Breite mm	1000	1000	1000	1000	1000	1000	1000	1000	1000
	Höhe mm	1150	1150	1150	1165	1300	1345	1345	1345	1345
	Radstand mm	1447	1447	1447	1513	1513	1513	1513	1513	1513
	Sitzhöhe mm	860	845	860	850	850	850	850	850	850
	Leergewicht kg	191	205	198	210	210	236	215	220	218
	zuläss. Gesamtgewicht kg	398	398	398	420	420	420	420	420	420
	Tankinhalt Liter	19,5	32	19,5	24	24	35	24	24	19,5
FAHRLEISTUNGEN, PREIS	Beschleun. 0-100 km/h s	5,6	5,6	9,4	6,0	4,8	4,8	6,0	4,8	6,1
	Höchstgeschw. km/h	168	168	146	168	180	180	168	180	171
	Preis DM Serienstart (o. NK)	8290.-	10120.-	9200.-	10950.-	12990.-	15190.-	12800.-	14950.-	15500.-

MODIFIKATIONEN

R 80 GS/2: auch mit 27(20) bzw. 34(25) PS(kW); R 80 GS Basic mit Tank der R 80 ST, runden Ventildeckeln, White-Power-Federbein, Kreuzspeichenrädern; auch mit 34 PS (25 kW) lieferbar;
R 100 GS Paris-Dakar: ab Oktober 1994 nur noch als Classic-Edition; R 80 GS Basic produziert von September bis Dezember 1996, verkauft bis Anfang 1998

222

Vierventil-Boxer 1993 bis 1999: technische Daten

MODELL	Verkaufsbezeichnung	R 1100 RS	R 1100 GS	R 850 GS	R 1100 R	R 850 R	R 1100 RT *	R 1200 C	R 850 C	R 1100 S
	gebaut von/bis	seit 1993	seit 1994	seit 1998	seit 1994	seit 1994	seit 1995	seit 1997	seit 1999	seit 1998
	Produktionszahl bis 12/98	23914	39104	953	21345	15068	34605	15728	75	5808
MOTOR	Bauart	Zweizylinder-Viertakt-Boxermotor, fahrtwind- und ölgekühlt ----------								
	Hubraum cm³	1085	1085	848	1085	848	1085	1170	848	1085
	Bohrung x Hub mm	99x70,5	99x70,5	87,5x70,5	99x70,5	87,5x70,5	99x70,5	101x73	87,5x70,5	99/70,5
	Leistung PS/kW/min⁻¹	90/67/7250	80/60/6750	70/52/7000	80/60/6750	70/52/7000	90/66/7250	61/45/5000	50/37/5240	98/72/7500
	max. Drehmoment Nm/min⁻¹	95/5000	97/5250	77/5500	97/5250	77/5500	95/5500	98/3000	71/4750	97/5750
	Verdichtungsverhältnis	10,7 : 1	10,3 : 1	10,3 : 1	10,3 : 1	10,3 : 1	10,7 : 1	10,0 : 1	10,3 : 1	11,3 : 1
	Ventilsteuerung	hc, pro Zylinderkopf eine hochgelegte Nockenwelle, Kurzstößel, Kipphebel ---------								
	Ventile pro Zyl./Lage	4/hängend	4/hängend	4/hängend	4/hängend	4/hängend	4/hängend	4/hängend	4/hängend	4/hängend
	Gemischaufbereitung	elektronisch gesteuerte Einspritzanlage (Motronic MA 2.2) ---------						Motronic MA 2.4 ---------		
	Abgasreinigung	lambdageregelte Dreiwege-Metallkatalysatoren (auf Wunsch seit 1993, serienmäßig seit Herbst 1995) ---------								
	Zündung	Digitalzündanlage, kontaktlos und elektronisch gesteuert (Motronic), Schubabschaltung ---------								
	Lichtmaschine	12V/700W	12V/700W	12V/700W	12V/700W	12V/700W	12V/700W	12V/700W	12V/700W	12V/600W
	Batterie	12V/19Ah	12V/19Ah	12V/19Ah	12V/19Ah	12V/19Ah	12V/19Ah	12V/19Ah	12V/19Ah	12V/15Ah
	Starter	elektrisch 1,1 kW ---------								
KRAFTÜBERTRAGUNG	Kupplung	Einscheiben-Trockenkupplung, gegendrehend, 180 mm Durchmesser ---------						dito, 165 mm Durchmesser ---------		
	Getriebe/Schaltung	5-Gang/Fuß	5-Gang/Fuß	5-Gang/Fuß	5-Gang/Fuß	5-Gang/Fuß	5-Gang/Fuß	5-Gang/Fuß	5-Gang/Fuß	6-Gang/Fuß
	Hinterradantrieb	Kardanwelle (gekapselt) mit Torsionsdämpfer, 2 Kreuzgelenke ---------						Kardan, 1 Kreuzgelenk ---------		2 Kreuzgelenke
RAHMEN, FAHRWERK, BRE.	Rahmenbauart	Gitterrohrrahmen, Triebwerk mittragend ---------								Aluguß + Gitterrohr
	Vorderradführung	Telelever-Gabel mit Dreiecks-Längslenker , hydraulisch gedämpftes Zentralfederbein ---------								
	Hinterradführung	Paralever-Einarmschwinge mit hydr. gedämpftem, einstellbarem Zentralfederbein ---------						Monolever-Einarmschwinge ---------		Paralever-Einarm
	Federweg vorn/hinten mm	120/135	190/200	190/200	120/135	120/135	120/135	144/100	144/100	110/130
	Lenkkopfwinkel Grad	65,9	64,0	64,0	63,0	63,0	62,8	60,5	60,5	65,0
	Nachlauf mm	111	115	115	127	127	122	86	86	100
	Räder, Bauart	Leichtmetall	Kreuzspeichenräder ---------		Leichtmetall ---------			Kreuzspeichenräder ---------		Leichtmetall
	Rad vorn, Größe	3,50x17	2,50x19	2,50x19	3,50x17	3,50x17	3,50x17	2,5x18	2,5x18	3,50x17
	Rad hinten, Größe	4,50x18	4,00x17	4,00x17	4,50x18	4,50x18	4,50x18	4,0x15	4,0x15	5,00x17
	Reifen vorn, Größe	120/70 ZR 17	110/80/ H 19	110/80 H 19	120/70 ZR 17	120/70 ZR 17	120/70 ZR 17	100/90 ZR 18	100/90 ZR 18	120/70 ZR 17
	Reifen hinten, Größe	160/60 ZR 18	150/70 H 17	150/70 H 17	160/60 ZR 18	160/60 ZR 18	160/60 ZR 18	170/80 ZR 15	170/80 ZR 15	170/60 ZR 17
	Bremse vorn	Doppelscheibe, gelocht, 305 mm Durchmesser ---------								
	Bremse hinten	1 Scheibe 285	1 Scheibe 276 mm Durchmesser ---------					1 Scheibe 285 mm ---------		1 Scheibe 276 mm
MASSE, GEWICHTE, TANK	Länge mm	2175	2196	2196	2197	2197	2195	2340	2340	2180
	Breite mm	920	920	920	898	898	898	1050	1050	880
	Höhe mm	1300	1400	1400	1310	1310	1400	1350	1350	1280
	Radstand mm	1473	1509	1509	1487	1487	1485	1650	1650	1478
	Sitzhöhe mm	780/800/820	840/860	840/860	760/780/800	760/780/800	780/800/820	740	740	800
	Leergewicht kg	239	243	243	235	235	282	256	256	229
	zuläss. Gesamtgewicht kg	450	450	450	450	450	490	450	450	450
	Tankinhalt Liter	23	25	25	21	21	26	17	17	18
FAHRLEISTUNGEN, PREIS	Beschleun. 0-100 km/h s	4,1	4,3	5,0	4,3	5,0	4,3	5,8	6,9	4,0
	Höchstgeschw. km/h	215	195	185	197	187	196	168	155	226
	Preis DM Serienstart (o. NK)	19250.-	17450.-	18750.-	16500.-	15500.-	24500.-	23400.-	23400.-	20900.-

MODIFIKATIONEN

R 100 RS: ab Sept. 1993 härter abgestimmtes Federbein vorn; ab Herbst 1996 vorderes Federbein in der Zugstufe einstellbar, hinteres Federbein in der Federvorspannung hydraulisch einstellbar

R 1100 R und R 850 R: serienmäßig mit Lenkungsdämpfer; wahlweise Kreuzspeichenräder mit Bereifung 110/80 ZR 18, 150/70 ZR 17; ab 3/1997 neuer Scheinwerfer, neues Cockpit

R 1100 GS und R 1100 R auch mit 78 PS (57 kW) lieferbar; R 850 GS, R 850 R, R 850 C auch mit 34 PS (25 kW)

* RT seit 1996 auch als R 850 RT für Italien (24.200.000 Lire) und Belgien (512.000 B.Francs) sowie als Behördenmotorrad weltweit; bis 12/98 2298 Expl. gebaut; abweichende Daten: Hubraum 848 cm³, Bohrung x Hub 87,5 x 70,5 mm, Leistung 73 PS (54 kW) bei 6750/min⁻¹, max. Drehmoment 80 Nm bei 5500/min⁻¹, Beschleun. 0-100 km/h 5,1 sek., Vmax 191 km/h